〒162-0041　新宿区早稲田鶴巻町523　☎03(5272)0301
振替00160-4-17013　http://www.fujiwara-shoten.co.jp/
ＰＲ誌・ブックガイド呈　表示の価格は税抜本体価格

鶴見和子は、赤坂憲雄に何を語り遺したのか

地域からつくる

【内発的発展論と東北学】

赤坂憲雄・鶴見和子

生涯をかけて「内発的発展論」を追究した鶴見和子が、鶴見に背中を押され「東北学」へ踏み出した赤坂憲雄との対話で語り遺したこととは何か。

二五〇〇円

創造的な〝地域の力〟は、本当に喪われたのか？

地域力の再発見

【内発的発展論からの教育再考】

岩佐礼子

内発的発展論を出発点に「生きる知」の伝達の現場をフィールドワークすることで、近代的な教育の枠組みを相対化し、〝地域の力〟の伝造の可能性を探る野心作。

三六〇〇円

から世界を変える

北」共同体からの再生

【大震災と日本の未来】

太＋東郷和彦＋増田寛也

東日本大震災を機れからの日本の方向を徹底討論。

一八〇〇円

東北人自身による東北の声

鎮魂と再生

【東日本大震災・東北からの声100】

赤坂憲雄＝編　荒蝦夷＝編集協力

三二〇〇円

草の根の力で未来を創造する

震災考 2011.3-2014.2

赤坂憲雄

二八〇〇円

「居住の権利」をいかに確立すべきか？

「居住の権利」とくらし

【東日本大震災復興をみすえて】

家正治＝編集代表　早川和男・熊野勝之・森島吉美・大橋昌広＝編

二四〇〇円

本当に安心できる住まいとは？

ケースブック

日本の居住貧困

【子育て／高齢障がい者／難病患者】

早川和男＝編集代表　岡本祥浩・早川潤一＝編

二二〇〇円

阪神・淡路大震災から東日本大震災まで災害復興の検証と提言

災害に負けない「居住福祉」

早川和男

二二〇〇円

目次

別冊 環 ㉒
KAN: History, Environment, Civilization

ジェイン・ジェイコブズの世界
1916-2006

序 002

〈座談会〉
いまなぜ、ジェイコブズか 004
片山善博＋塩沢由典＋中村仁＋平尾昌宏 司会＝編集長
行政・経済・都市計画・倫理学の専門家を招き、ジェイコブズへの評価と現代的意味を、専門領域を超えて徹底討論！

〈特別寄稿〉
ハーヴァード大学都市デザイン会議におけるジェイン・ジェイコブズ 044
槇 文彦

I ジェイコブズを読む

偶像的な偶像破壊者【J・ジェイコブズの都市思想と幾つかの争点】 048
矢作 弘

逆通読 ジェイン・ジェイコブズ 064
玉川英則

建築論からジェイコブズを斜め読みする 077
五十嵐太郎

管啓次郎 誰も歩き方を知らないいまま 084

石川 初 ジェインズ・ウォークのこと 086

都市の秩序とは【解読「都市とはどういう種類の問題か」】 088
中村 仁

「都市思想の変革者」の全体像に多角的視点から迫る

都市とイノベーション 108
【『都市の経済』にみる中小企業の可能性】
細谷祐二

ケベック独立運動とジェイコブズ都市経済論 124
【『分離主義の問題』を読む】
荒木隆人

はじまりのジェイコブズ 132

III 都市のイノベーション、そして国家

ジェイコブズと創造都市論 272
佐々木雅幸

ジェイン・ジェイコブズから何を学ぶか 282
【地域経済とイノベーションの視点から】
吉川智教

ジェイン・ジェイコブズに繋がる
[illegible]

別冊 環 22

KAN: History, Environment, Civilization

ジェイン・ジェイコブズの世界 1916-2006

編集＝塩沢由典・玉川英則・中村仁・細谷祐二・宮﨑洋司・山本俊哉

片山善博
塩沢由典
中村 仁
平尾昌宏
槇 文彦
矢作 弘
玉川英則
五十嵐太郎
細谷祐二
荒木隆人

宮﨑洋司
中野恒明
窪田亜矢
宇沢弘文
間宮陽介
松本 康
吉永明弘

佐々木雅幸
吉川智教
牧野光朗
岡本信広
内田奈芳美
岡部明子
山形浩生

管啓次郎
石川 初
大西 隆
鈴木俊治
佐藤 滋
山崎 亮
山本俊哉
松島克守
アサダワタル
渡邉泰彦
中村達也

藤原書店

序

二〇一六年五月四日は、ジェイン・ジェイコブズ（Jane Jacobs, 1916-2006）の生誕百年にあたり、没後十年の年にもあたっている。

ジェイコブズは、生涯を一ジャーナリスト、市民活動家として過ごしたが、多方面におけるその思索は都市計画、経済学、倫理学、環境論などに深い影響を及ぼしている。

処女作『アメリカ大都市の死と生』は、二十世紀の都市計画思想を転換させた。『都市の原理』『都市と諸国民の富』（邦訳『発展する地域　衰退する地域』ちくま学芸文庫）は、経済の発展機構を根底から問い直したものであり、構造的な停滞が続く日本に多くの示唆を与えている。また、『市場の倫理　統治の倫理』は、人間社会の根底にある倫理体系の共存と相克を提示している。

このように、都市という場を結節点として、多様な問題意識を喚起する著作を残したジェイコブズであるが、日本においては個々の専門分野において受け入れられていて、その全体像が語られていないばかりか、横のつながりもない状態となっている。

本別冊は、生誕百年という節目を契機に、ジェイコブズの全体像を日本の読者に紹介するとともに、人口衰退期という人類の経験したことのない事態に直面する日本を根底から考えなおす機会としたい。

編者一同

ジェインと息子ネッド。ドアに書かれた×印はこの建物が解体予定であることを示す。（1961 年）Box FF1, Folder D17, Jane Jacobs Papers, MS.1995.029, John J. Burns Library, Boston College.

〈座談会〉

いまなぜ、ジェイコブズか

デビュー作にして代表作である『アメリカ大都市の死と生』（一九六一年）刊行以来、都市論をはじめとして幅広い読者に影響を及ぼしてきたジェイン・ジェイコブズ（一九一六―二〇〇六）。日本でも多くの著作が翻訳されているが、都市計画、建築、経済思想、社会倫理など、専門領域に限られた視点で語られてきた印象があるなかで、本座談会では、行政・経済・都市計画・倫理学のそれぞれの読み手をお招きし、ジェイコブズへの評価と現代的な意味を、専門領域を超えて徹底的に議論していただいた。（編集部）

片山善博（慶應義塾大学教授、前鳥取県知事・元総務大臣）
塩沢由典（大阪市立大学名誉教授／経済学）
中村 仁（芝浦工業大学教授／都市計画）
平尾昌宏（立命館大学他非常勤講師／哲学・倫理学）

司会＝編集長

目次

はじめに——ジェイコブズとは何者か

問題提起

ジェイコブズの利用者として　片山善博
ジェイコブズと都市計画　中村 仁
ジェイコブズと倫理学　平尾昌宏
都市の経済学　塩沢由典

ディスカッション

ジェイコブズを地域の活性化に援用する
都市内部の多様性
都市と交通
都市のインキュベーション機能
自治の単位としての近隣
道徳論の絶妙な柔軟性
大学と地域の連携
地域、都市から考えるには
ジェイコブズの柔軟性
後藤新平とジェイコブズの都市計画
ジェイコブズの教訓

はじめに――ジェイコブズとは何者か

――本日はお忙しい中、ジェイコブズの専門家の皆さんにお集まりいただきありがとうございます。まず冒頭で塩沢さんから、ジェイコブズとは何者かを紹介していただき、それからお一人ずつ順番に自己紹介と問題提起ということで、御自身のジェイコブズとの出会いや、現在ジェイコブズについてどうお考えかお話しください。

塩沢　ジェイン・ジェイコブズは、一九一六年五月四日に生まれ、二〇〇六年四月二十五日に亡くなられました。この特集が出るころにちょうど生誕百年になります。世界各地でいろいろな取り組みがなされていますが、今回のこの別冊もその一環ということになります。

ジェイン・ジェイコブズの生涯はかなり特異なもので、話し出すと長くなってしまいます。詳しいことは近く出ます『ジェイン・ジェイコブズ再考』という本の「知られざるジェイン・ジェイコブズ」という章をご覧ください。なかなか面白いことがいろいろ書かれています。雑誌記者から身を起こした人です。ただ日本の記者とはちょっと違って、ライターと言った方がいいかもしれません。また「身を起こした」というのも変な言い方かもしれませんが、大学を卒業していないので、こういう言い方にしました。それで「素人」だなんてよく言われますが、非常に優秀な編集記者として活躍して、多くの著書を残しました。

単著として最初に有名になったのが、一九六一年の『アメリカ大都市の死と生』です。これは二十世紀の都市計画思想を転換させたと言われています。それ以前にエベネザー・ハワードの「田園都市」や、ル・コルビュジエの「輝ける都市」という考え方がありましたが、ジェイコブズはある意味でこれらの都市論とは真っ向から対立するものと言われています。

この『アメリカ大都市の死と生』の後は、邦題では『都市の原理』、それからもう一つ、『都市の経済学――発展と衰退のダイナミクス』という本が続いて出されています。『都市の経済学』は、いま『発展する地域　衰退する地域』というタイトルで文庫化されています。すでに一〇刷を超えており、堅い本がなかなか売れないなかで隠れたベストセラーになっています。「いま必要な本」と皆さんに認識されているからでしょう。これについては、片山さんからも御紹介があると思います。

ジェイコブズでもう一つ落とせないのが、『市場の倫理　統治の倫理』です。これは、私にとっては青天の霹靂みたいな本で、ジェイコブズってこんなことを書くのかと、大変衝撃を受けました。その内容や日本での反響、受容については、討論のなかで話が出てくるかと思います。

このほかにも、最晩年の『壊れゆくアメリカ』などいろんな著作があります。ジェイコブズの思想は、都市計画、経済学、倫理学のいずれにおいても大きな足跡を残しており、この三つの分野を通していまだに学ぶべきものを多く持っています。出版当時においては画期的な本だったと思います。没後の現在においても、彼女の思想にヒントを得ようとする人が、次第に増えてきています。

最後に触れておきたいのは、ジェイコブズは単にライター、著者、作家として活動していただけではなく、『アメリカ大都市の死と生』の前後にはニューヨーク、その後はトロントに住んで高速道路反対運動など地域の運動に取り組んでいた活動家でもありました。このような活動家としての側面や経験が、『アメリカ大都市の死と生』やそのほかの著作にも生きてきているのではないかと思います。

——どうもありがとうございました。『アメリカ大都市の死と生』は一九六一年に出版され、一九六九年に黒川（紀章）さんが抄訳を出していますが、一九六九年の段階で、ジェイコブズは日本で知られていたのでしょうか。

塩沢　中村さんにおっしゃってもらった方がいいと思いますが、都市計画についてはもう出たときからだろうと思います。ただ経済学やそのほかの分野で彼女の本が出たのは一九八〇年代からですから、比較的新しい。

——ありがとうございます。今日はジェイコブズ学といいますか、ジェイコブズに関してもいろんなことを勉強させていただきたいと思います。

では片山さんから、自己紹介も含め、ご自身にとってのジェイコブズをお話しください。

問題提起

ジェイコブズの利用者として——片山善博

片山　先ほど藤原さんから、今日集まった皆さんはジェイコブズの専門家の皆さんばかりなのでというお話がありましたが、私は専門家ではありません。むしろジェイコブズの利用者、活用者と言っていいと思います。ジェイコブズの考え方を利用した者であり、かつ、今は伝道者というのはちょっとおこがましいのですが、ジェイコブズの著作、特に三年前に復刻された『発展する地域　衰退する地域』をできるだけ多くの人に読んでもらうように、いろんな機会に、特に自治体関係者にお勧めをしています。

最初にジェイコブズに出会いましたのは、先ほど塩沢さんから御紹介があった『発展する地域　衰退する地域』のもとの本である『都市の経済学——発展と衰退のダイナミクス』です。これはたしかTBSブリタニカから出版されました。昔自治省という役所がありまして、私はそこにいました。当時、地域振興対策や地域活性化策、つまり衰退する地方の活性化をどう図るのかが国策として大きなテーマだったので、いろんな関連する本を読みました。その中の一冊として『都市の経済学』に出会い、非常に強い印象を受けました。それまでの自治体の地域活性化は国に頼る、補助金に頼る、金だけではなくて、アイデアや人材まで国に頼る傾向が非常に強かったのです。それではだめだ、国が進めてきた従来の地域活性化は基本的に問題があるということを、ありていに言えばジェイコブズの考え方で認識を新たにさせられました。

　その後いろんな仕事をして、一九九九年に鳥取県で知事になりました。そのときに自分が責任者として、経済が停滞した地域をどうやってこれから活性化していくのかという矢面に立つことになり、そのときに思い出したのがこの『都市の経済学』でした。改めて読み直して、それを頭に入れて県政に臨むことにしました。それまでの鳥取県も、地域経済の活性化に一所懸命取り組んでいましたが、結果的にはいい効果を生むことなく、事態は一層悪化していました。経済は停滞し、雇用は減り、若い人は出て行っていました。そこで、まず手始めに従来何をやって来たかを点検したわけですが、その中心は公共事業でした。鳥取県は、それまで公共事業最優等生県の一つでした。地域経済の活性化のため、雇用創出のため、金をつぎ込んで公共事業をやりましたが、地域経済の活性化という面でその成果がほとんど見えない原因は、いったいどこにあるのか考えざるを得ませんでした。それで鳥取県にも地域の専門家、経済の研究者がいらっしゃいますので、そういう人たちの助力も得て分析を試みました。そうすると、まさしくジェイコブズの言うとおりでした。要するに、公共事業をいくらやっても、地域の内発的発展は図れない。経済への波及効果も、実は鳥取県のようなところではほとんどない。したがって雇用にも結びつかない。そういう結論を得るに至りました。

　当時の公共事業の大半は道路事業です。その道路事業で一番金を使うのは、土地代です。しかし土地代はほとんど金融機関に預けられて、金融機関が国債を買うわけですから、経済の循環には寄与しません。特に地域経済の活性化には寄与しません。あと三割から四割が機材と鉄やセメントなどの資材ですが、これらは全部、県外から調達せざるを得ません。鳥取県には機械メーカーもないし、鉄もセメントもつくっていませんから。したがってお金は一方的に県外に流出していくだけで、県の経済に貢献しません。公共事業が地域の経済と雇用に非常に効果があるというのは、鳥取県のようなところでは全く妥当しません。地域の雇用に多少貢献することになるのは、単価の安い土木作業員の報酬、賃金です。ただこれは公共事業に投資する経費全体の中ではあまり多くなくて、例えばトンネルや橋梁など規模の大きい事業では一割強ほどにしかなりません。雇用面でみると、効率のあまりよくない投資です。こういうことをやっていてもはかばかしい成果がでないことがわかり、公共事業は大幅に減らすことにしました。

　そしてジェイコブズの「輸入代替」とい

う考え方を基本に置いて、いろんな施策を検証してみました。「地産地消」という施策も検証対象です。従来、地産地消というのは、鳥取県でもほかの地域でも、ちょっと歪んだ、違った意味で理解されていました。地域でとれたものを地域の人で食べましょうという考え方です。地域でとれたものは安全、安心で、変な農薬が入ってないし、そういうものを地域で消費することは健康にいいなどという説明をもっぱらしていました。それはそれで理屈になっていますが、発想を変えて、地域で消費するものはできるだけ地域の外から買わず、地域で生産するようにと、発想を少し変えたわけです。そうした観点から学校給食の地元食材供給率を増やすことなどにも取り組みました。

　鳥取県の経済を分析し、県外から入ってくるお金と県外に出ていくお金を比較すると、出ていくお金が圧倒的に多い。その元凶は何かというとエネルギーです。化石燃料は一〇〇%外から買いますし、電力は当時九三%ほどを外から買っていました。これでもう毎日湯水のごとくお金が出ていきます。そこで一歩一歩ですが、エネルギーを自前で供給する仕組みをつくっていくことを始めました。これはジェイコブズの輸入代替の考え方に基づいています。具体的には風力発電を県が始めたり、木質バイオマスエネルギーとして、暖房にペレットストーブを導入し普及させたりすることから始めました。もちろん一挙にエネルギーの自給ができるわけもないし、風力発電装置を数基つくったからといって大きく輸入代替になるわけでもありませんが、千里の道も一歩からです。一歩一歩やっていこうと考えました。

　県政で、このような観点から政策を見直そうと声をあげると、いろんなアイデアが出てきました。県の職員からは、木材が県内で大量に生産されているので、道路の

●片山善博（かたやま・よしひろ）

1951年生。慶應義塾大学法学部教授。地方自治論。前鳥取県知事、元総務大臣。著作に『日本を診る』『民主主義を立て直す 日本を診る2』（岩波書店）『片山善博の自治体自立塾』（日本経済新聞社）等。

ガードレールを鉄ではなく、木にしませんかという意見も出ました。こういうふうに少しずつ、目に見えない程度ですが、輸入代替という考えが徐々に浸透していきました。本当はもっとスピーディーにできればいいのですが、それはなかなか難しいので、こんなことからぼつぼつと始めたわけです。

先ほどから、今日ジェイコブズが重要だという話が出ていますが、私も全く同感です。いま「地方創生」ということで国を挙げて地方の活性化をやろうとしていますが、鳥取県のようにエネルギーを全部外から買って、お金がどんどん外に出ていって窮乏化して、雇用も失われている県が多い。そういうところには、輸入代替という発想は非常にうまく合致するし、輸入代替に照準を合わせた地方創生事業は効果があると思います。ところが、現実にはほとんどやっていません。例えば、ほとんどすべての自治体がプレミアムつき商品券なるものを発行しました。一万円で一万二〇〇〇円の購買力を手にすることができるというのがプレミアムつき商品券で、その地域でしか使えないようにしていますが、だからといってそれでどうなるものでもありません。外にお金が出て行かなくなるわけではないし、内発的発展とも全く関係ないからです。それで私は、国の政策を考えている人にも、実際に地方創生施策を実践する地方団体の人にも、少しジェイコブズを読んだらどうですかと紹介しているのです。

もう一つ今日重要だと気になっているのは、ＴＰＰ（環太平洋パートナーシップ協定）です。ＴＰＰは農産物の関税を中心にして議論がされています。また、アメリカの自動車輸入関税はなお継続するのはいかがなものかなどという議論が多いのですが、実はＩＳＤ条項（投資家対国家の紛争解決条項）があって、内外無差別が求められており、地域的な規制がやり玉に挙げられる可能性があります。そこで問題になることの一つが地元優先政策で、公共調達における地元優先政策が、このＩＳＤ条項によってだめになる可能性が高い。もともと輸入代替の観点からの地産地消政策には、地元調達優先の考え方が入っています。地酒で乾杯をしましょうなんていうのは典型的な例です。そういうのを今のどかにほほえましくやっていますが、なぜケンタッキーバーボンウィスキーで乾杯してはいけないのかと詰め寄られたときに、説得的に説明できないでしょう。このようにＴＰＰは、ジェイコブズの考え方を今の地域活性化や地方創生に取り入れようとしたときに、障害になる可能性がかなりあります。それを政府は言わない。自治体の方は知りません。敢えて知ろうともしなかった。国会審議もほとんどなされないままＴＰＰが批准されてしまうと、後で、「えっ、こんなはずじゃなかったのに」ということが起こってくるのではないかと懸念しています。今からでも遅くないので、早く、ジェイコブズの『発展する地域　衰退する地域』だけでもいいからちゃんと読もうねと、勧めているような状況です。

ジェイコブズと都市計画――中村仁

中村 私は都市計画が専門ですので、『アメリカ大都市の死と生』の話を中心にさせていただきます。

まず、私自身のことから申し上げますと、大学では最初、経済学部に入りました。いわゆる近代経済学を勉強して、民間企業に就職しました。何か違和感がありまして、もう一度建築、都市計画を勉強したいと思い、大学に入り直しました。その後、運よく助手の就職口があり、大阪の大学で助手をしました。当時は阪神・淡路大震災があった後で、そういう震災に対して都市をどう強靭にしていくかが大きなテーマでした。大阪には木造の密集している地域がたくさんあり、そこをどう改善するかは避けて通れないテーマです。非常に難しいテーマですが、避けるのもよくない、自分のやるべきことではないかと思ったので、それをテーマに選びました。

やってみるとやはり非常に難しくて、いろいろなことをしましたがなかなか研究が進まず、あれこれと悩み行き詰まっている中で、ジェイコブズの『アメリカ大都市の死と生』をもう一度読んでみようと思い、原書で読みました。もともとはハードカバーですが、私が読んだのはペーパーバックで四五〇頁ほどありました。ほとんど文字ばかりですが、少しずつ読み進めました。黒川紀章氏の翻訳書があったのですが、実は半分しか訳していません。全部で四部構成ですが、一部と二部だけ訳しています。それから訳文も、わかりにくい。そういうわけですから、ジェイコブズのこの本自体は、都市計画や建築関係者では出版されたころから知られていましたが、原書を読まない限り全体をつかみ、完全に読み込むことができない状態でした。完訳が出たのはつい五年前の二〇一〇年です。

当時は助手という身分で時間もあったので、この本を原書で読むと、それまで聞いていたこととまったく異なり、新たな発見が次から次へとありまして非常に驚きました。都市計画の教育を通常一通り受けて、自分も助手として教えたりしていましたが、これを読んだことによって、それまでとは都市の見え方が変わるという経験をしました。どう変わったのか、言葉で説明するのは難しいのですが、挑戦したいと思います。

まずジェイコブズが非常に優れていると思うのは、現状を批判しているだけではなく、常にどうしたらいいか提案しようとしているところです。先ほどの紹介にありましたように自身が実践家だったこともあって、実践する立場で常にいろんなものを観察し、批判しています。そこがまず非常にすばらしい。批判すること自体はある意味、簡単なことで、その先どうするのかというところがない批判が多い中で、実際にこうした方がいいというところまで提案しています。もちろん提案は一〇〇％のものではないのですが、できる限りのことを提案しようとしているところに、感銘を受けます。それに提案をするという視点で現状を見ているので、観察が鋭い。

また当時の正統派の都市計画や再開発事業などの根本原理や都市計画の目的を正面から批判しています。原書ではアタックという言葉を使っています。その根底には非常に重要な考え方があり、難しい言葉になりますが、「組織立った複雑性」というキーワードで都市を見ています。英語ではorganized complexityといいます。塩沢さんがお詳しいと思いますが、ウォーレン・ウィーバーという人の提唱したものの見方です。単純な問題でもないし、まとまりのない複雑な問題、カオスでもない、組織立った複雑性であるということです。これは生命科学を発展させたものの見方で、それを都市の見方にも使った方がいいという考えが根底にあります。それが『アメリカ大都市の死と生』の最終章、第二二章に書いてあります。それまでの章では、いろんなことを観察した結果や提案などがたくさん書いてありますが、最後を理論的に締めています。そこまで読むと、そういう考えに基づいて書いたのだということがわかり、読んでいる方は圧倒されます。

最近でも、生命科学者の福岡伸一氏が「動的平衡」ということを言っていますが、福岡氏の考え方とジェイコブズが都市を見るときの考え方は、非常に共通していると思います。恐らく経済に対する考え方も同様なのではないでしょうか。福岡さんが言う動的平衡とは、生命をモノとして見るとミクロな部分の集合体であり、現象として見ると動的な平衡状態にあって、絶え間なく動いて、それでいてバランスを保っているということです。動的というのは単に移動

●中村 仁（なかむら・ひとし）

1962年生。芝浦工業大学システム理工学部環境システム学科教授。都市計画、コミュニティデザイン、地域安全システム。著作に「住宅の改修を重視した密集市街地の環境改善アプローチ」（『都市計画』No. 273）「都市の多様性——ジェイン・ジェイコブズから学ぶ」（『Re』No. 170）「埼玉県における大規模震災を想定した復興準備の取り組み」（『IATSS review』39（3）、国際交通安全学会）等。

するだけではなくて、合成したり、分解したり、内部と外部の間の物質、エネルギー、情報のやりとりをしているという考え方です。その考え方でジェイコブズは都市を見ています。そういった発想は、ジェイコブズ以前には全くありませんでした。建築をする、あるいは都市計画をするということは人類の歴史で長くやってきたことですが、動的平衡という概念から都市を見たことはなかったと思います。だからこそジェイコブズの考え方は画期的でした。

こういった組織立った複雑性を考えるには、この本に書いてありますが、三つの思考習慣が大事です。一つはプロセスを考える。もう一つは、一般から個別ではなく個別から一般へと帰納的に考える。最後の一つが、ごく小さな量から来る非平均的なヒントを探して、それがもっと大きくて、もっと平均的なものが機能する方法を明かしてくれないかを考える。つまり、特殊なものから一般化できるものを考えていくということです。普通は平均を考えて対策、政策を立案することが多いのですが、特殊なものに着目して、そしてそこからより平均的なものが機能する方法を明らかにする発想が大事だということです。それを実践していたことが最終章でわかります。これが、『アメリカ大都市の死と生』の全体の話です。

具体的な話をしますと、多様性をキーワードにして都市や街路や地区を考える場合、多様性を生むための四つの条件を提示しています。この四条件は非常に有名で、現在では都市計画の常識になっています。その四条件を言葉で言うと長くなってしまいますが、要約すると誤解をまねくので、ジェイコブズの言うとおりに提示します。

第一の条件は、ある地区やその地区内部のできるだけ多くの部分が、二つ以上の主要な機能を果たさなければならない、です。簡単に言うと、住宅、商業、工業、そういった主だった用途が二つ以上、できれば三つ以上ある方が望ましいということです。ジェイコブズがこの考え方を発表した当時、住宅、商業、工業はすべて分離した方がいい、混在するのはよくないという発想が一般的でした。でもそうではない、別々の時間帯に外に出る人々や、いろんな理由でその場所に行ったり、その場所を移動したり、しかも多くの施設を一緒に使う人々が確実に存在するようでなければいけない。そうすると朝から晩まで、違った人がいろんな形でその空間を利用していくような状況になる。そのためには、いろんな用途がその地区にある必要があるということを言っています。こういった発想を、それまでの都市計画は全く持っていませんでした。

第二の条件は、ほとんどの街区は短くなくてはならない、です。街路や角を曲がる機会が頻繁でなくてはならないということです。これはぴんとこないかもしれませんが、当時の都市計画では、道は基本的に通行だけのものだから、なるべく少ない方がいいと考えます。道にそんな空間を使うぐらいだったら集約して大きな公園をつくった方がいいという発想になっています。

スーパーブロックといいまして、大きな街区をつくって、住宅を配置して大きな公園をつくると、みんなハッピーだよという考え方が都市計画にはあります。ところがジェイコブズは、それはよくない、多様性を生み出さないと言っています。道というのは単に通行する機能だけではなく、いろんな機能があるということを主張しています。この話は、また後でいたします。

第三の条件は、一つの地区に、古さや条件が異なる各種の建物を混在させなくてはならない、です。そこには古い建物が相当数あって、それぞれが生み出す経済収益が異なっているようでなくてはならないということです。新しい建物ももちろんありますが、古い建物もあって、それが混在しているのがいいということです。古い建物には古い建物の役割があることを認識しているわけです。これについても、後でまた補足いたします。

第四の条件は、十分な密度で人がいなくてはならないです。高密度をもたらす目的は問わない、人が住むことによって高密度になることも大事だと言っています。当時の都市計画では、あまり高密度はよくない、密集しているのはよくないというのが一般的でした。それに対して、違う考え方を提示したのです。

どれもこれも当時の正統派都市計画とは相反する視点を、現状の観察から導き出しました。演繹的ではなく、帰納的に導き出したのです。ジェイコブズのこういったやり方を、科学的ではない、証明もしてないと批判する人が結構います。しかし、それはないか、我々はジェイコブズのこういった提案から、現代的な意義を引き出していくというふうに読み込むべきではないかと、思っています。

少しだけ細かい内容を申し上げます。なぜ街路が重要かです。街路は車や人が通行するだけではなく、さまざまな機能があります。一つは、治安を保つという機能があります。人々がいろんな活動、あるいは通行も含め街路にいることによって、無意識のうちにお互いがお互いを監視する状態になります。それによって、安全が保たれるということです。

それからもう一つが、人々がさりげなく会うことによって、信頼が高まるということを言っています。これはどういうことかというと、お互い名前も知らない状態ですが、何となく街路で会ったりしていることが徐々に積み重なっていくと、ある種の信頼体系、人と人のつながりができていくということです。ここで重要なのは、プライバシーを保ちながらお互いの関係を築けることです。これは都市特有の仕組みで、農村では難しい。多分都市に出てくる人はプライバシーをとても重視していると思います。それを保ちながら、かつお互いの関係を築くことが、街路によってさりげなくできていく。しかも時間をかけて。そうやって出来上がったものは、一つの social capital 社会資本であるとも言っています。当時、人のつながりを社会資本なんて言っ

ている人は、皆無じゃなかったかと思います。

それから、これもあまり指摘されていませんが、重要なこととして、子供の成長と街路の関係を論じています。公園をつくって、そこで子供を遊ばせたらいいというのが近代都市計画の発想です。今でもそう考えている人が多いと思います。しかし実は子供は街路で遊びながら、大人が活動している姿を見て成長していくことがとても大事だと述べています。とても印象的なのは、子供が飛び出そうとすると、全然関係ない人が叱るということです。そういう経験をすることによって、別に自分に対して直接責任ない人が何らかの責任を負っているということを、子供は体験的に学ぶということを述べています。そういうことを街路で学んだ子供は、自分もそういうふうにするようになります。例えば見知らぬ人に道を教えてあげるとか、子供自身が成長していきます。それは、学校での先生、家庭での親のような教える立場の人が教えられない性質のものだと言っています。そこはとても重要で、我々は何らかの形で制度化して教えようと考えていますが、そうではなく、いろんな人が様々な活動をしているのを見ながら、子供は学んでいるのです。もちろん学校教育そのものを否定しているわけではありませんが、とても刺激的です。

また再開発事業などで全部クリアランスして新しく理想的な町をつくるのは、こういったものをすべて壊してしまうと言っています。いま言ったことは人々のつながりや子供の成長の話でしたが、一番重要なのは経済ですね。経済の発展にとってもこういった多様性がとても重要で、先ほどの条件は、実は経済がその町で活性化するための条件としても提案しています。例えば古い建物が必要というのは、新しく事業をする人は失敗もしますし、お金もありませんので、高い家賃のところに入れません。ところが全部新しい建物になってしまうと、既にもうかっている事業者か、補助金をたくさんもらっている事業者しか入れない。古い建物があれば、新しくビジネスをやる人がそこでやっていけると、その重要性を説いています。あと重要なのは、どう頑張っても古い建物は新しくつくれないということです。時間が経過して、減価償却などが済んで、建設コストが解消された段階で家賃が安くなります。そういうことも提起しています。

最後に、私がジェイコブズを勉強して、木造密集市街地の改善にどう生かしたかを説明します。私は、建てかえ一辺倒ではなく、「改修」ということをきちんと位置づけた方がいいと考えます。リフォームです。そのような都市計画のあり方が大事ではないかということを博士論文に書きました。今もその流れで、特に東京都墨田区をフィールドに実践しています。ただ、防災上の問題を解決しなければなりません。ジェイコブズは、防災上の問題についてはあまり明示的に言及していません。現在では、耐震補強や耐火、防火のための改修も可能になってきています。これらの点については、各方面の専門家、行政職員、地域住民の方々と協力しながらいま検討しているところです。このように改修すると、一〇〇%の解決にはなりませんが、改善の幅が広がって、ジェイコブズが言っているように、非常に重要なものを壊さずに安全にできるだろうと考えて実践しています。

ジェイコブズと倫理学——平尾昌宏

平尾　私の担当ということになるのは、『市場の倫理　統治の倫理』というジェイコブズ晩年の著作です。いまの中村さんの話は大変焦点がはっきりして、有益で面白かったのですが、私自身は、ジェイコブズはとても扱いにくいと感じています。片山さんも最初に、ジェイコブズの専門家じゃないけど、というふうにおっしゃいましたが、私もジェイコブズの専門家ではありません。実は塩沢さんから、こんな本があるよ、倫理だったら関係あるのではないですかと教えていただいて、読んだらとても面白かったというのが出会いです。

ただ、最初の私の印象は、何だか腹が立つという感じでした。どういうことかというと、恐らく今日のお話でも何回か出るかと思いますが、基本的にジェイコブズは「素人」です。今となっては私もこれがとてもいいところだと思っていますが、我々が学問的に論じている倫理や経済の問題を、素人の立場から論じています。そうすると、カチンとくるところがあります。なぜそこで腹が立つかというと、結構よくできているからです。どうも徒手空拳でやっているようなのに、一対一で勝負すると負けるのではないかというぐらいよくできている。

細かいところを見ていくと、いろいろと問題があるのは確かですが、大雑把な見通しに関しては結構破壊力があるのではないかと思いますし、実践的な有効性も備えている、というのが私自身の感想です。

　でも、少し分けて考えて考えましょう。二つの視点を確保しておくことが必要になります。まずは、専門家的な視点からジェイコブズの道徳論をどう読むかという以前に、そもそもジェイコブズの道徳論そのものをどう読むかが既に問題になります。というのは、ジェイコブズは全体像がとてもつかみにくい思想家だからです。ジェイコブズの都市論はもちろん有名ですし、塩沢さんはジェイコブズの経済についての考え方に衝撃を受けたと本にもお書きになっていますが、都市論や経済から道徳に至るまでの問題を論じることが、ジェイゴブズの中でどんな脈絡を持っているのかを見定めるのが一つの課題です。これはいわば、ジェイコブズに即しての視点です。

　この点に関して言いますと、私自身ジェイコブズの全体像を押さえているとはとても言えませんが、多分キーワードの一つになるのは「多様性」です。これは都市論で最も明確に出ています。多様性という考え方は都市論以後消えてしまうものではなくて、道徳、自然の問題を取り扱うようになった晩年まで、ジェイコブズの発想の基盤にあったのではないかと思います。

　一方、倫理学の専門家という観点から見ますと、ジェイコブズの思想はとても健全です。どういうことかと言いますと、あまり倫理学や哲学に触れない人は、倫理や道徳を論じている倫理学の先生は人間性もいいだろうみたいな見方かもしれませんが、倫理学者というのは、やっぱり人が悪いと私は思います。というのは、最悪ひょっと

●平尾昌宏（ひらお・まさひろ）

1965年生。立命館大学、佛教大学、大阪産業大学他非常勤講師。哲学、倫理学。著書に『哲学するための哲学入門』（萌書房）『愛とか正義とか』（萌書房）「ライプニッツの影——あるいは無世界論をめぐるスピノザ受容のドイツ的イデオシンクラシー」『思想』（1080号、岩波書店）等。

するこういうことが起こるかもしれないということを考えるからです。このように極端な事例まで網羅するようなことを考えると、逆に普通のところが押さえにくくなります。ところがジェイコブズの場合は、経済学者の（ロバート・）ソローが「おばさんの小話みたいだ」というような言い方をしていましたが、一見すると理論的には見えないものの、実はそこが重要で、とても健全な形で道徳について論じる可能性を持っているのではないかと思います。先ほど言いました、実践的な有効性というところです。

次に倫理学的な観点から興味深くもあり問題含みでもある点について言いますと、ただ単に健全なというだけではなくて、先ほど最初に読んだときに腹が立ったと申し上げましたが、ジェイコブズの道徳論はかなり破壊力を持っているところ、あるいはポジティブに言えば、一定の見通しを立てているという面があります。それは、ジェイコブズの道徳論のポイントで、邦訳のタイトルにもなっていますが、倫理や道徳のあり方には二種類あるといっているところです。「市場の倫理」と「統治の倫理」です。お互いに対等な立場で正直につき合いましょうという「市場の倫理」の体系と、全体の規律に従いましょう、伝統を守りましょうということを含む「統治の倫理」の体系、この二種類の道徳があるとジェイコブズは言っています。私としては、もっとほかにもあっていいのではないかという気もしますが、ジェイコブズの主張で面白いのは、この二本立てを武器にして、具体的な事例にも切り込んで行くところです。これが先ほど申し上げた実践的な有効性に繋がるわけですが、逆にそうすると、我々はジェイコブズがそんな風に言い切る理由とか正当性を考えないといけない。おそらくジェイコブズの道徳論に対して倫理学が施すべき作業はこの点になると思います（平尾論文参照）。

先ほどの中村さんのお話にありましたが、多分ジェイコブズの利用方法と関係しますが、恐らく専門家ではないアマチュアの役割は二つあります。一つは専門的な議論と人々とをどうやってつなぐかという役割。もう一つは、これは極めて優れたアマチュアにしかできないことですが、専門的な議論に捉われないで全体的な枠組みを提示するという役割です。そうして、アマチュアによって全体的な枠組みが提示されているのなら、それを今度はどう生かしていくか、修正する必要があるのか、使われる場面があるのかを検討していくのが、専門家の責任だと思います。

実際ジェイコブズの議論を活用するという観点から考えている人たちは既にいて、日本の場合ですと、例えば経済学者の松尾匡さんが藤原書店から出された『商人道ノスヽメ』という本の中でジェイコブズに言及していますし、社会心理学者の山岸俊男さんがジェイコブズの議論を取り上げています。また歴史学では與那覇潤さんがジェイコブズの議論を援用しています。だとすれば、狭い意味での倫理学ということに限らず、社会や人間のあり方をもう一回根本から考え直すための材料になるだろうと、私自身は思っています。

　ジェイコブズの道徳論がある意味で破壊的だというのはこうした意味でです。つまり、単に倫理学がということだけではなくて、倫理学とか社会科学といった枠組みをいったん外してみて、そこから考えられることがあるということを、ジェイコブズは示しているように思われるわけです。

　その点、こうした日本でのジェイコブズ受容を拝見していて、ちょっと不満なところがあります。というのは、ジェイコブズの議論を前提とし、それに対する疑いがあまりなくて、そのままの形で使おうとする傾向が見られるからです。やはり検討は必要で、その上でどうやって活用していくかを改めて考えるべきだろうと、私自身は思っています。もし倫理学者としての責任があるとすると、その点かなと。そして、その際に重要になってくるのが、冒頭に申し上げた「多様性」ではないかと思います。

都市の経済学——塩沢由典

塩沢　私も経済学畑ですが、片山さんの経済政策に対して、私は理論面です。最初の出会いは片山さんと同じ『都市の経済学——発展と衰退のダイナミクス』です。大阪市立大学に移って五年後、イギリスに一年間外国出張に行って、帰ってきたら書店に『都市の経済学』が並んでいました。えっ、こんな本が出たのと思って読んでみました。大阪市立大学の母体は旧制大阪商科大学で、そこで経済学をやる以上、こういうものはちゃんと読まなきゃいけないだろうと義務感で読み始めましたが、とりこになってしまったというか衝撃を受けて、その後なるべくジェイコブズのものは読もうと思うようになり、いろいろ影響も受けました。

　ジェイコブズのこの『都市の経済学』、文庫化された『発展する地域　衰退する地域』は、基本的には経済発展論の本だと思いますが、もう一つこの本の重要なメッセージは、これまで一国単位で経済を考えてきたけれども、それではだめだということです。こちらの方が、少なくともこの『都市の経済学』においてはメッセージ性が大きいかもしれません。前著の『都市の原理』ではそういう話は出てきませんが、『都市の経済学』では冒頭にこの話が出てきます。このことが普通の経済学者から顰蹙を買う原因かも知れません。一国単位の経済学というのは、中央集権的な考え方です。日本は明治維新以来、約一五〇年になりますが、そのままでは立ち行かなくなっています。ここに我々がジェイコブズを読まなくてはいけない本質的理由、今日的意義があると思います。

　それはどういうことかというと、日本の明治維新以来の中央集権制は、少なくとも一九八〇年代ぐらいまで、すごく効率的な体制だったと思います。だからこそ、みん

●**塩沢由典**（しおざわ・よしのり）

1943年生。大阪市立大学名誉教授、前中央大学商学部教授。理論経済学。進化経済学会会長、関西ベンチャー学会会長を歴任。『複雑系経済学入門』（生産性出版）『マルクスの遺産』（藤原書店）『関西経済論――原理と議題』（晃洋書房）『リカード貿易問題の最終解決』（岩波書店）等。

なすごく大きな幻想を持ってしまいました。そして一九八〇年代、日本はその一時期、人口一千万人以上の国で、一人当たりのGDPがトップになりました。今は大分落ちていますが、落ちたから悪いとは私はそんなに思っていません。しかし、ともあれ、一九八〇年代の一時期、日本はキャッチアップの時代からトップランナーの時代に移りました。先が見えていてヨーロッパやアメリカのまねをするときには、中央集権はすごく効率的な制度でしたが、トップランナーになったら先例がありません。新しい問題にぶつかれば、自分たちで解決策を考えなければなりません。そのトップランナーになった時代にどうしようか、何をしなきゃいけないか分かりませんでした。そんな状況がいまも続いているように思います。先ほど片山さんが言われたことですが、中央の人が考える、政府が考えるだけでは到底足りない時代になっているのに、残念ながらそれぞれの地方に、自分たちの問題を考える人材がまだまだ足りないし、それを支える学問もないのだと思います。

先ほど、普通は一国単位の経済学であると言いましたが、もちろんそれ以外に地域経済学というものもあります。ところがこれは非常に奇妙な構造を持っています。地域の意味するところは、国の中の地域もあるし、例えば東アジアというような、国を内包する地域もあります。その両方とも、地域です。経済学は本来一国単位の学問であり、そこに原理があり、それ以外の地域の経済は、応用経済学としてやるという考え方が、定着している。地域経済学はそれを象徴的に表しています。しかし、そうではない、経済の発展を考えるときには都市が核になるんだということを明確に打ち出したのは、ジェイコブズが初めてだと思います。
ジェイコブズにすごく衝撃を受けて、大阪市大にいたので、大阪市、または関西経済圏を研究対象にしました。私は「一日経済圏」、「一日交流圏」という言葉を考えました。金持ちなど特別な人は別にして、普通の人が毎日行き来できるような範囲のことです。そこにどのぐらいの人が住んでいるかが、その地域のかなり大きな規定要因になります。その一日経済圏、交流圏としての関西経済圏を考えたのですが、大阪市大を定年するまでに本にまとめることができませんでした。定年後すぐに、京大の関西経済論という三年間だけあった講座の客員教授になり、その間にいろいろ考えて、『関西経済論――原理と議題』という一冊の本にしました。北海道経済論、東北経済論、北陸経済論など、何とか経済論という本は数ありますが、ほとんどは二〇年ぐらい前までの歴史で終わっています。歴史も重要だと思いますが、それだけではなくて今の課題、今後の課題について考える人がもっと出てこなくてはいけません。それがないということが、どの大学でも大きな問題になっていると思います。

先ほど片山さんから、学校の管理栄養士さんにどうやったら地域の野菜を使えるか考えてもらったという話が出てきました。そういう考える人があらゆるところにいないと、いくら片山さんがトップでいいことを考えても、よい政策としては実現しません。本当に普通のところにいる人たちが考える必要があります。ただその考える枠組みというか、手立てないしはヒントは、経済学などが提示しなければならないと思いますが、やってないですね。そういう意味でも、ジェイコブズはより多くの人に読んでいただきたいし、刺激を受けていただきたいと思っています。

ジェイコブズの著作を、経済発展論として捉えると、普通の経済学の範囲から外れています。先ほど平尾さんが言われた、ソローに酷評された『経済の本質――自然から学ぶ』。あれはわたしも最初は環境論の話だと思いました。しかし、良く読んでみると、じつはあれは経済学の基本的な分析枠組みを捉えなおそうとした本なのです。この点は、別にこの別冊に書かせてもらったので、興味のある方はそちらをお読みください。『都市の原理』と『都市の経済学――発展と衰退のダイナミクス』、それに『市場の倫理　統治の倫理』と『経済の本質』は、経済四部作といってよい性格を持っています。しかし、アカデミズムの中の経済学の枠には収まらない。

『都市の原理』と『都市の経済学――発展と衰退のダイナミクス』も、アカデミズムの経済発展論ではありませんが、経済発展のメカニズムを非常にうまく捉えています。中村さんの話にもありましたが、非常に具体的なところから大きな枠組みを考えています。経済学でも、国単位で考えることになぜ問題があるかということを考えた人はほとんどいません。

もう一点、彼女の著作は、一年先、二年先にＧＤＰがどうなるかということを考える経済学ではありません。少なくとも一〇年、長ければ百年単位でどうなるかを考えるものなので、なかなか普通の経済学者にはつながらないところがあると思います。でも、ぜひ読んで刺激を受けていただきたい。考えるヒントが満載です。先ほど中村さんが地域を活性化する力ということを言われましたが、ジェイコブズは都市のインキュベーター機能ということを言っていたのだと思います。都市の多様性はなぜ必要なのか。古い建物の話も出てきましたが、家賃の低い建物がないと、新しいものを若い人が始めることがむずかしい。大都市の中で大きな開発をしてしまうと、その地域の家賃が一律に上昇してしまいます。そうすると、そこに入る業種が限られてしまう。高い家賃を払える業種・業態に商売が限定されてしまいます。それでは、本当の意味で経済を育てる力がありません。あたらしい商品やサービスを生み出す機会が限られてしまうからです。

　彼女は、著作の中で非常に具体的な事実を取り上げます。山形浩生さんは裏取りや実証性がないと文句を言っていますが、私はそうじゃないと思います。例えば私が面白いなと思っているのは、ブラジャーがどのように発明され、世界に広まったかということです。ニューヨーク在住のローゼンタール夫人が、自分が仕立てたドレスの着付けに満足できず、なんとかならないかと考えたものがだんだん評判を呼んで独立の商品になった。別のエピソードでは、彼女の友達の物理屋の話が紹介されています。注文の測定機械をつくるために、どこで調達できたかという話が紹介されています。三十数個の部品が要るのですが、その買い物リストと、それらをどこで買ってきたかのメモを紹介しています。そして、その部品をニューヨークで買い集めるとどのぐらい時間がかかるのか、フィラデルフィアで買い集めるとどのくらいかかるのか、こういう考察をしている。ニューヨークの場合一日でできるものが、アメリカ国内でも大都市であるフィラデルフィアでは一週間近くかかるだろうという推測をしています。このちがいが、ニューヨークという都市がもっているインキュベーター機能の一例です。こういう違いがあるから、たった一人の物理測定装置屋さんにはニューヨークはひじょうによい立地なわけです。試作品を作るときにも、同様の事情があります。小さな話に見えるかも知れませんが、新しい商品・新しい産業がどこから生まれるのかという観点からは根本的な観察をしています。

　この話を、大都市でなければなにもできないというメッセージとして捉えると問題があるかもしれませんが、どんな発展を考えるにも、自分たちの有利さ・不利さはどこにあるかを考えなければなりません。そういう意味でも、ジェイコブズは、普通の経済学者が目を付けない、すごく面白い視点をもっています。

ディスカッション

ジェイコブズを地域の活性化に援用する

――どうもありがとうございました。諸先生がいろんな角度からジェイコブズに関心を持っていることがよく分かりました。

ジェイコブズの『都市の経済学――発展と衰退のダイナミクス』の邦訳が出版されて、今年で三〇年、『発展する地域　衰退する地域』という書名で文庫化され、現在もなお読み継がれています。塩沢さんからは、これまでの経済学では一国単位が常識だったけれども、ジェイコブズは都市に焦点を当てたという話がありました。両書名に出てくる都市と地域をどのように考えてジェイコブズに迫ったらいいのでしょうか。片山さん、このあたりを整理して、これからの都市、地域をどうすべきなのか、ご発言いただけるでしょうか。

片山　私は『都市の経済学』を読んだときに、単純に都市と捉えないで、日本の地方は都市を中心にして、その周辺部分も含んだ地域が一体的な経済や雇用の圏域を形成していますから、そういう単位で捉えました。鳥取県は小さい県で、鳥取市と米子市という中心都市があって、あとは大体そこから大きな影響を受ける地域で、一日もかからない交流圏です。鳥取県の都市を中心とする地方圏を一つの単位として捉え、国全体を視野に入れたマクロ経済と鳥取県という一つの地域に視点を置いたミクロ経済との違いを、この本によってよく認識できるようになりました。

従来、経済の問題は、塩沢さんも言われたようにすべて一国単位で考えていました。したがって、例えば公共事業はマクロ経済で有効需要を創出しますというのも、多分確かだろうと思います。そうすると公共事業は無駄だという議論を展開するときも、マクロ経済レベルで有効需要を生み出す能力が減ったとか、いや、そうではないという議論ばかりしてしまいます。鳥取県でも中央レベルの統計を使ってそういうことをやっていました。ところが鳥取県だけを抽出して分析すると、まるっきり違ってきます。公共事業は、鳥取県の地域経済にほとんどと言っていいほど寄与していません。鳥取県でいくら公共事業をやっても、潤うのは瀬戸内海沿岸の地域だったり、東京湾の製鉄所だったり、場合によってはブラジルやオーストラリアの鉱山労働者の所得がふえたりと、そういう話になってしまいます。そうやって調べてみると、もっと地域本位でいろんなことを考えようということになります。

例えば鳥取県は文化芸術後進県みたいな面がありましたので、文化芸術政策に力を入れていました。箱物をつくって、ミュージカルや能などいろんなものができるようにしました。ところがソフトはやはり東京から呼んできます。歌舞伎やオペラを呼んできて、それで非常に質の高い文化芸術に触れることができた、よかった、よかった

『都市の経済学』は地域に根差して、地域を発想の拠点にするということを教えてくれる本として、非常に普遍性、広がりがあると、私は思っています。（片山）

ということなのですが、お金はごっそり持っていかれています。文化芸術を振興すればするほど、地域経済は貧乏になります。そういうことにも気づかせてくれました。

それで文化芸術をやめようではなくて、まだ今の段階では東京の質の高さにはかなわないが、自分たちで少しずつこつこつと高めていこうじゃないか、そのための人材も養成していこうじゃないかというところに思いが至りました。すると、やっている方も鑑賞する方もとても楽しくなるのです。そして別に二流、三流のパフォーマーが勝手に夜郎自大になるのではなく、多少そういう面もあるけれども、住民が自分たちでこれからいい鑑賞者になって、パフォーマーたちを少しずつ鼓舞していこうじゃないかと考えるようになり、地域全体が変わってきます。そうすると、おのずとパフォーマーの質も高くなってきます。私だけではなく、『都市の経済学』を読んだ人は文化芸術も地域単位で考えるという発想を、体得していきます。

さらに言えば、研究もそうです。私は鳥取大学の評議員をやっていたものですから、毎回評議会に出席して、地域本位の考え方に基づきいろんな発言をして鳥取大学の研究者たちを刺激しました。国立大学だから、彼らは経済学に限らず総じて国単位でものごとを考えていました。しかし研究テーマを、地域から捉えてみるといろんな課題があるわけです。特に鳥取県は過疎先進県ですから、過疎地が抱える交通、医療、福祉、子育て、教育など、いろんな課題がありま す。地元の国立大学の先生たちがそういう課題を研究対象にして深めていくと、さきほどの中村さんの話ではありませんが、特殊なところ、個別なところから一般化、普遍化ができます。それを継続して追究していると、どんどんメジャーな存在になっていく研究者も出てきます。いろんなところからお呼びがかかったり、中にはよその大学に引っこ抜かれたりした人もいます。地元にとっては残念なことですが、研究者たちにとっては、それはとてもいいことだと思います。

東京大学や京都大学を中心にした研究者の体系があって、そのピラミッドの中で自分をどう位置づけるかを一所懸命彼らは考えていましたが、地元に根差して、地元で自分たち独自の研究をしていって、それでだんだんメジャーになっていくという味を覚えますと、研究者はすごく輝いてきます。『過疎地域の戦略――新たな地域社会づくりの仕組みと技術』という本を、三年ほど前に鳥取大学の研究者のグループが出しました。実にいい本です。京都の出版社から出しましたが結構売れたようです。海外にも紹介され反響があったと聞いています。
　このように『都市の経済学』は地域に根差して、地域を発想の拠点にするということを教えてくれる本として、非常に普遍性、広がりがあると、私は思っています。

――塩沢さん、都市と地域をどう捉えたらいいのでしょうか。

塩沢　欧米、特にアメリカの常識を、なかなか日本には当てはめにくいところがあります。地理学の一つの定義では、都市とは人家と人家が四百メートル以上離れずにつながっている範囲を言うそうです。そういう定義でいうと、例えば京阪神はほとんど全部つながっています。多分、ところどころ切れるかもしれませんが、太平洋ベルトも大体つながっています。ジェイコブズ自身も、日本の太平洋ベルトは一都市じゃないかということまで言っています。しかし、太平洋ベルトをひとつの都市とは言っていられない事情があります。大阪と東京となら、日帰りで仕事ができます。しかし、往復に三時間、交通費も三万円かかります。そうすると、一日交流圏というわけにはいきません。普通の人が毎日行き来できる範囲と、この広がり過ぎた太平洋ベルトとはやはり違います。その中でどういうものを単位に考えるか、日本の特殊性を考慮した上で、新しい概念が必要になります。そこで考えたのが「一日交流圏」という概念です。
　先ほどの片山さんの話に関連しますが、トップランナーになると、もう外国にも先例はありません。自分たちで問題を発見し、解決しなければなりません。そうすると、課題先進県ほど研究者にとってはいいところということになります。それに気づいてもらうだけでも、すごいことじゃないかと思います。日本の人文社会系の学問は、どうしても今までは輸入学問でした。しかしそれでは対応できないところまで追い込まれているとも言えます。発想を変えれば新しい研究課題が生まれていることになります。ジェイコブズは、そういうヒントにもなるという意味でも、面白いと思います。

都市内部の多様性

――先ほど平尾さんは多様性というキーワードを言われましたが、ジェイコブズはどのように多様性にアプローチしたのでしょうか。

平尾　ジェイコブズ自身の出発点は都市だと思いますが、晩年までのジェイコブズの全体を見ると、最終的には自然の問題まで行っています。ジェイコブズを特徴づけるときに、アカデミシャンではない、素人だという言い方もありますが、私は十八世紀、十九世紀に活躍したナチュラリストみたいなものだと思います。自然愛好家とし

ジェイコブズを、アカデミシャンではない、素人だという言い方もありますが、私は十八世紀、十九世紀に活躍したナチュラリストみたいなものだと思います。（平尾）

て、自然を観察する。自然の中に自分も生きていて、そうした自分の身の回りのものを観察し記述する。そうするとあまり抽象的なことを出発点にするのではなく、具体的な場面に関心が行きます。そういう生き方をしたのかなと思います。

だからこそジェイコブズは多様性を大事にしているのだと思います。都市や経済に対するアプローチもそうですし、道徳や倫理の問題に関しても、やはり具体的な事例から出発しています。ひょっとすると、特殊かもしれないようなところから考えて、帰納します。ジェイコブズがずっと使ってきた手法です。

しかし、倫理の場合には、これが問題になります。事実を幾ら集めても、そこから直接的に価値を導くことはできませんし、「多様だね」と言うだけでは、規範になりません。ジェイコブズが『市場の倫理　統治の倫理』でこの難問にぶつかっていなくて、有意義な議論を提出できているのは、倫理一般について論じるのではなくて、仕事上の倫理というところに限定して考えているからです（平尾論文参照）。もっとも、それを倫理一般にまで拡大して考えるということになると、難しくなってきますが。

また、我々の生活の中には、しばしば思いがけないことが起こります。だから我々は生きるのにあれこれ悩むことになります。

実際、ジェイコブズの都市論でも、多様性とともに予測不可能性がとても重要だと説かれています。とすると、例えば都市計

画をすること自体が難しいんじゃないかと思うんですが、都市計画を専門にされる中村さんがその辺をどう考えられているのか、私にはとても興味があります。藤原さんの御質問にお答えするというよりは、振る形になりました。

中村　先ほどの発言を補足しながら、ぜひお答えしたいと思います。普通、建築や都市の本にはイラスト、図版がたくさんあります。そういうものがないという点で、『アメリカ大都市の死と生』は非常に特殊です。

そのため絵で表現することに情熱を燃やしている人たちの中には、その点を問題視し、脇に置いている方が大勢います。しかしジェイコブズは、初めに「イラストがお望みだったら、自分の目の前の都市を見てください」と書いています。ジェイコブズは、絵を描く能力が劣っていたかもしれませんが、それ以上に私には、写真やイラストで示すことによってイメージが固定することを懸念しているように思われます。そして言葉の力、多様な可能性を信じていたようです。事実、私自身も毎年のように大学院の授業で読んでいますが、読むたびにまた新たな発見があります。

都市計画の話をしますと、ジェイコブズは都市計画を批判しましたが、否定はしていません。都市計画をするときどうしたらいいか、いろんな提案をしています。そこを読まない人が結構いるんです。皆さん都合よく利用しています。

ジェイコブズは都市計画自体を否定していない。都市を組織立った複雑性と捉えているからで、ある程度秩序を保つという側面を捨てていないわけです。（中村）

ジェイコブズは、ゾーニングといいまして、用途を分けるのはよくないと言っていますが、ゾーニングそのものを否定しているわけではなく、必要なことはやった方がいいという立場です。例えば、通りに面して間口が大きくなり過ぎないようにした方がいいと言っています。一定の間口にした方が全体の多様性に寄与するのではないかと、多様性という観点から必要な介入は認めています。また多様性が過剰になると自己破壊を起こすことがあるが、公共施設を適当に配置すればそれを未然に防ぐことができるなど、いろんなことを言っています。このような発言からわかることは、ジェイコブズは都市計画自体を否定していないということです。最初に申し上げたように、都市を組織立った複雑性と捉えているからで、「組織立った」というところで、ある程度秩序を保つという側面を捨てていないわけです。全くのカオスにはしていない。こういう視点から都市計画を考えるというところが、非常に斬新です。最初はジェイコブズの議論になかなかついていけない面もありました。現在においても、完全にこのジェイコブズの考え方を踏まえて都市計画ができているわけではありません。ジェイコブズを意識しつつも旧来型の都市計画をしている人、あるいは全くジェイコブズのことを知らない、名前を知っている程度の人の方がむしろ多いのが現状だと思います。そういう状況で、現実にいろんな都市の改造、道路建設、再開発事業などが進められています。

先ほど四つの条件を紹介しましたが、そのうちの二つ、三つを使って都市計画していることも多いです。特に用途をミックスするというのは、いま主流です。例えば、最近の再開発では基本的に住宅と商業、業務とを一緒にしてつくります。それによって、ある程度多様性が生まれています。これで成功している面もあります。しかし古い建物があるまちにはなっていないですね。そのあたりは、ジェイコブズの考えをうまく取り込めていません。

都市と交通

中村　注目している人が少ないのですが、ジェイコブズは交通問題、自動車の問題にも言及しています。渋滞を防ぐためには車道を広げればいいというのが一般的ですが、そうするとますます車がふえていき、いたちごっこになってしまいます。ジェイコブズはそういう対策ではなく、車の機能をある程度認めつつ、どうやって車を削減するかを考え、車が自然に運転しにくくなる状態をつくることを提案しています。都市でイベントがあり、人がたくさん歩くと、そ

こは車が通りにくくなり、ドライバーの方がそこを避けるようになります。そうすれば、高いパフォーマンスを保ったまま都市の車の削減ができると言っています。そうじゃないと巨大な駐車場をつくるとか、道を広げるという話になってしまいます。ジェイコブズは動的平衡という言葉そのものは使っていませんが、そういう視点からどう計画できるかいろいろ提案しようとしているところに、いろんなヒントがあると思っています。

塩沢　ジェイコブズが街路の使い方の中で、二四時間使える街路が望ましいと言っているところがありますよね。普通のところではなかなか実現できないと思いますが、あれはなかなか面白い。

都市のインキュベーション機能

塩沢　私はいま自由が丘の近くに住んでいますが、あそこはどうもあまり都市計画されたことがないところです。今も道路が狭いし、車歩分離があまりできていません。しかし面白い町です。商店街がいまでもすこしずつ拡大しています。駅からすこし遠いけれども、新しい人たちがそこで新しいビジネスを始めることができます。すぐ隣に田園調布という町があります。あそこは有名な、計画で全部つくった名前どおりの「田園都市」です。少なくとも駅の西側の半分はそうです。周辺部にはいくつかお店がありますが、開発地域の中は今二軒しか商売やっているお店がありません。一軒は、兵隊屋というそば屋さん。もう一軒は小さな本屋さん。田園調布はすばらしい住宅街ですが、インキュベーション機能が全くありません。田園調布を開発した当時は理想の田園都市でしたが、いまもそのままです。自由が丘と田園調布、すごくシャープな対称です。

ジェインズ・ウオークという町をちょっと歩いていろいろ考えてみましょうという世界的な取り組みがあります。その一環として昨年五月四日に田園調布から自由が丘まで歩いてみました。あちこち寄っても二時間で歩けますが、ハワードからジェイコブズへと都市計画思想の推移が目の前に展開されている面白い散歩コースです。多くの人がこの二つの街に行って比較してもらいたいと思います。

自治の単位としての近隣

中村　もう一点補足してよろしいですか。先ほどからの地域の問題に関連しますが、ジェイコブズは『アメリカ大都市の死と生』の中で、地域を経済の単位というよりも、地域自治の単位と考え、三つの近隣が大事だと言っています。近隣というと通常は割と小さな範囲を指すと思いますが、ジェイ

ジェイコブズは、その小学校区を単位とする近隣を、地域の活性化を生むには非常に中途半端な規模であるとして批判しています。（中村）

コブズは独自の提案をしています。第一は、全体としての「都市」。通常、都市全体を近隣とは言いませんが、都市全体が人のつながりという意味で非常に重要な一つの近隣の単位と言っています。第二は、街路近隣、先ほど言った「通り」です。第三は、ユニークなのですが、都市までいかない規模の「地区」、これは都市よりは狭いのですがあまり狭過ぎない範囲です。

　この第三のレベルの地区がなぜ重要かというと、通常オーソドックスな都市計画の近隣は小学校単位です。一つの小学校で構成される単位を近隣として、小学生が安全に通えるように歩車分離するなどの理論が一九二〇年代にアメリカでできました。近隣住区論といいます。その後ニュータウンに応用されて、いまでも都市計画の標準理論です。ジェイコブズは、その小学校区を単位とする近隣を、地域の活性化を生むには非常に中途半端な規模であるとして批判しています。そして、政治的な影響力も考慮してもっと広く人口規模の大きい地区を地域自治の単位にしたほうがいいと言っています。ただし、何人規模ということは明示していません。それはその都市の置かれている状況によっても変わってくるので、数字としては言いにくいということです。例えば鳥取と東京とでは全く違うので、それぞれの解釈があっていいと思います。それを曖昧だと批判する人がいますが、私はそうは思わない。明確にしないことによって応用できる範囲が広がっていると思います。

　もう一つ申し上げたいのは、第二の街路レベルの近隣についてです。人によって距離、範囲は違い、遠くまでのつき合いがある、交流に行く人もいれば、そうじゃない人もいるから、ある特定のエリアで近隣の範囲を区切るのはよくないと言っています。ここにも動的な概念がとてもよく表れていて、面白いなと思いました。こういった提案も、いまだに都市計画の上で消化し切れていないと思います。

　地域という言葉は非常に便利な言葉で、私もよく使います。狭いコミュニティで使うこともできるし、広い都市圏みたいな範囲でも使うことができて、曖昧ではあるけれども、逆にそこがいいところかなという気もしています。

　地域という言葉は、明確に定義はできませんが、必要に応じて定義して議論すればよく、そうする必要がなければ自由に使っても語弊がないのかなという気がしています。

　――ジェイコブズがそう言っているのでしょうか。

中村　ジェイコブズはそう言っていま

せん。私個人の意見です。

——都市というのは、どれぐらいの規模なのでしょうか。

塩沢 これは難しい。

——ジェイコブズの分析対象はアメリカの都市で、片山さんは鳥取市ではなく、鳥取県を対象として考えましたよね。

片山 どちらでもよいのですが、私は知事をやっていたので鳥取県を対象としました。鳥取市だけを対象として考えることも有意義ですが、今の鳥取市は鳥取県の三分の一よりも広い地域ですから、似たようなとらえ方になると思います。

道徳論の絶妙な柔軟性

平尾 藤原さんがこだわっておられる都市、地域の範囲や規模は、ジェイコブズを読むときに結構出てくる問題です。ジェイコブズは用語の使い方にも、融通無碍なところがあります。専門家に議論させるとちょっと限定し過ぎて、専門家じゃない人間が読むとあまりよくわからないところを、ジェイコブズはうまく案配していると思います。あまり専門に傾き過ぎないし、かといって具体的な、特殊な事例だけを述べているわけでもない。そのさじかげんが、結構絶妙です。

これは結構大事なことだと思います。専門家には、多分できないことです。ジェイコブズの説く都市論や経済もそうだと思いますが、道徳や倫理の問題も、ある面とても曖昧ですが、別な面から言うと融通がききます。この融通がきくというところが、ジェイコブズの道徳論のポイントです。翻訳では「倫理選択」と訳されていますが、英語原文では moral flexibility です。柔軟性を持っている。ジェイコブズの道徳論を拡張して、倫理一般の問題を考えるという場合にも、そこがとても大事です。我々は理論をつくるときにはどうしても堅く、堅く考えます。そうするとそこから漏れが出てきてなかなかうまくいきません。ジェイコブズはそこのところを、私からすると本当に魔法みたいなやり方で、必要なところを言い、余計なことを言いません。そこが私自身は悔しい。

塩沢 別冊全体の編集を今度ちょっとお手伝いさせてもらって、私はこのジェイコブズの『市場の倫理　統治の倫理』が日本の中にこれだけ影響力があったのかと一番見直しました。平尾さんも何人かの先生の名前を挙げましたが、橋本努さんもそうだし、ほかにも知らないだけで影響を受けたり、ヒントをもらったりした研究者がいるでしょうね。平尾さんが上げられた与那覇潤さんは、『中国化する日本』中でジェイコブズに直接触れているのは二、三行だけ

ジェイコブズの説く道徳や倫理の問題も、ある面とても曖昧ですが、別な面から言うと融通がききます。この融通がきくというところがポイントです。(平尾)

格差の問題、環境問題、社会保障の問題、これらは倫理学なしに議論できません。ところが経済学は、自分たちの専門の中だけで議論しています。（塩沢）

ですが、全部を読むと大きな枠組みとして使っていることがわかります。

ここで私は倫理学者にちょっと文句を言いたい（笑）。なぜこういう経済学や社会学の研究者が飛びつきたくなるような倫理学の本を、倫理学者は書いてくれないのでしょうか。これは大きな問題です。いま東芝の不適切会計問題やフォルクスワーゲンの環境規制逃れのソフトの問題など、企業倫理や不正問題が世を騒がせています。企業の不祥事を全部並べたリストのウエブサイトがあります。それを見ると技術的に失敗した、運が悪かったといった事案もありますが、東芝やフォルクスワーゲンの例は決して言いわけのできない不正問題です。この問題には、本来何らかの形で経済学も取り組まなきゃいけないのですが、我々には手がかりがありません。経済学は、アダム・スミス以来の伝統を持っており、スミスが『道徳感情論』という本を書いた倫理学者だったことを経済学者はよく知っています。しかし自分たちの経済学の中に、倫理学をどう組み込んだらいいか、どうリンクさせたらいいかということに関しては、ほとんど手がかりがありません。

だからこそ何人かの研究者が、ジェイコブズにヒントを見いだしたのだと思います。起こったことは仕方がないし、ジェイコブズは小説だから書けたという側面もあると思いますが、やはり倫理学者は衝撃を受けて本格的に考えてもらいたいし、その上で経済学と交流ができるといいなと思います。格差の問題、環境問題、社会保障の問題、これらは倫理学なしに議論できません。ところが経済学は、自分たちの専門の中だけで議論しています。これがいいという人もいますが、それでは本当の根底のところがうまく議論できないと感じています。何人かの研究者が、経済における倫理の問題を浅く捉えたことはあるかもしれませんが、ここから再出発しなければなりません。

平尾　そうだと思います。私が倫理学者を代表して言いわけしなければならない理由はありませんが、でも少し言いますと、経済学や心理学は、かつてはすべて倫理学の圏内にありました。それがだんだん独立して、具体的な問題はそこに任せて、倫理学は全体の枠組みや非常に抽象的な原理に絞って考えてきました。具体的な事例は、古代、中世ではやっていましたが、そのほかの科学が発達しましたので、近代にはあまりやらなくなりました。ですから、倫理学が役立たないように見えるのは、それなりに理由のあることなのですが（平尾論文参照）、その結果、私は残念に思うんですが、倫理学は非常にやせ細ってしまいました。私は、倫理学を活性化するために、ジェイコブズの議論は十分に起爆剤になると思います。ただ、難しい点もあります。

　先ほどから私がジェイコブズのいう多様性の問題を提起しているのは、道徳や倫理の問題と関係があるからですが、実はジェイコブズは道徳論では単に多様性だけを言っているのではなくて、道徳には二つの体系があるという出し方をしています。これが非常に有効だと思うんです。三つ、四つになるとわかりにくいものが、二つだとすごくわかりやすいからです。すごく単純な理由ですが、実践的な有効性という観点からすると、ここはとても重要です。ただ、ジェイコブズの議論とそれをベースにして考えることとは、また別だと思います。なぜかというと、別に倫理学に限った話ではありませんが、ジェイコブズが見出してきている二つの原理は、社会の枠組みとして考えたときに、完全に並び立っているものでは必ずしもないからです。

　例えば片山さんは知事をやられていましたが、これは完全に統治の立場です。しかし、先ほどから藤原さんが問題になさっているように、その統治には、市の統治もあれば県の統治もあるし、国の統治もある。そうした社会の重層性があって、それと市場が密接に絡み合って、そのほかのさまざまな要素も包含して社会ができています。それを見るときに、いわば腑分けするためには、少なくとも「二つの視点があります」というのはなるほどとても有効です。ただ二つになるとまずい面もあります。というのは、二つ並べるとどっちをとるかという話になりがちだからです。その点、ジェイコブズの議論のよくできているところは、少なくとも、この二つとも必要だと言っているところです。

　最近の松尾さんや山岸さんの議論も、二つの道徳のあり方があって、両方ともずっと続いていくものだと思うとおっしゃってはいるのですが、それぞれの論者の推したいものがあります。それで、いまこちらがメインになっているが、こちらの方がいいのではないか、多分時代の流れからするとこうならざるを得ないだろうという議論の展開になります。そういうふうになると、ジェイコブズが出発点としていた多様性が失われてしまう可能性があります。そうならないようにするために、私はもう少しジェイコブズにこだわりながら、落ち着いた検討をする方がいいのではないかと思っています。

大学と地域の連携

塩沢　経済学と倫理学だけとってみても、これはなかなかつながらないし、つなげる人がいません。この役目を担えるのは、お

ジェイコブズは道徳論では単に多様性だけを言っているのではなくて、道徳には二つの体系があるという出し方をしています。これが非常に有効だと思うんです。（平尾）

そらく行政者、片山さんのような知事をされた人だと思います。鳥取大学の評議員としていろいろなことを発言されたという話ですが、やはり必要に応じて、経済学だけではこの議論はできないから倫理学の研究者と共同で考えようなどと、差配してほしいですね。

　私は大阪に二五年近くいました。大阪と東京は同じような大きな都市ですが、何が一番違うかといったら、新しい議題を発信する力が東京は大きい。大阪にはそういう力がほとんどありません。東京では、国がいろんな委員会をつくって、官僚が次の課題は何かと一所懸命考えています。残念ながら地方では、そういう人が少ない。そうするとどうしても新しい課題、新しいテーマが、今までは地方から出てこなかった。しかし最近、現状維持だけではだめだということがわかってきました。各県、各市で、行政の側から学者をうまく使うことも考えていただいたらいいのではないかと思います。

　研究者の側も、アカデミックにやっているのは今までよいように思ってきたかもしれませんが、人文社会系だと下手なアカデミックなスタイルというのは、究極のところは後追いの輸入学問です。しかし現実の問題は身近にあって、しかも分析は難しい。定義して、切れるような単純な対象ではないので、一つの学問でなかなか手に負えません。寄って集って知恵を絞らなければなりません。片山さんのような立場の方には、そういう学術交流、共同研究の場をつくる役割があるのではないでしょうか。すでに片山さんはいろいろと実践されてきたと思いますがいかがでしょうか。

片山　さきほども話しましたが、鳥取県の課題を考えるときに、従来は県庁が霞が関に照会をかけていました。そうすると霞が関からは、日本全体の政策やデータ、資料が来ますが、そういうものは地域主体で考えたときに、必ずしもはずが合いません。それで、地元にせっかく大学があるのだし、研究者が豊富にいるので鳥取大学と連携することにして、県がいろんな政策を考えるときに、それをできるだけ地元の研究者に投げかけるようにしました。また中央から出てくる政策を県で咀嚼したり点検したりするときにも、県庁だけにとどまらず、できるだけ地元の研究者にも加わってもらうようにしました。またそれまではほとんどやっていなかったのですが、そんなに大きくない単位の研究費につながるような委託費を、多少予算化したりしました。すると、県庁だけではなく、県内の市町村と連携をしながら、各地域の課題を鳥取大学の研究チームが包括的に対象にしながら入り込んでいくということをやり始めました。それによって、随分と地域の課題が明確になってきました。身近なところに知的な拠点があって、地域のことに詳しい専門家がいるというのは、すごく心強い。安心感にもつながります。

例えば地質学の研究者に相談をもちかけると、次に地震があるとすればこの辺が震源地になる可能性が高いと教えてくれました。「そんなことがわかるのですか」と聞いたら、「いや、だてに長い間研究を続けてきたわけではありませんから」と答えが返ってきたことがあります。

その先生の助言を受けながら、防災訓練も従来とは違った地域で、違ったやり方でやりました。そうしたら、その訓練の三カ月後に本当に地震が起きました。地震の規模も震源地も、ほぼその先生が予言したとおりでした。その後も余震が続いたのですが、それも先生が予想したとおりに震源が移っていきました。大したものだなと思いましたし、随分と感謝もしましたが、やはり地元のことを対象にずっと研究している人が、一番詳しいですね。そういうときに東京の地質学の専門家を呼ぶよりは、よっぽど地元の大学の先生の方が信頼できます。

それから鳥インフルエンザについて、鳥取大学は豊富な研究実績があります。日本海につながる湖沼に来る渡り鳥の研究をずっとやってきたからです。渡り鳥の糞に含まれるウイルスや微生物の研究です。日本に久方ぶりに鳥インフルエンザを持ち込まれたときに、その撲滅の前面に立ったのが鳥取大学の研究者たちです。地域を研究対象とし、地域課題を自分たちの研究課題にすると、地域にとって心強いだけでなく、研究者がその道の第一人者になる可能性もあるということです。

塩沢　新制大学が発足し、各県に国立大学をつくったときの本当の目的はそういうものだったのだと思います。六〇年ほどその側面が機能していなかったのが、ようやく機能するようになったのです。

片山　そう。地方大学の研究者はみんな東京や京都を向いていました。鳥取大学の場合は京都を向いている人が多かったですね。自分の出身母体を見ていました。だから、ほとんど彼らは地域に関心を示さなかった。県庁の方も大学とはちょっと肌合いが違うので、敬遠しており、連携はありませんでした。お互いに宝の持ち腐れだったのです。

中村　その流れは変わってきました。三年ほど前から文部科学省は「地（知）の拠点整備事業」というのを始めました。地域の地と知識の知をかけています。大学を地（知）の拠点にしていく事業です。地域の行政と大学が連携して活動していくことに

身近なところに知的な拠点があって、地域のことに詳しい専門家がいるというのは、すごく心強い。安心感にもつながります。（片山）

都市計画も変化していまして、いま私がやっていることの主流は地域、それも比較的狭い範囲、都市の中にあるコミュニティのレベルに実際にかかわっています。（中村）

対して補助金を出していく仕組みを、文部科学省が主導してやっています。

また手前みそになりますが、都市計画も変化していまして、いま私がやっていることの主流は地域、それも比較的狭い範囲、都市の中にあるコミュニティのレベルに実際にかかわっており、住民や関係者と一緒に考えていくという方向になっています。都市計画の実務のレベルでもそうですが、大学教育でもそういう方向になっています。都市計画の演習の授業では、地域の方と一緒に課題を発見し、提案を考えたり、成果発表会に来ていただいてコメントをもらったりしています。今は、空き家が多いので、サテライトラボといった形で大学の地域拠点にして、そこで活動するようなことは結構やっています。これは私だけじゃなくて、都市計画でそういうまちづくりを志向している教員のあいだでは主流になっています。直接ではないのですが、ジェイコブズに根底の部分で強く影響されていると思います。

地域、都市から考えるには

——先ほど塩沢さんから、一五〇年前に中央集権が始まって、一九八〇年代ぐらいに限界が見えたと話がありました。にもかかわらずそれから三〇年、ずるずると中央集権の状態が続いています。私は、もういいかげんに切りかえなければならないと思います。片山さんのお話によると、県単位で考えても、やることはいっぱいあるということですよね。このジェイコブズの考えを生かしていきながら、これからの地域、都市はどうあるべきなのか、そのあたりを最後に考えてみたいと思います。

なぜこの中央集権が変わっていかないのでしょうか。すぐに文科省などの省庁の顔色を見て、どれだけ補助金がもらえるかを考える。これでは変わらないと思います。片山さん、これからどうやって地域を振興していけばいいのでしょうか。

片山　これは、気持ちの持ちようだと思います。能力の問題ではありません。最近の県庁の職員の能力は非常に高いですよ。しかも霞が関の官僚に比べると、組織の中で伸びやかに育っています。あとは、本当に自分たちで考えて実践できるのだという意識を持てるかどうかです。それには動機づけが必要です。それが知事や市町村長など自治体の首長の役割だと思いますが、どうも最近、その首長たちが、中央集権の下請けを好んでやる傾向が見られます。地方創生だといって霞が関が号令をかけたら、瞬く間に全国すべての自治体が一斉に、津々浦々まで言われたとおりに総合戦略なるものをつくっています。大横浜市から小さな田舎の村まで。そして総合戦略をつくることにほとほとくたびれてしまって、力尽きているところも少なくない。そういう愚かなことが展開されています。そういうことには、ほどほどにつき合って、本当に地域の力をつけなければいけません。それができるかどうかは、そんなに難しいことではないと思います。

例えばいじめの問題をどうやって解決するかは、非常にクリティカルな問題です。ところがこんなこともじっと文科省からマニュアルが出るまで待っている。現場があって、そこに課題が発生していて、地元の国立大学には教員養成課程の先生たちをはじめ、いろんな人材がいます。みんなで現状を分析して、課題を見つけて、政策を地方単位で具現化すればいいだけのことです。そんなに難しいことではありません。それをじっと、いつになったら文科省から補助金つきで施策が出てくるのかなという姿勢で待つ。これを変えなければなりませんが、簡単なことです。しかし簡単なことなのに、変わりません。東京からは、いじめの定義から始まって、いろいろな指示がきます。いじめとは、一方が他方に対して常に攻撃的で云々とかね。そうすると現場では、三回たたかれたけど一回やり返したから、これはいじめではないとか、そういう統計や報告書づくりを一所懸命やります。中央に巻き込まれて、つまらない作業をさせられているのです。

自分たちで考える力が失われています。彼らの教師、指導者が霞が関になってしまっています。そこを知の拠点である地元の大学の研究者などの協力も得つつ自分たちで考えていくように、ベクトル転換ができるかどうかです。本来そんなに難しくないと思います。

——自治ということですね。どうやったら中央に対する奴隷根性を改変できるでしょうか。

塩沢　やはり中央も地方も意識を変え、中央集権的な政策には限界があるということを、もっと広い範囲で自覚しなければならないと思います。

例えば古い話ですが、一番わかりやすいのはリゾート法です。あれは一つの方策としては悪いものではなかったと思います。しかし全国一斉に始めたものですから、ほとんど潰れてしまいました。法律に基づく施策は、一斉・一律という性格を持っています。このこと自体に問題があるという認識が必要です。リゾート法でも、一〇年に一件ずつ別の地方を指定してやるようにしていたら、かなりの部分が生き残ったのではないでしょうか。

まったく別の方面でも同様のことが起こっています。日本でバブルが弾けた後、文部省は金融工学の拠点が必要だと考えました。これも正しい発想だと思います。そのとき文部省は三カ所に拠点をつくろうと考えました。ただ当時、金融工学を本当に専門でやってきた研究者は、日本には一〇人もいませんでした。多分三、四人です。

やはり中央も地方も意識を変え、中央集権的な政策には限界があるということを、もっと広い範囲で自覚しなければならないと思います。（塩沢）

彼らを三つに分けたら一人ずつになってしまって、センターは成立しません。文部省の思考も、残念ながらキャッチアップ型になっていて、輸入学問はうまく設計できるが、新しい学問の育て方があまり分かっていないのです。

　どんな政策でも、全国一斉同時にやることにいまは問題があるのです。一斉同時というのは、キャッチアップ時代のやり方で、いまではかえって害になることが多いのです。そのことに、中央も自覚すべきだし、地方も考えなければなりません。それができれば、補助金がついたからぱっと追いかけるということの問題点もわかるし、自分たちが考えなければ本物は出てこないことにも気づくと思います。

　今、文科省が人文社会系の学部の改組を指示したと話題になっていますが、かなりの誤解があります。国が言い出す前に、各県にある国立大学は自分たちの学部をどうするかを考えるべきでした。片山さんが言われた意識の改革は、あらゆるレベルで必要です。

——自治、自発性が地方から失われてきていますね。

片山　それは、非常に弱くなっていますね。自分たちの困っている課題があるのに、それを政府に頼る、政府の政策待ちになる。こういう生活習慣病が根強い。これは制度の問題ではなくて、意識の問題だと思います。

ジェイコブズの柔軟性

——ジェイコブズの魅力は、専門家ではなく素人であるがゆえに、生活者の視線で都市、地域はどうあるべきか、自然とどう共存すべきか、そういうことを言い続けて亡くなっていったのかなと思いますが。平尾さん、どうでしょうか。

平尾　そうですね、今のお話に私がつけ加えるとすると、視野の広さの問題かなと思います。狭いとか広いとかということでうまく説明できるかどうかはわかりません。集約すると広いということになるのかもしれませんが、専門家が持っている知見とどこが違うかというと、自分の固有のフィールドにこだわらないということですね。都市論で言うと、ジェイコブズは、都市問題の専門家ではないと私は思います。道徳論でもそうです。重要なのは複数の原理をどうやって切りかえるかという、柔軟性の方だと私は思います。我々にとって大事なことは、片山さんから出た気持ちの問題、自発性と、それと連動する形であらわれる柔軟性だと思います。

　私が倫理学の授業をやっていて、学生の反応で典型的で面白いなあと思うことは、一斉に指示されないと動けないことと、どの程度か、程度を聞きたがることです。善と悪の基準のような話をすると、どの程度だったらいいのですか、どの程度だと悪いのですかという話になります。これはある種、工学的な発想だと思います。より一般的な表現をすると、マニュアル的な思考と言ってもいいのですが、柔軟に切りかえることが自分自身ではうまくできないので、何らかの基準を示してほしい、どうもそういうことのようです。

ジェイコブズが、生き方や著作で示していることはそうではなく、さまざまな領域にいろいろと出かけていって、何だかんだやってみるという柔軟性だと思います。ただ、そのときにそれが自覚的にできているかが重要です。難しいことですが、ジェイコブズの場合はこう考えると危ないというような、危機察知能力があるのではないかというのが私の見方です。これはアリストテレスの昔から「プロネーシス（実践知）」として論じられてきたものですが、問題はそれをどうやって我々が身につけるかということです。そこのところがやっぱり私自身うまく取り出せてないのがちょっともどかしいところですが、ジェイコブズという人は本当にいいモデルだと思います。

それぞれの分野の専門的な研究者にとって、モデルになるかどうかわかりませんが、やっぱり社会の中で生きている市民として考えたときに、具体的なモデルとして考えることができるというのが、私の感想です。

後藤新平とジェイコブズの都市計画

——中村さん、日本で一九一七年に都市研究会が発足します。内田嘉吉の発案ですが、後藤新平が会長になりました。一九一九年に、都市計画法ができます。後藤新平は、そのころ自治的自覚に関する論文を多数出しまして全国的な運動を展開します。このように後藤にとって都市計画は、自治に裏づけられたものだったのではないかと思います。ところが現在は、自治の精神が欠如したまま、都市計画という言葉だけが動いているように思います。ジェイコブズは、後藤新平と同じように自治と表裏一体で都市計画という言葉を使っているのではないかと思いますが、どうでしょうか。

中村　後藤新平についてはそんなに詳しくないし、恐らくいろんなことを考えていた方だと思うので、いい加減なことは言えませんが、やっていったことを見ると、後藤新平は正統的な近代都市計画を進めていったように思われます。その面では、ジェイコブズとは対立しますが、先ほども申しましたように、ジェイコブズも都市計画そのものを否定していたわけではなくて、計画すべきところはすべきだと考えていました。

ジェイコブズの『市場の倫理　統治の倫理』という観点から言うと、都市計画にとっ

ジェイコブズは、都市問題の専門家ではない。道徳論でもそうです。重要なのは複数の原理をどうやって切りかえるかという、柔軟性の方だと私は思います。（平尾）

全ての自治体が創意工夫を凝らした結果が、全国一律のプレミアム付き商品券という非常に情けない状況です。結局、地域単位で考えていないからです。（片山）

て統治の倫理はとても重要です。都市計画は軍隊とは違いますが、一定の範囲を定めて強制的に空間の利用などを規制していくことが必要になります。一方で、都市計画は市場の倫理にしたがい、人々の自由な交流や経済活動を促進する環境をつくることも重要な役割と考えています。両者のバランスをどうとるかということが、とても難しい課題です。ジェイコブズは『アメリカ大都市の死と生』の中で、その答えの多くをすでに提示していると思います。例えば、先ほど申し上げた地域自治の単位としての三つの近隣のことなどです。ただし、著作が出る順番は『市場の倫理　統治の倫理』が後です。私は『市場の倫理　統治の倫理』が刊行されてすぐに読みましたが、都市計画にとても関係があると、非常に感銘を受けました。平尾さんが言うように、ジェイコブズは市場の倫理と統治の倫理のどちらか一方でなく、両方の考え方、両方の道徳をどううまく使っていくかがポイントだと述べています。ジェイコブズの考え方に基づくいろんな試行錯誤は現在でも継続しています。そういう観点から後藤新平を見直すのも興味深いテーマではないかと思っています。

例えば東京の神田というエリアは後藤新平が震災復興で区画整理したエリアですが、地価高騰による人口減少という問題はあるにせよ、今でも多様性に富んでいるエリアと言えます。ですから都市計画で道をつくり、区画整理したからといって、必ずしも多様性が失われるわけではなくて、もっと強くしなやかなものが基底にあると思います。

ジェイコブズの教訓

中村　あともう一つ申し上げたいのは、今日まだ出てないレジリエンスというキーワードです。多くの論者が述べていますが、私も多様性によってレジリエンスが高まると思っています。私自身は防災のことに関心があり、密集市街地のことから始まって、今は水害対策もやっています。先ほど平尾さんが「工学的な発想」について述べられましたが、まさに都市計画の主流は工学的発想で、いかに強靭、強固なものをつくり、それによっていかに耐えるかという発想です。しかしそれとは違う、もっとしなやかな、動的平衡のような発想でレジリエンスを高めることも必要です。どちらかだけでいいということはなく、そのバランスをとっていくことが大事だと思っています。それは多分、経済の発展などとどうまくリンクさせながら都市を安全にする方法ではないかと考えて追究しています。私の一番重要な研究課題です。

平尾　中村さんのいまの「動的平衡」という言葉の使い方は比喩と言えば比喩ですが、私ははじめて福岡さんの本を読んだときに、分子生物学の現象を説明しているが、社会の話としても読めると思いました。我々が道徳、倫理と呼んでいるものはとても曖昧ですが、結局はいろいろと問題が生じながらも全体として何とかやっていく、つまり動的平衡状態を保つという働きをしています。ところが、私たちはそれに何らかの規則や明示的な指令とかがあるとわかりやすいので、それを抽出します。それが道徳、倫理の原理、規範と呼んでいるものです。ところが、再び具体的な現実にその規則や指令を適用してみるとうまくいきません。そこのところがとても難しい。

中村　おっしゃることはわかります。多様性というと、都市計画でも多様性の基準、指標をつくろうという動きが生じます。多分それを当てはめても、うまくいかない。それでも必要とされます。

片山　それが今の「地方創生」ですよ。地域の特色を生かして、特色ある地域づくりをしなさいと言って基準をつくります。基準に合わせてみんな同じことをやって、結局、地方創生の成果が商品券になっていきます。全ての自治体が創意工夫を凝らした結果が、全国一斉にプレミアム付き商品券という非常に情けない状況です。結局、地域単位で考えていないからです。霞が関というか国単位の政策を、地域がただ漫然と受容しているからです。本当は地域単位で考える必要がある。これはジェイコブズの教訓だと、私は思います。

もう時間もないので、最後に一例だけ挙げます。TPPに対して、日本の少なからぬ自治体議会が決議をしました。政府に対する意見書です。その内容はほとんど一律で、農業への影響が深刻に懸念されるので慎重にというトーンです。なぜそれを議会が決議したかというと、中央の組織や団体から慫慂されるからです。さりとて地方議会には自民党系の人が多いから、あまり過激な反対もできないので、地域農業への影響が懸念されるから慎重にという一律の表現になります。地域では何も考えていません。北海道だけは明確に反対と書いていますが。

ところがニュージーランドのオークランド市議会は、もう三年も前ですが、TPPに関する政府への意見書を決議しました。その第一項目に出てくるのは、公共調達面における地元優先政策を堅持すること、これが台なしにならないようにせよということです。それに地域の環境や健康政策が台なしにならないこと、労働者の待遇、処遇が悪くならないことが続きます。なぜこのような決議がされたかというと、地元の人

地域自体が考えていないという点はみなが反省しなければなりませんが、実は学者の世界も似たようなところがあります。（塩沢）

たちの意見をずっと聞いてきたからです。地元大学の先生たちも議会に出席して、TPPについてはこういうことがありますよという話をする。それを議会が集約して意見書の文案をつくったのです。

　日本は何もやらないので、東京から慫慂されたものが、そのままエコーのように出ていきました。

　最近TPPが大筋合意に達しました。いま何が起きているかというと、各地でまた意見書を決議しましたが、その決議の内容を見るともう笑ってしまいます。TPPが地域に与える影響をちゃんと示せと書いてあります。自分たちで何も考えていません。自分たちにはこういう影響があるということを踏まえて、この点はどうするつもりかと政府に突きつけるのが本来の役割です。ところがじっとしていて、TPPの大筋合意の内容が我々の地域にどういう影響があるか、ちゃんと教えてくれといっています。

――本末転倒ですね。塩沢さん、最後にいかがですか。

塩沢　その地域自体が考えていないという点はみなが反省しなければなりませんが、実は学者の世界も似たようなところがあります。ここの四人はジェイコブズに関心を持っている研究者ですが、それぞれの専門を持っています。この生誕百年の企画の一つとして、私もはじめて、他分野の研究者とジェイコブズについて語り合う機会を持つことができました。それぞれの地域が自分たちで考えないのと似た構造が研究者の間にもあります。自分の専門分野のことは考えているが、ほかの分野までは考えていないし、連携もできていません。今回専門分野が違う研究者と語り合えたことは、大変ありがたかったと思っています。ジェイコブズは、一分野、一研究者では捉えられない大きさを持っています。

――専門家がタコつぼにはまってしまっているのが現状ではないかと思いますが、そこから踏みだして分野横断的にどんどん議論していくことが、これから道を開いていくために必要なのではないでしょうか。そしてジェイコブズは議論のための素材を数多く提供してくれていると思います。今日はどうもありがとうございました。

（二〇一五年十二月一日　藤原書店催合庵）

ワシントンスクエアでの集会にて。（1960年代）
Box 36, Folder 7, Jane Jacobs Papers, MS.1995.029,
John J. Burns Library, Boston College.

特別寄稿

ハーヴァード大学都市デザイン会議におけるジェイン・ジェイコブズ

槇　文彦

まき・ふみひこ　一九二八年生。建築家、（株）槇総合計画事務所代表。著作に『見え隠れする都市』（鹿島出版会）『漂うモダニズム』（左右社）等。

一九五六年春、ハーヴァード大学に於いて、米国初の都市デザイン会議が開かれた。一九五三年、ヴォルター・グロピウスの後任としてハーヴァードのデザイン学部長に就任したホセ・ルイ・セルトはスペイン人であったが、戦前、戦後にかけてヨーロッパの建築家達を中心とした国際的集団、CIAMの議長を務めた都市デザインの先駆者でもあった。彼は着任以来、それまで都市デザインについてあまり関心のなかった米国において、ハーヴァードを拠点として新風を巻き起こしたいという野心を持っていて、その一環としての会議であった。

そのため米国の関心のある建築家、都市デザイナーが一堂に会し、熱気溢れる会議となった。私はたまたま当時、まだハーヴァード大学のドクター・コースに在学していたので、この会議に参加する幸運を得た。会議にはテキサスからヴィクター・グルーエン、フィラデルフィアからエドモンド・ベーコン、カルフォルニアからはリチャード・ノイトラ等も招ばれていた。

当時、米国の代表的建築誌、『アーキテクチュラル・フォーラム』のエディターであった建築評論家のダグラス・ハスケルがスピーカーの一人として招かれていたが、その直前、体調を崩したために、彼が代りに、同じフォーラムで都市問題の論評で既に注目を浴びていたジェイン・ジェイコブズを推薦したのである。彼女は一九一六年生まれであるから、まだ四十歳になったばかりだったか。しかし落ち着いた低音調で喋る黒縁眼鏡の壇上の彼女は、やがてその論旨を通じて次第に聴衆を引きつけていったことを今でもはっきりと覚えている。その彼女の論旨は今更ここで詳細に述べる必要もないし、そのつもりもないが、当時米国の大都市で進行中であった様々な施設の無差別な破壊と新設に対し、彼女はニューヨークのダウンタウンを例にとりながら、ここで述べた普通の人々にとっての目線と五感によるコミュニケーションを重要視してまちの本質をさぐっていく考え方を、ある種の啓示にもたとえ得る迫力をもって伝えていった。彼女のスピーチが終ると、それは熱烈な拍手をもって迎えられた。私が目撃することはなかったが、後で聞くところによれば、この会議に来ていたルイス・マンフォードはスピーチの後、彼女に握手を求めたそうだ。ルイス・マンフォードといえば当時米国の建築評論界における王であり、キリスト教徒であれば直接ローマ法皇から祝福を受けたのと同等の意味をもつ出来事であったと思う。

私はこれが彼女に出会った最初であり、最後であった。しかし他の多くの建築家と同様に『アメリカ大都市の死と生』は後に熟読したし、彼女とロバート・モーゼスとの壮絶な戦いも興味深く見守ってきた。私は建築も都市もその善悪の最後の審判者は「時」であると常に考えている。彼女の愛したダウンタウンの多くは、前世紀から今世紀にかけての資本によるジェントリフィケーションを通して階層化が進んでしまっている。また一時悪者扱いされていたロバート・モーゼスの都市貢献への見直しの意見も出てきているという。

たまたま数年前、ニューヨークのダウンタウンから少し北になるが、クーパーユニオンカレッジの隣地、アスター・プレイスに中層の教育、研究施設をつくる機会を得た。サード・ストリートとフォース・ストリートが交差するこの地点から、ユニオン・スクエアを経て、グランド・ターミナルの近くの私の宿まで二五ブロック位だったか、歩いて帰ったことがある。その間、私は決して町の表情にあきることはなかった。考えてみると、ここそこに小さくはあるが彼女の愛したであろう町の風景が展開しているのだ。恐らくグリニッチ・ヴィレッジは変わってしまったが、彼女の提言した原則とスピリットは多くの人々によって、スケールこそ小さいが、記憶され、実現されているのではないだろうか。

レミントンのタイプライターに向かう。(1950～70年代) Box 36, Folder 3, Jane Jacobs Papers, MS.1995.029, John J. Burns Library, Boston College.

I　ジェイコブズを読む

偶像的な偶像破壊者

【J・ジェイコブズの都市思想と幾つかの争点】

矢作　弘

●やはぎ・ひろし　一九四七年生。龍谷大学教授（社会環境科学博士）。『縮小都市の挑戦』（岩波新書）『「都市縮小」の時代』（角川新書）『大型店とまちづくり』（岩波新書）『ロサンゼルス』（中公新書）等。

生涯在野のジャーナリスト

ジェイコブズが亡くなった翌朝（二〇〇六年晩春）、彼女と家族がカナダに移住する前に暮らしていたNYマンハッタン・グリニッジヴィレッジのハドソン通り五五五番にあった建物――いまは調理用品店になっている――の石畳に、春の花束が供えてあった。花束には「一九六一年、この家に暮らしたひとりの婦人が世界を変えた」というメッセージが添えてあった。一九六一年に出版された『アメリカ大都市の死と生』（山形浩生訳、鹿島出版会、二〇一〇年）は、世界のみならず、ジェイコブズ自身のその後の人生も大きく変えた。それまでは建築雑誌の一記者に過ぎなかったが、この本の出版をきっかけに、ジェイコブズはたちまちジャーナリズムの寵児となった。

戦後間もなく、郊外居住を優遇する連邦政府の住宅政策が影響し、中間層の郊外転居が流行するようになったが、それに反してジェイコブズ＋ロバート夫婦は、ヴィレッジ界隈の将来性を見通してアパートを買い取った。そしてDo-it-yourselfの修復を重ね、そこに暮らした。労働者階級が多く暮らし、自動車修理工場や荒れた倉庫などが並ぶごみごみとした都心だった。後に『死と生』

では、郊外暮らしを「無味乾燥で殺伐としている」と喝破し、翻って労働者と中小商工業者の混住地区こそ――ディベロッパーや都市計画家を名乗る輩が「危険極まりないスラム」と見下していたが――「多様性豊かにして魅力的である」と喝采することになったのだが、出版から遡ること一五年も前の自宅選びが、既に、時流に逆らって先駆的だった。

一枚の写真がある。『死と生』の表紙や、ジェイコブズのインタビュー記事にしばしば添付されてきたことを考えると、きっと彼女がお気に入りの写真だったに違いない。背もたれのない椅子に、ジェイコブズが腰掛けている。厚いフレームの梟眼鏡を掛けた前垂れ髪のジェイコブズが、ウイスキーグラスを手にした鳥打帽の男となにやら談笑する風景である。ジェイコブズは麦酒の愛飲家であった。バーテンダーの姿もある。ヴィレッジにある、「ライオンズ・ヘッド」というカフェバーだろうか。コミュニティの破壊につながる無慈悲な大規模都市再開発を粉砕するための攻撃計画を練る、作戦本部になったたまり場である。労働者階級が集まる酒場の喧騒が伝わってくる写真である。

まちを歩き、カフェや雑貨店に立ち寄る。そこで立ち話をし、情報を集め、コミュニティを観察する。そして自分の頭で解釈する――なぜ、あるコミュニティが繁栄し、ほかのコミュニティは衰退するのか。徹底した現場主義、それがジェイコブズのこだわった、まちを理解するための流儀だった。『死と生』もその方法にしたがって書かれた。路上観察で得た有名なフレーズ「歩道バレエの場面」は、そうした帰納的な現場観察から想起され、執筆された。

キャンディーの包み紙を落として通学する中学生の群れ、針金のコイルを並べる金物屋、白いエプロン姿の果物屋、エレガントなブリーフケースを抱え、タクシー待ちをする男女、ベーカリーの食堂に群がる食肉市場の労働者、仕立屋、庭師、冬の晩のバグパイプ吹き……。ハドソン通りでは、朝から夜半までいろいろな年齢、職業、階層の人々が行き来し、立ち話し、そして仕事をしている。

ハドソン通りを劇場の舞台に擬え、人々が往来し、立ち振る舞う光景を「歩道バレエの場面」と表現したのである。この章の最後の段では、酒場から出てきた見知らぬ男が、ちょうど大怪我をして倒れていたジミー少年に止血をし、名のらずに立ち去った後、現場近くにいた女が公衆電話から救急車を呼び、ジミー君の命を救ったというエピソードを紹介している。

「界隈では一人一人のダンサーやアンサンブルが別々に役割を担当し、それが意外にも相互に引き立てながら、秩序ある全体を構成している。よい都市の歩道では、同じ繰り返しにはならないバレエが繰り広げられ、常々、即興に満ちている」(『死と生』)。

路上観察するジェイコブズを捉えて、「自宅のあったアパート一階の石段が彼女の研究室だった」と書いていた評伝もある。

象牙の塔とは、終生、無縁だった。「ハーバード大学などゴミ箱よ」とエリートアカデミズムを喝破していた（『トロントスター』〇六年四月二十五日）。学長直々の名誉学位の授与話にもソッポを向いた。その意味では、骨の髄までアウトサイダーだった。というよりはそれゆえに、都市計画から経済学、都市社会学、そして生活科学まで――伝統的な学問ジャンルを越えて多彩な学際に大きな影響を残した。ニューヨークの都市再開発で州知事、市長を凌ぐ権力者として君臨し、ジェイコブズと壮絶な闘いを繰り広げることになった宿敵のR・モーゼスが、イエール、オックスフォード、そしてコロンビアを卒業し、「これ以上ないほど」完璧な学歴を積み重ねたのとは、極めて対照的だった。

コミュニティや都市がどう機能しているかは帰納的に考察すべきであり、偉大な哲学思想から導き出されるものではないし、原理原則にしたがって正解が得られるものでもない――というジェイコブズの現場主義は、「『実験と観察』を大事にしたB・フランクリンや、プラグマティズムのJ・デューイを読破した」少女時代に培われた。人々の服装を見分し、自然を観察し、自分で考える習慣を持ち、研ぎ澄まされた感性で物事の本質を読み解き、そして権威に対してはしばしば反抗的だった。特定のイデオロギーに囚われることなく、権威や通説に叛旗を掲げることを怖れず、生涯、まことにジャーナリストだった。

実際、田園都市論のE・ハワード（グリーンベルトや低密度居住、そしてゾーニングの純化を目指した田園都市論は、人々を希薄に拡散して住まわせることになる。「安心に暮らす」という都市問題の解決には程遠いと批判）や、その都市思想を絶賛したL・マンフォードを「都会嫌い」と斬り捨て、返す刀でル・コルビジェもハワードと「同じ輩の反都市主義者である」と論破するなど、至って強靭な偶像破壊者だった。しかし、鮮烈なる偶像破壊者だったゆえに、たちまち彼女自身がアイコンとなる奇妙なねじれも生じた。

『死と生』は、冒頭、次のように書きはじめている。「この本はいまの都市計画や再開発に対する挑戦である」「近代的で正統な都市計画と再開発に関する根本原理、そしてその目標」に挑み、「新しい原理の提案を試みるものである」。近代都市計画が信ずる純粋ゾーニングに対する批判である。また、ふるい高密度な街区をブルドーザーでぶち壊し、高層ビルを建てることをよしとしたアーバンリニューアルに対する挑戦状だった。ジェイコブズが都市論を語り、都市社会運動の闘士として表舞台に登場してきたのは、郊外の住宅開発を促した連邦住宅法（一九四七、一九五四年）、都市更新法（一九四八年）、州際高速道路法（一九五六年）が制定され、スラムクリアランスしたところに連邦補助の低所得者向け高層住宅を建設し、一方では自動車依存型の郊外開発が進展した時代だった。

そうした時代に抗し、ジェイコブズは、大きな、そして雑多な都市のコミュニティが育む小規模なもののネットワークを慈しみ、そうしたネットワークは、移動を自動車に頼るスプロールした郊外では持続しないと考えていた（V. Andreescu and K. Besel, "Lewis Mumford and Jane Jacobs as Precursors of New Urbanism: Residents. Reaction to Different Urban Visions", *Back to the Future, New Urbanism and the Rise of Neotraditionalism in Urban Planning*, edited by K. Besel and V. Andreescu, University Press of America, 2013）。

権力に対する反逆としては、五〇―六〇年代にマンハッタンを横断する高速道路計画に対する反対運動で戦闘的な活動家として活躍したことが有名である。

（1）ワシントンスクエアパークの闘争――五番街はハーレムからセントラルパークに沿って走り、ワシントンスクエアパークに至る。パークの有名なアーチが終点になっている。戦前もそうだったが、戦後もビート世代のJ・ケルアック、A・ギンズバーグ、あるいはベトナム戦争の時代以降、B・ディラン、J・バエズなどにゆかりがあった。言論の自由、リベラリズム、カウンターカルチャー、反権力、抗議、デモ行進の拠点となってきた。そして界隈に暮らす母子、高齢者、労働者、ニューヨーク大学の学生の憩いの場である。

そのパークを真っ二つに分断してマンハッタンの先っちょまで五番街を延伸し、「南五番街」とする計画が明らかになった。NYっ子にとって大切なパークをぶち壊す、馬鹿げた再開発計画を阻止するために、ジェイコブズは住民を結集し、政治家や著名人を応援団にして闘争に勝利した。

（2）ローアーマンハッタン高速道路の闘争――ジェイコブズはハドソン川とイーストリバーを結ぶマンハッタン横断高速道路計画に反対する都市社会運動を先導し、最終的に計画を頓挫させた。伝統的にマイノリティーが集住し、市当局は「スラム」と見做していた地区だが、後日、「ソーホー」と呼ばれるようになった。それにチャイナタウン、イタリア人街区（Little Italy）などが再開発地区に含まれていた。B・ディランが高速道路の建設に反対する歌をつくり、デモ行進の時などに歌われた。ジェイコブズは高速道路建設阻止委員会の共同議長に指名され、警察に連行される経験もした。

モーゼスを評して「ビッグヘッド」と表現することもあった。英語の「頭でっかち」には鼻持ちならない奴、うぬぼれ者の意味がある。「住民集会に来るでしょ。決まって彼が最初に登壇するの。自分が話したいことを捲し立てるようにしゃべり終えると、そのまま帰ってしまう。こちらの訴えなど聞きゃしない」とジェイコブズは、雑誌のインタビューでモーゼスの傲慢ぶりについて憤慨していた。

しかし、結局、この闘争に敗れたモーゼスは、以降、閑職に追いやられることになった。高速道路計画を頓挫させ、「飛ぶ鳥も落とす勢いだったモーゼスに「白鳥の歌」を歌わせることになった都市社会運動家としてのジェイコブズは、決して並の活動家ではなかった。当時、向うところ敵なしだったNY市公園局長のモーゼスを、「コミュニティ破壊者」のレッテルを貼って追撃し、高速道路計画を粉砕してしまったジェイコブズは、一躍、NYで有名人になった。都市社会学のM・カステルは、人々の日常の暮らしを破壊する大規模都市再開発や高速道路の建設計画などに対する住民蜂起を「都市社会運動」と呼び、その事例として二十世紀後半のサンフランシスコにおける近隣住区運動について論じた(『都市とグラスルーツ――都市社会運動の比較文化理論』石川淳志・吉原直樹・橋本和孝訳、法政大学出版局、一九九七年)。ジェイコブズらの〈反高速道路+反アーバンリニューアル運動〉はそのNY版だった。そしてジェイコブズは、都市社会運動の現場でもモーゼスという都市再開発の巨漢を打倒し、アイコンになった。

モーゼスについては、M・パイ『無限都市ニューヨーク伝』(安岡真訳、文藝春秋、一九九六年)や、R. Caro, *The Power Broker, Robert Moses and the Fall of New York,* Vintage Books, 1975がその剛腕ぶりを生々しく描いている。実力派市長と評されたF・ラガーディアも予算の執行をめぐって屈服させられる場面があったというから、その政治力については想像の域を超える。特にカロの *The Power Broker* は、ピューリッツァー賞を取った一二五〇ページの大著である。NYの歴史でモーゼスほど縦横無尽に権力をふるい、建築的/物理的に都市構造を変容させた人間は後にも先にもいない。その目的を達成するためには銀行、保険会社、労働組合、政治家、そしてメディア、枢機卿を味方に丸め込むことでも巧みだった。カロは、モーゼスが利権、裏取引、法律の読み替え、住民の立ち退きなど、いかに権力を乱用したかを赤裸々に暴露している。カロが執筆する際に、ジェイコブズが貴重なニュースソースになったといわれている。しかし、巻末の索引にはジェイコブズの名前はない。また、「この本のために五二二人にインタビューしました」とその名前を列挙しているが、なぜか、そこにもジェイコブズは見当たらない。

ジェイコブズは遺作の『壊れゆくアメリカ』(中谷和男、日経BP社、二〇〇八年)でも、「名だたるコミュニティの抹殺者だった」とモーゼス批判を展開している。半面、二十一世紀を迎えたころから、モーゼスの仕事を再評価する試みがはじまっているのは興味深い。そこからは、「ジェイコブズ vs. モーゼス」をめぐるこの半世紀の評価が、少々、モーゼスには厳し過ぎ、ジェイコブズに肩入れし過ぎだったのではないかという見方が伝わってくる。例えば、二〇〇七年に開催されたモーゼス回顧展「R・モーゼスと現代都市展」(共催:コロンビア大学、クイーンズ美術館など)では、モーゼスの公共住宅プロジェクトが紹介され、そこに貧困層を住まわせようとしたことや、彼が推進した高速道路建設が現代NYの重要なインフラになったことなどの指摘があった。都心に多様な階層の人々が暮らせる住宅が必要である、という混在を重視するアーバニズムをめぐっては、二人の間に考え方の違いはなかったのではないか、という見方もある（A・フリント『ジェイコブズ対モーゼス――ニューヨーク都市計画をめぐる闘い』渡邉泰彦訳、鹿島出版会、二〇一一年）。

「有機体としての都市」説

「ジェイコブズは小さなもの、未熟で弱いもの、そして多様なものが、なにか強大な成功のために犠牲になることを嫌った。ほかの多くのものを踏み台にして大企業が闊歩するようになると、都市の生命力は枯渇してしまうと考えていた」（『タイムズオンライン』〇六年四月二十七日）。権威主義的なモーゼスの鼻柱をへし折った運動には、小さなもの、未熟なもの、多様性に対する彼女の深い思いと相通じるものがある。私自身は未読だが、カナダへの移民後、ケベックの分離独立運動を支援する応援歌（*The Question of Separatism, Quebec and the Struggle over Sovereignty*, 1980）を書いているが、この本も小さなものが国家主義という大きなものに強引に同質化されることに対する異議申し立てであった。小さなものを慈しむジェイコブズの思想は、自治に関する「補完性の原理」に通じている。より小さな組織ができることは、その組織に任せる方がよりよくできるはずである、という考え方である。同時にどの組織も決して完全ではないのだから、相互の補い合いを通じてこそ、よりよいものに近づくことができる、という自治の思想である。

そうした考え方は、『死と生』の中でジェイコブズが提示したコミュニティ再生のための「新しい原理」にも通底している。ジェイコブズが魅力的で安全なコミュニティづくりの「四条件」として用意したレシピは、「街路は狭く、時には曲がっていて街区（ブロック）が小さいこと」「ふるい建物と新しい建物が混在していること」「高密度であること」「いろいろなひとが暮らし、都市機能が多様であること」である。

多彩なものの混在と小ブロックによる多様性。それらが高い密度で存在していることがコミュニティの健康と都市の発展にとって不可欠であると、ジェイコブズは確信していた。そしてNYの都心には、これらの条件を満たすコミュニティがいっぱい残っている。「遠景の摩天楼よりもはるかに貴重なNYの財産なのに」（『タイムズオンライン』）、ディベロッパーと官僚主義が結託したブルドーザーがそうした小さなコミュニティをぶち壊し、スーパーブロックの無味乾燥な高層住宅街に変えてしまうことに、ジェイコブズは耐え難い心の痛みを感じていた。

壮大な古典派様式の建築だったペンシルバニア駅が破壊され、

『NYタイムズ』が「酷い野蛮な行為！」と激怒し、「後世の我々に対する評価は、我々が建てた記念建造物によってではなく、我々がなにを破壊したかで決まる」と書いた（一九六三年十月三十日）。このペン駅事件をきっかけにNYの歴史的建築保存をめぐる風向きが変化したことも、ジェイコブズが先導した都市社会運動には追い風になった。

ジェイコブズが『死と生』で都市にある小さなものの多様性について書いた翌年、R・カーソンの『沈黙の春』が出版された。化学薬品の蔓延によって生態系の多様性が危機に瀕していることを冷徹に分析し、製薬資本の営利主義を暴いた本である。フィールドは違っていたが、わずか一年の間を置いてふたりの女性が「小さなものの存続を認め、世界が多種多様であること——そのことが人間社会の持続可能性にとって本質的である」と警鐘を叩く本を書いた。自然はまさしく生き物だが、ジェイコブズは「都市も有機体である」と考えていた。その意味でふたりの女性が期せずして多様性の危機を論じたことには、生む性としての「雌の直感」を感じるが、一方、暴走する近代主義に対し同じ時期に欺瞞性を嗅ぎ取ったことには同時代性があった。

五八年秋に、ジェイコブズは『死と生』を書き始め、六一年一月に脱稿した。しかし、それ以前にアーバンリニューアルを論破する多くの記事を経済誌『フォーチュン』や『ヴォーグ』に寄稿していた。特に『フォーチュン』に載ったエッセー風記事（"Downtown is for People," 1958）は、専門家の間で大いに話題となった。一九五六年春、バウハウスのV・グロピウスなどが在職し、モダニズム建築／近代都市計画の牙城になっていたハーバード大学に呼ばれて講演し、モダニズムを信奉する古参教授、フィラデルフィアやボストンの都市再開発で辣腕をふるっていたパワーブローカーなどのお歴々を前に、「小さな店や住宅が混在するコミュニティを解体しそこにスーパーブロックの高層住宅ビルを建てるのは、住民の間の連帯感をズタズタにする。愚の骨頂です」と論じた。当然、主催者の大いなる不興をかった（『ジェイコブズ対モーゼス』）。しかし、逆にそれが有力誌の編集者の関心を引きつけることになった。運命を司るエンゼルは、時々、人々が予期せぬ好事をする。

その機会にマンフォードと知り合いになった。そして新聞に紹介されたり、講演の機会を作ってくれたりするようになった。そうした機会がある都度、ジェイコブズはモーゼスご自慢の都市再開発プロジェクトになったリンカーンセンター（メトロポリタンオペラハウスがある）界隈の再開発計画などを取り上げ、辛辣にこき下ろしたのである。そのころのジェイコブズを、マンフォードは「爽やかな海風が吹き込むように立ち現れ」、近隣住民を排斥するアーバンリニューアルが如何ほど悲惨な結果につながるかを「劇的に、しかし歪曲することなく解明して見せたのである」と絶賛していた（『現代都市の展望』）。そして『フォーチュン』の記事は、デューイゆかりのNYのニュースクールなどに呼ばれて講演をする機会につながったが、特にペンシルヴェニア大学に招聘されて講演したことがきっかけになり、ロックフェラー財団から研究基金を得て『死と生』を執筆することになった。

マンフォードとの不思議な関係

しかし、後半生の、ジェイコブズとマンフォードの付き合いは奇怪だった。ジェイコブズの論壇デビューに喝采を送ったマンフォードだったが、ジェイコブズが『死と生』でマンフォードを批判したこともあり、同書が出版されるや、マンフォードはたちまちジェイコブズ批判の急先鋒に豹変した。ジェイコブズを徹底的に叩くブックレビュー「都市癌の家庭療法」（『現代都市の展望』中村純男訳、鹿島出版会、一九七三年に収録）を雑誌『ニューヨーカー』（一九六二年）に寄稿した。批判の矛先は、ジェイコブズが優れた設計の下に郊外に開発された多くの近隣住区があることを理解していないし、彼女が賞賛するグリニッジヴィレッジは「NY市内の片々たる一街区に過ぎず」、その一例を掲げてNY全体を語ることには無理がある、というところに向かった。そしてコミュニティが元気であるための条件として提示した「ジェイコブズの四条件」は、間違ったデータ、不十分な証拠、異論に対するまったくの誤解に基づくものである、都市計画運動史の成果を丸ごと無視している、と論じたのである（*Back to the Future*）。

マンフォードは、暴力と頽廃が蔓延るアメリカ大都市のスラムは悪性腫瘍に侵されているのに等しく、それを療治するためには「アメリカ人の生活様式の根本的な変革が必要である」と考えていた。そもそも大都市が死に至る病から回復することについては悲観的だった。病の重大さに比べてジェイコブズが示した処方箋「健全なコミュニティのための原則（「ジェイコブズの四条件」）」は、如何にもお手軽な、ハウツー的な問題解決法としか思えず、「自家製の湿布薬で癌を治療しようとするのに等しい暴挙である」とこき下ろしたのである。そしてハワードやコルビジエに対して共感を持っていたマンフォードは、ジェイコブズが『死と生』で描いた「大都市（A Great City）」には、「輝き」も素敵な「ガーデン」も、そして美しさもない、と痛烈に批判したのだった（*Back to the Future*）。

「ジェイコブズの四条件」については、ジェイコブズがマンハッタン、フィラデルフィア、そしてボストンを主に観察し、そこから帰納的に導き出した考え方である。マンフォードはそれについては論証されていない、と糾弾したが、私も「ジェイコブズの四条件」はあくまでも理論仮説であり、歴史的、文化的な環境が違えば、条件の機能する仕方にも差が出るのではないか、と考えている。詳細は「Gentrificationを考える――都市再編過程にあるトリノを事例に」（拙稿『龍谷政策学論集』二〇一六年三月）に譲るが、イタリア・トリノ中央駅の両サイドにあるコミュニティ「A」「B」の場合、旧市街との地理的関係や、十九世紀末から二十世紀初めに開発された新開地であることなど時空間が類似しているが、①「ジェイコブズの四条件」を明らかに満足しているコミュニティ「A」は荒廃し、治安が悪く、長い衰退を経験し、逆に、②四条件にことごとく違反しているコミュニティ「B」は、中間階層の単一住宅地区として二十世紀を通じて安定し、市内でもトップレベルの、人気の住宅地のままである。

マンフォードが自分はNYに生まれ育ち、街の隅々まで知り尽くしているが、ジェイコブズはペンシルヴェニアの田舎町からのおのぼりさんでその経験がないだろうから、この際「注意を促しておかなければならない」と書いているところなどは、マンフォードがNYっ子の意地を示した箇所としておもしろい。また、「都市癌の家庭療法」の原題が“Mother Jacobs' Home Remedies”とひとを見下すような表現だったために、彼のジェイコブズ評価には女性蔑視があったのではないか、という指摘もある（『ロサンゼルスタイムズ』〇六年四月二十八日）。マンフォードの批判はその後も続き、代表的著書『都市の文化』（生田勉訳、鹿島出版会）一九七〇年版の序文でも「ジェイコブズの的外れ」に言及している。

一方、マンフォードに対するジェイコブズの批判も厳しかった。ハワードの田園都市運動を引き合いに出しながら、「あれはまっさらなものを造ろうとした運動でしょ。基本的に人工的なものよ。温故ということがない。ふるいものをまったく無視して「これぞ二十世紀」などと、完全にほれちゃったところにマンフォードの間違いがあった」（『メトロポリタンマガジン・コム』〇一年三月）と容赦ない批判。ジェイコブズは同じ趣旨のことを、ほかのインタビューでも繰り返し話している。D・リースマンが著書『何のための豊かさ』（加藤秀俊訳、みすず書房、一九六四年）で描いた郊外の暮らし――郊外住宅団地には都市機能の多様性がなく、そこで暮らしている住民は均質で人々の関係も希薄であることにジェイコブズは嫌忌を懐き、「よく計画されたニュータウン」の推奨者であったマンフォードを「都会嫌い」と誹ったのである。

『メトロポリタンマガジン・コム』とのインタビューでジェイコブズは、マンフォードの「都会嫌い」についてあるエピソードを紹介している。「ある時、彼に疑いを懐いたの。私たちが乗っていた車が都会に入ると、たちまち彼は不愉快な表情をしはじめたの。憂鬱な顔をして無口になってしまった。それまではおしゃべりに花が咲き、とっても快活だったのに。それで「アッ、このひと都会が嫌いなのだ」と思った」

ところがマンフォードとの確執を考えると不思議な話なのだが、同じインタビューの中でジェイコブズは、「彼とは仲が良かった、少なくとも私に関する限りは……。とってもおかしいでしょ。きっと彼も、私のことは不肖の弟子と考えていたと思う」という打ち明け話をしている。実際、ジェイコブズは、ローアーマンハッタン高速道路の闘争が行き詰まっていた時に、高級誌『ニューヨーカー』の建築批評をしていたマンフォードに支援を呼び掛けていた。そしてマンフォードもそれに応じて新聞に評論を書いている。

激しい論敵だったはずの二人だが、マンハッタンが高速道路で占拠される計画に対して憎悪をもっていたことでは通じ合うところがあった。モーゼス嫌いで共通していた二人は、市井の人々の「生活の質」を改善するためには、近代都市計画に対する異議申し立てが必要である（「新伝統主義的都市計画」と呼ばれることもある）、という認識を共有していた。そのことは、マンフォードがジェイコブズのエッセー風記事（"Downtown is for People"）を激賛したことからも明らかである。

しかし、モノの考え方は対照的に違っていた（*Back to the Future*）。マンフォードは理論的に考え、論の展開が演繹的だった。都市に秩序や美しさが備わっていることを高く評価していた。また、輪廻思想に共感するところがあった（『都市の文化』）。一方、ジェイコブズは現場を観察し、帰納的に考えることを習わしとしていた。都市に内在する、予測できない偶発的なもの／雑多なもの――後年、即興的（インプロビゼーション）な着想が都市経済の革新につながる、と論じたことに通じる――に信頼を寄せていた。半面、文明は「揺り戻し機能が崩壊すると回復不可能になる」（『壊れゆくアメリカ』中谷和男訳、日経BP社、二〇〇八年）と考えていた。

また、ジェイコブズは都市を自然／有機体になぞらえ、「都市を養育する」ことの大切さを訴えたのに対し、マンフォードは理論的、合理的、合目的的に「都市を計画する」ことを支持していた（マンフォード「オープンスペースの原理」W・N・セイモアーJr.『スモールアーバンスペース――都市のヴェストポケット』（小沢明訳、彰国社、一九七三年）。

そのためマンフォードは、産業革命当時のロンドンや最近のハーレムでは、高密度／豊かな歩道／多様な経済活動の混在が実現し、ジェイコブズの主張するコミュニティが元気を維持するめの条件を満足しているが、彼女が期待する成果を達成していない、とジェイコブズを批判した（*Back to the Future*）。そして大聖堂や宮殿建築の美しさ／オクスフォードやケンブリッジの大学構内の魅力／パリやロンドン、ローマ、エジンバラの世紀を超えて保持されてきた秩序や美しさが、人々の精神に直接的な影響を及ぼしてきたことは明らかであると指摘し、ジェイコブズを論難したのである。

ジェイコブズはコルビジェ批判でも舌鋒鋭かった。コルビジェは大西洋を横断して初めてマンハッタンの波止場に降り立ったときに、「摩天楼は小さ過ぎる。大きく、そしてもっと（ビルの）間を空けなければならない」とNYの第一印象を話し始め、居合わせた新聞記者たちを仰天させた（『伽藍が白かったとき』生田勉・樋口清訳、岩波書店、一九五七年）。パリやリオデジャネイロの都市改造計画では、公園のように植栽されたスーパーブロックに超高層ビルを建てる都市計画案を示したコルビジェである。人々の接触が濃厚にして高密度な、ヒューマンスケールの下町暮らしにこだわったジェイコブズとっては、到底、受け入れ難い都市思想だった。

　郊外に逃げ出しても都市問題は解消しないと考えていたコルビジェは、『伽藍』ではスーパーブロックに超高層ビルを建設する計画を田園都市論の対案として示した、という趣旨のことを書いている。ところが逆にジェイコブズは、「コルビジェの「輝く都市思想」は「田園都市論」と変わらない」と斬って捨てたのである。ジェイコブズの筆致は激しい。「皮肉な見方をすれば、「輝く都市」のアイデアももとをただせば直接「田園都市」から出てきたのである。コルビジェは「田園都市」の基本的イメージを、少なくとも表面だけは消化して、それを実際に高いものに仕上げたのである」（『死と生』黒川紀章訳、鹿島出版会、一九七七年）。要するにスーパーブロックに建ち上げる超高層ビル群――「垂直田園都市」は、ジェイコブズの眼には、天空に拡散するスプロール開発にしか映らなかったのである。そしてコルビジェも、所詮は「反都市主義者である」と断じたのである。

「都市経済」の優位性を訴える

『都市の原理』（中江利忠・加賀谷洋一訳、鹿島出版会、二〇一一年）『都市の経済学――発展と衰退のダイナミクス』（中村達也・谷口文子訳、TBSブリタニカ、一九八六年／『発展する地域　衰退する地域――地域が自立するための経済学』中村達也訳、ちくま学芸文庫、二〇一二年）で示したジェイコブズの都市論もまた、独特のものだった。『都市の経済学』の原題は、*Cities and the Wealth of Nations* である。A・スミスの『諸国民の富』を意識したタイトル付けだったが、同時にスミス以降の正統派経済学に対しても冷徹な視線を向け、これに異論を投じようという気負いを滲ませていた。ジェイコブズはマクロ経済分析の手法がどれほど精緻なものになったとしても、国を単位とする国民経済に囚われている限りは、ある国の経済が元気に発展するのに別の国の経済がなぜ沈滞するのか、そのダイナミズムを解明することはできないと考えていた。国民経済は都市経済の集合体に過ぎず、ダイナミックな経済活動の本質は全体を構成する諸都市（cities）にある――したがって都市経済論には、国民経済論に対する優位性がある、と理解していた。

　ジェイコブズ説を換言すれば、第一に注意を払うべきところは、都市経済を構成する都市産業の実態である。全国レベルで毎月発表される失業率や有効求人倍率も、そして残業率の伸縮も、マクロデータとして語られる統計はいずれも都市データの寄せ集めである。ジェイコブズ説を援用すれば、ハローワークA管区で有効求人倍率が〇・五倍を下回って雇用状況が極めて深刻なのに、ハローワークB管区では　・〇倍を超えて人手不足なのはなぜか

——という問題の設定が大切になる。集合体としての国民経済についてあれこれ論議することは、寄せ集めの平均からなにか真実を引き出そうとする的外れな試み、ということになる。ところが一般に行われている経済政策は、国民経済という概念に固執しているために、「全国平均の失業率が五％を超えた。さあ、大変。補正予算だ」という思考回路になっている。

上記のパラグラフは、『地域開発』（二〇〇六年八月、日本地域開発センター）の追悼特集「J・ジェイコブズの都市思想と仕事」に寄稿した論文に書いたそのままを、ここに転載した。この寄稿の後、『壊れゆくアメリカ』（訳二〇〇八年）を読み——私はジェイコブズの追っかけ人間ではなかったので、原著の *Dark Age Ahead*, 2004 の出版については知らなかった——ジェイコブズが同じ事例（カナダのマクロ経済の不調と雇用市場の不振、それに対してトロント都市圏にある小都市の活況と雇用増）を挙げて都市経済分析の優位性を解説していることを知って驚いたことがある。

ジェイコブズは、「経済活動はイノベーションによって発展する」と述べている。イノベーションは都市の輸入代替——それまでの輸入品を自前の生産によって代替することを意味している——を誘引する起爆剤であり、「いずれも都市経済の関数である」。『都市の経済学』では、真のイノベーションは、即興的な改良を意味するインプロビゼーションと伴走して起きると解説している。彼女の考え方によれば、輸入代替に積極的な諸都市が相互に刺激し合い、共生的な都市間連携を形成するときにはじめてその国の経済は持続的な発展を実現することができる。

ここでもジェイコブズはジャーナリストに徹し、徹底して現場主義だった。「山のような新聞記事の切抜きを活用し」（『グローブ・アンド・メール』〇六年四月二十六日）、丹念に事実を拾い、それを基に理論を構築する作業を繰り返した。たとえばイタリア北部にある小工業都市群を取り上げ、その経済的成功を仔細に説明している。逆に、「企業誘致」という甘い汁に誘き寄せられて進出して来る移植工場は、地元経済に根を張ることがなく、また別のおいしい話があると簡単に転出してしまう。したがって「自生的な工業発展にとっては不毛の基盤」にしかならないと、この場合も具体的な話題を豊富に例示し、誘致企業頼みに走る安易な都市振興策を諌めている。

正統派経済学に対して着想の転換を迫ったジェイコブズだったが、純粋アカデミズムに属するエコノミストたちのジェイコブズ評は一般的に冷淡だった。それでも「世界都市論」で著名な都市社会学のS・サッセンなどに大きな影響を与えたといわれている。ノーベル経済学賞のR・ルーカスのように、彼女の死に際し、「天性の社会科学者だった」という追悼コメントをメディアに寄せた経済学者もいた。

ジェイコブズを、ある特定のイデオロギーで色塗りするのは難しい。いろいろな機会に彼女自身が「イデオロギーの眼鏡を掛けてモノ事を眺めると問題の本質を見間違える」と話していたように、イズムを排除し、ジャーナリストとして現場主義を通したことが、逆にジェイコブズに対するイデオロギー性の評価において両極端の評論がなされることになった。ジェイコブズに詳しいフロリダ国際大学のC・クレメックは、「ジェイコブズの考え方には二面性があった」と解説している（『クロニクル・オブ・ハイヤーエデュケーション』〇六年四月二十七日）。

彼女は政府の介入を極力嫌った。官僚主義的な集権主義を唾棄し、補助金に対しても経済主体の自立を妨げるものとして批判的だった。都市経済も、『死と生』が対象としたコミュニティも、自生的な、換言すれば草の根的な活動が積層されることを通してはじめて創造性を発揮し、健全に発展することができると考えていた。それを可能にする条件はなにか――それが彼女の関心事だった。

私自身は経済新聞社に長く勤めたが、経済学書を精読するということもなく、F・ハイエクについても『隷属への道』を読み飛ばした程度だったが（拙稿を書くのに論文集『市場・知識・自由――自由主義の経済思想』を読む）、それでも我流に理解したハイエクの「自生的秩序」を頭の片隅に置いて『死と生』を読み返すと、ハイエクと共鳴するところがあるから不思議である。

実際のところクレメックによると、ハイエクが顧問をしていた六〇年代のシカゴ大学学生新聞は、『死と生』を自由主義市場経済の教科書として崇めていたし、ポスト・ゴールドウォーター的な自由主義右派の間でも、ジェイコブズに共感する人々が多かったという。しかし、それでいて「カリフォルニア州知事になったJ・ブラウンを支持するスモール・イズ・ビューティフル派の間でも、彼女は人気があった」。ブラウンは民主党左派に属したリベラル派の政治家だった。マッカーシーの赤狩り旋風が吹き荒れた五〇年代に、ジェイコブズは愛国心について尋問を受けたこともある。ベトナム反戦運動の闘士として国防総省を包囲するデモ隊に参加した六〇年代後半には、左翼のシンパと看做された時期もあった。

市場に対する信頼と懐疑

経済書を書くようになったジェイコブズは、市場に対する関心を大きくした。しかし、市場に対する彼女の見解がどうだったかとなると、そのイデオロギー性と同じように必ずしも明確ではない。市場の生み出すダイナミズムに積極的な興味を持っていたことは確かである。政府の介入には否定的だった。集権的規制や支援にも懐疑的だった。しかし、市場に全幅の信頼を置いていたと考えると、ジェイコブズを誤解することになる。明らかに市場に対しても懐疑的だった。

市場任せの郊外開発がスプロールにつながっていることを見逃

さなかったし、なによりも彼女が六〇年代の都市社会運動を通して守ったはずのグリニッジヴィレッジが、ジェントリフィケーション（街が中産階層化すること）とそれに伴うディスプレイスメント（社会的排除）によってすっかり変容してしまったことを、決して快く思っていなかったと伝えられていることからも、市場に対するジェイコブズの懐疑主義を窺い知ることができる（拙稿「J・ジェイコブズの仕事」『地域開発』〇六年六月号）。

当時、彼女は、ふるい建物を壊しアーバンリニューアルを強行する官僚政治と、社会的多様性を排除する冷徹な市場――その二つの敵と戦った。しかし、可視的にはむかしの街並みは残ったが、半面、市場メカニズムが冷酷に作動し、貧しい移民や労働者階層はコミュニティから完全に追い出されてしまった。その後は、WASPのお金持ちや、金融革命でのし上がってきたヤッピーが住む街になった。ブランド品大好きのファッションピープルや海外ツアー客が闊歩する高級ブランド街に零落したグリニッジヴィレッジを揶揄し、「資本はゆっくりと時間をかけて野望を達成し、結局、ジェイコブズは戦いに敗れたのではないか」と書いたメディアもある。ジェイコブズは安い家賃の住宅をコミュニティに残し、そこに労働者や貧しい移民が暮らし続ける場所を埋め込むことを目指していた。そのため、「荒廃地区」を「スラム」と決め付けてブルドーザーを使って破壊し、そこに高層住宅群を建設して貧困層を収容するモーゼス流の都市再開発に反旗を翻して闘ったのだが、結局、ヴィレッジは高級住宅地になってしまった。

市場が自己実現している最たる場こそ、グローバリズムの空間である。ジェイコブズは「グローバリズムは多様性を圧殺し、モノ事を均質化する」と批判的だった。しかし、彼女が一時期賞賛した北イタリアの小工業都市群ネットワークが、グローバリズムの突風が吹く中、九〇年代以降、大きく変容してしまったことを含めて、経済のグローバル化について自説を本格的に展開することはなかった。

ジェイコブズの市場観を考える際に興味深いインタビュー記事がある。市場主義を信奉する共和党系のシンクタンク、リーズン基金のオンライン雑誌に掲載された記事である（〇一年六月）。そこでは次のような問答があった。

ジェイコブズ「一〇年から二〇年以前に比べて活性化され、魅力を増進したアメリカ都市は極限られている」

聞き手「たとえば……」

ジェイコブズ「ポートランド、シアトル、それにサンフランシスコね」

当時、ポートランドは強力な成長管理政策で有名だった。サンフランシスコもダウンタウンの成長管理政策では先端都市だった。いずれも政府が都市計画で積極的な介入をしてきた都市である。さすがに聞き手も腑に落ちない、という感じで「なぜ、ポートランドが」と聞き直している。ジェイコブズの答えは簡潔、かつ具体的である。

「ポートランドっ子はポートランドを愛している。それが大事よ。水辺もよく整備されているし、ふるい建物も大切にされている。公園も素敵よ。散歩するのによいし、公共交通機関もしっかりしている」

インタビュアーは納得できず、追い討ちを掛けるように聞き返している。「貴女は地域計画や大都市圏主義には反対してきたでしょ。ポートランドはそれを熱心にやってきた都市ですよ」。それに対するジェイコブズの返事が振るっている。

「私は知らない。きっとそれについてはあなたがよく知っているでしょ」

『死と生』以降、同書をさらに大きく展開する計画論を書くことはなかった。したがって色々な憶測も生まれた。たとえば、〇六年五月二日の『ウォールストリートジャーナル』に掲載された追悼記事「ジェイコブズが本当に観察したもの——都市計画家たちの誤ったジェイコブズ理解」は、スプロール開発を警告して成長の限界線を設定することや、スマートグロース運動に熱心な都市計画家たちは、ジェイコブズの考えをねじ曲げて理解している——ポートランドは成長管理政策の結果、住宅価格は高騰するし、交通渋滞は深刻だし、酷いことになっているのに、都市計画家たちはその事実に眼をつぶっている、と書いていた。

だれがなにを考えていたかを正しく知ることは難しい。自発性と自己更新に支えられた「マネジャブルコミュニティ」という概念こそ、ジェイコブズの考え方を表現するのにふさわしいという説もある。しかし、その定義自体が中々の判じ物である。フロリダ国際大学のクレメックは、「彼女の全著作を通読したが、はたしてジェイコブズが市場を概念的にしっかり把握していたかについては、私には確信がない。ジェイコブズはその半生を通してこの厄介な課題と格闘してきた、というのが正確なところだと思う」と話している。

『壊れゆくアメリカ』がジェイコブズの最後の著作になった。文明の衰退、崩壊の物語である。『経済の本質——自然から学ぶ』（香西泰・植木直子訳、日本経済新聞社、二〇〇一年）の訳者は、ジェイコブズが「最後はいつも死が勝つ」という悲観的な感慨を記していたことを巻末で指摘していたが、米寿を越えたジェイコブズが、文明の行く末に強い危惧を懐いていたことは間違いない。

蛇足になるが、『壊れゆくアメリカ』という訳題は原著の表題（*Dark Age Ahead*）、及びその内容からはズレがある。誤解を招く。ジェイコブズ自身が一章で以下のように書いている。——取り上げた話題は北アメリカ（アメリカとカナダ）の事例が多いが、北アメリカの祖先は西ヨーロッパだし、北アメリカ以外にも分岐し、それぞれが同じ病弊に苦悩している（同時代性）。そうだとすれば、A・スミスを意識して *Cities and the Wealth of Nations*（『都市の経済学』）の表題を決めたほどのジェイコブズである。西欧文明の没落を憂慮し、それが本書執筆の動機になっていたのだから、『壊れゆく西欧（あるいは近代文明）』などの訳題がふさわしい。『壊れゆくアメリカ』では、ジェイコブズの問題意識が矮小化されてしまうと思う。

　ニューアーバニズム運動の主導者たちが「ニューアーバニズム運動は、マンフォードとジェイコブズの考え方に多くを負っている」と考えていることはよく知られている。二人共、混合用途、脱クルマ依存、歩いて暮らせる空間の魅力、多様な人々の暮らし……などを大切に考える都市論の信奉者だった。ニューアーバニズム運動もその考え方に立脚している。ジェイコブズが亡くなった年のニューアーバニズム会議総会は、イギリスのアーバンルネサンス政策の責任者だったJ・プレスコット副首相を基調講演者として招聘し、ロードアイランド州プロヴィデンスで開催された。会議の冒頭、出席者が起立し、ジェイコブズの死を悼み、黙禱する場面があった（『ジェイコブズvs.モーゼス』）。

　しかし、ジェイコブズ自身は、ニューアーバニズム運動に対し一定の敬意を表してはいたが、ニューアーバニズム運動が、アメリカが直面する都市問題に対して適切な解答を提供しているとは考えていなかった（*Back to the Future*）。ニューアーバニズム運動が郊外に新しい住宅コミュニティを開発する運動になっていることに同調できなかったに違いない。田園都市論の亜流に過ぎない、と見做していたのかもしれない。ジェイコブズは、自説がニューアーバニストに正確には理解されていない、と考えていた。

　また、ワールドトレードセンターの再開発ではスーパーブロック開発が排除され、街区を分割して開発することになったが、そこにはジェイコブズ思想の影響がある（『NYタイムズ』〇六年四月二十七日）。日本でも、まちづくりの先頭を走る金沢市の歩けるまちづくり条例やこまちなみ保存条例なども、その考え方の始原を辿ればジェイコブズに帰る。東京の向島や佃島の一部、大阪の平野などの木造住宅密集地区に息づく濃密なコミュニティ関係を再評価する研究や行政施策も、遡ればジェイコブズに至る。

　その意味でジェイコブズが残した仕事は、時代の節目、節目で読み継がれ、古典となっていくに違いない。ただ、欧米の新聞は大きな紙面を割いて彼女の追悼記事を掲載し、業績を讃えたが、なぜか日本の新聞では死亡告知記事も見かけなかった（見落としがあったとすれば失敬！）。そのことを、残念に思った記憶がある。

〈注〉本稿は「偶像的な偶像破壊者――J・ジェイコブズの都市思想といくつかの争点」『地域開発』（日本地域開発センター、五〇三号、二〇〇六年八月）を修正し、加筆したものである。

逆通読　ジェイン・ジェイコブズ

玉川英則

●たまがわ・ひでのり　一九五六年生。首都大学東京・大学院都市環境科学研究科教授。都市・地域解析。著作に*Sustainable Cities* (editor and co-auther, UNU Press)『コンパクトシティ再考』（編著、学芸出版社）『都市の本質とゆくえ』（共著、鹿島出版会）等。

はじめに

ジェイン・ジェイコブズ（Jane Jacobs）の主要著作を通読してみよう。ただし、それらの概要や大まかな相互関係等については、既刊の拙著『都市の本質とゆくえ』（宮崎・玉川、二〇一一年）[1]を参照して頂くことにして、本稿では三つの軸を設定し、それぞれの軸に関連する内容を、主要七作（アラスカの大叔母さんの思い出を語った *A Schoolteacher in Old Alaska* は割愛）の中から可能な限り多くの著作についてたどってみたい（筆者自身が行ったジェイコブズ本人に対するインタビューの内容も随時交えながら）。

しかも、新しい著作から古い著作へと逆方向に遡る形で、である。その意図は二つ。まず、処女作の『アメリカ大都市の死と生』（原著一九六一年、邦訳一九七七年（抄訳）・二〇一一年（完訳）。以下『死と生』と略記する場合あり）が群を抜いて有名であり、これに続く『都市の原理』（原著一九六九年、邦訳初版一九七一年）、『都市の経済学』（原著一九八四年、邦訳初版一九八六年）の二作を加えたいわゆる初期の〝都市三部作〟とそれ以降の著作との注目度の段差も大きいため、あえて晩年の方の著作に意識的に光を当ててみたいということ。もう一つは、ジェイコブズ自身が「経済は、従来の仕事に新しい仕事を付け加えることによって発展する。ふり返ってみると、私自身の歩みもそういう過程をたどってきたようである」（『都市の経済学』日本語版への序文、中村達也訳）と述べているのだが、今回、その道のりを逆にたどることにより、むしろ彼女の思想のエッセンスが抽出されるかもしれないという淡い期待をもって。以上の二点である。

1 「他者性」「異質性」を見つめる

絶筆となった『壊れゆくアメリカ』（原著二〇〇四年、邦訳二〇〇八年）。内容については賛否両論あるが、文明の崩壊とまではいかないにせよ、同書でジェイコブズが危惧したことが現実に散見される状況になってきている。二〇〇一年のブッシュ政権の成立、同年九月十一日の同時多発テロ発生以来のアメリカでのネオコン勢力の台頭、イスラム原理主義を標榜する過激集団の跋扈、〝アラブの春〟で進展するかに見えたがいまだ出口が見えない北アフリカの政情、ロシアと西欧間でのウクライナ問題、内戦が続く国々、紛争や不穏な動きが見られる国境地帯、そしてそれに端を発する難民問題……と枚挙に暇がない。

同書の一つの重要な主題は、原理主義に象徴される「排除」の現象を憂うということである。すなわち、「他者性」「異質性」を受け入れない傾向に対する危機感だ。それを家族やコミュニティの問題から一足飛びに文明の危機にまで結びつけてしまうのは少し飛躍が過ぎる感もあるのだが、少なくとも章題に挙げられている、「家族の衰退」、「資格崇拝と腐った大学」、「放棄されたサイエンス」、「いい加減な課税システム」、「自己管理できない〝エリート〟たち」は、多かれ少なかれ日本にも見られる傾向である。

同書に先んじること十二年前、ジェイコブズは倫理――いわば、他者との関係をいかに切り結ぶべきかということ――について、『市場の倫理　統治の倫理』（原著一九九二年、邦訳一九九八年）で語っている。人間社会の基礎にある二つの原理、「企業・商取引原理」と「政治・国家的原理」についての様々な議論が、プラトンの著作を彷彿とさせる対話形式で綴られている。両者の特性とそのコントラスト、そのどちらの原理も人間社会の形成のために不可欠であること、また、それらが不適切に混同または混合された場合には、恐るべき弊害を引き起こすこと等、歴史的な事例を紐解きながら、登場人物が百家争鳴の議論を繰り広げる。「刀と信用は真逆のもの」と言われたりもするが、抗争と平和の対置という意味と同時に、統治と市場の対照という意味でもまさに真逆なのである。

中央と地方、あるいは国家と自治体の関係においても、地域の独自性を認めるということ――これも「他者性」の尊重の一つの側面であろう。『壊れゆくアメリカ』の第五章「いい加減な課税システム」でも下級機関への権限委譲の重要性が指摘されているが、カナダ・ケベック州の分離独立問題を扱った *The Question of Separatism: Quebec and the struggle over sovereignty*（1980）では、まさにそれが全文のテーマとなっている。この種の問題は合理性ではなく、誇りとアイデンティティの問題であるということ、どういう地理的範囲がその地域に住む者にとって「国家」として認知できるかということが重要であると彼女は語る。曰く、「国を誇りに思う気持ちが自らのプライドにつながる」と。本書であげられているのは、古くにスウェーデンから分離独立したフィンランドや、パキスタン、バングラデシュの例ではあるが、前世紀の終わりから今世紀の初めにかけての、共産主義崩壊以降続く東欧を中心とする不安定なヨーロッパ情勢、EU内部の格差と一部の国の離脱動向、中東や北アフリカの内部抗争等の問題は目下の実例として存在しており、一九八〇年時点で、現在の状況を予言していたかのような書きぶりだ。自立及び自律ができる主体として自治の単位をどう考えるかということは、自らのアイデンティティをどこに求めるのかということの一方で、「他者」との関係をどう考えるかということに関わってくる。結成から現在に至るまでのEUの状況は、歴史的・文化的バックグラウンドで共通点の多い国々の間での、しかも経済という側面に絞っての統合であってすら容易なものではないということを示している。

筆者の経験から実例を一つ紹介しよう。東日本大震災で大きな被害を受けた被災地の中で、ほぼ最北に位置するある村。縁あって勝手連的な支援（というか年二、三度の訪問と村の将来を学生や地元の人々とともに考える活動）を続けているが、その中で聞かせて頂いた話である。同村は他の被災地と比べて早いペースで復興が進んでいるのだが、その要因としては、行方不明者が全員いち早く発見され期間を置かず復旧にとりかかれたこと、また村の範囲が小さく一つの自治体として自律して動けたことが重要な点だったとのことであった。もし、同村が広域市町村の時流に合わせ大きな市の一地区という位置づけになっていたら、復旧・復興のスピードは果たしてどうだったであろうか（ただし平常時においては、広域市町村となりより安定した財政基盤を望む意見も少なくないと聞く）。

この *The Question of Separatism* を挟んで発表された、『都市の経済学』と『都市の原理』、においては、「他者性」「異質性」を明示している記述はないものの、前者は、国民経済ではなく「都市を単位として」経済活動をみるべきであるという視座が、後者では、農村に先駆けて「都市が先にあった」という主張が、両者とも、都市の主要活動の一つである交易＝他者との交換、が人間社会の根底にあるということ、そして都市がその営為を評価・分析する上での基礎となることを示している。

さて、ようやく最初の著作にたどり着くことができた。『死と生』の序章「はじめに」では、ボストンのノース・エンドについて触れ、計画家は建物密度が高いため「スラム」とみなすが、実際にはスラムの特徴である社会病理的な現象はみられないことを指摘する。『死と生』とほぼ同時期に発表されたガンズの『都市の村人たち』(原著一九六二年、邦訳二〇〇六年)[2]では、ノース・エンドに隣接する、実際にはスラムではなく「低家賃地区」であったウェスト・エンドが、やはり建物密度等の物的基準によりスラムと判断され、クリアランスされてしまった状況が描き出されている。いわば、当時の中産階級の理想とするライフスタイル・居住形態の実現と、それに適合しない「異質な」ものの排除であったと言えよう。

このほか、『死と生』では、用途の混在や古い建物(年代の異なる建物の混在)の重要性が指摘されている。これも、「他者性」「異質性」を求めることにつながる。そして何と言っても、『死と生』での歩道の機能の重視は、他者と結び合う場を保証することに通じる。「バレエ」と表現したグリニッジ・ヴィレッジの歩道で繰り広げられる様々な活動、ちょっとした付き合いの蓄積からくる安心感、子供達を街にとけこませていく作用……すべて他者同士が接触することにより生まれる歩道の価値である。

同書は犯罪に対する安全性(とそれに寄与する歩道の機能)から書き起こされるのであるが、犯罪に関連してジェイコブズは、筆者との対談(一九九〇年)において次のように語っている。

「昔、ニューヨークには多くの『手押し車』(push cart)がありました。人々が様々なものをワゴンにのせて、手で押して歩きながら街頭で売るのです。野菜や下着やブラシなどいろいろなものを私たちは『手押し車』から買いました。これは、都市へ移って来たばかりの貧しい人々がとりあえず生計を立てていく手段であり、大都市の生活を学びそれに同化していくための第一歩でした。ところが、第二次大戦後、黒人達が大量にニューヨークに移住して来る前になって、ニューヨーク市はこの『手押し車』をもはや認めようとしませんでした。当局は、『手押し車』を見映えが悪くだらしないものと考えたのです。ほどなく、イースト・ハーレムにあった大きなマーケットも、黒人たちが必要としたであろうに、その前に市によって閉鎖されてしまいました。このため、黒人達は、ニューヨーク——ボストンなどたいていの他の都市でも事情は同様ですが——での生活を始める手段を失いました。これはとてもまずいことでした。誰もこういうことについては、話そうとしません。」

「カナダとアメリカは、両方とも移民国家なのですが、移民に対して根本的に違う考え方をもっています。アメリカでは、『るつぼ』(melting pot)といわれるように、すべての人がアメリカ人として同化される(はずだ、べきだ)という考え方があります。一方、カナダは、『モザイク』(mosaic)という考え方をもっています。様々な色や形をしたたくさんの破片が全体として一つの模様をつくっていることにたとえられる社会です。私がカナダへ引っ越してきたとき、近所の保育園の子供達が裏庭へやってきて、自分達の出身国を紹介しはじめたことがあります。彼らはそのことに誇りを感じている様子でした。ところが一方アメリカでは、子供は両親がアメリカ生まれでないことを恥じる傾向があります。『るつぼ』は人々の自尊心を傷つけ、若い世代を郊外に向かわせ、家族を崩壊させてしまうのです。」

（『都市の本質とゆくえ』第六章より再掲）

この言明には、前述した *The Question of Separatism* との関連も見られ、『死と生』本体の記述には表れていない意外な深層が示されている。大都市の本当の「陰」を呼び起こしてしまったものが一体何であったのか、ということに対する重要な問題提起だ。

もともと建築関係誌『アーキテクチャル・フォーラム』に掲載された論説をそのベースとしている『死と生』は、同書第Ⅱ部における多様性を生み出す四条件といったフィジカル（形態的）な提言にどうしても注目されがちだ。しかし、ジェイコブズは、「他者性」「異質性」を受け入れることが都市の特性であり、「正統都市計画理論」の単一用途、大規模ブロック、同時期の面開発、低密度の奨励といったことは、反対に都市の特性を拒絶する象徴だと感じ取り攻撃したのではないだろうか。この意味では、『死と生』を環境決定論としてみることは適当ではない（ただし、このインタビューは、都市三部作と『市場の倫理　統治の倫理』の間の時期に行われたものであるので、注意が必要だが）。すでにそこには、社会的な側面、特に「他者性」「異質性」を許容することの重要性を見つめる萌芽があったのではないかと思われるのである。

2　複雑系＋自己組織化＝生命

『壊れゆくアメリカ』は前述のとおり、二十一世紀初頭の世界状況の中で彼女なりの不安や危惧を吐露したものと考えることができるが、その冒頭の章（やや大風呂敷気味であるが）において、単純な考え方である原理主義を批判、そういった考え方で人間社会を取り仕切ろうとする試みに潜む隘路を指摘している。〝わかりやすすぎる〟原理、融通のきかない考え方が文明を圧殺してしまうことの危険性である。

その四年前に刊行された『経済の本質』（原著二〇〇〇年、邦訳二〇〇一年）では、自然の生態系と人間の経済に共通する法則について、数名が対話を進めて行くという形式の中で語られる。例えば、「拡大」というプロセスについては以下の如くだ。

「拡大は過渡的エネルギーの取り込みと利用に依存する。

エネルギーがシステムから放出される前に、システムがエネルギーを繰り返し取り込み、利用し、回し合う手段をもっていればいるだけ、システムが受け入れるエネルギーの累積的効果が大きくなる」

（訳書五九頁）

「多様な集団は、それが受け入れたエネルギーの多様な利用や再利用によってつくり出した豊かな環境内で、拡大を遂げる」

（訳書七七頁）

と、環境が多様性を持つこと、「複雑」であることが「拡大」にとって重要であることが強調されている。すなわち、複雑なネットワークを巡る中で、システムの全体に資源や通貨や情報が行き渡っていき、累積的効果を生むというイメージであり、このことは、人類の経済と自然の生態系に共通していることが指摘されている。ちなみに、翻訳者の香西氏が同書の「訳者あとがき」で指摘するように、言語について語る部分も印象的で、ジェイコブズは言語も複雑で自己組織化する一種生命のようなもの、として見ていたようである。

関連する内容を一九九九年の対談から。ジェイコブズは、「持続可能性」ということについて次のように語る。

「（持続可能性ということについては）『給油（refuel）できること』、すなわち新たなエネルギーを補充できることが重要です。自然の生物はすべてそうですし、また寄生体の場合には寄生しエネルギーを補充してくれる相手を見つけることが必要です。これは都市にもあてはまると思います。都市も自らにエネルギーを補充し続けねばなりません。したがってそれをどのように行うかが興味深い問題となります。自然界では二つの基本原理があります。まず、すでに活力を与えてくれているエネルギーの一部を使って次の食糧を得るということです。そのためにはエネルギーをすべて使い果たしてはなりません。もう一つの原理は、そのエネルギーに匹敵する、またはエネルギーの使用を可能にする装備をもたなければならぬということです。」

（『都市の本質とゆくえ』第六章より再掲）

前書『市場の倫理　統治の倫理』にも、生態学に言及する場面で「自然の経済」（一七八頁）という表現がみられ、ジェイコブズが以前からこの点を意識していたことがわかる。また、同書の対話に登場する人物の一人がある国際生態学研究機構のニューズレターの記事を引用する場面では、生態系の定義として、

「ある空間的・時間的な大きさをもって営まれる物理的・化学的・生物学的過程よりなる」

（一七六頁）

と書かれていることを挙げている。そして、それに続く議論の中

で、

「われわれは生態学的存在としては他の動物とは本質的に違うというのが彼の認識なんだ。それはなぜか？　彼は懸命に考えてこの問題の答えを見つけた。取引だ！　取引は生態系単位の区分を気にしない。余ったエネルギーをあちこちの生態系単位から別の生態系単位へと移しながら、好きなように生態系単位の境界を飛び越えている。これがわれわれ人類のユニークな理由だ、とカズンズは言っている」（一七八頁）

「でも、もし人が科学的気質の代わりに統治的気質を持っていれば、定義で目につくのは、従属節の『ある空間的・時間的な大きさ』でしょう。領土よ！　縄張りよ！　統治的気質の人が、頂点捕食者の生息地によって領土の大きさを認定するのは筋がとおっているわ。しかし実世界の現実の生態系では、目立たない生物の方が食物連鎖の頂点にいる動物よりももっと効果的に生態系単位の識別に役立つことがあるのよ」（一七九頁）

と、同書のテーマである二つの倫理が生態系と密接に絡むことが意識されている。

　そして何よりも、『市場の倫理　統治の倫理』では、人間社会の成り立ちとして少なくとも二つの倫理が必要だと示されていることが重要である。片方だけではダメ、また、場に応じて適切な方を適用しないとダメ、混同または混合はもってのほかということだが、ともかく重要なのは、「二元的」ではないことであろう。*The Question of Separatism* で扱っている自治の単位という問題は、自立と自律、すなわち自己組織化ができる範囲をどう考えるかという問題そのものである。

　生き生きした都市地域を形成するということでは、すでに『都市の経済学』にも言及がある。発展する地域ですでに形成された産業を、後発地域に単純に移すだけの「移植工場地域」では地域の発展につながらない。後に『経済の本質』でより汎用化した形で記述される内生的な発展の重要性が、最初にここで語られている。また同書では、ロナルド・ドーアの詳細な観察をもとにした日本社会研究を参照しながら日本の経済を評価しているが、これについては次節で触れる。

　二番目の著書『都市の原理』の一つの重要な主張は、前述のとおり、「農村に先んじて、都市は存在していた」ということだが、「都市」と言えるかどうかは議論の余地があるかもしれないものの、少なくとも何らかの集住形態が人類の歴史の早い段階からあり、そこで行われる一つの重要な営為である「交換」は、農業に先んじてあったというのは確かなようだ。その根拠として、マット・リドレー著『繁栄——明日を切り拓くための人類一〇万年史』[3]では、人間同士の交換があってはじめて人間と自然との交換——す

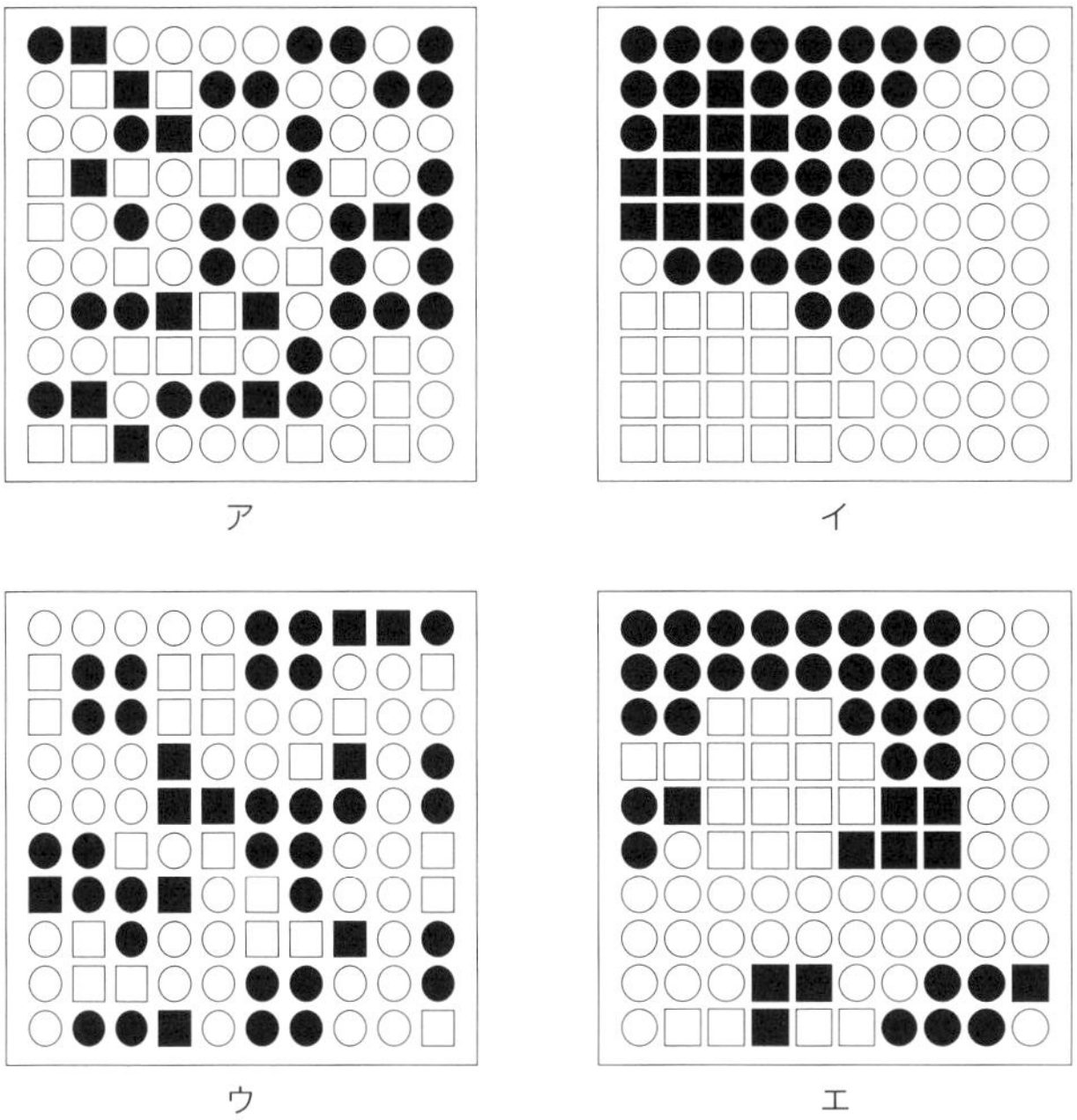

図1

なわち作物の育成（狭義には農業）という行為が生まれる（に思いが至る）ことが描き出されている。自然との交換である農業以上に、人間同士の物の交換である交易は人間にとってより本質的・初源的なことというわけだ。「市場の論理」が、人間の社会を成立させる一つの要件であったことが再び思い起こされる。

ニューヨーク生まれニューヨーク育ちのルイス・マンフォードは、『死と生』の出版を境にジェイコブズの批判者となった。皮肉なことには、その批判のために彼も都市について生物学的な比喩を用いている。「ジェイコブズの考えと伝統的都市計画の関係は、民間療法と近代医学の関係のようなもの」であり、「癌に冒されている大都市には、外科手術が必要とされている」[4]と。確かにペンシルヴァニアの小都市出身のジェイコブズには大都市ニューヨークへの憧れもあったであろうし、お上りさんが一種のカルチャーショックを受けた面も否定できないだろう。

話を戻そう。複雑系ということに、極力単純なモデルで挑んでみよう。筆者が以前行った研究である、土地利用の純化と混在を扱った分析モデルを紹介する。**図1**に示すのは、四種の用途、一〇×一〇＝一〇〇個のセルからなるパターンを、様々な生成論理をもとにコンピュータ・シミュレーションで生成させたものである（詳細は、玉川（2005）『都市の科学』第二章参照）[5]。

図1において、生成論理を設定せず形成されるのが「ア」で、いわばランダムパターンである。隣接する場所に同種用途を純化

するよう設定したのが「イ」、セル一つ分離れた所に異種用途が混在するよう生成論理を設定したのが「ウ」である。「イ」は、一方確かに同種用途からなる地域に明確に色分けされており、「ウ」は、込み入った感じで俄には生成パターンは推し量れない。

では、「イ」と「ウ」の生成論理が合成されるとどうなるだろうか？　それが「エ」である。最も比率の大きい用途が細長い集塊を形成し、他の用途はそれに接触を持ちながらそれぞれが集塊するというパターンを形成している。いわば、骨格である道路が地域全体をわたり、他の地域が接道しつつ個々の地区を形成するという実際の普通の都市の状況に類似している。複雑な論理（と言っても二つの論理を合成したに過ぎないが）が、都市の姿に類似する興味深い秩序性を生むことが示されている。計画論においては、「ミクロ純化、マクロ混在」という論理が支持されることがあるが、それが具体的にどのようなパターンを生み出すかはあまり分析されていない。このシミュレーションはその一つのイメージを与えるものである。

『死と生』で最も知られている部分、すなわち第Ⅱ部における多様性の四条件は、むしろ、複雑系として自己組織化を成した都市・地域が結果としてそういう特性を持つと解釈した方が適切なように思われる。多様性を生み出すための条件として狭義に解釈すると、前節で指摘したように同書を環境決定論として読んでしまう陥穽に陥ることになる。

ジェイコブズが大切にしようとしたもの、それはいわば、都市の「生命」、あるいは生命あるものとしての都市の姿なのだろう（なお、都市を一つの生命体とみる考え方自体にも、批判はある。例えば、「ジェイコブズは、都市が、企業を含む行為者たちが行動する舞台装置であるというより、あたかもそれ自身が行為者であるかのように記述していることがしばしばある。」（拙訳。Richard Harris "The Magpie and the Bee: Jane Jacobs' Magnificent Obsession" *in Reconsidering Jane Jacobs*[6]の如く）。『死と生』の締めくくりは、奇しくも科学論だ。都市を扱う科学のスタンスとしては、「組織立った複雑性」を対象とする「生命科学」のイメージが適切であると。彼女が、最初の著作『死と生』で、生命ある都市を破壊していく二十世紀半ばの単調な「正統都市計画理論」を敵視したのは必然であった。この処女作の最終章、いわば彼女の著作活動の「始まりの終わり」は、それ以降、都市、経済、社会の「生命」を巡る思索遍歴へと分け入っていく宣言であったと言えるだろう。ここからの展開が、以後の著作の多くを生んでいると言ってよいのではないだろうか。

3　日本に向けて……妄想？　期待？

『壊れゆくアメリカ』でジェイコブズが危惧する内容は、前述のとおり日本にもあてはまる。しかし一方でジェイコブズは、「日本（とアイルランド）には暗黒時代がなかった」と言う（同書二一〇―二一一頁)。その真偽を判断できる十分な知識と能力は残念ながら筆者にはないが、例えば西欧における中世のような、文明の「発展」が歩みを止めた時代は確かになかったのかもしれない。鎌倉・室町といった武士の支配する社会においても多くの独自の文化を生み出してきたし、鎖国政策をとった江戸時代は確かに近代化という意味では遅れをとったが、江戸や大坂では町人文化が花開いた。

しかし、『壊れゆくアメリカ』から一〇年を経過した頃に刊行されたロナルド・ドーアの『幻滅』(2014)[7]では、日本も西欧の病理に巻き込まれていると慨嘆している。その要因として、米国のビジネス・スクールや経済学大学院で教育された日本の「洗脳世代」が影響を増し、新自由主義的アメリカのモデルに沿う方向に進んでいることを指摘している。

ジェイコブズの『市場の倫理　統治の倫理』では、「比較優位は自転車の車輪や楽団のユニフォームを作るのには関係ないよ」(同書一四四頁)と、正統経済学の理論と現実との乖離が指摘されているが、日常の中で比較優位が問題になることは確かにそう多くない。実際、アルバイトで事務作業をやってもらえるのは、その仕事場に通える程度の距離に住む人々である。全世界に公募して働き手を選んでいるわけではない。だからこそ国民全体の平均的教育レベルが重要。それこそが、日本という国が安定を保つ方法であり、基礎教育の充実が大切になってくるのである。希少資源の理論を中心とした経済学では扱わない、身近なところに経済・社会の安定性のカギがあると言える。ただし、日本のこれからについては、外国人労働者や難民受け入れの問題もあるだろう。一九九〇年のインタビュー時点では、ジェイコブズは「まだまだ、これから。その状況に慣れれば日本人はうまくやっていきますよ」と言うのだが……。

ジェイコブズは、『都市の経済学』において、日本の経済発展を諸都市の共生的関係から来るものとして評価している。また、ドーアが日本の農村に取材した *Shinohata: A Portrait of a Japanese Village*[8]を参照し、匿名の村〝シノハタ〟の記述を通して、都市の経済が及ぶことによる農村の変革の様相を示している(もっとも、食糧管理制度による米価保護政策も農村経済維持の背後にある重要な要因であるが)。そのドーアはまた、『都市の日本人』[9]では、町内会を都市内での近隣関係を支える母体として評価している。

五十年来の親日家である(あった)ドーア、日本への憧憬を抱いたジェイコブズ、彼らの期待を裏切る日本になりつつあるのは憂うるべきことだが、少なくともある時期まで、両者とも欧米とは別の形での「近代化」の選択肢として日本を見ていたのではないかと思われることは重要な点であろう。

さて、戦後の日本の国土レベルの問題として、常時テーマとなっている東京一極集中への対応についてジェイコブズは、*The Question of Separatism* や『都市の経済学』との関連で、以下のように考える。

「私の『都市の経済学』の中でも述べているのですが、一国の中の『象のような都市』（elephant city）では、これはほとんどいつも起こっていることです。私には一種の連邦制をとる以外には避けられないことだと思われます。たとえば、北海道が独自の財源をもち、札幌に優先的な成長を認めるといったように。私は、日本は比較的うまくこの問題に対応していると思います。地域間格差があっても、お互い戦い合うようなリスクはないわけでしょう。イギリスも、イタリアも、古代ローマも、一極集中の是正を試みましたが、いまだかつてそれがうまくいった例などどこにもないのです。連邦化し、お金の出所を変える以外に方法はないでしょう。」

（『都市の本質とゆくえ』第六章より再掲）

この連邦制は、我が国の中で議論されている道州制に類似するものであり、地域の自立・自律の重要性が再認識されよう。

ジェイコブズは、一九七二年に日本を訪問した時の思い出を、インタビューでも様々語ってくれたが、重要と思われる箇所を一つ紹介する。日本の葉山に関する印象を語った部分である。

「その町の一方には汚されていない海岸があり、すぐ裏には山があるというふうに非常にワイルドな自然が町と間近に存在しているということです。その場所それぞれをあるがままの形で認めるということによって、『空間の幻影』すなわちそこにより大きな空間があるという印象がつくられているわけです。もし、豪邸だのプールだのが山のあちこちに散らばっていたりしたら、『空間の幻影』は台無しになります。空間のコントラストはなくなります」

（『都市の本質とゆくえ』第六章より再掲）

この「空間の幻影」は、日本の景観やフィジカルな計画において、大切にすべき事柄を指摘してくれた言明と言えよう。『死と生』については、「ヨーロッパ人が忘れかけていたヨーロッパの都市の良さを再発見させてくれた」（Gert -Jan Hospers 氏との対談の中での彼の表現）という見方があるが、日本の都市の再発見にも通じるものがある。

『死と生』の本文自体には、『都市の経済学』や『壊れゆくアメリカ』とは異なり、明示的な日本に対する記述はない（ジェイコブズが日本を訪問した一九七二年は、『都市の原理』（一九六九年）と *The Question of Separatism*（一九八〇年）の間の時期に当たる。一九八四年の『都市の経済学』で初めて日本の都市に明示的に言及するのは必然だったろう）。わずかに日本語版の序文に日本の都市に対する言及（それからは、確かに日本の都市に対する興味が感じられる）がある程度だ。

しかし、本文の内容は図らずも結果として、日本の都市の長所を評価するものとなっていることは心に留めておくべきだろう。

　ジェイコブズが日本に好感を抱いてくれていることは心強いものの、当の我が国が怪しげな状況となっているのは最初の節で指摘したとおりだ。日本人としては、これらのことを重く受け止めるべきではないだろうか。

おわりに

以上、通観してみると、やはり『死と生』が原点であり、その後の著作の内容の萌芽も随所に見られることがわかる。作家はその処女作に向けて完成される、と言われるが、ジェイコブズの場合、『死と生』以来、一見様々な論考を展開していきながら、その軸は、『死と生』で提起された問題意識や論考のターゲットを離れることはなかったといえるのではないだろうか。また、ジェイコブズの著作は、専門分野の論文というよりいずれも高度な随想として見るべきかもしれない。穴を埋めるのは専門家の仕事（埋まらないという反証も含めて）であろう。

　最後に都市計画に関して本稿に引きつけ、特に生命に関連づけて考えてみよう。人工授精、クローン、iPS細胞による組織再生等々、様々な形で現代医療の試みが行われているが、少なくとも今のところは、最終的には既存の生体＝複雑な組織に預託し、その力を借りて生命や組織を育むプロセスが、どこかの段階では必須となっている。すなわち、人工的に作り出された組織も既存の生体の中で定位されることが必要なのである。新薬の開発でさえ、土中の細菌の力を借りて可能になる（二〇一五年ノーベル医学・生理学賞の大村博士の研究のように）。いずれも、既存の複雑なシステムである生命体がその前提にある。

　まっさらのニュータウン、すなわちすべての要素を兼ねそなえたしかも持続可能な都市を一から作り出すこととは、生体に喩えれば、タンパク質から直接生命を生成するような試みであるのではないだろうか。不可能ではないかも知れないが困難を極めることだろう。

　これに対して、二十世紀の都市計画、特に住宅地計画は、ポリオ撲滅であったり、結核が不治の病ではなくなったり、各種伝染病の克服であったりといったことに喩えられるのではないか。それはそれで胸を張ってよいことかもしれない。とりあえずは、その到達点を確認し、次の段階に臨む態度が重要であろう。その意味でも、都市、経済、社会、生命を通観する問題提起をしたジェイコブズには、改めて敬意を表せざるを得ないのである。

注
本稿で扱っているインタビューは、以下のとおり。
Jane Jacobs へのインタビュー（1990.8.18）カナダ・トロント市の

Jacobs 邸にて

Jane Jacobs へのインタビュー（1999.9.2）　カナダ・トロント市の Jacobs 邸にて

Gert -Jan Hospers へのインタビュー（2013.11.25）　オランダ・トゥエンテ大学の研究室にて

（1）宮崎洋司・玉川英則（2011）『都市の本質とゆくえ』鹿島出版会。

（2）ハーバート・J・ガンズ（1962）、松本康訳（2006）『都市の村人たち――イタリア系アメリカ人の階級文化と都市再開発』ハーベスト社。

（3）マット・リドレー（2010）、柴田裕之・大田直子訳（2010）『繁栄――明日を切り拓くための人類一〇万年史（上）（下）』早川書房。

（4）Lewis Mumford（1968）“Home Remedies for Urban Cancer”, Chapter13 in *Urban Prospect*, Martin Secker & Warburg Ltd.

（5）玉川英則（2005）「都市空間を分析する」『改訂増補版　都市の科学』（東京都立大学都市研究叢書第二七巻）第二章、東京都立大学出版会。

（6）Richard Harris（2011）“The Magpie and the Bee: Jane Jacobs' Magnificent Obsession” *in Reconsidering Jane Jacobs,* APA Planners Press.

（7）ロナルド・P・ドーア（2014）『幻滅――外国人社会学者が見た戦後日本七〇年』藤原書店。

（8）Ronald P. Dore（1978）*Shinohata: A Portrait of a Japanese Village*, Pantheon Books, New York.

（9）ロナルド・P・ドーア（1958）、青井和夫・塚本哲人訳（1962）『都市の日本人』岩波書店。

参考文献（ジェイコブズの著作について原著の刊行が新しいものから）

ジェイン・ジェイコブズ（2004）、中谷和男訳（2008）『壊れゆくアメリカ』日経ＢＰ

ジェイン・ジェイコブズ（2000）、香西泰・植木直子訳（2001）『経済の本質』日本経済新聞社

ジェイン・ジェイコブズ（1992）、香西泰訳（1998）『市場の倫理　統治の倫理』日本経済新聞社

ジェイン・ジェイコブズ（1984）、中村達也訳（1986）『都市の経済学』ＴＢＳブリタニカ、（2012）『発展する地域　衰退する地域　地域が自立するための経済学』ちくま学芸文庫

Jane Jacobs（1980）*The Question of Separatism: Quebec and the struggle over sovereignty*, Vintage Books, A Division of Random House, New York

ジェイン・ジェイコブズ（1969）、中江利忠・加賀谷洋一訳（1971）『都市の原理』鹿島出版会　同新装版（2011）

ジェイン・ジェイコブズ（1961）、黒川紀章抄訳（1977）山形浩生完訳（2010）『アメリカ大都市の死と生』鹿島出版会

建築論からジェイコブズを斜め読みする

五十嵐太郎

●いがらし・たろう　一九六七年生。東北大学教授。建築学。著作に『日本建築入門』（ちくま新書）『現代日本建築家列伝』（河出書房新社）『被災地を歩きながら考えたこと』（みすず書房）等。

挿図がない本と出会う

初めてジェイコブズの本を読んだのは、大学院のときだった。当時、設計を志望するメンバーと、『エデフィカーレ』という同人誌を制作しており、現在は建築家となった南泰裕氏の発案で、都市デザインの系譜をまとめようと考えていたからだった。結果的にこの企画を雑誌『建築文化』に売り込んで、その成果は一九九六年二月号の特集に掲載されることになった。筆者はとくに都市論を担当し、当時は未邦訳だったレム・コールハースの『錯乱のニューヨーク』ほか、まとめて古典的な名著を読む機会を得た。大学院のときは建築史を研究していたので、正直それまで都市論と呼ばれるジャンルの本はあまり読んだことがなかった。そのなかで出会ったのが、黒い装幀の本『アメリカ大都市の死と生』（鹿島出版会、一九七七年）である。まず冒頭の言葉が印象的だった。

「図版　われわれの回りにあるすべてがこの本のさし絵である。挿図のかわりに現実の都市をよく見てほしい。見ている間に、あなたはまた、聞き、ぶらつき、そして見ているものについて考えるだろう」

（黒川紀章訳）

人文系の書籍ならそうめずらしくないかもしれないが、建築系、あるいは都市デザインに関する本は、視覚的な題材を扱うため、通常は多くの写真や図版が挿入されている。だが、この本には一切それがない。ひたすらおしゃべりというべきテキストが続くのだ。建築の立場からすると特異な本である。その後、同じ鹿島出版会から、二〇一〇年に山形浩生による新訳が刊行されているが、原著にない図版類は一切入れてはならないと指示されたという。ゆえに、さまざまな具体的な事例をとりあげながら、やはり挿図がない。不親切かもしれない。だが、この単純なメッセージにこそ、本書の核心はある。

多くの建築を見学していると、つい写真を撮影することに夢中になり、気づくと、ちゃんと現場で自分の目で見ていなかったという経験をすることがある。あるいは本や雑誌に掲載された美しい建築写真を見て、その空間をわかった気になってしまう。だが、実際に訪れると、かなり印象が違ったり、明らかにフォトジェニックな建築が存在することを再認識することも少なくない。実際、こうしたイメージは、お見合い写真と似ていよう。また個人的に強く思うのは、書籍の写真で伝わらないのは、写真の外側の風景であることだ。両隣、もしくは向かいにどんな建物があるのか。最寄りの駅から歩いたときに、どんな街並みを体験してから、現場に到着するのか。その建築にどんな人が出入りしているのか。当然ながら、いわゆる建築写真は、切りとられたアングルしかないために、本や雑誌では周囲の状況はあまり再現されない。そもそも人がいないシーンばかりで、生活感がない。ジェイコブズは建築雑誌『アーキテクチュラル・フォーラム』の編集部で働いていたこともあったから、メディアにおける表象と現実の差に敏感だったのかもしれない。

路上観察学でさえ、最終的には写真の羅列によって表現されてしまう。確かに街を歩いて、興味深い事例を採集しているのだが、超芸術のトマソン階段になると、結局は記号論的に解釈している。建築ガイドや旅行ガイドにおいて、いくら写真を増やしても、便利にはなるかもしれないが、所詮都市をまるごと表象することはできない。建築や都市の本は、こうしたパラドックスを抱えている。だが、ジェイコブズはあっさりと、ならば一切写真も図解も入れなければよいとしたのだ。本から顔をあげて、あなたのまわりに広がっている現実の都市空間を体験せよ、と。彼女が紹介しているニューヨークの事例だけが学びの源泉ではない。あなたが今生きている都市からも多くのことを考えることができるのだ、と。すなわち、すでに本の形式がアンチ建築書になっている。そして確かに、彼女自身が冒頭のメッセージを実践し、都市とそこで起きる出来事についてつぶさに観察し、思考をめぐらせ、『アメリカ大都市の死と生』を執筆した。

当然、図解、地図、都市計画図などの類いもない。ジェイコブズは、都市計画家が俯瞰的なまなざしで都市をとらえ、デザインしてしまうことを攻撃していた。また研究者が現実を抽象化し、図解してしまうことにも批判的だった。あらゆる視覚的なイメージを本に入れないことは、こうした態度とすべてつながっている。また壮大なパースペクティブで都市の変遷を論じたルイス・マンフォードのように、大きな歴史を物語るのでもない。あくまでも隣人の視点である。例えば、ハドソン通りで繰り広げられる踊り、笛の演奏、ベランダからの拍手、あるいは窓から落ちた怪我人がいると、バーから男がやってきて止血を行い、それを目撃した婦人がバス停の男から硬貨をひったくり、電話ボックスに飛び込み、病院に連絡したエピソードを語りながら、生きられた都市を回復しようと試みる。彼女は、これを都市のバレエと呼ぶ。一連のシークエンスが偶然、映像で記録されることは難しいだろう。写真の連続でも説明しにくい。徹底した細部を見つめるリアリズムにこだわるからこそ、言葉による語りという手法をとったのだろう。

一九六〇年代における都市論の革命

『アメリカ大都市の死と生』の原著は、一九六一年に刊行された。ジェイコブズが四十五歳のときである。アンソニー・フリントの『ジェイコブズ対モーゼス』(鹿島出版会、二〇一一年)で描かれたように、すでに彼女は都市計画の役人、ロバート・モーゼスと対決し、彼の車道計画を撤回させるなど、市民運動家として頭角をあらわしていた。現在から振り返ると、一九六〇年代は建築論と都市論にとって、大きな転回点だった。世界各地で既成の権威に対する異議申し立てが広がった時代であるが、デザインの分野では、モダニズム的な考え方に疑義を提出し、それを批判的に乗りこえようとする運動が起きている。例えば、近代建築国際会議のCIAMは、一九二八年に創立され、約三〇年にわたって世界的にモダニズムの運動を牽引していたが、やがて制度疲労を起こし、新世代の突き上げによって一九五六年に解体した。新しい気運が求められていたタイミングである。ル・コルビュジエ、ミース、グロピウスらの近代建築の巨匠も、一九六〇年代に亡くなり、世代交替が進んだ。

大雑把に言うと、モダニズムがいかにつくるのかに主軸を置いた計画者サイドの議論だったのに対し、新しく登場したのは、受容者サイドがいかにそれを把握し、使うのかという視点だった。言うまでもなく、大学で専門的なデザイン教育を受けず、ジャーナリストとして活動をはじめたジェイコブズは、都市を受容する一般人の立場を代弁している。

計画者から使用者へ。こうした一九六〇年代に顕著になった視点のシフトは、例えば、ポストモダン建築論を立ち上げたロバート・ヴェンチューリの『建築の多様性と対立性』(1966)と『ラスベガス』(1972)において顕著である。前者はヨーロッパの古典主義建築をいかに解読するかを提示し、後者はロードサイドの商業施設が高速で走る自動車に対して、どのようなコミュニケーションの戦略をとっているかを分析しており、いずれもその成果を設計手法にフィードバックさせようとしたものだ。またチャールズ・ジェンクスの『ポストモダニズムの建築言語』(1977)は、記号論的な手つきによって、まさに建築を言語としてとらえている。これらはいずれもモダニズムが作り手の論理を優先し、使い手との関係をうまく構築できなかったことを批判している。クリストファー・アレグザンダーのパターン・ランゲージも、建築家が神様のようにふるまうのではなく、一般人と共有できるプラットフォームを用意し、そこから設計する方法をめざした。

さて、都市論の分野では、ジェイコブズとほぼ同時期に重要な著作が刊行されている。ケヴィン・リンチの『都市のイメージ』(1960)である。これは都市を物理的な実体ではなく、イメージとして読解する試みだった。リンチは都市のリジビリティ(わかりやすさ)を重視し、明快な形態をもつボストンや特徴のないロスアンジェルスなどの各都市で聞き込み調査を行い、環境イメージのマッピングを行う。そして住人にとってより良き環境を創造するための、五つのイメージのエレメントを概念化した。すなわち、鳥瞰的なまなざしで作る論理ばかりが先行した都市計画に対し、一般的な住人がどのように都市の姿や構造をイメージしているかを問題にした。磯崎新は、日本における六〇年代の都市論ブームの契機となった『建築文化』の一九六三年十二月号の特集「日本の都市空間」に寄稿した論文「都市デザインの方法」においてリンチに言及している。彼は都市計画の発展を四段階に分け、「実体」、「機能」、「構造」による計画概念が、もはや有効ではないとしたうえで、日本の概念〈かいわい〉など、霧のように揺れ動いて固定しないイメージを「見えない都市」と呼び、最後の象徴論的段階に可能性を見出した。

テクスト＝織物として都市を読む態度は、ロラン・バルトの『エッフェル塔』(1964)や『表徴の帝国』(1970)などの記号論的なアプローチを経由し、その後、広く共有されるようになった。こうして考えると、一九六〇年代の初頭にジェイコブズとリンチの都市論がそろって登場したのは興味深い。いずれもデザインを与える計画者ではなく、居住者の視点から都市を考える先駆的な著作と言えるからだ。むろん、研究者のリンチはマッピングを重視し、都市を図解するノーテーションを作成するのに対し、ジェイコブズは徹底的にそれを嫌う。彼女は下町から叛旗をひるがえし、都市の囁きに耳を傾けた。

ポストモダン建築論との共通性

ジェイコブズが提唱した魅力的な都市の姿とは何か。彼女は近代の都市計画を真っ向から批判した。またＭＩＴやハーバード大学の都市計画の課題を揶揄した。そしてＣＩＡＭが掲げた近代都市のテーゼをひっくり返し、単一機能のゾーニングに対しては多様性を、人口の分散に対しては高密度が重要であると指摘した。すなわち、働く場所、遊ぶ場所、暮らす場所など、各エリアにひとつの機能を割り振るゾーニングは、ル・コルビュジエの「輝く都市」をはじめとして、モダニズムの典型的な考え方だが、彼女はむしろそれらが都心において混ざっていることが良いと述べたのである。例えば、ニューヨークの日常生活を観察しながら、都市に多様性を生じさせるための四つの条件を挙げている。第一に、地区内は二つ以上の機能をもつこと。第二に、大きなブロックをつくらず、複数の街路によって細分化すること。第三に、異なる時代の建物が混在していること。そして第四に、人々が密集していることである。

一九六〇年の代初頭は、まだポストモダンという言葉が語られなかった。だが、『アメリカ大都市の死と生』において議論されている内容は、後に頭角をあらわすポストモダンの空間論の特徴を確かに先取りしている。例えば、同じニューヨークを舞台とする痛烈なモダニズム批判の書、レム・コールハースの『錯乱のニューヨーク』(1978) が思い出されるだろう。たまたま筆者は都市論の読書会を通じて、ほぼ同時期にこの二冊に出会ったこともあり、なおさら類似点が気になった。ただし、ジェイコブズが住み手のふるまいをおしゃべりするかのように語るのに対し、彼は自らがマンハッタンのゴーストライターとなり、刺激的な言葉を乱射しながら、建築・都市が自律的な主人公となった物語をつむぎだす。藤森照信のように、建築の設計にまつわる人物伝を語るのとも違う。ともあれ、結果として、二人ともに、高密度や多様性などの条件を肯定的に導き出しているのは興味深い。

コールハースは、マンハッタンが過密の文化であると指摘し、二十世紀初頭に出現した新しい摩天楼の内部においては、オフィス、アスレチック・ジム、バーなど、上下階に異なる用途のテナントが入ることを重視した。それは単一機能を良しとするモダニズムの建築とは、全然違う空間である。アメリカの資本主義は、狭い土地に広い面積、つまりフロアを積層させることを要請し、経済原理が高層ビルの複合施設化をもたらした。ジェイコブズは同時代のニューヨークを観察し、現場から机上の空論を批判したのに対し、コールハースはモダニズムと同時代であるアメリカの過去の状況を掘り起こしながら、すでにポストモダン的な状況が存在していたことを回顧的に発見する。またジェイコブズが古き良きコミュニティに回帰してしまうのに対し、コールハースのベクトルは逆を向き、独身者こそがメトロポリスにふさわしい新人類だと主張する。

純粋機能ではなく、用途を混在させるというプログラムのあり方は、ポストモダン建築論の重要な方向性だった。例えば、ベルナール・チュミの『建築と断絶』(1994) も、パリの五月革命の経験に影響されながら、シュルレアリスム的に異なる用途が衝突する建築のプログラミング論を展開している。また一九九六年に始まったアトリエ・ワンによる「メイド・イン・トーキョー」のリサーチ・プロジェクトは、東京のフィールドワークを通じて、スーパーマーケットの屋上が自動車教習所になった「スーパーカースクール」など、無名の建築家が設計した超機能主義的な用途の組み合わせの事例を拾いあげていく。チュミの場合は、アート的な態度をもち、ジェットコースター＋プラネタリウムなど、馬鹿らしい機能の組み合わせを積極的に提示した。一方、メイド・イン・トーキョーは、東京の土地の値段の高さや経済の論理が生みだしたものであり、コールハースの態度に近い。

もっとも、現代の巨大開発は、こうした動向も組み込んでいる。例えば、六本木ヒルズや虎ノ門ヒルズなどを手がける森ビルのプロジェクトにおける、都心に高層建築をつくりながら、広場や緑地を足元に設ける基本方針は、ル・コルビュジエのヴィジョンを継承しているが、オフィス、商業施設、文化施設、居住施設などを組み合わせる考え方は、ポストモダン的だろう。キャナルシティ博多に代表されるように、ジョン・ジャーディーの商業施設も、単調な箱型のスーパーマーケットではなく、ストリートの感覚を持ち込み、わざと曲がった動線を設けて、迷宮性をかもしだしながら、街のような空間を演出している。倉庫などの古い建物をリノベーションする開発もめずらしくない。とはいえ、ジェイコブズのキーワードを確認できるのは、表層的なレベルにおいてである。本来、彼女はそこにもっと生活感のある様々な人が暮らし、小企業や個人事業主も活躍するような都市を理想としたわけだから、やはりポストモダン的な現代の開発はテーマパーク的だろう。

黒川紀章とジェイコブズ

ところで、建築家に対しても攻撃的だったジェイコブズの著作が、スター建築家の黒川紀章によって翻訳されたのは、少し意外に思われるかもしれない。とりわけ二〇〇七年に亡くなる直前、彼は都知事選や参議院選挙に立候補し、メディアはそれをおもしろおかしく、奇行のように伝えたからである。しかし、彼はずっと都市デザインを目標としており、最後は究極の手段として自らが政治家になることで、それを遂行しようとした。生涯において膨大な著作を刊行したが、最初の単著は『都市デザイン』（紀伊國屋新書、一九六五年）である。そもそも一九六〇年代は建築家が新しい都市をつくることができると信じられ、丹下健三の「東京計画1960」をはじめとして多くの提案がなされた。黒川もその一人である。CIAMの解体後、一九六〇年に東京で世界デザイン会議が開催され、そこで彼は菊竹清訓や槇文彦らと、メタボリズムの建築グループをデビューさせた。

黒川がジェイコブズの本を最初に知ったのは、一九六一年の夏、アメリカのイェール大学で学生の議論に参加したときだった。彼は一九六二年に二十八歳で事務所を設立するが、その一年前だから、まだ駆け出し以前である。訳者あとがきによれば、すぐに本屋で重い本を購入し、飛行機に乗り込むときはいつも抱えて読んだらしい。そして「都市空間の多様性の条件とは、……時間的な空間の変化や新陳代謝に耐えながら、古い建築をも共存させていくメタボリックな条件にも一致するように思われる」という。彼が提唱していたメタボリズムの建築論、すなわち完成して終わりではなく、部分の取り替え可能性をもったデザインに引き寄せている。この指摘は我田引水に感じられるが、いずれにしろ、近代批判をしていた黒川にとっても、アイデアのネタ本になっていたことは想像に難くない。曲沼美恵は『メディアモンスター』(草思社、二〇一五年)において、多様性のある密集をつくる都市として今度は東京が重要になると、黒川が考えたのではないかと指摘している。

『アメリカ大都市の死と生』がもうひとつ彼に自信を与えたのは、ストリートの復権だろう。ジェイコブズは自動車中心の生活空間になる郊外ではなく、都心における歩行者がいる街路の豊かさを生き生きと描いている。当時、黒川も「道の建築」がもつ可能性を論じていた。そしてこう述べている。「都市とは、流動の建築化である。……夏の夜、夕涼みの人びとであふれ、格子ごしに歩く人と住む人が歓談する〈道〉は人びとの流動する生活をかたちづくる建築空間であった」(『都市デザイン』)。彼は西洋の広場に対して、東洋における道という二項対立の枠組を用いたが、こうした街の描写はジェイコブズを連想させるだろう。なお、黒川の処女作、西陣労働センター(1962)は、生活空間としての通り抜けができる道をデザインに組み込み、将来的にこうした手法によって歩道のネットワークを広げていくことを意識した建築である。

流行に鋭敏な建築家である黒川は、いかに海外の話題作を実際のデザインに使えるか、すなわちフィードバックできるかを考えていた。彼はジェイコブズの主張に対して、こう指摘している。「混合用途地域とか、小規模ブロック制による多様性といった方法は、私にとって全面的に支持できるのだが、問題は、それを構造づける建築的な手法がいかにして発見されるかという点にあるのではないだろうか」。『アメリカ大都市の死と生』の初邦訳でありながら、前半の二部だけを収録したことも、後に問題視されている。原書のヴォリュームが大きいことや黒川が忙しかったこともあるだろうが、「多様性の自滅」から始まる後半がないのは恣意的だろう。だいぶ遅れて邦訳が刊行されたのは、一九六九年である。若手ながら大阪万博で三つもパヴィリオンを手がけることが決まっており、すでに彼が有名になった後だ。おそらく、ジェイコブズの本は、メタボリズム、道の建築、『都市デザイン』などで提唱した議論を補強する役目を担わされることになったのではないか。正しい読み方ではないかもしれない。だが、そうした建築界における独自の受容もまた実際の現実をつくりだしたのである。

誰も歩き方を知らないまま

管 啓次郎

すが・けいじろう　一九五八年生。明治大学理工学部教授。批評理論。著作に『斜線の旅』（インスクリプト）『ストレンジオグラフィ』（左右社）等。

ジェインズ・ウォークをやろう、とダグがいった。ダグ・スレイメイカーはアメリカの日本文学者でケンタッキー大学教授。横光利一や金子光晴といった文学者を研究する彼が一年間東京に住むことになり、その年度の計画を立てているときのことだった。ジェイン・ジェイコブズにはぼくも興味があったけれど、彼女の誕生日である五月四日、世界中で彼女の名を冠したイベントが開催されていることは初めて知った。特にルールがあるわけではない。日ごろ自分たちが暮らす町をみんなで歩き、何でも見聞きする。発見があればいいし、単なる気晴らしでもかまわない。それで二〇一四年の五月、われわれは第一回東京ジェインズ・ウォークを開催した。明治大学の大学院生が中心となって、小グループを作り、中野キャンパスから出発しそこに戻ってくる。気温が上がった、快晴の休日だった。楽しい一日だった。

いうまでもなく彼女の『アメリカ大都市の死と生』は二十世紀都市論の古典。それは活動家の本であり〈都市計画〉に対する仮借ない批判だが、その精神の基盤にあるのは歩くことをベースにした都市生活を守り、歩いて暮らせる都市区域を積極的に作り出そうとする姿勢だろう。どこにでも歩いてゆける範囲で暮らしが成り立ち、しかも街路には活気があり、安全が保証され、コミュニティが成立し、住んでいて楽しい地域。それは二十世紀ヴィジョンが行きつくところまで行きついた車社会、高層ビル、郊外住宅、スーパーマーケット、貧弱な公園と徹底的に管理された広場といった現実からは対極にある都市像だが、夢物語ではないし、〈東京〉という都市集合体のあちこちにだって、実際いまもそんなご近所群は存在する。ただし、おびやかされつつ。再開発の波に、つねにさらされながら。

都市に暮らしつつ都市を具体的にどう変えていくかについての議論には、ここでは立ち入らない。強調しておきたいのは、歩くことが人を正気に引き戻してくれるということだ。歩くとき、意識が変わる。注意は漠然と全方位にむけられ、周囲に何があり何が起きているかを瞬時に察知し、次の一歩を踏み出すという動作の中に、目的地にむかってのルート設定に、そのつどの判断と問題解決がある。それはわれわれのヒトとしての有機的なボディに組み込まれた機能で、歩くときの意識はたとえば歌うとき、祈るとき、踊るとき、手作業をするときの意識などに通じるところがあり、ある種の覚醒といっても睡眠といってもいい状態に入ってゆくための確実な手段となる。

　そして歩行は、意識の変成だけではなく、知識の組み替えにもつながる。都市空間のような雑多な対象をめぐる知識は、あちこちで道草を食い歩きながら摘み取られてきた花束のように構成される。その塊は、異質な要素が偶然に並列され、エピソードがまた別の記憶を呼び出して、論述自体がひとつの〈まち〉を模倣するように提示されるのがふさわしい。ジェイン・ジェイコブズの書き方は研究者のそれではないし、そこに魅力があることは否定できないだろう。雑誌『ヴォーグ』からのインタヴューで聞き手が彼女のことを「アーバノロジスト」と呼んだとき、彼女は即座に「オーサー」と訂正したそうだ。つまり、作家。それが彼女の自己規定。コロンビア大学を中退せざるをえなかった彼女は、大学世界とはつねに一線を画していたが、それでも二十世紀前半のコロンビア大学で推奨されていたという「二分野学習」には忠実だった。地理学とともに生物学、動物学、地学などを同時に学び、人間社会の研究にエコロジカルな視点を欠かすことがなかった。出発点から、彼女は自分を「都市ナチュラリスト」と呼んだ。

　彼女の歴史観は、たとえば『都市と諸国民の富』のような本によく現われていて、ヴェネツィアの発展はコンスタンティノープルのようにふるまうことによってはじまったとか、次の段階ではロンドンがヴェネツィアのやり方をまねて、輸入品だったコルドバ革の製品をイギリス産のより安い革の加工品に置き換えてゆくとか、都市間のミメーシス（模倣）による経済史の説明には、どこか生態学的なところがある。語りのスタイルそのものが厳密な論証とは無縁で奔放な、作家のそれだが、それだけにのびやかなひろがりを持ち、細部により想像力を刺激してくれる。

　ともあれ、現実の、現在の、都市空間をどれだけ歩いても、いまある都市景観とそこを支配する空気の来歴をたずねないかぎり、われわれは何も知らない。ジェインズ・ウォーク的な試みは、自分の地元であろうと旅先であろうと、あらゆる方法論の外で、そのつど歩き方を開発し、発見すべき対象そのものを発見しながら進むことに意義がある。歩行による新鮮な目の追求、知識の獲得。それがやがて、巨大な計画や莫大な資本の流れがデザインする歴史の外に出てゆく道を教えてくれないかぎり、商品の無限の森で迷うわれわれに未来はなく、精神の荒廃はつづくだろう。

強調しておきたいのは、歩くことが人を正気に引き戻してくれるということだ。

コラム

ジェインズ・ウォークのこと

石川 初

いしかわ・はじめ　一九六四年生。慶應義塾大学大学院政策・メディア研究科教授。著作に『ランドスケール・ブック――地上へのまなざし』（LIXIL出版）『今和次郎「日本の民家」再訪』（共著、平凡社、二〇一三年建築学会著作賞）等。

ジェインズ・ウォーク（Jane's Walk）というイベントがある。二〇〇七年、ジェイン・ジェイコブズが亡くなった翌年に、彼女が最後に住んでいた都市、カナダのトロントで始まった。市民が集まって、街を歩きながら自分たちが暮らすその地域をよく見直してみようという、要するに啓蒙的街歩きイベントなのだが、専門家が一方的にガイドし解説するだけのものではなく、参加者それぞれが街を観察し、積極的に議論することが奨励されている。トロントにはチャリティで運営されている事務局があり、ウェブサイトjaneswalk.org が開設されている。ウェブサイトによると、開催を表明するグループは毎年増え続け、二〇一五年には三六カ国、一八九の都市で行われた。「世界同時多発街歩き」である。

　私がこのイベントを知ったのは、二〇一四年の春「ジェインズ・ウォーク東京」にお誘い頂いて参加したのがきっかけだった。東京での最初の実施となったこのウォークは明治大学大学院理工学研究科新領域創造専攻の主催で、教員の方々や学生さんたちに一般参加の市民も加わって、明治大学の中野キャンパスの周辺を対象地にして行われた。

　明治大学の中野キャンパスは「中野四季の都市《まち》」と名付けられた、公園やオフィス、病院などを含む広い再開発地区の一角にある。ウォークの参加者は大学内の教室に一旦集合し、簡単なレクチュアのあとグループに分かれ、それぞれで三時間ほどの街歩きを行った。私もひとつのグループに講師として加わることになった。

　私はもともとこういう街歩きは好きで、地元や都心をしばしば歩き回る。私は、ある程度の距離を足早に歩くことで微地形や街並みの変化を感じ取る、いわば街をスキャンするように歩くのがよいと常々考えていて、このときも競歩のように中野の街を横断し、建物の様子や暗渠化した河川の地形を感じ取ってくるウォークにしようと意気込んで準備していた。ところが、前日にソフトボールの練習試合で足を傷め、当日はあろうことか足を引きずって歩く羽目になってしまい、結局いつもよりも遥かに遅い速度でキャンパス周辺を一回りするだけの、局所的な「ウォーク」になってしまった。これは自分としても忸怩たるものであったし、私のグループに来てくださった参加者にも申し訳ない思いがしたのだが、実際に歩いてみると、足を引きずって歩く散歩はこれはこれでとても面白いものだった。

　のろのろ歩くと、再開発エリア、特に舗装された広場はとても広く、長く感じる。地上のわずかな段差に敏感になるとともに、凹凸のない固い地面が続くことにいささか苦痛を覚えるようにもなる。公園や広場には所々ベンチが置かれたり木デッキが敷かれたりして、人々が憩う場所となる設えがなされている。しかし実際にそこを「憩いの場所」にするのは、ベンチや芝生に腰を下ろしている「人々」である。公園の隣にはまだ施設が建設されていない区画があり、雑草がはびこっている。よく見ると、セイタカアワダチソウなどの帰化植物に混じってチガヤやススキなどの在来の宿根草が生え始めていて、空き地の植物がゆっくりと遷移し始めていることがわかる。空き地のさらに外側には、中野区や杉並区の密集住宅地が広がっている。住宅地に踏み込むと、再開発地区との空間の規模の落差がものすごい。軒が接するようにびっしりと建った住宅からは、路地や道路に鉢植えがはみ出している。一見、乱雑に見える風景だが、ゆっくり歩きながらじっくり眺めるとそこにもある種の合理性が感じられる。一本の路地でも場所によって日当たりや湿り具合が異なっていて、植えられた植物の性質の違いによって、それぞれ異なる環境に微妙に呼応して置かれている。再開発エリアにおける「デザイン」とはまた異なる、長い時間をかけてチューニングされてきた、解像度の高いランドスケープである。

　結局、この日の私たちのウォークは二・八kmの移動に二時間三〇分をかけた、平均時速一・一km／hというスロー街歩きになった。しかし文字通り怪我の功名とでも言うか、普段よりもゆっくり歩くことで味わう街の風景はなかなか新鮮だった。住宅地でも、再開発地の広場や公園でも、舗装や植栽に私たちは目をこらした。それは、まるで風景を虫眼鏡で拡大して眺めるような経験だった。そして、あらためて実感したのは、見ているものをあれこれ話しながら集団で歩く街歩きの楽しさだった。当たり前のことだが、同じように歩いていても、人によって眺めているものはそれぞれ違うし、同じものを見ていても感じかたも解釈も違う。それらを言い合うことで、私たちは街の風景をつくる要素の多様さに気がつくのだった。それこそがジェインズ・ウォークの趣旨そのものであるわけなのだが。

　ジェインズ・ウォーク東京は、翌年は場所を移して墨田区の曳舟で開催された。今後も継続的に行われるだろうと思う。一般の方々にも専門家にも参加をお勧めする。ウェブサイトやSNSを検索するなどすれば情報が出てくるはずである。

あらためて実感したのは、見ているものをあれこれ話しながら集団で歩く街歩きの楽しさだった。

都市の秩序とは

【解読「都市とはどういう種類の問題か」】

中村　仁

都市とはどういう種類の問題か。これは、ジェイコブズの『アメリカ大都市の死と生』全二二章の最終章のタイトルである。それまで原書で四〇〇ページ以上もある同書を読み進めてきた読者は、この最終章でジェイコブズの慧眼に再度圧倒される。『アメリカ大都市の死と生』は、「この本はいまの都市計画と再建に対する攻撃です」という文章ではじまるが、まさにそのことを思い知るのが、この最終章である。

ジェイコブズの現代的な意義を再考するうえで、中途半端な解説や個人の見解を述べるよりも、「都市とはどういう種類の問題か」で展開されているジェイコブズの文章（テクスト）を引用しながら丹念に読み解くことが、最も意義ある論考につながると確信する。

問題分析の三つの方法

ジェイコブズは、最終章を以下の文章ではじめる。

考えるという行動にも、他の行動と同じように、それなりの戦略や方策というものがあります。都市について考えて何か結論を出すだけのことでも、都市がどんな種類の問題を提

●なかむら・ひとし　一九六二年生。芝浦工業大学システム理工学部環境システム学科教授。都市計画、コミュニティデザイン、地域安全システム。著作に「住宅の改修を重視した密集市街地の環境改善アプローチ」（『都市計画』No. 273）「都市の多様性――ジェイン・ジェイコブズから学ぶ」（『Re』No. 170）「埼玉県における大規模震災を想定した復興準備の取り組み」（『IATSS review』39(3)、国際交通安全学会）等。

起するか、知っておくのが大きなポイントです。というのも、すべての問題を同じように考えることはできないからです。どんな考え方が有効で真実を引き出しやすいかというのは、そのテーマについての自分の都合のよい思い込みではなく、そのテーマ自体が本質的に持つ性質にかかっています。

(『[新版] アメリカ大都市の死と生』邦訳四五五頁。以下、同書からの引用は書名を略す)

そして、「ウォーレン・ウィーバー博士がロックフェラー財団の自然科学・医学部門副部長を退任する際に「ロックフェラー財団一九五八年年次報告」に寄稿した、科学と複雑性についての小論」をとりあげ、以下のように述べる。

ウィーバー博士は科学思想の歴史の発展の三段階を挙げています。(1) 単純な問題を扱う能力。(2) まとまりのない複雑性の問題を扱う能力。(3) 組織立った複雑な問題を扱う能力。 (四五六頁)

ここでウィーバー博士が指摘する「単純な問題」とは、「互いの行動に直接関係がある二つの要素――二つの変数――を含む問題で、これらの単純問題は、科学が最初に取り組みを覚えた種類の問題」である。ジェイコブズはウィーバー博士の以下の文章を引用する。

(前略) これらの問題の本質的特性は (中略) 第一の数量の行動を説明するのに、第二の数量との関係のみを考慮すれば、その他の軽微な影響を無視しても、使いものになる精度が出るという事実にある。(中略)

この本質的に単純な特性の理論と実験から、物理科学分野では大きな進歩が達成されたのだった。(中略) 一九〇〇年までの時代に、光、音、熱、電気 (中略) の理論の基礎を築いたのは、この二変数の科学だった。 (四五六頁)

「単純な問題」において本質的な特性は、二つの変数の関係を考慮すれば、「その他の軽微な影響を無視しても、使いものになる精度が出る」という点である。言い換えれば、「使いものになる精度が出る」種類の問題であれば、「単純な問題」として扱うことが有効である、ということである。

問題分析の第二の方法である「まとまりのない複雑性の問題」を物理科学が発展させたのは、一九〇〇年以降のことである。ジェイコブズは再びウィーバー博士の文章を引用する。

(前略) つまり物理科学者たちは (しばしば数学者たちを先頭に立てて) まとまりのない複雑性の問題とでもいうべきも

のを扱える、確率論と統計力学という有力な技術を発展させてきたのである。（中略）

無数のボールが跳ねまわる大きなビリヤード台を想像してほしい。（中略）驚いたことに、問題は簡単になる。統計力学の手法が応用できるのだ。確かに、特定のボールの軌跡を詳細にたどることはできない。だが次のような重要な問題に対しては、十分に役立つ精度で答えがもたらされるのだ。所定の幅を持つ台の縁には、一秒当たり平均何個のボールがぶつかるか？ 他のボールに当たるまでに一個のボールが移動する平均距離は？（中略）

（前略）「まとまりがない」という言葉は、多数のボールが載った大きなビリヤード台に（あてはまる）（中略）ボールの位置と動きがでたらめに分布しているからだ。（中略）だがこのでたらめさや個別変数の未知の行動にもかかわらず、システム全体は一定の秩序と分析可能な平均的特性を有している。（中略）

さまざまな経験がこのまとまりのない複雑性に分類される。（中略）あらゆる物理学の構造全体が（中略）これらの統計的概念にもとづいている。証拠という発想そのもの、そして証拠から知識を導出するやり方も、いまではこれらのアイデアにもと［づ］いているものと認められている。（中略）コミュニケーション理論と情報理論が同じく統計的概念にもとづいていることもわかった。このように、確率論の概念はあらゆる知識理論に欠かせないと言わざるを得ない。

（四五七―四五八頁）

「まとまりのない複雑性の問題」の本質的特性は、「でたらめさや個別変数の未知の行動にもかかわらず、システム全体は一定の秩序と分析可能な平均的特性を有している」という点である。言い換えれば、システム全体が「一定の秩序と分析可能な平均的特性を有している」ことを見出すことに有用性があるとされる種類の問題である。

それでは、三番目の「組織立った複雑性の問題」とは何であろうか。ウィーバー博士は、「生命科学は単純な問題でもまとまりのない複雑な問題でもなく、本質的にちがう種類の問題」であり、「それは一九三二年になってもまだ取り組む方法が非常に遅れていた類の問題」であると指摘する。そして、ジェイコブズはウィーバー博士の文章を引用する。

ひどく単純化して、科学的技法は極端から極端へと移り（中略）広大な領域は手つかずだと述べたいところだ。また、この中間領域の重要性はそもそも変数の数が中程度である（中略）という事実には左右されない。（中略）変数の数より遥かに重要なのは、これらの変数がすべて相互に関連しているという事実である。これらの問題は、統計で処理できるまとまりのない状況とは対照的に、組織の本質的特徴を示す。したがってこの類の問題を組織立った複雑性の問題と呼ぼう。

　マツヨイグサを開花させるのは何か？　塩水はなぜ渇きをいやさないか？（中略）生化学的に老化はどう記述されるか？　遺伝子とはなにか？　また、ある有機体独自の遺伝子構成は、発達したその成体の特徴としてどのように発現するか？

　これらはすべて確かに複雑な問題である。だが統計的力学が鍵を握る、まとまりのない複雑な問題ではない。すべてが相関しあって一つの有機的統一体をつくる、相当数の要素を同時に扱う必要がある問題だ。（四五八—四五九頁）

「組織立った複雑性の問題」の本質的特性は、「変数の数より遥かに重要なのは、これらの変数がすべて相互に関連している」ということである。それは、「すべてが相関しあって一つの有機的統一体をつくる、相当数の要素を同時に扱う必要がある問題」である。

　ジェイコブズは、一九三二年からの「四半世紀のうちに生命科学は実際にすばらしく輝かしい進歩をとげ」たが、「この進歩が可能になったのは、生命科学が組織立った複雑性の問題であると認識され、この種類の問題の理解に適した方法で考えられ、取り組まれたからにすぎ」ないと述べる。そして、都市とはどういう種類の問題か、についての論考をここから開始する。


　都市はたまたま生命科学と同じように組織立った複雑性の問題です。「半ダースか数ダースの数量がすべて同時に、しかも細かく関連しつつ変動している状況」を示しています。また都市は、これまた生命科学と同じように、それを理解すればすべて説明がつくような、組織立った複雑性の問題を一つだけ示したりはしません。都市は生命科学の場合と同じように、やはり互いに関連した多数の問題や断片に細かく分解できるのです。変数は多くてもでたらめではなく「相関し合って有機的統一体をつくる」のです。（四五九—四六〇頁）

　ここで留意すべき点は、ジェイコブズは、たんに都市が有機的統一体であると主張しているわけではないことである。都市を生命体のアナロジーで捉える考え方自体は目新しいものではない。ジェイコブズが主張しているのは、生命体を扱うときの方法論、アプローチについてである。「都市は生命体である」と抽象的に考えると、都市へのアプローチが何か変わった気分になるが、そのアプローチが「単純な問題」や「まとまりのない複雑性の問題」の扱いであれば、何も変わりはない。「都市について考えて何か結論を出すだけのことでも、都市がどんな種類の問題を提起するか、知っておくのが大きなポイント」なのである。

ジェイコブズは、都市近隣公園を例に、都市の問題が「組織立った複雑性の問題」であることを述べる。


実例として、都市近隣公園の問題をふたたび検討しましょう。公園についての要素は、一つひとつをとれば、どれもウナギのようにつかみどころがありません。その他の要素からいかに影響を受けるか、それらにいかに反応するか次第で、そこからどんな意味でも引き出せるでしょう。公園がどれほど利用されるかは、ある程度公園自体のデザインに左右されます。でも公園のデザインが利用におよぼす部分的影響ですら、だれが周りにいてそれを使いそうかにもよるし、こんどはそれがまた公園の外側の都市の用途にも左右されます。さらに、こういった用途が公園に与える影響は、他とは無関係にそれぞれがいかに個別に公園に影響をするかという問題のみに留まりません。その組み合わせが、どう公園に影響するかということでもあるのです。というのは、一部の組み合わせは、各種の構成要素の中でそれぞれが互いに受ける影響を刺激するからです。するとこういった公園近くの都市用途やその組み合わせも、建物の年代、周辺街区の規模の取り合わせなど、また別の要素に左右されますし、そこには共通の統合的用途としての公園自体の存在も影響してきます。利用者を結びつけて混ぜ合わせるかわりに、公園の規模をかなり拡大したり、周辺街路から利用者を切り離して分散させるようにデザインを変えたりすると、すべてが白紙に戻ってしまいます。公園にも環境にも新しい影響が関与してくるのです。これは空地の人口比率という単純な問題とはかけ離れています。でも、もっと単純な問題だったらと願うのも、もっと単純な問題にしようと試みるのも無駄なことです。現実にそれは単純な問題ではないからです。何を試みようと都市公園は、組織立った複雑性の問題であるようにふるまうし、実際に組織立った複雑性の問題なのです。都市の他のあらゆる部分や特徴についても同じです。その多くの要素の相互関係は複雑ですが、これらが互いに影響し合うやり方に偶発的なところや不合理なところはまったくありません。（四六〇頁）

ジェイコブズがここで記述していることは、『アメリカ大都市の死と生』第五章の「近隣公園の使い道」で詳細に論じられている。ここでは、同書全体をとおして他の章の関連する内容を含めて、都市における近隣公園の特性をあらためて要約している。ただし、この文章のみを読んでも文意が多少理解しにくいと思われるので、若干の解説をしたい。

近隣公園というのは、それ自体が近隣の居住者に価値あるものとして、計画されがちである。しかし、現実の公園を観察すれば容易にわかることであるが、ある公園が活発に利用されるかどうかは、公園のデザインのみでは決まらず、公園の周辺の環境に依存しているということである。つまり、公園が生きるも死ぬのも、周辺の環境との相互関係のなかで決まってくるのであり、公園があるから、周辺の環境がよくなるのではない。しかし、プランナーの多くは、公園それ自体が一方的に周辺に効用を与えるものであると暗に前提して、人口当たりの公園面積や公園の誘致距離などを指標として公園を計画する。そして、今日においても、プランナーや技術者はそのように教育され、そのように実践している。このことは、都市の問題が「組織立った複雑性の問題」として扱われていないことを如実に示している。

ジェイコブズはさらに、『アメリカ大都市の死と生』でそれまでの章で論述したことを表層的に理解し、現実に適用することを警告する意味で、以下のように述べる。

さらに（よくあることですが）ある面ではうまくいっていて他の面ではうまくいっていない都市の一部では、組織立った複雑性の問題として取り組まなければ、長所や短所の分析、問題の指摘、有用な変化の検討さえできません。単純化した事例をいくつか挙げると、ある街区は子供の監視やさりげない信頼のある社会生活の提供にすばらしく役立っていても、その他のあらゆる問題の解決においては劣悪かもしれません。街区自体と（やはりその他の要素のせいで存在するかどうかもわからない）もっと大きく効果的なコミュニティを結び合わせるのに失敗しているからです。また、街路自体に多様性を生み出すすばらしい物理的要素があり、公共スペースを何気なく監視する立派な物理的デザインが備わっていても、廃れた境界に近接しているせいでかなり活気に欠けて、住民たちからも避けられ怖がられることになるかもしれません。あるいは街路の実力としてはまともに機能できる基盤がほとんどないのに、機能して活気ある地区と地理的にみごとに結びついているために魅力を保ち、用途が生じて、十分に機能できている街路もあるでしょう。もっと簡単で万能な分析や、もっと単純で魔法のような万能の解決策を願ったところで、こういった問題の組織立った複雑性を単純化できるわけではありません。いくら現実逃避して何かちがうものとして扱おうとしても無理な話です。

（四六〇―四六一頁）

多様性とは何か

ここでジェイコブズが述べていることの理解を深める意味で、『アメリカ大都市の死と生』第七章「多様性を生み出すもの」から、以下の文章を引用したい。

小ささと多様性とは、確かに同義ではありません。都市の事業体の多様性は、各種の規模を含みますが、種類が多いということは、小さな要素の比率が高いということでもあります。都市環境の活気は、小さな要素がすさまじく集まっているおかげなのです。

また、都市の地区にとって重要な多様性というのは、営利企業や小売り業だけに限られているわけではまったくないので、ここでの記述が小売り業を強調しすぎに見えるかもしれません。でも、わたしはそんなことはないと思います。商業的な多様性は、それ自体が都市にとって、経済的にだけでなく社会的にもすさまじく重要なのです。本書の第I部でわたしがあれこれ描いた多様性の用途は、ほとんどが直接的にせよ間接的にせよ、便利で多様な都市商業がたっぷりあることに依存しています。でもそれ以上に、商業が途方もない種類と量を持つ都市地区を見つけたら、そこには数多くの他の多様性も見つかるのが常だし、そこには文化的な機会や各種の場面も多く、住民構成や他の利用者構成もとても多様なのが普通なのです。これはただの偶然ではありません。

（二七〇頁）

ここで、ジェイコブズが言う「本書の第I部でわたしがあれこれ描いた多様性の用途」とは、第二章「歩道の使い道——治安」、第三章「歩道の使い道——ふれあい」、第四章「歩道の使い道——子供たちをとけこませる」、第五章「近隣公園の使い道」、第六章「都市近隣の使い道」において詳述した内容である。それは、都市生活において本質的に重要であるが、従来の都市計画において無視されてきたさまざまな事象である。

たとえば、第二章「歩道の使い道——治安」では、歩道と街路の安全性は、地域に住む人々や街を訪れる人々が持つ無意識的なネットワークによって維持されていることを指摘する。そして、人々に利用される街路の三つの大条件として、一、公共空間と私的空間のはっきりとした区分（公共空間と私的空間は、郊外環境や低所得者向けプロジェクトで典型的に見られるように、じわじわと段階的に推移してはいけない）、二、街路には人の目が光っていなければならない（見知らぬ人々を扱い、そして住人と見知らぬ人の両方の安全を保証できるような街路の建物は、街路に顔を向けていなくてはならない）、三、歩道には利用者が継続的にいなければならない（街路に向けられる有効な目の数を増やすとともに、街路沿いの建物にいる人々の目が歩道に向くように仕掛ける必要がある）をあげる。さらに、街路をさりげなく監視するための基本要件として、歩行者を行き渡らせたければ、都市地区にある事業所はかなりの数が無ければならず、また、種類も多くなければ人々の動線が交差し合う理由にならないこと、店主や事業主は顧客が治安のことで不安になることを嫌うため、十分な数がいれば、街路の守護者になること、人々で賑わう街路には、活動を眺めて楽しむ人々も集まってくるので、人が集まることで自然と街路に向けられる視線が増えていくことを指摘している。

また、第三章「歩道の使い道――ふれあい」では、街路を見ている人目の裏には、街路全体の支援があるというほぼ無意識の前提が必須であり、それは一言で表すと「信頼」である、と述べる。そして、都市街路における信頼の育成は制度化できるものではなく、街路での数多くのささやかな触れ合い（酒場に立ち寄る、雑貨店主から忠告をもらう、新聞売店の男に忠告する、パン屋で他の客と意見交換する、玄関口でソーダ水を飲む少年に会釈する、子供たちを叱る、金物屋の世間話を聞く、薬剤師からお金を借りる、生まれたばかりの赤ん坊を褒める、コートの色褪せに同情するなど）により、時間をかけてかたちづくられていくと述べる。公共的なふれあいの機会は、歩道沿いの各種事務所や店舗や行き来する歩道そのものにもたくさんあり、このシステムなら、人間関係に伴い各種の義務がついてまわることなしに、あらゆる人々と自然と知り合いになれると述べる。つまり、買い物などの外出のついでによって、個人のプライバシーを確保したまま、他人との関係を自然に築くことができるのである。また、人々のネットワークのハブとなって、人々のつながりを増進する公人（パブリックキャラクター）の存在にも言及し、商店主らは街路の公人としても重要な役割を果たしていることを指摘する。

第四章「歩道の使い道――子供たちをとけこませる」では、街路は、子供の成長にも大きな意味があり、遊技場や公園は安全で子供たちの健全な成長を促し、街路はその逆だと主張する都市計画の考え方に異議を唱える。安全な街路は、子供自身の愚行から子供を保護する、悪意を持つ大人達から子供を保護する、子供達同士から子供を保護する役割があるが、それだけでない。子供の成長には遊んだりぶらついたりしながら世界についての考え方を形成する屋外拠点が必要であるが、歩道はその屋外拠点として機能すると述べる。

さらに、「都市生活の第一原則」を子供達に教えるのは歩道にいる大人だけだとジェイコブズは主張する。ここで、都市生活の第一原則とは、「人々がお互いに何らつながりが無くてもお互いに対して多少なりとも公共的な責任を負わなくてはならない」ということである。この原則は、「子供たちが自分とは何の姻戚関係も友人関係も役職上の責任もない人が、自分に対して多少なりとも公共的な責任を果たしてくれたという体験から学ぶもの」である。子供たちが街路での体験（知らない人がいじめっこから助けてくれた、危ないことをしていたら注意されたなどの体験）を経て、自然に学ぶものである。そして、街路空間で何度も繰り返し教えられることで自分も街路の監督者の一人だということを学ぶ。迷子になった人に進んで道を教えたり、そこに車を止めたら駐車切符を切られると警告したり、路面が凍結したら塩をまくといいとアドバイスしたりする。こうした原則を子供たちは幼い時期に身につけるが、これらの都市居住についての指導は、子供の面倒を見るように雇われた人々には教えられないものである。なぜなら、「この責任の本質というのは、雇われなくてもそれをやるということだから」である。それは両親だけでも教えきれないものである。「そして都市でそれが与えられるとすれば、それはほぼすべて、子供がたまたま歩道で遊んでいる時間に与えられる」とジェイコブズは主張する。

第六章「都市近隣の使い道」では、自治に役立つ近隣として、「全体としての都市」、「街路近隣」、「大型だが都市にはならない規模の地区」の三つがあり、とくに地区近隣は境界ではなく、人々の交錯利用と活気によって形成されると述べる。また、都市近隣では、街路近隣であれ地区近隣であれ、公的な人間関係がゆっくり育っていくのであり、人口の増加や入れ替えは徐々に行われなくてはならないと述べる。そして、その場所の自治が機能するためには、人口の流動の根底に近隣ネットワークを構築した人々の連続性がなくてはならず、こうしたネットワークは都市の交換不能な「社会資本」であると主張する。

以上はジェイコブズが第I部で指摘した事象の一例であるが、この例だけをとっても「商業的な多様性は、それ自体が都市にとって、経済的にだけでなく社会的にもすさまじく重要」だということは明らかである。都市の街路は、人々の自由な行動をもとに経済的なメリットと社会的なメリットを同時に達成することが可能な場として機能している。地域経済の維持・発展、人々の所得水準の向上という経済的な価値と地域社会の安全性、人々のふれあい、子供の成長といった社会的な価値が、対立するのではなくみごとに融合している。しかし、従来の都市計画は、それらを破壊する方向に機能する。この根底には、都市の問題を「組織立った複雑性の問題」として扱っていないことがある。

第七章において、ジェイコブズは、都市の街路や地区において、多様性が生じるための条件について、以下のように述べる。

> 都市は多様性の、天然の経済的発生装置であり、新事業体の天然の経済的育成装置だとさえ言えますが、だからといって都市が存在するだけで自動的に多様性を生み出すということではありません。
>
> (中略)都市の多様性が偶然や混沌のあらわれだと信じて安心しきっている限り、その多様性の創出が一定しないのはもちろん謎めいて思えることでしょう。
>
> 　でも、都市の多様性を生み出す条件は、多様性が花開く場所を観察して、それがなぜそうした場所で花開けるのかという経済的な理由を観察すれば、かなり簡単に見つけられるのです。その結果は入り組んだものですし、それを生み出す材料は大幅に異なってはいても、この複雑性は目に見える経済

関係に基づいており、それは原理的には、それが可能にしている複雑な都市の混合よりずっと単純です。

都市の街路や地区にすさまじい多様性を生み出すには、以下の四つの条件が欠かせません。すなわち、

一、その地区や、その内部のできるだけ多くの部分が、二つ以上の主要機能を果たさなくてはなりません。できれば三つ以上が望ましいのです。こうした機能は、別々の時間帯に外に出る人々や、ちがう理由でその場所にいて、しかも多くの施設を一緒に使う人々が確実に存在するよう保証してくれるものでなくてはなりません。

二、ほとんどの街区は短くないといけません。つまり、街路や、角を曲がる機会は頻繁でなくてはいけないのです。

三、地区は古さや条件が異なる各種の建物を混在させなくてはなりません。そこには古い建物が相当数あって、それが生み出す経済収益が異なっているようでなくてはなりません。この混合は、規模がそこそこ似通ったもの同士でなくてはなりません。

四、十分な密度で人がいなくてはなりません。何の目的でその人たちがそこにいるのかは問いません。またそこに住んでいるという理由でそこにいる人々の人口密度も含まれます。

（中略）この四つの条件を満たすと、あらゆる都市街区が同程度の多様性を生み出すわけではありません。いろいろな理由で、各種地区の可能性は変わってきます。でもこの四つの条件の発達（あるいはそれが完全に発達した場合に対して、現実世界で実現可能な最大限の近似）を考えると、都市地区はその最高の可能性を実現できるはずです。

（中略）この四つのすべての組み合わせが、都市の多様性を生み出すには必要だからです。どれか一つでも欠けたら、地区の潜在的可能性は大きく下がります。（一七一—一七五頁）


ここで明らかなように、ジェイコブズが見出した「都市の街路や地区に多様性を生むための四つの条件」は、都市の問題を「組織立った複雑性の問題」として扱うことによってのみ得ることができた知見である。しかし、留意しなければならないのは、ジェイコブズは、四つの条件が揃えば、それだけで多様性が生じるわけではない、ということを指摘していることである。四つの条件同士の相互関係に加え、四つの条件とは別の他の条件との相互関係によって、多様性の生じ方も異なる。そのことを、ジェイコブズは最終章であらためて強調しているのである。ジェイコブズが言うように「もっと簡単で万能な分析や、もっと単純で魔法のような万能の解決策を願ったところで、こういった問題の組織立っ

た複雑性を単純化できるわけではありません。いくら現実逃避して何かちがうものとして扱おうとしても無理な話」なのである。

都市を扱う誤った方法

ジェイコブズは、以下のように問いかける。

都市はなぜずっと昔から組織立った複雑性の問題として認識され、理解され、扱われていないのでしょうか？

生命科学に関わる人々がその分野の難問を組織立った複雑性の問題と認識できるのなら、都市に専門的に関わる人々はなぜ問題の種類を認識していないのでしょう？

都市に関する現代思想の歴史は、残念なことに生命科学についての現代思想の歴史とはまったく違います。従来の近代都市計画の理論家たちは、都市とは単純な問題、あるいはまとまりのない複雑性の問題であると終始誤解したまま、そういうものとして分析して処理しようと試みてきました。この物理学の模倣がほとんど無意識だったのは確かです。

（四六一頁）

そして、ジェイコブズは、従来の近代都市計画の理論家たちの代表者として、田園都市論の提唱者、エベネザー・ハワードを批判して以下のように述べる。

田園都市計画論が始まったのは十九世紀後半で、エベネザー・ハワードは単純な二変数問題を分析する十九世紀の物理学者のように都市計画問題に取り組みました。田園都市構想における二つの変数は、住居（あるいは人口）の量と仕事の数でした。この二つはどちらかと言えば閉鎖的なシステムを構成し、単純かつ直接的に相互に関係しているものと考えられていました。そして住居にも従属的な変数があって、同じく直接的かつ単純で相互に独立した形で住居に関係しています。遊び場、オープンスペース、学校、コミュニティセンター、規格化された商店およびサービス。町全体もやはり、都市・緑地帯という直接的で単純な関係における二つの変数の一方と捉えられていました。秩序あるシステムはこれがすべてです。そしてこの二つの変数の関係の単純な基礎の上に、都市の人口を再配分して（願わくは）地域計画を達成する手段として築かれたのが自足的な町でした。

この方式が、孤立した町にどの程度うまくあてはまるかわかりませんが、これほど単純な二変数関係のシステムは、大都市では見られません――そして見られるはずがないのです。ひとたび選択の多様性と交錯利用の複雑さを備えた大都市の活動範囲に取り囲まれてしまったら、翌日からこのようなシステムは町の中でも見られなくなります。それにもかかわらず、計画論は粘り強くこの二変数の思想・分析システムを大都市に適用してきました。

（四六二頁）

ハワードは田園都市を実現するための事業手法、都市間ネットワークによる都市圏の形成など、さまざまな観点から検討をしており、ハワードが都市を「単純な問題」として扱ったという理解は的はずれである、と考える人も少なくないであろう。しかし、ジェイコブズがハワードというときは、まさにハワードその人だけでなく、ハワードの影響を受けて正統派都市計画を継承していると自認しているすべての専門家を指していると解釈すべきである。

そして、ここで留意すべきことは、ハワード派の専門家は、本質的には都市を「単純な問題」として捉えているにもかかわらず、二変数の組み合わせがある程度多いために、複雑な問題を扱っていると誤解する傾向にあることである。たとえば、住宅と公園、住宅と学校、住宅と商店など、さまざまな要素を二変数の関係に還元して、空間配置を検討する。さまざまな二変数関係を基礎とすることで、都市の複雑さに対応している気分になるが、それはあくまでも都市を「単純な問題」として扱うことに他ならない。

都市がうまく機能するための空間配置を検討するためには、住宅、公園、学校、商店などの相互関係を同時に把握する必要がある。しかし、都市を「まとまりのない複雑な問題」として扱う考え方の出現によって、その展開が阻まれた。ジェイコブズは以下のように述べる。

ヨーロッパでは一九二〇年代後半から、そしてアメリカでは一九三〇年代に、都市計画論は物理学が発達させた確率論という新しいアイデアの吸収に取りかかりました。まるで都市が組織立っていない複雑性の問題で、統計分析のみで理解できて、確率数学を適用すれば予測できて、平均集団に変換すれば管理できるかのように、都市計画者たちはこれらの分析を模倣して適用しだしたのです。

都市をばらばらの書類棚の集まりと見なすこの概念と、とてもうまく合ったのがル・コルビュジエの輝く都市構想で、これは二つの変数の田園都市を縦型でさらに中央集中的にした型でした。ル・コルビュジエ本人は統計的分析について軽く示唆する以上のことはしませんでしたが、その構想の前提はまとまりのない複雑なシステムの統計学的整理であり、それが数学的に解けるものだというものでした。かれの公園の高層建築は、芸術における統計の力と、数学的平均の勝利を賞賛するものでした。

新しい確率技法と、都市計画に用いられてきたやり方の根底にある問題の種類についての前提は、二変数による改良都市という基本構想に取ってかわりはしませんでした。むしろ、そこにこれらの新しいアイデアが追加されたのです。単純な二変数の秩序システムが相変わらず目標とされました。でもいまや、既存のまとまりのない複雑なシステムとされるものから、その変数システムをもっと「合理的」に組織できます。つまり確率・統計の技法はさらなる「正確さ」とさらなる視野をもたらし、都市の問題とされるものに対していっそう優れた見解や対処を可能にしたというわけです。

確率の技法によって、かつての目標――周辺住居や前もって定められた住民たちと「適切」に結びついた店舗――は、一見したところ実現可能になりました。標準的な買物を「科学的」に計画する技術も生まれました。（四六三頁）

まさにビリヤードの玉のような存在に還元された人間がばらばらに振る舞うことによって生じる平均的な挙動を統計的に分析することで、都市の複雑さを単純な問題に変えることが可能になった。これは、都市を単純な問題として扱うアプローチをさらに強固なものにする結果につながっていく。つまり、人口、公園の面積、交通量などが統計的につじつまがあっていれば、都市形態はなんでもありうる。それを最も象徴的に示し、都市計画に強く影響を与えたのが、コルビュジエが提唱する輝く都市、つまり公園のなかに高層建築が建ち並ぶ都市の姿である。

しかし、ジェイコブズは都市を「組織立った複雑な問題」として扱う兆しが生じていることを指摘し、以下のように述べる。

（前略）ますます多くの人々が、都市を組織立った複雑な問題――未検証ながら明らかに複雑に結びついている、確実に理解できる関係に満ちた有機体――と考えるようになっていきました。本書はこのアイデアが形をとったものの一つです。

この見解はまだ都市計画者たち自身の間でも、都市建築デザイナーあるいは実業家や立法者など、計画「専門家」たちに確立されて長い間受け入れられてきたものを自然なものとして吸収する人々の間にも、まだほとんど広まっていません。また計画を教える学校でも（おそらくそこまでとりわけ）広まっていません。（四六五頁）

筆者は大学において都市計画の教育や実践に携わる立場にある。その立場からの印象として、『アメリカ大都市の死と生』が公刊されて五十年以上が経過した現在においても、大きな状況は当時と変わらないと言わざるを得ない。都市を「組織立った複雑な問題」として正確に理解している専門家はまだ少ない。しかし、それよりももっと悩ましいのは、都市を「単純な問題」、「まとまりのない複雑性の問題」と扱う方が、都市計画の根拠や意義を説明しやすい、理解されやすい、ということである。

もう一度、公園を例にあげたい。ある公園が活発に利用されるかどうかは、公園のデザインのみでは決まらず、公園の周辺の環境に依存している。しかし、そのような説明をするよりも、公園それ自体が一方的に周辺に効用を与えるものであると説明する方がわかりやすい。人口当たりの公園面積や公園の誘致距離などを指標として、公園の必要面積や位置を説明する方が計画の根拠(らしきもの)を説明しやすい。学生はシンプルでわかりやすい説明を好む。実務的にすぐに使えそうな知識に興味をもつ。したがって、まずは都市計画に興味を持ってもらうことが先決で、ジェイコブズの考え方はその後に勉強してもらおう、と言い聞かせて、「単純な問題」、「まとまりのない複雑性の問題」を基本として都市計画を教えることになる。しかし、実際には、ごく一部の学生を除いて、ジェイコブズの考え方に十分に触れることなく大学や大学院を卒業してしまう。都市計画の教育の現場はそういうジレンマを抱えている。

都市計画者への批判の根源

それでは、「組織立った複雑な問題」に対してどのようにアプローチしたらよいのであろうか。ジェイコブズは以下のように述べる。

生命科学では、特別な要素か量――たとえば酵素――を特定し、その複雑な関係と、他の要素や量との相互関係を苦労して学ぶことによって組織立った複雑性を扱っています。すべてが他の(一般的でない)特別な要素や、量の(単なる存在ではなく)行動において観察されるのです。確かに二変数分析や、まとまりのない複雑性の分析技術も用いられますが、これは補助的な方策としてのみ用いられます。

原理的には、これらは都市を理解して助けるのに用いられる方策とほぼ同じです。都市の理解で最も重要な思考習慣は次の通りだと思います。

・プロセスを考える
・一般から個別事象へ、ではなく個別事象から一般へと帰納的に考える
・ごく小さな量からくる「非平均的」なヒントを探して、それがもっと大きくてもっと「平均的」数量が機能する方法を明かしてくれないか考える。

(四六六頁)

ここにおいて、『アメリカ大都市の死と生』の読者は、それまでのジェイコブズの記述がすべてこの三つの思考習慣の実践であることに感銘する。同書そのものが、その見事な実践例である。

また、ジェイコブズは、三つの思考習慣は、そのすべてにおいて、市民のほうが専門家よりも有利な立場にあることも指摘する。

(前略)都市で起こるプロセスは、専門家だけが理解できる難解なものではありません。ほとんど誰でも理解できます。一般人の多くはすでに理解しています。ただこれらのプロセスに名前をつけていないか、こういった原因と結果の普通の取り合わせを理解すればそれに方向づけできることを考えたことがないだけです。

(中略)この類の帰納的論理も、やはり普通の関心ある市民ができることですし、ここでも市民は都市計画者たちより有利な立場にあります。計画者たちは演繹的思考を身につけるように訓練されています。

(中略)この「非平均」的手がかりの認識――あるいはその欠如の認識――は、やはりどんな市民にも実践できます。一般的に都市の住民は、まさにこのテーマについては実にすばらしいインフォーマルな専門家です。都市の一般人たちはこれらの比較的小さな数量の重要性によく調和した、「非平均」的数量に気づいています。そして都市計画者たちはここでも不利な立場にあります。かれらは統計的には取るに足らない「非平均」的な数量を、必然的に重要度が低いと見なすようになっています。かれらは最も重大なものを軽視するように訓練されてきたのです。

(四六七―四七〇頁)

都市計画において、市民参加、住民参加が必要とされているが、そもそも市民(住民)は、専門家の補完者ではない。市民(住民)こそが、都市計画に不可欠のインフォーマルな専門家なのである。

ジェイコブズの都市計画者への攻撃は、ここでとどまらない。さらに深く根源的な問題を提起する。

(前略)都市計画者たちの対象への根深い軽視、「暗く不吉な」不合理さあるいは都市のカオスに対する幼稚な信条の背景には、都市――実際には人間――とそれ以外の自然との関係についての、長年の誤解があります。

当然ながら人間はグリズリーやミツバチやクジラやサトウモロコシと同じく、自然の一部です。人間の都市は自然の一形態の産物で、プレーリードッグのコロニーや牡蠣の繁殖場所と同じように、自然の一形態です。

(中略)興味深い、でも無理からぬことが十八世紀に起こりました。ヨーロッパの都市はこの頃までに、すでにさまざまな自然の厳しい面と人々の仲介をうまくやっており、かつては稀だったことが広く可能になりました。それは自然を感傷的に捉えること、あるいは少なくとも、粗野もしくは野蛮な自然との関係を感傷的に捉えることです。

(中略)都市が間に入ってくれるおかげで、「自然」というのが一般に、良性で純粋で人を高尚にしてくれるものと見なせるようになり、その延長で「自然人」（中略）もそういうものだと見なされるようになりました。このつくりものの純粋さ、気高さ、善行に照らすと、つくりものでない都市は悪の巣窟で、明らかに自然の敵と見なせるようになりました。そしてひとたび自然というのを、子供にやさしい大きなセントバーナードであるかのように捉えはじめたなら、この感傷的なペットを都市に持ち込み、都市が気高さ、純粋さ、善行をいくらか得られるようにしたいという欲求ほど自然なものが他にあるでしょうか？

自然を感傷的に捉えるのは危険です。ほとんどの感傷的な発想は、気づかれないかも知れませんが、その根底に根深い敬意の欠如があるのです。おそらく世界一自然を感傷的に見ているわたしたちアメリカ人が、おそらく世界一貪欲で冒瀆的な、野生と田園地方の破壊者でもあるのは、偶然ではありません。（四七〇―四七一頁）

都市そのものが人間による「自然の一形態」なのである。しかし、「自然」を都市と対峙した崇高なものとみなし、都市に「自然」を持ち込もうとする発想は、その根底に「自然」に対する根深い敬意の欠如がある。従来の都市計画の基本原理の根底には、こうした「自然」概念がある。たとえば、公園それ自体がよいものであるという発想もこうした「自然」の概念に根差している。都市には「自然」が不足しているから、都市近郊を開発して住宅地をつくり、その住宅地で「自然」と共生しよう、という発想につながる。こうしたことが、本当の意味での「自然」を破壊する行為をもたらしていく。

ジェイコブズは、ここで以下の印象的な事例を述べる。

たとえばニューヨーク市の北の、ハドソン川上流のクロトン・ポイントにある州立公園はピクニック、球技、そして堂々たる（汚染された）ハドソン川見物向けの場所です。クロトン・ポイント自体も地学的に珍しい存在です――あるいは「でした」。氷河のせいで青灰色の粘土が約十三・五メートルの砂浜に堆積していて、川の流れと太陽の働きが合わさって粘土の犬を生み出しています。これらはほとんど石の密度に凝縮されて焼き上げられた自然の彫像で、息をのむほど繊細かつ素朴なつくりのものから東洋の華麗な作品をしのぐすばらしい造形物まで、きわめて珍しいさまざまなものがあります。粘土の犬が見られるところは世界中にも数箇所しかありません。

（中略）数年前の夏には夫と一緒に子供たちを連れて、犬を探し、それがつくられる過程を見せようとクロトン・ポイントへ行きました。

でもわたしたちは、自然を改善したがる人々に、ワンシー

ズンほど遅れをとってしまったのです。独特の小さな砂浜を構成していた粘土質の泥の斜面は破壊されていました。そこにあるのは飾りのない擁壁と、公園の芝生の延長でした（公園は拡大されていました――統計上は）。新しい芝生のそこここを掘り返すとブルドーザーでつぶされた粘土の犬の破片が見つかりました。永遠に止められてしまったのかもしれない自然のプロセスの最後のなごりです。

　時代を超える驚異よりも、このつまらない郊外化を望む人などいるのでしょうか？　こんな自然破壊を許す公園管理者とは何なのでしょう？　ここにはっきり存在しているのは、あまりにおなじみの精神です。すなわち最も複雑で独特な秩序が存在するところに、無秩序しか見ない精神です。都市街路の生活に無秩序しか見ようとせず、それを消して標準化して郊外化したいとうずうずするのと同じタイプの精神です。

（四七二―四七三頁）

残念ながら、「最も複雑で独特な秩序が存在するところに、無秩序しか見ない精神」は、今でも蔓延している。都市計画に関わる専門家は、ジェイコブズが『アメリカ大都市の死と生』で伝えたかったことを表層的ではなく、深いレベルにおいて真摯に受けとめ、実践していく必要がある。ジェイコブズの『アメリカ大都市の死と生』は、現代においても都市計画に関わる専門家の試金石としての役割を失っていない。

　さいごに、今後の展望をこめて、ジェイコブズの以下の言葉で本稿を締めくくりたい。

　大都市と田園地方はうまくやっていけます。大都市には本物の田園地方が近くに必要なのです。そして――人間から見ると――田園地方には、人間が残りの自然界を冒瀆ではなく鑑賞できる立場にいられるように、さまざまな機会と生産性を備えた大都市が必要なのです。

（中略）生き生きとした多様で活発な都市には再生の種があり、自分たちの外部の問題やニーズにさえ対応できるだけの、あふれるエネルギーがあるのです。

（四七四―四七五頁）

スーザン・ソンタグ（左から3人目）らと共にニューヨークの刑務所に留置されたジェイコブズ。（1967年12月）Map-case1, Case-Drawer 17, Jane Jacobs Papers, MS.1995.029, John J. Burns Library, Boston College.

ジェイン・ジェイコブズとの対話

大西 隆

おおにし・たかし　一九四八年生。豊橋技術科学大学学長。日本学術会議会長。都市工学。著作に『逆都市化時代』（学芸出版社）『東日本大震災復興への提言――持続可能な経済社会の構築』（東京大学出版会）等。

筆者はジェイン・ジェイコブズの主張に賛成するばかりではないのだが、いろいろな場面で対話を試みた一人であった。といっても、彼女が存命であった頃にも面識はない。彼女の多くの著作の断片を通じて、ジェイコブズならどう考えるのかと、折に触れて自問したのである。実は、彼女が亡くなった時に矢作弘氏の企画で刊行された『地域開発』のジェイコブズ特集号[1]によって、こうしたタイプの人が少なくないことを知った。

最初に手にしたのは、『アメリカ大都市の死と生』であった。都市再開発事業への批判の書として知られる本書は、第二次大戦後に全米主要都市で行われた大規模なスラムクリアランス型の都市更新事業が、低所得層の地域社会を壊したことを描いた。狭い道路を囲むように建てられた低層のアパートや住宅が一掃されて、高層の住宅に建て替わると、旧住民が移転させられたり、新設の高層住宅に移される。しかし、上空高く配置された住宅と、地上との関係は希薄である。かつて、狭く、角の多い街路を囲んで、低所得層の住宅や、その他の機能が立地していた時代には、地域の人々の交流が濃く、また道路は共通利用の空間として、地域の人々の生活と一体となっていた。しかし、再開発は、こうした道路を核とした地域社会を壊し、そこで営まれていた多様な活動を失わせた、というように、多様性の崩壊、地域社会のまとまりの喪失などが批判の論点であった。日本の都市再開発の中でも、再開発が旧来の人々の結びつきを壊すという観点からの批判はあった。ただ、日本では、ジェイコブズが警鐘を鳴らしたお陰もあって、スラムクリアランス型ではない、従前の居住者が望めば新しい建物に入居する、いやそれどころか、従前の居住者がむしろ主導権を握って再開発事業が進むような場面も少なくなかったといえよう。

もう一冊取り上げたいのは、『都市の原理』である。その中で、ジェイコブズは、都市の発展には、移出品を生産する産業が必要であると説いている。例えば、デトロイト市の発展の記述では、小麦粉の移出から始まった移出品の歴史を辿り、自動車に至るまで途切れずに移出品が生み出されていったことが、繁栄をもたらしたと述べている。そして、新しい移出品が、旧来の移出品を支える産業や、関連した技術の中から生まれるといった関連性を持っている点に注目し、いわば産業の多様性が移出品を生み出すための重要な苗床となると指摘している。筆者はジェイコブズのこの著作を、大学で国土計画論の講義を行う際に、都市の成長メカニズムの項でよく引用した。こうした基幹産業論は、ジェイコブズが先駆者というわけではないが、細谷祐二氏(2)が述べるように、ジャーナリスト出身らしい、豊富で、生き生きとした事例で都市の発展を記述した本書の価値は高いと思う。

この基幹産業論は、成長の理論であるとともに衰退の理論でもあるという点で奥が深い。炭鉱都市やあるいは今日のデトロイト市自身にも見られるように、強力な基幹産業があることは都市を大きく成長させる一方で、その産業を市場から一掃するようなイノベーションが起こる可能性（危険性）があることでもある。そして、一度そうしたイノベーションに見舞われれば、基幹産業の存在感が大きければ大きいほど、ダメージが大きく、その都市を衰退させかねない。それを避けるには、沢山の基幹産業が存在したり、続々と生み出される構造が存在し、一つの基幹産業が衰退し始めても、他の基幹産業が都市全体の衰退を防ぐことが必要となる。結局、このことは、成長都市とは、あまり特化した基幹産業を持たずに、バランスを持った産業構造が必要という結論に達する。あるいは、たくさんの基幹産業がある結果、バランスの取れた産業構造になっていることに繋がる。

ジャーナリスト出身らしい、豊富で、生き生きとした事例で都市の発展を記述した。

別な角度から見れば、大都市になるには、つまり都市が発展し続けるには、産業の統括機能、すなわち中枢管理部門や金融部門を基幹産業とすることが必要であることを示す。特定の産業に特化しては、衰退のリスクがある。それを回避するには、広く裾野を張った産業群に支えられることが必要であり、それは取りも直さず、中枢管理機能の集積や、産業に資金を供給する金融部門の集積の必要に結びつく。実際、世界の大都市は、単一の産業の上に立っているわけではなく、まさに中枢管理部門の集積の上に存在するのであるから、このあまりダイナミックではない結論は当を得ている。一方で、多くの地方都市は、望んでも中枢管理機能の集積を求めるべくもないのだから、そうした都市の発展の軌跡を示すには、多少リスクを含んでも、基幹産業の連鎖を起こすことが求められるといえよう。こうした議論は、今日の日本の地方都市論でも求められており、ジェイコブズとの対話はなお必要性を失っていない。

注

（1）矢作弘編(2006)、「J・ジェイコブズの都市思想と仕事」『地域開発』二〇〇六年八月号

（2）細谷祐二(2008)、「ジェイコブズの都市論」『産業立地』二〇〇八年十一月号

都市とイノベーション

【『都市の経済』にみる中小企業の可能性】

細谷祐二

●ほそや・ゆうじ　一九五七年生。経済産業省地域政策研究官。中小企業・地域経済。著作に『グローバル・ニッチトップ企業論』（白桃書房）「ジェイコブズの都市論――イノベーションは都市から生み出される」『産業立地』「集積とイノベーションの経済分析――実証分析のサーベイとそのクラスター政策への含意」『産業立地』（(財)日本立地センター）等。

1　はじめに

ジェイン・ジェイコブズは、最初の著書『アメリカ大都市の死と生』（一九六一年）の第二部「都市の多様性の条件」において、都市の活気を生み出す源泉として、また都市の安全安心を確保する仕組みとして、「多様性（diversity）」の重要性を述べている。そして、多様性の生産装置として、本書を含む全著作で最も人口に膾炙した有名な四条件（混合一次用途、小さな街区、古い建物、密集）の必要性について、それぞれ詳しく論じている。

ジェイコブズは、この第二部の冒頭第七章「多様性を生み出すもの」で中小企業へはじめて言及する。彼女は多様性の文脈に照らし、中小企業の重要性を指摘している。

> 大都市は本当に多様性を自然に生み出し、新企業を立派に育て、各種のアイデアをつくり出すところなのです。さらに大都市は、数も種類も大量の小企業にとって、天然の経済的故郷です。（中略）通例として、都市の規模が大きくなるほど製造業の種類も増え、また中小企業の数も比率も高まります。この理由をひと言で言うと、大企業は中小企業より自己

完結性が高く、必要となる技能や設備をほとんど社内で持ち、在庫も自分で抱え、市場がどこにあろうと関係なく、広い市場に売ることができるからです。（中略）でも小製造業企業だと、すべて逆です。通常、社外の多数の供給や技能をいろいろ利用しなくてはならず、市場がある地点で狭い市場を相手にせざるを得ず、市場での急な変化にも敏感でなくてはなりません。都市企業の巨大な多様性に依存することで、かれらもその多様性に貢献するのです。この最後の部分が忘れてはならない最重要ポイントです。都市の多様性は、それ自体がさらなる多様性を可能にし、それを促進するのです。

（『死と生』第七章、一六八頁）[1][2]

このように、彼女は中小企業の存在そのものを都市的現象の一つとして捉え、その理由を中小企業には都市的環境が必要不可欠だからとしている。しかし、より重要なのは、都市活力の源泉である多様性が中小企業の簇生や活躍というプロセスを通じ拡大再生産されることだとし、多様性を生む主体として中小企業を極めて高く評価している点である。

続くジェイコブズの二番目の著書は、『都市の経済（The Economy of Cities）』（一九六九年）である[3]。このEOCは、全編を通して都市とイノベーションの関係を論じており、この文脈で中小企業をイノベーションの担い手として強調している。まず、EOC全体のポイントを列挙する。彼女は古今東西の豊富な実例を挙げて以下のような議論を展開している。

①都市の多様性がイノベーションを生み出す。異なる業種に属するさまざまな企業、とりわけ中小企業の存在が、都市の多様性の源泉となる。

②都市の発展はイノベーションが持続的に生み出されることによってもたらされ、それが行えなくなった時に都市は衰退する。

③国の経済発展の源泉はイノベーションであり、それを生み出す都市の存在が国の盛衰を決定する。

④プロダクト・イノベーションは、古い仕事の一部にわずかな新しい仕事を付け加える分業から生み出される。都市では特有の多様な分業がどんどん枝分かれするという形をとる。

⑤既存企業からのスピンアウトにより次々と中小企業が生まれる都市には活気があり、この新しい組織こそがイノベーションの担い手となる。

この内容をみて聞き覚えがあるという読者も多いだろう。①の企業を人に置き換え、「異なる職業・生活習慣を有するさまざまな住民、とりわけボヘミアンといった芸術家の存在が」とするとリチャード・フロリダの『クリエイティブ階級の台頭』（二〇〇二年）の議論になる。③の「都市」を「クラスター」、「盛衰」を「競争優位」にするとイノベーションを生み出すクラスターの存在が国の競争優位を決定する。」となり、まさにマイケル・ポーター(1999)の議論である。シュンペーターは、イノベーションを「新結合を生み出す企業家の行為」と定義したが④のプロセスは新結合に他ならない。彼の『経済発展の理論』(一九一二年)をジェイコブズは踏襲したが、彼女の示す数々の事例は的確で迫力がある。

EOCは、五〇年近く昔の著作だが、核心的アイデアは決して過去のものではない。特に、中小企業への彼女の洞察は国や時代を超え本質に迫るものがある。筆者は、ここ数年、政策対象としてものづくり中小・中堅企業で特定の分野で高い競争力を有するニッチトップ(NT)型企業の調査研究に携わってきた。中でも製品開発に優れ世界市場で高いシェアを有するグローバル・ニッチトップ(GNT)企業を詳しく分析した。こうした企業がイノベーションを通じ地域や国の経済に大きく貢献することを期待してのことである。[4] 実は、ジェイコブズはEOCの終章で、製造業の未来像としてGNT企業のような中小企業の発展を予見している。本稿では、EOCの中小企業関係の記述と日本のGNT企業の実態を対照しながら、彼女の業績の今日的意味を考えていく。[5][6] なお、ジェイコブズの文章は平明かつ論理的で、時に警句に富み、筆者は日頃から私淑している。ここでは原文を引用し、読者に彼女の文章のニュアンスや舌鋒鋭い文体を味わっていただける形で紹介したい。[7]

2 都市におけるイノベーション発生のメカニズム

(1) 新事業派生のモデルと分業の意味

ジェイコブズは、都市の多様性が生み出すプロダクト・イノベーションについて、新製品を旧製品から派生させる分業という営為に基づくものとして、図式的に説明する。

古い仕事に新しい仕事が加わるプロセスを公式で示せば、D+A→nDとなる。最初のDは古い仕事の分業(の一つ)を表す。それに加わるAは新しい仕事のための活動である。結果としてのnDは新しい分業であり、その数が不定のn個となることを示している。(EOC第二章、五七頁)

ここで注意しなければならないのは、ジェイコブズが言う分業は製品開発における分業であり、アダム・スミスの『国富論』で有名な生産における分業とは異なるという点である。

(スミスの言う)分業、それ自体は何も創造しない。既に創造された仕事を組織化する方法の一つにすぎない。(中略)分業は工程上の効率性を達成する手段であり、それ以上のものではない。それ自体に、更なる経済発展をもたらす力はな

> い。(中略)一旦既存の仕事がいくつかのタスクに適切に割り当てられ(スミスの分業が成立し)たならば、効率性の向上のほとんど残りの部分は新しい活動の追加に依存(しそれによってもたらされ)る。(五〇年後に)ピンを自動的に生産しスミスの記述した全ての工程を一撃の下に陳腐化させた機械は、ニューヨークの機械製造業者が発明したものであり、(中略)彼は工場主のために機械を考案するデザイナーであった。(中略)スミスは、ピン製造の改良が後日起きると予想し、製造機械の出現も見通していた可能性がある。しかし、彼は同時にそうした変化は既存のピン製造の現場から生じると考えており、全く異なる他の仕事から生まれるとは思ってもみなかっただろう。(中略)アダム・スミスは分業の機能を仕事の効率的合理化であると限定的に見ていた。しかし、新しい仕事の源泉として見ることによって分業は比べものにならないほどずっと有益な存在となる。
>
> (EOC第二章、八二～八四頁)

(2) 新製品開発はシーズ発想かニーズ発想か

次に、彼女は新製品の派生のきっかけとして二つの異なる発想があると述べている。

> 親仕事から得られる発想の種は二つの異なるタイプに分類できる。一つは親仕事に既に用いられている材料や技能から導かれる着想であり、もう一つは親仕事の過程で生じた特定の問題から生まれる着想である。
>
> (EOC第二章、五九頁)

この視点は、日本で中小企業の新製品開発支援が所期の効果を挙げていない現状に照らすと極めて重要である。世界市場で成功しているGNT企業は、新製品の開発経緯としてユーザーがニーズを持ち込み、そのソリューションとして製品が生まれる場合が多いと証言している。大企業ユーザーは必要とする製造装置や計測機器を自ら内製しようとし、行き詰まると外部の技術力に優れた専業メーカーに助けを求める。GNT企業の製品開発は主にジェイコブズの言う二番目の発想に基づくといえる。一方、市場化に至らない企業は、保有する技術シーズを活用し何か製品ができないかという発想をする。しかし、ニーズ把握が不十分なため製品が売れずに困り、国に販路開拓支援を求める。これはジェイコブズの第一のシーズオリエンティッドな発想ということができる。細谷(2014)は、体系的調査に基づき、GNT企業の成功にはユーザーが抱える問題、課題に発する市場ニーズの把握が不可欠であることを強調している。(8) ジェイコブズは新製品開発の大きく異なる二つのアプローチを明確に区別しており、イノベーションプロセスに注ぐ慧眼には驚きを禁じ得ない。

3 大企業と中小企業

(1) 市場の競争条件の役割、イノベーションの担い手は大企業か中小企業か

さらに、ジェイコブズは、活発な競争の存在が新製品開発には重要であると指摘する。

> 新しい仕事が古い仕事に付け加わる時に、その追加は既存の仕事のカテゴリーを情け容赦なく超えて広がる。それはカテゴリーをどのように設定しようと関係ない。既存のカテゴリーに仕事がきちんと収まるのは停滞した経済だけである。ゾーニング、経済計画、ギルド、業界団体、組合など何らかの（競争阻害要因の）存在によって、予め決められたカテゴリーに（全ての仕事が）無理矢理押し込められる場では、新しい仕事が古いものに追加されるプロセスは全くないか、あってもごくわずかである。
>
> （EOC第二章、六二頁）

この点も、極めて重要である。イノベーションと市場の競争条件の関係についての古典的議論、あるいは大企業と中小企業を比較したイノベーションの担い手の議論につながるからである。イノベーション経済学の父シュンペーターは、一九一二年出版の『経済発展の理論』でイノベーションを「新結合を遂行する企業家の行為」と定義し企業家（新人・新企業）の群生的出現を強調したのに対し、一九四九年出版の『資本主義・社会主義・民主主義』では資本主義の発展の結果として技術進歩は大企業内の専門家の仕事となる傾向を強めるとし、自説を一八〇度転換したとされる。小さな企業が活発に活動する市場は競争的であり、大企業の独占、寡占状態にある市場は非競争的である。ジェイコブズの議論は最初のシュンペーターの見方に近く、競争を阻害する組織・制度の弊害を明確に指摘している[9]。

さらに、彼女は新事業開拓に大企業は優位性を持てないと組織論の観点から論じる。

> 大組織は内部に多くの分業を抱えているので、小組織に比べ、古い仕事から新しい仕事をより多く生み出すと手放しに考える人もいるかもしれない。しかし、さにあらず。大組織では、どんなに分業の数が多くても、ほとんど全ては新しい仕事を生むという観点からみて不妊の状態にある。古い分業から論理的に派生されるさまざまな財やサービスは、顧客にとってすぐに論理的につながる（ぴんとくる）製品であるとは限らない。つまり、大組織全体にとっては必ずしも論理必然のものではないのだ。しかも尚更悪いことに、大組織内のさまざまな分業から論理的に派生するいろいろな種類の新し

い仕事は、お互いに何の論理的つながりも有していないのである。

（ＥＯＣ第二章、七二頁）

最近、筆者は富山県で開催されたセミナーでＧＮＴ企業について講演を行った。その場で、繊維・化学の大手企業の研究所担当役員が開発案件の絞り込み、優先順位付けが求められるという話を紹介した。一方、東京工業大学の教授は、大企業の担当者が共同研究に乗り気でも見込まれる市場規模が小さいという理由から社内稟議で頓挫することが少なくないのに対し、中小企業は市場規模に関わりなく共同研究に応じられむしろ柔軟だと指摘していた。こうした事例は、新製品の開発に大企業が中小企業より前向きであると一概に言えないことを示している。日本の大企業の意思決定が欧米や中韓の企業に比べ遅いことはよく知られている。逆にＧＮＴ企業の経営者は製品開発に積極的で判断も素早い。こうした日本の状況では、大企業の優位性に疑問符がいくつも付くことになる。

(2) ブレークアウェイ（のれん分け、スピンアウト）

都市の多様性は中小企業がぞくぞくと生まれることで増していく。ジェイコブズが中小企業の誕生の仕方として注目し重視したのは既存企業からの独立を契機とする創業である。

既存の組織において、ある仕事あるいはその一部を身に付けた者は、その組織を離れ自分自身で改めて仕事を立ち上げることができる。イギリスでは商工業分野にみられるこうした現象をしばしば“breakaway”と呼ぶ。共産圏諸国では“cadre system”と呼ばれる。ブレークアウェイは中世のギルド内で制度として高度に発展した。既存の組織で十分に仕事を身に付けた徒弟は、同じ組織か類似の組織で（契約に基づく）被雇用者であるジャーニーマンになることができる。さらに首尾良く仕事をこなせば、親方として自分の店や工房を持ち、弟子も採ることができる。米国ではいろいろな事業分野でブレークアウェイが一般的にみられるが、「独立開業」というより広い不正確な表現の他にこれという呼び名も存在しないようなので、本書ではイギリスの用語を用いる。

（ＥＯＣ第二章、六六頁）[10]

経済的な意味で最も創造的なブレークアウェイは、（中略）個人あるいは何人かの同僚が一緒になって大組織の仕事を辞め、かつての組織で携わっていた仕事と同じ内容を独立して再生産するというパターンである。こうした新しい小組織の取引先も通常小さい組織であることが多い。そうした取引を通じて、ブレークアウェイは古い仕事に新しい仕事を付け加えることにつながる。

（ＥＯＣ第二章、六七頁）

日本のGNT企業の創業経緯の一つの重要なパターンとして、ハイテク大企業からのスピンアウトが挙げられる。大企業でさまざまな経験を積んだ社員が新企業の経営者になるため、迅速、スムースに成功に至るケースが多い。ジェイコブズの指摘どおり創業とイノベーションには高い関係性があるとみることができる。なお、日本の場合、元の企業のリストラで自分の担当する事業が継続できなくなるなど不幸な経緯で独立するケースが多いのも特徴である。この場合、創業時点から市場ニーズの存在を確信して新事業に当たり、迷い無く新製品を市場に送り出すことができる。もちろん販路も熟知しており、旧企業で部品生産や加工を発注していた協力企業に、文字通り協力を求めることもできる。

では、なぜ新しい組織は古い仕事に縛られずに新製品開発に向かうことができるのか?

> 親企業からブレークアウェイし古い仕事を独立して再生産しない限り、新しい仕事を経済的に成り立つ形で付け加えられる可能性は低いと考えられる。既に存在する仕事の多くは、以前その一部であった元の仕事全体からまず切り離されてはじめて、実り多いものとなる。　（EOC第二章、六七頁）

不幸な経緯でスピンアウトしたGNT企業は、まず創業者達が旧企業で行っていた事業の延長線上で新製品を市場化し、経営を一定程度軌道に乗せることに努める。しかし、次に取り組むのは、在籍した大企業でやりたくてもやらせてもらえなかった事業である。大企業では、組織内資源の有限性から事業を絞り込まざるを得ない。加えて、そうした厳しい制約と直面する以前から、社内稟議をクリアできない、既存事業へ注力すべきという圧力が強いなどの社内事情から、現場として提案を見送っている開発案件も少なくない。しかし、スピンアウトした新企業は、そうした配慮とは無縁となれるばかりか、むしろ積極的に社運を賭けようというモーメンタムが働きやすい。しかも意思決定は迅速にできる。元在籍した企業やかつての上司を見返してやりたいという個人的動機も前向きに働く。

ところで、ジェイコブズは、新製品開発は新しい小さな組織になじみ量産段階から企業規模が大きくなるという製品のライフサイクル[11]との関係についても言及している。

> 本来の仕事に新しい仕事を加える小さな組織にとって、再生産細胞は（大組織ではほんの部分に過ぎないが）動物の一個体にほぼ等しい存在である。新しい仕事を加える観点からある組織が一番実りの多い時期は、未だ小さい組織である間なのだ。その後の時期になると、組織の成長の中心は既に付け加わった仕事のボリュームを大きくすることに移る傾向が見られる。　（EOC第二章、七四頁）

しかしながら、日本のGNT企業の場合、製品の市場はニッチだけに量産といっても自ずと規模は限られる。特に、一九九〇年代以降は、多くの製品のライフサイクルが成熟期を迎え、個々の製品の市場が小さくなるという傾向が強まっている。したがって、企業規模の拡大はニッチトップ製品の数、種類を増やしていく横展開を図るというパターンが一般的である。しかし、一方で、市場環境の変化のスピードが増し、既存製品の市場が突然消失し衰退期に至るケースも珍しくない(12)。このため、企業規模の拡大は一般的傾向ではなく、むしろ好環境の結果として捉えるべき面がある。別の言い方をすれば、GNT企業の社歴に共通する特徴は、規模の拡大ではなく、新製品が次々と生み出されるという側面にある。

（3）大企業の新規事業拡大とその限界

大企業が新事業拡大を目指す場合、中小企業など他社の買収が主要な手段となる。

> 既に大きくなった組織が（自社が供給する）新しい財やサービスを増やそうとする場合、既に保有する分業に何かを付加するという発想を採ることはほとんどない。思い描く新しい目的に沿って本来業務を軌道修正する手段は、他社の買収である。（EOC第二章、七五頁）

現在、日本を含む先進国大企業は有望なベンチャー企業や関連する分野の既存企業を買収して行うM&A活動に極めて熱心である。ジェイコブズの時代よりも事業展開のスピードを求められる現在、国を超えたM&Aは多国籍企業にとって業種を問わず最重要の経営戦略になっている。ここにも時代に先駆けるジェイコブズの卓見が認められる。

しかし、同時に、ジェイコブズは大企業の組織的対応にも限界のあることを指摘する。

> 大組織が積極的に既存の財・サービスに新規追加を行う場合、特別な再生産組織、例えば研究開発部門といった特別な分業を新設することがある。こうした（組織内）組織は、社内で大部分を占める不妊状態にある分業を代替あるいは代理するものである。しかし、R&Dが必要とされる既存事業は組織全体の仕事のごく一部である。しかも、こうした制約の範囲内で研究員が開発する論理的必然があると認める新しい仕事も、組織全体の利害と無関係であったり、時には利害に反したりする可能性も少なくない。（EOC第二章、七六頁）

最近苦戦を強いられているエレクトロニクス関連企業を筆頭に

日本の多くの大企業が選択と集中に走っている。こうした中、製品の売上高見込みが一定規模、例えば年間一〇〇億円に満たない場合、開発に相当程度目途のついた新製品でも市場化を断念したり、既存製品の生産から撤退したりする動きが目立っている。NT型の中小企業からみるとこれらは十分魅力的な市場であり、彼らの活躍の余地が逆に広がっていることを示している。

こうした大企業の行動の背景にあるのは、量産志向の強さである。日本企業は欧米企業に比べ特にこの傾向が強い。ジェイコブズは、量産のため大工場を地方に作ることは大企業の一般的な行動であるとする。しかし、ここから明るい未来は展望できないとも言う。

内部に多くの分業を抱えた大組織でなければ十分にこなせない種類の生産もある。こうした組織は相対的に自己充足的であり外部との分業を必要とする度合いが低い。また、しばしば地方に工場を移転し企業城下町を形成する。

（EOC第二章、七七頁）

しかし、このような大組織とその仕事は未来を示すものではない、むしろ、過去の経済的創造性の結果を示すものである。（中略）それどころか、経済的拡大、発展が大組織に依存するところでは、小さな組織が増殖し資金を確保し古い仕事に新しい仕事を付け加える機会を見出すことが難しく、経済は不可避的に停滞する。

（EOC第二章、七八頁）

4 イノベーションに不可欠な非効率な多様性

ジェイコブズは、一見常識に反するが奥の深い洞察を含む命題を、天才的とも言える鮮やかさで提示することでよく知られている。EOCの次の一節はその代表である。

私は、都市は非効率やさまざまな難しい問題を抱えているにもかかわらず経済的に貴重な価値を有すると言いたいわけではない。むしろ、非効率でいろいろ難しい問題を抱えているからこそ都市には経済的な価値があるというのが私の主張である。

（EOC第三章、八六頁）

(1) マンチェスターの衰退とバーミンガムの繁栄

この文脈で、マンチェスターとバーミンガムを対比する英国の二都物語が披露される。そして、バーミンガムの永続的都市活力を支えるものとして中小企業に言及する。

バーミンガムの工業の大部分は、一ダース以下、多くはもっとずっと少ない従業員しかいない小さな組織によって担われている。その多くは、他の小さな組織のためにちょっとしたこまごました仕事を提供していた。こうした組織は、効率的、合理的に統合されることはなかった。そこには、無駄な動き、重複する仕事、統合されれば無くなるはずの重なりがあった。加えて、有能な職人は雇い主から絶えずブレークアウェイし、独立開業し、バーミンガムでの仕事の分裂を創り出す要因になっていた。

（ＥＯＣ第三章、八七頁）

ジェイコブズは、マンチェスターについて、英国が世界の工場として最盛期を迎える一八四〇年代に大規模工場における綿製品の大量生産で栄え、資本主義を代表する都市としてマルクスら同時代人に注目されたと指摘した上で、その後インドなど他の地域の追い上げにより莫大な市場を失ったが、代わりうる産業がなく衰退の一途を辿ったとしている。

それに対し、バーミンガムの強みが、中小企業に由来することを強調している。

バーミンガムの経済はマンチェスターのように時代遅れにはならなかった。こまごまと分かれた非効率的な小さな産業は、継続的に新しい仕事を生み出し、新しい組織を分派した。小さな組織の中には後に非常に大きくなったものもある。しかし、数の多い小さな企業が雇用や生産に占める割合は大企業よりも依然として大きい。

（ＥＯＣ第三章、八九頁）

バーミンガムは、かつての大田区周辺や東大阪市周辺の金属加工を行う零細な、いわゆる町工場が多い中小企業集積を思い起こさせる。製造業事業所数は大田区では一九八〇年代初め、東大阪市では一九九〇年前後までほぼピーク時の水準を維持していた。しかし、二〇一〇年には大田区は四割を切る水準、東大阪市もほぼ二分の一の水準まで急減している。この背景には廃業の進展がある。高度成長期に独立開業した経営者は、当時二十歳代だとすると現在は七十歳代である。長期的に需要の拡大が見込めない中、後継者難もあって、自分の目の黒いうちに事業を畳み残っている従業員や機械を他社に引き取ってもらおうと思うのは自然で十分理解できる。しかし、そうした企業ばかりではないことも認識すべきである。自社ブランドで売れる競争力の高い製品を開発しＮＴ型への転身を図る企業である。国はこうした取組みを「第二創業」と名付け、一九九〇年代末から支援を本格化している。元気な中小企業の存在が、地域や国全体の経済の活性化にとって極めて重要で不可欠であるというジェイコブズのメッセージは、我々政策に携わる者だけでなく、中小企業の経営者、後継者、そして従業者に対しても、心を鼓舞し困難に立ち向かう力を与えてくれる。

（2）生産と異なり無駄がつきものの製品開発

生産と比較した製品開発の仕事の本質、特徴とはどういうものなのか。

> 生産面での効率は、いかなる場合においても、それ以前に行われた開発の仕事の結果である。開発の仕事は、面倒で時間とエネルギーを消耗する挑戦と失敗の繰り返しである。唯一確かなことは、トライ&エラーである。成功は確実ではない。たとえ成功したとしても、しばしばその結果は驚きをもって迎えられ、実際に追求していたものとは異なる結果になることも少なくない。
>
> （EOC第三章、九〇頁）

試行錯誤が開発活動の本質的部分を占め、時間、エネルギーの無駄が繰り返され、事前の予測は難しく不確実性がつきまとう。GNT企業が最も能力を発揮するのは、こうした製品開発であり、大企業からも頼りにされる。それが「小さな巨人」と呼ばれる所以である。

一方、NT型企業と対極にあるのが、自動車などの量産部品を生産するサプライチェーンに組み込まれた中小企業、いわゆる下請企業である。ジェイコブズは特定の取引先からさまざまな制約を受けるこうした中小企業には製品開発の余力が乏しくなると指摘する。

> 他の生産者にこまごまとした財やサービスを提供する相対的に小さなサプライヤーの問題を検討しよう。仕事が重複する相対的に小さなサプライヤーが数多く存在することは、高率の経済発展には不可欠である。しかし、こうした企業は、自身の仕事の観点からだけでなく、彼らから（部品を）購入する生産者の操業上の観点から見ても、効率的とは言えない。（中略）（自動車産業を例に取ると、）一九二〇年代の初めには、部品を自動車メーカーに納入することは「単純な」ビジネスであった。しかし、一九四六年の『フォーチュン』誌の産業レポートによれば、「時々過酷過ぎることがある。すなわち、価格は低く、利益の幅は狭く、要求される発注量は大きい。これらの条件が合わさると、工場と機械機器への大きな投資負担を伴う大量生産体制（の構築）が必要となる。第二に、それでいて納入先の顧客の（数を示す）リストは極端に短くなる。最終的に、元々の（さまざまな）機器に（汎用的に）用いられる部品の市場は、自動車の市場、それ以上でもそれ以下でもないまさに自動車だけの市場になる。」これは、（製品）開発の仕事に従事する余裕のあるサプライヤー産業の姿ではない。もはや高度に効率化されたサプライヤー群の姿である。
>
> （EOC第三章、九八〜九九頁）

中小企業が下請企業かＮＴ型企業かを見分ける最も簡単な方法は取引先の数である。下請企業は少なく、ＮＴ型企業は多い。一方、生産数量は逆に下請企業の方が圧倒的に多い。それは、ＮＴ型企業が部品ではなく、製造装置、加工機械、計測・分析装置など完成品で付加価値率、利益率の高い製品を、特定の少数の企業だけでなく、市場を通じて広く供給するからである。このため、コスト引下げ要求が厳しい下請企業に比べＮＴ型企業の方が製品開発に資源を振り向ける余裕が大きくなる。イノベーションの担い手としてのジェイコブズの中小企業のイメージは、同じ中小企業でもＮＴ型企業に近いことが分かる。

5　先進国における工業の未来

ジェイコブズは、終章「将来の展開として予想されるいくつかのパターン」で、既に先進国の都市は製造業からサービス産業に中心が移っていると認めている。しかし、都市のイノベーション創出機能を重視する彼女は工業への関心が強く、次のように自問する。

大量生産は製造業の究極のタイプなのであろうか？　それともさらに進んだタイプというものがあり得るのだろうか？

（ＥＯＣ第八章、一三三五頁）

（１）工業の三つの種類

そして、工業を大きく三つのタイプに分けることを提案する。

（服飾製造業において）最も古いのは職人仕事である。（中略）第二は大量生産である。（中略）第三の方法は、主に二十世紀に起こり、他の二つの方法を圧して急速に成長し、今や支配的になりつつある。適当な一般用語がないため、本書では「差別化生産（differential production）」と呼ぶ。この生産方式の場合、アイテム毎の生産量は大量生産に比べ相対的に少ない。しかし、職人仕事ほど少なくない。そして、いくつかの点で、職人仕事よりも大量生産に似ている。この第三の生産方法の御蔭で、天気の良い日に大都市の公園に集まる何千という人々の中に（中略）同じ服を着ている人を見つけるのは難しい。（中略）大量生産と差別化生産の明らかな違いは、生産者が市場を見る時の見方、あるいはこちらの表現を好む人がいるかもしれないが、衣服に対するニーズをどう捉えるかの違いである。大量生産の生産者は市場に共通する特徴を探す。言い換えれば、同じニーズを利用する。一方、差別化生産の生産者は、市場に存在する相違点に従う。すなわち、人々が形や素材や色に異なる嗜好を持ち、予算も異なり、（中略）個々人には（さまざまなＴＰＯに応じる）幅の広い衣服への要請があるという事実をきめ細かく活用する。（中略）大量生産では同一のアイテムを差別化生産よりもはるかに多く量産する。一方、差別化生産では、同一生産量で比較してデザインや開発のための仕事にずっと大きなウェイトが置かれる。大量生産では、生産全体に何かバリエーションが加えられるとすれば、付加される部分の生産も大きなボリュームで行われる場合だけである。（中略）差別化生産でバリエーションが拡大されるのはボリューム増加の結果ではなく、バリエーション自体が重要だからである。（EOC第八章、二三七〜二三九頁）

新しいタイプの工業である差別化生産の生産量は大量生産よりもはるかに少なく、一方でバリエーションが極めて豊富である。両者の違いは、ユーザーニーズの汲み取り方とその製品への反映の仕方にある。この点は経済学でいう「製品差別化（product differentiation）」に関わる。それは、大量生産品と性能、デザイン、ブランドなどの点で異なると需要者に認識させ市場をセグメント化する製品戦略である。この戦略がニッチ市場と密接不可分なことは賢明な読者はお気付きであろう。NT型企業は、経営戦略としてニッチ市場を意図的に目指す。先程例として計測・分析装置、加工機械にNT型企業が多いと述べたが、NT型企業は汎用性のある計測器ではなく特定の分野に特化する。分析装置でも、多くの試料に対応するものではなく特殊なもの、分析の難しいものに対象を絞り込む。加工機械といっても汎用工作機械ではなく、より特殊でハイスペックな製品を生産する。したがって、生産量は汎用品よりは少なく、量産部品に比べ圧倒的にわずかである。だからニッチ市場なのである。また、受注生産ではないが、個別のユーザーのニーズに応えて使用現場に持ち込んだ上でそこで調整するなどカスタマイズを前提として製品を供給していることが多い。この結果として、事実上、顧客ニーズに応じた究極の多品種少量生産となる。

（2）差別化生産の担い手としての中小企業

つづいて、彼女は差別化生産は大企業でなく、より小規模な企業が担うと予言する。

未来の発展する経済において差別化生産が拡大すると、もう一つの経済上の変化が生じるであろう。それは、製造業企業の平均的規模が今日よりも小さくなることである。しかし、一方で、製造業企業の数は大いに増加し、工業品の生産量は全体として増加することになろう。（中略）都市が生み出す工業製品は今日よりも増えるかもしれない。しかし、そうした工業製品はほとんど全てが差別化生産される製品であり、相対的に小さいかあるいははるかに小さい組織によって供給されることになるだろう。（EOC第八章、二四五頁）[13]

筆者が全国のNT型企業を対象に行ったアンケート調査によると、NT型企業六六三社の平均は年間売上高二三・五億円、従業者数九七人である。NT型の企業は日本だけでなく、先進国に広く分布する。いずれも独自の製品分野に特化し、世界市場で競合する企業は数えるほどしかいない。製品一単位当たりの付加価値率、利益率は相対的に高く、生産量は同種の汎用品に比べはるかに少ない。世界のユーザーに向けて輸出しているグローバル企業も少なくない。こうしてみると、ジェイコブズの描いた成熟した工業国の未来像はまさに正鵠を得るものであったということができる。

6 結びに代えて
——イノベーションを生むのは都市か中小企業か

以上見てきたとおり、ジェイコブズの先見性は卓越している。しかし、示唆に留まる部分も存在する。それは、都市からイノベーションが生み出されるとして都市さえあれば自然とそれが促進されるのか、それとも能力とやる気のある主体が重要なのか、言い換えれば新製品開発の担い手が中小企業であるとして彼らに起因する要因と都市という環境要因とどちらが重要なのか、両者の間でどういう相互作用が働く必要があるのかというイノベーション生成のより具体的なメカニズムである。

経済学は、特定の場所に企業や人が集まる魅力、メリットを外部性（外部経済）と呼ぶ。このうちイノベーション促進効果については、その場に限られた知識（技術を含む広い意味の有用情報）のスピルオーバーが企業間で発生すると考える。知識が空中を浮遊するように他の主体に伝わる、そこに立地すれば何の主体的努力もなしに知識を入手できるというイメージである。この考え方は抽象的には間違いとは言えないが、政策的にはミスリードになりやすい。なぜなら環境さえ整えれば、情報交換を活発化する場を設ければ、イノベーションは生まれるという考え方につながりやすいからである。しかし、日本を含む世界各国の産業クラスター政策の経験は、そう簡単ではないことを我々に教えている。

筆者は現職に着任した二〇〇八年当時、こうした政策の行き詰まりを打破するために、新製品開発を次々に行い実際にグローバル市場で高いシェアを有するGNT企業の成功の秘訣を解明し、それを他の企業に移転することが必要だと痛感した。体系的調査の結果分かったのは、既に触れたとおりGNT企業はユーザーから持ち込まれる市場ニーズに基づき製品開発を行っているという事実である。彼らは持ち込まれた相談を断ることはせず、一旦預かった上で、ソリューションを出そうと必死に努力する。しかし、内部資源が限られた中小企業が、大企業ユーザーも音をあげた問題に応えるには限界がある。この時、GNT企業は足りない技術シーズを得るために他の企業に協力を求める。ユーザーと共同開発したり、機械や材料を提供している大手サプライヤー企業や部品や加工を発注している中小の協力企業に相談する。このような企業間連携の活用がGNT企業の第二の成功の秘訣である。それでもうまくいかない時に解決に役立ちそうな技術シーズを保有している大学や国の研究機関の研究者を探索し、飛び込みで相談する。GNT企業の産学連携は待ちではなく攻めである。連携相手の企業や大学は遠隔地にあることも多く、連携は広域となる。

実態をここまで掘り下げることはジェイコブズの仕事ではない。また、判明した具体的メカニズムによってEOCで示された基本的考え方が否定されるわけでもない。なぜなら、イノベーションの主体である中小企業も連携先の企業や大学も、離れていても日本各地の都市に所在しており、関係者は皆さまざまな刺激や知識を多様な都市環境から得ているからである。こうした意味でやはりイノベーションは都市的現象なのだ。存命中にジェイコブズにこのファクト・ファインディングを伝えることができれば、きっと彼女も喜んでくれたに違いない。それにしてもジェイコブズのアイデアは今も穀雨のごとしである。

注

（1）『アメリカ大都市の死と生』の引用は、山形浩生訳の鹿島出版会（二〇一〇年）により、そのページを記載。

（2）この後で、大手生命保険会社が郊外に本社を移し各種生活関連サービスを社員に提供した事例に言及し、中小企業が労働力を確保するには従業員に必要なサービスが提供される都市立地が不可欠であるとしている。

（3）邦訳『都市の原理』（鹿島出版会、一九七一年）がある。しかし、翻訳の正確さ、日本語表現に難があり極めて読みづらい。書名も原題の方が的確である。ここでは「都市の経済」とし略称は頭文字の〝EOC〟を用いる。

（4）二〇一四年末に今後五年間の戦略「まち・ひと・しごと創生総合戦略」が閣議決定された。地域経済活性化の担い手としてグローバルニッチトップ企業など地域中核企業に期待し支援の強化を図ることが盛り込まれた。

（5）EOC全体の紹介、特に紙幅の関係で本稿で紹介できなかった古今東西の事例の詳細については、筆者の別稿、「ジェイコブズの都市論——イノベーションは都市から生み出される」（2008）を参照されたい。

（6）経済学者は、都市が企業を引きつける効果を「ジェイコブズの外部性（Jacobs externalities）」と彼女の名を冠して概念化した。これは、「都市に立地する異業種の企業間での知識のスピルオーバーに基づく外部性」を指し、「多様性の外部経済」とも呼ばれる。現在でもジェイコブズの外部性を実証する各国の統計データを用いた研究が活発で、論文ではEOCが原典として広く引用されている。詳細は細谷（2009A）を参照。

（7）EOCの原文の訳出は全て筆者が行った。訳文のうち（　）で示したのは、筆者が文言を補足したことを示す。記載してあるページ数は、最も安価で入手しやすい原書"Vintage Books"版（一九七〇年）のものである。

（8）詳しくは、細谷（2014）第一章参照。筆者は、国の補助金を受け開発された多くの製品が市場化に成功していない事実を踏まえ、GNT企業の成功の秘訣を分析し他の企業に移転する目的で一連の調査を行った。

（9）マイケル・ポーター（1999）は、（産業）クラスターを「特定分野における関連企業、専門性の高い供給業者、サービス提供業者、関連業界に属する企業、関連機関（大学、規格団体、業界団体など）が地理的に集中し、競争しつつ同時に協力している状態」（六七頁）と定義する。彼のアカデミックなバックグラウンドは競争と市場パフォーマンスの関係を分析する産業組織論であり、競争の重要性を特に強調している。また、クラスターの主要な効果の一つとしてイノベーションの促進が挙げられ、その意味でジェイコブズとポーターの議論に二重の意味で関連性が見出される。この点も、ジェイコブズの先駆性を表す一例とみることができる。

(10) 日本には、特定の加工の工程に特化した零細な企業が集まる世界的にみてユニークな集積が東京の大田区や東大阪市周辺にみられる。こうした集積ができた背景には、高度成長期に部品加工などの需要に生産が追いつかず、親方が職人に独立創業を勧め、のれん分けを図ったことで、企業数が著増したことが指摘できる。

(11) プロダクト・ライフサイクルの考え方では、新製品開発が行われ上市される導入期、新製品が一気に普及し量産が行われる成長期、普及率が高まり市場の伸びが頭打ちとなる成熟期、他の代替製品の出現などにより市場が失われる衰退期に四分する。

(12) 例えば、ハードディスク(HD)の磁気記録方式が水平から垂直に変更され、記憶容量が格段に高まる技術革新が一〇年ほど前に発生した。この変化のため不要となったHD用の液体研磨剤を製造していたGNT企業はその市場を一気に失った。また、フロッピーディスクやアドバンストフォトシステム(APS)という製品自体が無くなり、金型製造のGNT企業も関連の仕事を失った。詳しくは、細谷(2014)第四章参照。

(13) 細谷(2009B)では、集積とイノベーションに関する最近の実証研究の一つとして、ドイツと米国の都市経済学者の論文を紹介している。彼らの枠組みはジェイコブズに負っており、産業には導入期、成長期、成熟期、衰退期のライフサイクルがあり、導入期は都市で新製品が発明され、成長期には広い田舎で工業集積を形成しつつ大量生産が行われ、成熟期には都市近郊で中小企業が差別化生産を行うというものである。彼らは、都市的機能が利用可能で地価も安い都市近郊に差別化製品を生み出す中小企業が立地しやすいという考え方に立っている。東京周辺でも立川以西の多摩地区を中心とした地域にNT型企業の集中立地がみられる。

参照文献

細谷祐二(2008)「ジェイコブズの都市論」『産業立地』第四七巻六号、三三〜四〇頁、(財)日本立地センター

細谷祐二(2009A)「集積とイノベーションの経済分析――実証分析のサーベイとそのクラスター政策への含意【前編】」『産業立地』第四八巻四号、二九―三八頁、(財)日本立地センター

細谷祐二(2009B)「集積とイノベーションの経済分析――実証分析のサーベイとそのクラスター政策への含意【後編】」『産業立地』第四八巻五号、四六―五〇頁、(財)日本立地センター

細谷祐二(2014)『グローバル・ニッチトップ企業論』白桃書房

シュンペーター、ジョセフ・E(1977)『経済発展の理論 上、下』岩波文庫

シュンペーター、ジョセフ・E(1962)『資本主義・社会主義・民主主義』東洋経済新報社

ポーター、マイケル・E(1999)『競争戦略論 II』ダイヤモンド社

Florida, Richard. (2002), *The Rise of the Creative Class: And How It's Transforming Work, Leisure, Community and Everyday Life*, Basic Books

Jacobs, Jane. (1961), *The Death and Life of Great American Cities*, Random House

Jacobs, Jane. (1969), *The Economy of Cities*, Vintage Books, Random House

ケベック独立運動とジェイコブズ都市経済論

【『分離主義の問題』を読む】

荒木隆人

●あらき・たかひと　一九七九年生。岐阜市立女子短期大学国際文化学科専任講師。国際関係論、カナダ現代政治。著作に『カナダ連邦政治とケベック政治闘争――憲法闘争を巡る政治過程』（法律文化社）「ケベック言語法を巡る政治闘争――集団の権利と個人の権利の相克」（『ケベック研究』第三号）等。

はじめに

ジェイン・ジェイコブズ（Jane Jacobs）は、独自の都市計画論や都市経済論で世界的に知られる都市研究者であるが、カナダのケベック州独立問題にも深い関心を払っていた政論家としての側面も有していた。彼女は、一九一六年、アメリカ合衆国ペンシルベニア州スクラントンに生まれ、ニューヨークへの移住を経て、一九六八年にカナダ・オンタリオ州のトロントに活動の舞台を移した。カナダにおいてジェイコブズは、一九八〇年の州民投票に向かうケベック分離主義運動の高まりを目の当たりにして、『分離主義の問題――ケベックと主権を巡る闘争（*The Question of Separatism: Quebec and the struggle over sovereignty*）』と題された著書[1]（初版一九八〇年）を執筆した。ジェイコブズの著書は、主要なものは日本語訳がなされているが、この著書には日本語訳はなく、わが国ではあまり知られていない。

しかし、今日、改めて本書を読み直せば、そこに重要な問題提起を見出すことができる。

例えば、ケベック州独立と都市経済との関係や、国家主権に関する独創的な問題提起、さらにはケベック独立派の憲法構想である「主権連合」構想に対する提言の諸々がそれである。従って、今一度、ジェイコブズのケベック分離主義についての見解を整理することが本稿の課題である。

1　ケベック州独立問題について

彼女が『分離主義の問題』を執筆した一九八〇年という時代は、ケベック州独立運動の動向にとって大きな転換点となった時期である。それを理解するには、一九八〇年に実施されたケベック州の分離独立を巡る州民投票に至るまでのケベック問題について概観する必要がある。ケベックは、一五三四年のフランスの探検家ジャック・カルティエ（Jacques Cartier）によるフランス領宣言以来、フランスの植民地（ヌーヴェル・フランス植民地）であったが、フレンチ・インディアン戦争の講和条約である一七六三年のパリ条約を境にイギリスの植民地（ケベック植民地）となる。イギリスは当初、ケベック植民地のフランス系住民を同化しようとしたが、イギリス系住民が少数派であることを考慮し、かつ南のアメリカ一三植民地の反イギリス感情の高まりを警戒し、フランス系住民に一定の譲歩（カトリック教会の存続、領主制の存続、フランス民法）を行った。これにより、フランス系住民がイギリスの帝国の植民地下で生存する条件が整えられたのである。

一七八三年アメリカ合衆国の独立後、多数の王党派のイギリス系住民がケベック植民地に移住し、彼らがフランス系住民とは別個の政治体制を求めた為、ケベック植民地は一七九一年にイギリス系住民の多いアッパー・カナダ（現在のオンタリオ州）とフランス系住民の多いロワー・カナダ（現在のケベック州）の各植民地に分割された。ロワー・カナダ植民地ではイギリス系住民は少数派であるにもかかわらず、植民地の政治を牛耳っていたため、一八三七年にその状況に不満を抱いたフランス系住民が反乱を起こすと、イギリス本国は、一八四一年再び両植民地を統合（カナダ連合植民地）し、フランス系住民を同化しようと試みた。しかし、実際には、予想に反して同化は進まず、イギリス系住民との協調を重視するフランス系住民がイギリス系住民と協力して植民地の政治を担う体制が築かれることになった。そうした中、アメリカ合衆国に対する防衛を目的として一八六七年には、カナダ連合植民地とその他二つのイギリス領植民地を統合することでカナダ連邦の結成が行われたが、イギリス系住民とフランス系住民ではカナダ連邦に関する見方が異なっていた。イギリス系住民はカナダ連邦をイギリス帝国の自治領であるとしたが、フランス系住民は、カナダ連邦をイギリス系とフランス系の「二つの民族」の契約の結果であるとみなしていた[2]。

連邦結成後、フランス系住民はケベック州に集中して居住した。ケベック州ではカトリック教会が大きな政治的影響力を発揮し、カトリック教会のイデオロギーが広がっていく中で、フランス系住民は商業ではなく、農業に従事することが推奨され、その結果、経済はイギリス系住民に牛耳られることになり、イギリス系住民とフランス系住民の経済格差が広がった。また、ケベック州の主要都市モントリオールは、フランス系住民が多いケベック州の中にありながらも、経済の主要言語は英語であり、看板表記も英語で表示されることが多かった。そのような状況の中で、ケベック州において近代化・民主化を求める運動が高まり、ついに州政党ケベック自由党政権の下で、一九六〇年から一九六六年にかけてカナダ史の文脈で「静かな革命」と呼ばれる政治、社会及び経済改革が行われた。その結果、英語系の州に囲まれたカナダ連邦の中で、ケベック州政府のみがフランス系住民の利益を代表する政府であるという意識がフランス系住民の中で高まり、ケベック・ナショナリズムが高揚することになった。

ナショナリズムの高まりは、一部のフランス系住民の過激派による英語系住民に対する爆弾テロにまで至った。フランス系住民の中でも暴力的な運動に対する反発が高まる中で、ケベック独立運動を民主的な運動として一つにまとめ上げたのは、ルネ・レヴェック(René Lévesque)という人物であった。彼は、「静かな革命」期に、ケベック州政府の天然資源大臣として電力事業の州有化を通じて、フランス語系住民のための雇用を生み出し、経済的発展に貢献した人物であったが、一九六七年、ケベック州がもつべき憲法構想として、国家連合構想である「主権連合(sovereignty-association)」を提示し、ケベック自由党と袂を分かった。他方で、ケベック自由党は、連邦の中に留まりながらも、自治権の拡大を要求する構想を提示した。[3] レヴェックは自ら一九六八年、ケベック党を結成し、一九七六年に初の州政権を獲得する。その後、彼は一九八〇年五月に「主権連合」に関する州民投票を実施した。その州民投票の際、英語系カナダ諸州の首相や連邦政府は、ケベック州がカナダから独立すれば、経済的に立ち行かなくなると主張し、経済に係る連合を独立ケベックが提起しても連邦政府やその他の英語系の州はその提案に応じないと宣言した。[4] また、英語系の各州の首相や連邦政府は、フランス系多数派の経済的不安を扇動した。このような状況の中、州民投票の結果は、独立賛成派が約四〇%、独立反対派が約六〇%、と独立反対派が勝利することになった。

以上が、一九八〇年の州民投票の状況であった。まさにその問題の渦中にあって、ジェイコブズは、『分離主義の問題』の中で、むしろ独立をしなければケベック州の経済状況は一層悪くなるという見解を提示するのである。彼女がその論拠とするのは、モントリオールとトロントという、カナダの二大都市の経済的特性の相違である。

モントリオールは、今日、人口の点でカナダ第二の都市として知られるが、一九七〇年代半ばまでは人口や経済の点で国全体を代表する都市であった。一九四一年から一九七一年まで、モントリオールは周囲の農村地域からの人口流入により、人口が倍増し、経済的にも発展し、「静かな革命」の後は、新しいフランス系文化の開花する都市になった。しかし、他方で、オンタリオ州のトロントはモントリオール以上の速度で人口が増加し、一九七〇年代後半にはモントリオールの人口を抜いた。しかし、すでに一九六〇年以前においても、トロントの方がモントリオールよりも経済力では上であった。その理由についてジェイコブズは、次のように述べている。トロントは、ハミルトンなどの周辺都市とゴールデン・ホースシュー（Golden Horseshoe）と呼ばれる広域都市圏（conurbation）を形成することに成功したのに対し、モントリオールは、広域都市圏を十分に形成できなかった。そうした視点から、ジェイコブズは、カナダの中心的都市から、フランス系住民の地地方都市となったモントリオールが、フランス系の活力ある文化的都市として再び経済的に発展するためには、カナダから分離するしかないというのである。(5)

また、ジェイコブズはモントリオールが衰退していく理由を、カナダの経済政策にも見出している。カナダ経済は、天然ガスや石油といった天然資源の開発と輸出に頼る経済であり、その資源の輸出から得られた資本はさらなる資源開発に向けられるだけで、新たな輸出品を生み出すための技術革新のために投資されていない。(6)つまり、ジェイコブズの都市経済学の中心テーマである輸入置換（import replacing）、すなわち、輸入した財やサービスを、自前の生産で置き換え、新たに別の輸入品を輸入しつつ、技術革新を通じて新しい製品を輸出していくような経済をカナダは十分に発展させていないのである。(7)その上、カナダでは、関税は、内生的経済発展を促すために課されるのではなく、工業製品をカナダに輸出する外国企業にカナダ内での分工場（Branch plant）の建設を促す結果となっているのである。モントリオールが、このようなカナダの経済政策の弊害から逃れるためには、それ自身の権利で創造的な経済中心地、いわゆる輸入置換都市にならなければならないのである。(8)

ケベック州のカナダからの分離は、政治・経済の状況を悪化させるという見解に対しても彼女は反論している。例えば、ジェイコブズは、分離独立により、政治・経済的な状況が好転した事例として、一九〇五年のノルウェーによるスウェーデンからの平和裏の独立達成を挙げている。ノルウェーの独立の結果、スウェーデンはノルウェーという後進地域を手放すことができ、独立後のノルウェーは、独立しなければ得られなかったような独創性や熱情をもって自国の経済を発展させていくことができたとされる。(9)

一九八〇年当時、ケベック州のカナダからの分離に反対する意見として、ケベック州の分離によるカナダの国内市場の縮小という理由が喧伝された。しかし、ジェイコブズは、経済発展にとって重要なのは、国内市場の大きさや国家の人口規模よりも、その国家が輸入置換戦略を取っているかどうかであるとする。事例として、当時のカナダにおける最貧困州であったノヴァスコシア州の経済と、ノルウェーの経済が比較して論じられる。両者とも、十九世紀初頭、主たる輸出産業として造船業が発展していたが、二十世紀初頭にノルウェーが造船業の技術革新（木造の帆船から鋼鉄の蒸気船への転換）に成功したのに対し、石炭と鉄が発見されたノヴァスコシア州は天然資源の開発に頼り、造船業の技術革新を怠った。つまり、小国ではあったが、ノルウェーは、技術革新を通じて、輸入品を自前の生産によって置き換えるのに成功したのである。

以上のように、ジェイコブズによれば、経済発展にとって、輸入置換経済が確立されているかが重要であるが、それは大きな国家では達成しづらいとされる。一般的には、小さいものが大きいものに吸収されていくことが進歩だととらえられることが多いが、ジェイコブズは、大きいものが小さいものに分割されることは必ずしも悪くなることではないと主張する。例えば、大企業よりも、小企業の方が技術革新を起こしやすいし、たとえ誤りを犯しても、小規模の組織の方が大規模の組織より誤りへの対処は容易である。もちろん、小さいことが必ずしも良いことでもなく、その逆も真ではない。ただ、組織の規模が大きくなれば、その分複雑になるという代価を払う必要はある。国家の場合、その代価とは、官僚制の増大である。政府の中央集権化を防ぐには、高度な自治権をもつ連邦制か、分離主義の方が望ましいとジェイコブズは考えるのである。[10]

彼女の以上の主張は、次作の『発展する地域　衰退する地域』において、一層明確に述べられている。国家が先進地域と後進地域の不平等の問題に対処するには、単一の主権をより小さな複数の主権の形に分割すべきであり、しかも、それは、事態が崩壊と解体の段階に行き着いてからではなく、そのはるか以前に事態がまだ順調に進んでいる間になされなければならないとする。国家がこのように行動すれば、分割による主権の複数化によって、経済発展にも、また増大する経済的、社会的活動の複雑さにも、無理なく対応することができると主張している。[11]

2　カナダ・ケベック憲法問題について

次に、カナダ・ケベックの将来に関する憲法問題についてのジェイコブズの見解を検討する。カナダ連邦政府とケベック州政府間に横たわる憲法問題は、一九八〇年の州民投票後にピエール・トルドー (Pierre Trudeau) 連邦首相によって制定された「一九八二年憲法」における連邦制の枠組みを巡る問題として今日に至っている。すなわち、制度的議論として、「均等連邦制 (symmetrical federalism)」の原理と「不均等連邦制 (asymmetrical federalism)」の原理が厳しく対立していた。[12] すなわち、「均等連邦制」論の見地からは、カナダは一つのカナダ・ネイションを基盤とした連邦制であり、州の間の権限の対等性を主張する。これは連邦政府や英語系の州が主張する制度論であり、「一九八二年憲法」の制度枠組となっている。「均等連邦制」の原理に反対したケベック州は今日でもこの憲法を批准していない。それに対して、「不均等連邦制」論は、ケベック州のフランス系の中でも連邦維持派が主張する立場である。ケベック州は、カナダを構成する「二つの民族」のうち、フランス系民族が多数居住する特別な州であるから、英語系のその他の州よりも多くの権限が付与されるべきという主張である。この主張は、ケベック州のフランス系住民が一九六〇年代後半から「特別の地位（statut particulier）」や「独特な社会（distinct society）」という名称で繰り返し主張してきたものであり、一九八〇年州民投票の際は、分離独立に反対したケベック自由党党首のクロード・ライアン（Claude Ryan）が「更新された連邦制（renewed federalism）」として定式化している。

ジェイコブズは、このライアンの「更新された連邦制」構想は、カナダ連邦を構成する一〇州の平等を主張する英語系カナダ諸州の主張と両立させることは不可能であると明確に主張している[13]。実際、「一九八二年憲法」をケベック州に批准させるために、「不均等連邦制」が憲法構想化される可能性をもった一九八七年のミーチレーク協定が、「均等連邦制」を要求する英語系の州の反対により不成立になっており、二〇〇六年には連邦議会は「ケベック人はネイションである」との決議を行いながらも、憲法的には「一九八二年憲法」の「均等連邦制」の原理を変更してはいない。その意味ではジェイコブズの主張はまさにカナダ・ケベック憲法問題の本質をついた議論であると言えよう。彼女は、このカナダの憲法問題の解決不可能性に気づき、真摯に別の解決策を考えだした唯一の人物として、レヴェックを挙げるのである[14]。

レヴェックの提示する国家構想、すなわち、「主権連合」論もまたカナダにおける「二民族」の対等性を主張する構想であるが、この場合は、政治的にフランス語系住民を中心とするケベック州が主権を獲得して独立し、英語系住民を中心とする「残りのカナダ」と主として経済の面で協力する国家連合の構想である[15]。具体的には、レヴェックが提示する五つの連合構想の提案のうち次の四つに関して彼女は賛意を表明する。①「残りのカナダ」とケベックとの間の共通市場の形成②人の自由移動③「残りのカナダ」、ケベック及びアメリカ合衆国によるセントローレンス川の国際河川化の提案④「残りのカナダ」との軍隊の共同である。しかし、彼女が異論を唱える第五の提案は、「残りのカナダ」と共通通貨を保持することである。通貨は一国の経済政策の影響を受けるため、レヴェックの主張のように、課税や、社会政策、投資政策などについて完全な主権をもつことと、共通通貨による経済連合とは矛盾すると批判する。その上で、彼女は、「主権連合」の構想を実施する上で可能性がある方法として、以下の方法を提示する。それは、「主権連合」を完全な独立への移行過程として実施していくというものであり、まずケベックが、当初は、名称だけ異なる通貨名をもったカナダ通貨と連動するケベックの通貨を発行しつつも、徐々に経済的に自信をつけた上で、その通貨を実際の上でも独自の通貨として切り離すというものである。ジェイコブズのこの着想は、アイルランドの事例からヒントを得ている。一九二二年にアイルランドはイギリスから独立した時、当初は名称だけ異なる通貨名をもったアイルランド・ポンドを発行したが、一九七九年の欧州通貨制度への参加をきっかけに実質的にも独自の貨幣にしていった。

彼女によれば、小国では、通貨価値が変動した場合、その国は貿易政策を変更することで事態に対処できる。例えば、通貨価値が下落すれば、輸出品が安くなり、輸出量が増加する。もちろん、輸入品は高価になるが、このことはその国の輸入置換を促すことになる。しかし、大国では、貿易の必要性や可能性は地域ごとに異なっている。そこでは、通貨価値の変動に応じて貿易政策を変更したとしても国内の全ての地域に対して利益となる政策を行うことは不可能である。それゆえ、彼女は、主権の分割が望ましいと主張するのである[16]。

次に、レヴェックの提案する「主権」の概念について、彼女は三つの観点から検討する。第一は文化的主権であるが、これは言語（フランス語）の維持、発展に関わるものである。このような権限は、普通の国家であれば、当然に行使すべきものとしてジェイコブズは賛同する。第二は､経済的主権である。これは､ケベックが投資や資本の所有及び統制の権限を自由に行使することである。例えば、ケベック州は貯蓄率が高い州であるため、その資金を輸出や投資に振り分けることで経済発展がなされる。このレヴェックの主張は、輸入置換都市を奨励するジェイコブズにとって大いに賛成しうるものである。ただ､ジェイコブズは､レヴェックが、経済発展は人々の技術革新に基づくのではなく、天然資源に基づくという、カナダの経済政策の問題点を乗り越えていないことを非常に残念であると述べている。

第三に政治的主権については、課税権、外交権などの国政を司る権限をもつという主張は、非常に明確であり、ジェイコブズも賛同する点である。しかし、「残りのカナダ」との連合に関わる制度の創設（例えば、関税連合や、共通通貨制度の創設など）は、制度を複雑にし、官僚制の増大に繋がるため、その代価は大きいとジェイコブズは批判する。しかしながら、このような欠点はあるが、まずは「主権連合」を実現しつつ、ケベックが自信をつけることで段階的に完全な独立に向かう可能性があると結論付ける[17]。

おわりに

以上のように、ジェイコブズの主張は、ケベック州の純粋な分離独立の立場を正当化するものであると言えるだろう。確かに、一般的には純粋な分離独立は、国家の規模の縮小、分離の際の政治的混乱、経済の発展の可能性などの点から、否定的に語られることが多い。しかし、『分離主義の問題』で検討されたように、分離独立自体は、輸入置換都市の形成や自前の通貨など都市経済学の観点から積極的に語られる可能性は十分にあると思われる。その意味で、『分離主義の問題』は硬直的な分離独立反対論に対して重要な問題提起を行っていると言える。

しかし、ケベック州の分離という政治的問題についてジェイコブズの考察の中で触れられていない点を挙げるならば、市民が抱くナショナル・アイデンティティの重層性の問題である。初めから、ケベック州の市民がケベック州だけにナショナル・アイデンティティを保持していれば、純粋な分離独立の観点で多くの問題が処理されるだろう。しかし、歴史的過程でケベック州にもカナダにも同時にアイデンティティを保持する多くの市民が存在していることも事実である[18]。その点の要求を満たすものとして、ケベック州では「主権連合」ないし「不均等連邦制」という憲法構想が提起されたと言える。しかし、「主権連合」を構想しながら、それが「不均等連邦制」に変質するか、また完全な分離独立にまで進むか、それは、州民や「残りのカナダ」との「絶えざる対話」を通じて達成される。とはいえ、ジェイコブズが本書で輸入置換都市論と通貨の独立性に基づく経済発展の視点から、ケベックの独立論を正当化しようとしたことの意義は大きい。国民経済を単位としてではなく、都市を単位として経済学を考える発想は、今日、地方分権が叫ばれる我が国においても大変意義深いと言えるし、通貨の独立性の先見性については、現在、欧州単一通貨（ユーロ）の意義を巡る様々な議論があり、その正確な意義について今後一層の検討が待たれるところである。

注

（1）Jane Jacobs, *The Question of Separatism: Quebec and the struggle over sovereignty*, Montreal: Baraka Books, 2011.
（2）荒木隆人『カナダ連邦政治とケベック政治闘争――憲法闘争を巡る政治過程』法律文化社、二〇一五年、二二一―二四頁。
（3）荒木隆人『カナダ連邦政治とケベック政治闘争』五四―五八頁。
（4）Kenneth McRoberts, *Misconceiving Canada: the Struggle for National Unity*, Oxford: Oxford University Press, 1997, pp.156-157.
（5）Jacobs, *The Question of Separatism*, pp.13-19.
（6）Jacobs, *The Question of Separatism*, pp.19-21.
（7）輸入置換については以下の文献も参照。ジェイン・ジェイコブズ『都市の原理』中江利忠・加賀谷洋一訳、鹿島出版会、二〇一一年。
（8）Jacobs, *The Question of Separatism*, pp.22-27.
（9）Jacobs, *The Question of Separatism*, pp.30-52.
（10）Jacobs, *The Question of Separatism*, pp.58-77.
（11）ジェイン・ジェイコブズ『発展する地域　衰退する地域――地域が自立するための経済学』中村達也訳、ちくま学芸文庫、二〇一五年、三三四頁。
（12）Alain-G. Gagnon and Raffaele Iacovino, *Federalism, Citizenship, and Quebec : Debating Multinationalism*, Toronto: University of Toronto Press, 2007, pp.79-80.
（13）Jacobs, *The Question of Separatism*, p.89.
（14）Jacobs, *The Question of Separatism*, p.89.
（15）レヴェックの「主権連合」論の詳細については、以下のレヴェックの著書を参照。René Lévesque, *Option Québec: Précédé d'un essai d'André Bernard*, Montréal: TYPO 1997.
（16）Jacobs, *The Question of Separatism*, pp.94-106.
（17）Jacobs, *The Question of Separatism*, pp.110-120.
（18）Michael Keating, *Plurinational Democracy*.Oxford: Oxford University Press, 2001, p.95.

はじまりのジェイコブズ

【『市場の倫理　統治の倫理』を読む】

平尾昌宏

●ひらお・まさひろ　一九六五年生。立命館大学、佛教大学、大阪産業大学他非常勤講師。哲学、倫理学。『哲学するための哲学入門』（萌書房）『愛とか正義とか』（萌書房）「ライプニッツの影――あるいは無世界論をめぐるスピノザ受容のドイツ的イデオシンクラシー」（『思想』一〇八〇号、岩波書店）等。

前置き

（一）倫理学の王道とジェイコブズ道徳論

J・ジェイコブズの『市場の倫理　統治の倫理』（以下『倫理』）を倫理学の王道から論じろというご依頼である。倫理学の王道から。実際、「大事なことなので二回言いました」的に二回言われたのである。はっきり言って難しい。というか、誰もやってない（少なくとも私は見たことがない）。

『倫理』が論じる道徳や倫理（さしあたり、道徳と倫理は同義とする）はまさしく倫理学の研究対象そのもの、だとすれば論じてもよいはずである。勿論、古典的な倫理学説も研究しなければならないし（規範倫理学）、現代が抱える種々の倫理問題にも対応しなければならない（応用倫理学）から、倫理学者も暇ではない[1]。確かに。だから、論じるに値しないのなら論じなくてもよい。だが、ジェイコブズの道徳論（以下、J道徳論）は、経済学者や歴史学者、心理学者がしきりに取り上げている[2]。それなら倫理学者もそこに参加してよいのではないか。しかし問題は、論じたくとも論じにくいという点である。先に言ってしまうと、J道徳論と倫理学は至る所で絶妙にすれ違うのである。

経済学について、ジェイコブズはほとんど全否定している。そのせいか経済学者のソロー（Solow［2005］）はジェイコブズの経済論を酷評しているが、おかげで問題は明確になっている。ところが倫理学については、『倫理』の「あとがき」（原著では「まえがき」）で仄めかす程度で、正面からの批判がない（その理由はA（二）で後述）。だから、却ってやりにくい。むしろ、ジェイコブズはしきりにプラトンにウインクする。[3]だが、そのプラトン理解もかなり独特なので、これも倫理学者を戸惑わせるに十分である。倫理学の王道と言えば、**アリストテレス、ベンサム、カント**ということになるが、いずれにもジェイコブズは言及しない。ここでもすれ違いである。

なんだかいきなりネガティブに聞こえるかもしれないが、これも先に言えば、私はJ道徳論を面白いと思っている。その論点は極めてシンプルで、力強い。倫理の体系は二種しかない、両体系の混合は失敗する、という二点に集約される。これは道徳の整理であるとともに、我々に指針を提供するものでもある。素晴らしい。だったら、これを倫理学に活かしたい。

そのためにもまずは、J道徳論と倫理学の王道とのすれ違い方を確認することで、J道徳論の特徴を描き出すことにしよう。

（二）ところで倫理学は何をしているか

しかし、倫理学の王道なんて本格的に考え出すと、それだけで日が暮れてしまう。ここでは、J道徳論との対比に必要な点だけを取り出しておこう。

そもそも倫理学は割に合わない仕事である。「倫理学なんて何の役に立つのか？」的な、倫理学に対する疑いのようなものが、一般に思い切り広まっているらしく、倫理学の授業などでも、教室に不信感がモワッと巻き上がるのが見える。曰く、倫理学には答えがない、倫理は曖昧である、道徳は押しつけである、人によって考え方は様々、価値観は時代や文化によって変わる……。告白すれば私自身も学生時代はそう思っていたのである。『倫理』の邦訳者・香西さんが「哲学や道徳を論じることに強い抵抗があった」（『倫理』四二五頁）と言うのもよく分かる。

しかし、倫理学の側から言えばこれらは誤解である。人々の価値観は違っていて、我々の持つ道徳はそのままでは極めて曖昧で、場合によっては矛盾もし、その根拠も定かではない。だからこそ倫理学が、つまり、一般的に通用（したりしなかったり）している道徳を整理し、できるだけ矛盾のないように体系化して道徳の原理を見出し（図Ⅰ）、それらを根拠付ける（図Ⅱ）作業が必要なのである。道徳は曖昧でも、道徳の原理ははっきりしていないと困る。そして、見出した原理を具体的な事例に応用するのが応用倫理学の仕事である（図Ⅲ）。

ずいぶん当たり前のことを書いたが、ここから大事なことが分かる。実は「倫理学なんて必要ない」と言えるようにしたのは、

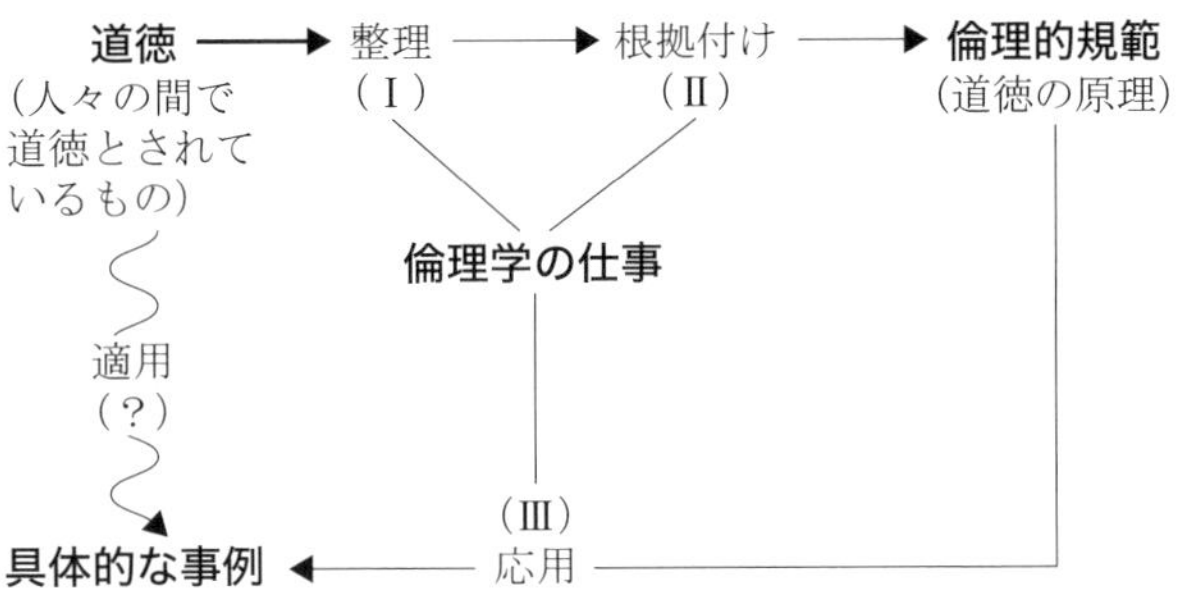

他ならぬ倫理学自身だということである。というのは、「人の価値観なんてそれぞれ」なんだから、みんなに共通な原理を取り出そうとすれば曖昧なものは取り除かねばならないし、矛盾解消のためには枝葉末節を取り払って抽象化せねばならないから、結果、スカスカなものになるに決まっているからである。せいぜい「個人の自由は大事に、でも、他人の権利を侵害しない範囲で」（ミル的な消極的自由と無危害原則）、というくらいになってしまう。それ以外のあやふやなものは個人的な信念かイデオロギーだから、そんなものを道徳の原理と認める訳にはいかないということになる。「道徳とはイデオロギーで、押しつけ、倫理学はその手先」と思い込んでいる人たちも多いが、人々がいつのまにか従っている道徳のイデオロギー性あるいは無根拠性を暴き出したのは、まさしく倫理学の祖・ソクラテスその人だった。ソクラテスが死刑になったのは、伝統的な道徳や宗教を破壊したとみなされたからなのである。倫理学は押しつけどころか、道徳から我々を解放するものなのである。

（三）論点の整理

だがその結果、今度は「倫理学は我々に具体的な指針を与えてくれない！」という、他方からの不満が出てくるだろうが、それは後で（D（二））触れる。

　倫理学の仕事を改めてまとめると、まず（A）究極的な根拠となる価値としての善ないし正とは何かを定めて、規範の基礎づけを行うことである。だが、（B）道徳の原理を見出すにもちゃんとした方法が必要。それによって（C）倫理規範もしくは価値を実現する力を提示できれば、（D）それを応用することもできるだろう。他にも、道徳の起源、価値の実在性といったものも問題になるかもしれない（これらは、いわゆる**メタ倫理学**が担当する）が、重要なのは上の四点だろう。

　古典的な倫理学説、例えばアリストテレス倫理学では、（A）善とは端的には幸福である。つまり「幸福主義」である。（C）それを実現するための力が徳で、これがアリストテレス的な規範の内実となる。だから「徳倫理学」と呼ばれる。そして（B）、その探究の基盤となるのがエンドクサ（後述、B（二）参照）である。

A　なぜ道徳が必要か

（一）規範の根拠

我々の生活はままならぬもの、色んな制約・規範がある。これらのうち、法的規範は手続きによって定められること（実定性）に根拠を持ち、常識のような社会的規範はよく考えてみると根拠が曖昧である。それに対して倫理的規範は、それがちゃんとした原理なら、根拠を持たなければならない。

例えば「書類はWordで提出すること」は常識化しているが、何らかの手続きでそう定められている訳でもなく、単にそうなっているだけのこと（つまりデ・ファクト・スタンダード）で、別にそうしなければならない根拠などない。「そうしておいた方が物事がスムーズに進む」という合理性はあるかもしれないが、「そうした方が善い、しないのは不正である」という意味での、つまり道徳的な根拠はない。倫理学はこれを問うのである。

ではJ道徳論はどうか。端的に言おう。後述のようにジェイコブズは、一定の規範体系を見出しているし、それを発見するための方法も示している。ただ、規範の学問的根拠付けを欠いているのである。実際、倫理学の根本問題である、「目指されるべき善、正義とは何か」といった問いはジェイコブズには全く見られない。ジェイコブズが古典的な倫理学説として唯一かつしきりにプラトンに言及しながら、プラトン説の根幹（イデア論）に全く触れないという不自然さもこのことの表れだろうし、J道徳論が倫理学批判を展開しない理由もここにあるのではないかと思われる。倫理学者がJ道徳論を論じにくい第一の理由はここにある。

（二）J道徳論の意図

しかし、この欠落には理由が、しかも二つある。

ジェイコブズの考えでは、人間には採取・奪取と交換という「二つの根本的に異なった必要充足の方法があるため、人間の道徳や価値にも二つの根本的に異なる体系がある」（『倫理』あとがき、四四三頁）。これは、倫理学の文脈では、いわゆる自然化された倫理学ないし進化倫理学[4]に通じるとも言えるが、ジェイコブズ自身はそうした方向（道徳の自然主義的基礎づけ）を目指してはいない[5]。むしろ、ここから分かるのは、J道徳論では道徳は生活から遊離したものではなく、我々の生活様式をそのまま反映したものと捉えられているということである。倫理学者は「よく生きるには何が必要か」を問い、更にはそこから「生きる」を切り離し、端的に「善とは何か」を問う。しかし、『倫理』の原題が示す通り、ジェイコブズにとって道徳とは「生存（survival）」の問題であり、J道徳論が問うのは、「ちゃんと生活するには何が必要か」である。そこでは生活と道徳とは不可分だから、改めて道徳の根底を問う必要はないのである。つまり、ジェイコブズは道徳というものがあること、それがきちんと機能すれば我々の暮らしもまともに機能することを疑っていないのである。

もう一つの理由は、彼女の意図が限定されたものであることである。「ちゃんとした商売は道徳と信頼の細い糸でできた網の目にかかっている」（一章、三一頁）、だから、商売を始めとして「実際の仕事に関わる生活での道徳についてきちんと考える」必要がある（同、五二頁）。問題は傍点を付した点に限られる。例えば「プラトンは道徳全体……を包含する統一理論を創り出そうと」したが、J道徳論にそこまでの野心はないのである（二章、七四頁）。

こうしてジェイコブズは、「善とは何か」といった、根本的でも厄介でもある問題に入り込むことを回避する。倫理学説に根拠への問いが必要だとすれば、J道徳論には倫理学説として欠落がある。しかしそれは、あくまで倫理学説としては、である。「ジェイコブズは経済学が分かっていない」という批判は、暖簾に腕押し糠に釘、蛙の面に……であって、全然効き目がない可能性がある。彼女自身、経済について論じてはいても、経済学者でございと言うつもりはなかったろう。『倫理』の場合も同じで、ジェイコブズは倫理学者として論じているのではない。そして、倫理学説ではなくても立派な道徳論であり得るし、その見本がJ道徳論なのである（B、C参照）。

（三）倫理学と社会科学

多分、J道徳論が社会科学者、心理学者に人気がある理由もここにある。というのは、これらの学は元々倫理学の問題圏から発したものの、倫理学から独立して科学になるために、目的や善といったややこしそうなものを主観的とみなして排除したからである。つまり、J道徳論は倫理学と違う分だけ、社会科学に近づくのである。

しかしこれが一面で問題を生じさせる恐れもある。というのは、倫理の根本を論じないままでは、「うまくやるにはどうしたらいいか」という技術的な問題に流れた挙句、道徳の問題をそこへと矮小化しかねないからである。また、特定の領域での道徳を論じながら、それがあたかも道徳の全てであるかのように論じてしまう場合もある。

しかし、ジェイコブズ自身はこの点に自覚的である。第九章までで「どうも道徳はこうなっているらしい」を論じ、その後、「では我々はどうしたらいいか」まで踏み込んでいるが、前者と後者とを直結させてはいないからである。彼女は、「二つの道徳体系があるが、さて、どっちの方が善いか」といった議論はしていない。「仕事生活をちゃんとする」に留めて、軽々しく「善く生きる」を決めつけてはおらず、そこから教訓を引き出すにも、二つの議論を切り離して論じている。

むしろ、社会科学者たちの議論は、その辺のおじさんが人生訓を人に押しつけるよりもずっとたちが悪い。おじさんたちのは単なる経験則だから、違う経験を持ってくればそれを退けることもできるが、学者たちのは学問的な背景（ロゴス）を持っているから、単なる価値観ではなく、観念の体系、イデオロギーになるからである。客観的で科学的であろうとだけして道徳を抹消しようとする論者もあるが、それ自体がイデオロギーになり得るという自覚があるのだろうか。[6]というような皮肉も口をついて出てしまう（もうそれは科学ではなく疑似科学に過ぎないだろうが）。

雑な言い方をすれば、J道徳論は倫理学と社会科学の中間に位置する。「生活者の目線からの健全な道徳論」的にも見えるが、それに留まらない適度な批判精神も備えて、ジェイコブズのバランス感覚は絶妙である。

B　道徳の原理をどう見出すか

（一）対話

J道徳論が道徳の基礎の考察を欠いているにもかかわらず、ちゃんと道徳論になっている大きな理由は、単純に、J道徳論が道徳的な規範を見出してしまっているからである。しかし問題は、それをどうやって見出したか、である。

『倫理』を見てすぐに気付くのは、対話体の採用である。倫理学を含む哲学が学術の狭い枠内に制度化されている現在では消えかかっているが、対話形式は哲学の伝統的な方法でもあった。プラトンは勿論、キケロ、アウグスティヌス、ライプニッツ……。対話体を採用した哲学者を思いつくままに挙げても、二〇人や三〇人では済まない。

ジェイコブズも、気取らない形で日常的な場から議論するためだとして、これを意図的に採用している（『倫理』あとがき、四四五頁）。だが、それが叙述の方法として成功していることは認められても、発見・思考の方法にまで昇華されているかは疑問である。プラトンを見ても分かるように、哲学的対話とは批判的吟味でなければならない。その点、反論を提示する役回りのジャスパーやベンのへなちょこさが、私には少し物足りない。

（二）帰納的方法？

実際にジェイコブズが道徳を見出す方法として用いているのは、いわゆる帰納法である。これはジェイコブズの他の著作にも見られ、例えば経済学者の宇沢さんは、ジェイコブズの言う都市の多様性の「四大条件は決して、論理的、演繹的に導き出されたものではなく、……帰納的、経験的に導き出されたものであることにもっと留意すべきで、評価すべきだと繰り返している（宇沢[2000]、一一七、一一八頁）。

だが、科学者であるケートに倫理を論じさせ、しかもその方法が帰納だということになれば、倫理学者なら一言言いたくもなる。

社会学者のマンフォードは『アメリカ大都市の死と生』について、「ジェイコブズの考えと伝統的都市計画の関係は、民間療法と近代医学の関係」と言ったようだが（宮崎・玉川［2011］、二五頁）、倫理学者も、「J道徳論と倫理学の関係は、民間療法と……」と言いたくなる。しかしジェイコブズが『死と生』最終章で示す方法に関する考察を見ると、無自覚に「民間療法」に頼っているのではなく、都市に関して言えば、少なくとも従来の学問的方法ではダメだと主張していることが分かる（『死と生』四六八頁）。道徳に関してもジェイコブズはそう考えて帰納法を用いたのではないか。

しかし、倫理学者が一般に帰納法を使わないのには理由がある。それは、倫理学が論じるのが価値規範の問題であり、かつ、「事実から価値の規範を導くことはできない」（いわゆる「ヒュームの法則」）と考えられるからである。「人を殺してはいけない」。確かにそうだろうが、いくら事実を調べてもそんなことは出て来ない。むしろ、人間に関する事実からは、「人間とは人間を殺すものだ」という絶望的な帰結が導き出されてしまう。

では、ジェイコブズが帰納法を使ったことは間違いなのか。いや、『倫理』の方法は実は帰納法とは少し違っているのである。ジェイコブズは人間がやること、やってきたことの実態から倫理規範を導いているのではない。この作業を担当する『倫理』の登場人物ケートは「動物行動学者として」、「観察」を重視したのだと言う（二章、六五頁）。しかし厳密に言えば彼女は、人間が倫理や道徳として考え、表現してきたこと、つまり、既に価値の規範とされていることをできるだけ拾い集め、それらを整理することで一般的な原理を見出そうとしているのである。[7]

そして、実を言えばこれは、倫理学がその最初の一歩でやったことそのままなのである。我々は道徳や倫理の本当の意味を知ってはいないが、そうしたものがあることは既に知っている。つまり、道徳の原理を見出すにしても、その出発点は、無条件で絶対的な原理ではなく、「我々に知られている」もの（いわゆるエンドクサ）にある（『ニコ倫』1095a-b）[8] とアリストテレスは言う。ケートは、まさしくこの方法をやり直しているのである。[9]

アリストテレスは師匠プラトンに批判的である。プラトンは絶対的な原理（イデア）から出発しようとした。形而上学や数学といった厳密な理論学ではそれでよいところもあるが、倫理学はそうではない、なぜなら、倫理学は実践学だから、とアリストテレスは考えた。というより、彼がこう考えたことによって倫理学は哲学＝理論学から独立して倫理学＝実践学として成立したのである。[10] ジェイコブズがどれほど意識していたかは明らかではないが、彼女はプラトンを前にしたアリストテレスを反復するかのように、厳密な理論としての倫理学、人々が培ってきた知恵を無視してテクニカルな議論にかまけるような立場へのアンチテーゼを提示しようとしているように見える。[11]

そして、現代の倫理学でもこれに対応するような動きが見られる。カントやベンサムに代表される近代の啓蒙・合理主義的な倫理学に限界を見てアリストテレス主義も復活してきたし、いわゆる徳倫理学がここ数十年で現代倫理学の中心的な立場の一つになってきたのである。[12]

C 道徳原理の中身

(一) 二つの規範体系

さて、そうしてジェイコブズが見出したのが、ご存知、二つの道徳体系である。

古くからの格言や世評に含まれる様々な道徳律の中には、互いに矛盾するものもある。一方では「新奇・発明を取り入れよ」と言われ、他方では「伝統堅持」が推奨される。「節倹」が褒められたかと思えば、「気前よく施せ」。一体どっちなんだ！と言いたくもなる。だがジェイコブズは、一方で「創意工夫の発揮」と「新奇・発明を取り入れよ」は連動すると指摘する。そこで、矛盾する道徳律を別の組に分け、連動する道徳律たちをまとめてみると、これらはきれいに二種類に整理できてしまう。個々の道徳律が相互に矛盾しているというより、道徳の二つの体系がそれぞれに違っていることが分かる、と。

うまい考えである。矛盾のない体系化を目指してどちらか片方だけを残すのではなく、二つに振り分けることで、両方を残したまま矛盾を解消するのである。[13]

こうした区別は倫理学でも考えられて来なかった訳ではなく、ジェイコブズ自身が言うようにプラトンの正義論にも見られるし、香西さんが指摘するように（『倫理』四四八頁）、いわゆる分配の正義と交換の正義の区別にも対応する。しかし、プラトンや伝統的な正義論は三本立てである。それに対し、二本立てにし、また、この二元性を正義だけではなく倫理全体の見通しとして用いるのがジェイコブズ流なのである。

(二) 少なすぎる！――ベンサム対ジェイコブズ

倫理体系を二本立てにしたことの意味は、まずは功利主義と対比するとよく分かる。

功利主義の定式者ベンサムも、ジェイコブズと同様、倫理や社会のあり方について我々は未だに混乱しているという認識を共有する。しかし、ベンサムがふと脇を見ると、近代に登場したばかりの科学はなんだかうまくやっているではないか。もっと客観的で厳密な倫理学説、社会理論はできないものか、そうだ、人々の指向は様々に見えるが、結局は快を求め不快を避けるという点では誰も同じなのだから、そこから出発して快を量的に捉え、快を計算すればどうか（ベンサム［1969］、八一―八二頁）。そうすれば唯一正しい原理が見出せるはず。「最大多数の最大幸福」（**功利性**

原理）こそそれだ！

つまり、功利主義、特にベンサム流功利主義の功利主義たる所以は、原理を唯一とすることである。どんな愚か者でもこの原理に従っており、否認不可能、他に原理などない、とベンサムの鼻息は荒い（同、八四頁以下）。きっぱりとしているのはいいが、この強硬路線のおかげで、功利性原理に反する道徳は排除されることになる。対してジェイコブズは、倫理体系は一つではないとする。

つまり、複数原理主義を採るのである。

また、功利主義のいわゆる快楽計算は個人の行為にも適用できるが、その本領は社会全体での快の量的な最大化にある。ベンサムが意図したのは、社会政策がほとんどオートマチックに決定される簡潔なアルゴリズムの提示なのである。[15] 一方、J道徳論には、こうした工学的発想は全くない。J道徳論の出発点は個人の行為に関する道徳律であり、[16] その結論も道徳的柔軟性（香西訳では「倫理選択」）の強調である。[14]

（三）多すぎる！――アリストテレス対ジェイコブズ

複数原理主義の点で、J道徳論は徳倫理学に近づく。とは言え、注意点もある。徳（アレテー）とは、優れた道徳的特性（卓越性、器量などとも訳される）で、これを身につけている人は優れた行為ができるというものである。こうした徳論が近代に廃れたのは、それが属人的で定性的な特性であり、曖昧で見分けがたいとみなされたからだと思われるが、とても便利な面もある。量的＝均質的な観点とは違い、定性的な観点によって見出される徳は、多様であり得るからである。それに対してJ道徳論は、確かに複数原理主義を採るが、徳倫理学ほどに原理を多数化しない。J道徳論にとって原理は二つだけなのである。ここが絶妙なところで、唯一原理主義的な強情さと、多数原理主義の曖昧さの中間の道をジェイコブズは歩む。

その結果、J道徳論が提示する二つの道徳体系は、実は原理と言うより、むしろ、多くの道徳律の緩やかな束である。[17] だから、徳倫理学と比べるのなら、むしろ個々の道徳律に注目するのがよい。実際、彼女が取り出した道徳律は、アリストテレスの言う徳、とりわけ性格の徳と呼ばれるものと重なる部分がある。

例えば、ジェイコブズ的統治倫理に属する「勇敢であれ」はそのまま勇敢の徳を命令の形に書き直したものだし、「見栄を張れ」と「気前よく施せ」も気前よさ、広量の徳に相当する。一方、市場倫理に属する「他人や外国人と気やすく協力せよ」は愛想よさに、「節倹たれ」は節制の徳に対応するだろう。

勿論、ジェイコブズの道徳律の全てがアリストテレス的な徳にある訳ではないし（「新奇・発明を取り入れよ」など）、逆にアリストテレスの徳でジェイコブズの道徳律に当てはまりそうにないものもある（温厚や高邁）。これでは両者の比較など無意味だと思われるかもしれないが、互いのズレから、両者の持つ意味が明らかになる。論点は二つ。

まず、アリストテレス的な徳の中には、市場倫理と統治倫理の道徳律が入り交じっており、つまり、相互矛盾するものがある、ということが分かる。徳論の問題点は一般に、そのカテゴライズが必ずしも十全でないということであるが[18]、それをざっくりと示せるというのは、ジェイコブズの議論の鉈のような切れ味を示している。

ただ、アリストテレスなら、徳の中に矛盾するように見えるものがあっても問題はないと言うだろう。彼は徳の本質を中間（中庸）に見ているからである（『ニコ倫』1106a）。気前よさばっかりというのは徳とは言わない。それは浪費である。他方の極には吝嗇がある。気前よさは、過大＝浪費と過小＝吝嗇との中間にあるからこそ徳なのである[19]。

それに対してジェイコブズはむしろ、中庸という観点を排して個々の道徳律を厳密に理解しており、だからこそそれらの間に矛盾を見出したのだと言える。

もう一つの論点は、今度はアリストテレスから見て、ジェイコブズの道徳律には徳とは違ったものが混ざり込んでいるということである。既に見たように、J道徳論には善や正とは何かという考察がなかった（A（一））から、こうした混入はいわば必然の結果である。

「正直たれ」や「勇敢であれ」といった指針なら徳倫理学者も認めるだろう。しかし、「快適と便利さの向上」、「効率を高めよ」といったものはどうか。これらは、ビジネスにとっては確かに重要な要素かもしれないが、徳というより処世術やノウハウに近い。

このように、アリストテレスの徳論をJ道徳論によって腑分けできるとともに、J道徳論を倫理学の観点から腑分けすることもできるのである。

（四）狭すぎる！——カント対ジェイコブズ

このように言うと、「J道徳論には倫理的なもの以外のものが混じっているのであり、従って倫理学的には批判されねばならない」と受け取られるかもしれないし、そう考える倫理学者がいても不思議ではない。例えば、カントなら確実にそう言う。現代でも、哲学・倫理学に関する一般書で知られるコント＝スポンヴィル[20]などはそう主張するだろう。

例えば、商人がたとえ善いことをしたとしても、それが自分の利益を図ったものであるなら道徳的とは言えない、とカントは言う（カント［1979］、一三八頁、同［2013］、五五頁）。商人のしたことは外面的には義務に従った行為かもしれないが、義務から発する行為ではないというのである。つまりカントでは道徳は純化・厳格化して捉えられている（**厳格主義**）。「道徳とは心（内面性）だ」と考える人には納得しやすい考えである。コント＝スポンヴィルなどは、政治家や経済人が言うような道徳は実際には「不道徳になる」（コント=スポンヴィル［2006］、七六頁）とさえ言う。『倫理』でケートに反対するベンと全く同じ口吻であるのが面白い（『倫理』二章、六一頁）。

カントがこうした路線を採ったのは、ベンサムと同様に倫理学を確実な学問にするためで（ただし、採った方向は逆）、特に、具体的な規範を取り入れすぎると道徳の普遍性が確保できないからである。だからカントが見出すのは、ただただ「義務、道徳法則」であり、それはいつでもどこでも誰にでも当てはまるものでなければならないから（定言命法の第一命題）、その分だけ中身の薄い、最低限必要な条件のみになる（**形式主義**[21]）。だから、後は自分で考えて決定すること、つまり自律が大事だということになる（定言命法の第三命題）。社会全体での政策を考える功利主義との大きな違いがここにある。義務論という名前から想像されるのと違って、カントでは自由が極めて大きな意味を持つ。だが、その自由とは普遍にコミットするというものなので、気楽な自由さではなく、個人に大きな負荷がかかった自由、つまり自律なのである。

この点、J道徳論も個人の行為の決定を重視していたから、功利主義と比べればまだカントに近い。しかし、J道徳論は仕事上の倫理的な選択に特化しているから、自由そのものに価値が置かれるということはないし、個人の選択の範囲は限られていて、その分だけ具体的である。カントの道徳が普遍を目指し、人々が道徳に求めがちな具体的指針を与えないのとは大きく違う。恐らく、普通我々が道徳として理解しているのは、ジェイコブズが取り出した、具体的な道徳律の方だろう。

勿論、その分だけ曖昧になる危険があるのも確かで、実際、ジェイコブズは処世術やノウハウまで道徳律に含めていた。しかも、ジェイコブズが挙げる道徳律は、それらだけで完足的かどうか明らかではない。つまり、それらの中には不要なものがある可能性もあるし、逆に追加が必要かもしれない（注16参照）。また、厳密に理論化されていないため、イメージやアナロジーで語られてしまいかねない恐れもある（武士道とか商人道とか？）。

D　道徳の原理を応用する

（一）仕事に関わる倫理学

J道徳論は「ちゃんとした仕事生活を送る」を出発点にしていた。この点、仕事ないしビジネスに関わる道徳という点で、**企業倫理**ないし**ビジネス倫理学**に似ているし、両者の動機も重なる。ビジネス倫理学も、アームブラスターが指摘しているような（『倫理』二）ビジネスに関わる様々な不正への危機感から生じたのである。また両者は、『ビジネスはモラルとは無関係である』との神話」（宮坂［2003］、iv頁）を打ち破ったという点でも重なるだろう。

しかし、カントと同様に道徳というものを狭く解釈し、その点でジェイコブズと鋭く対立するコント＝スポンヴィルは、こうした立場にも当然ながら批判的である。ビジネス倫理学の標語のようになっている「倫理は儲かる」、「道徳的であることは利益になる」という考えは、彼には到底受け入れられない（コント＝スポンヴィル［2006］、四九頁）。

こうして、カントやコント＝スポンヴィルを一方の極に置けば、J道徳論とビジネス倫理学は他方の極に位置する、近い立場ということになる。

（二）ジェイコブズ対ビジネス倫理学

しかし、結論的に言って両者は、全く異なる。

ビジネス倫理学は、生命倫理学、環境倫理学などと並ぶ、いわゆる応用倫理学の一分野である[22]。倫理学の本体は古代に誕生したが、現代の技術、環境、社会が急激に変化しているのに対応するため、応用倫理学は現代に新しく誕生した。

既に触れたように、特に近代の倫理学は普遍的な原理の発見に力を注いだ。その余り、原理を具体例に適用する、いわゆる**決疑論**すら排除することにもなった。倫理学の非専門家にとって恐らく一番興味があると思われるのが決疑論（casuistry）だが、これは元々宗教上の教義に基づいて個々のケース（ラテン語でcasus）を判定するものであったから、倫理学とは二重の意味で反りが合わないのである。だが、現代ではそうも言っていられないほど問題が噴出してきた。だから応用倫理学とは、いわば現代版決疑論なのである。

特にビジネス倫理学は、主としてアメリカで、哲学・倫理学系の研究者によって始められ（詳しくは宮坂［1995］）、伝統的な規範倫理学をビジネスに応用する試みである。例えばカントを応用する試み（ボウイ［2009］）さえある。先に見たようにカント倫理学とビジネス倫理学はほぼ対極にあるから、これは無茶な試みである。もっとも、さすがにカントは理論的な骨格がしっかりしているから、一つの試みとして成り立つ。

J道徳論とビジネス倫理学の違いは、まずここにある。というのは、J道徳論は独自の理論的な見通しを持つから、応用倫理学としてのビジネス倫理学（の一種）とは考えにくく、むしろ、規範倫理学に近く見えるのである。

でも、だからこそJ道徳論を、ビジネスに応用することは十分考えられる。確かに、ビジネス倫理学が基本的に企業を道徳の主体とする点は、道徳的主体を個人に見るJ道徳論とは異なる。しかし、それを拡張して企業を主体とすれば、ビジネス倫理学が注目する企業とステークホルダーとの関係は、J道徳論の統治倫理に当たる。一方、ビジネス倫理学が強調する企業の社会的責任（CSR）やコンプライアンス[23]は道徳的主体としての企業と他企業、社会との関わりを論じるものであるから、これはJ道徳論では市場倫理に相当する。勿論J道徳論だけで包括的なビジネス倫理学が構築できるかどうかは検討を要するが、こうした整理は、とりわけＪ道徳論の得意技だと言える。[24]

結びに代えて

（一）Ｊ道徳論の使い方？

基本的な問題にざっと触れるだけで紙幅が尽きてしまったのだが、Ｊ道徳論の、いわば使い方といったものについて、簡単な見通しだけでもつけておこう。

Ｊ道徳論には二つの大きな特徴があった。（1）仕事生活に限定した道徳を論じていること、（2）道徳のあり方を二つに峻別することである。

そこで第一に、あくまで（1）の線を固持しながら（2）の構図を利用することが考えられる。特に、抽象的な道徳の原理を取り出そうとしてきた近代の倫理学に比べて、Ｊ道徳論は生活に密着した具体的なレベルでの道徳論として、ある限定された有効性を持つと言ってよい。これは言わばこぢんまりとまとまるという方向だから、それをよしとしない人もあるかもしれない。しかしジェイコブズ自身が多くの例で示しているように、具体的な事例に即して、そこに二つの倫理のあり方がどのように混在し、その結果どのような問題が生じているかについて、一定の洞察を与えてくれるという点で十分な意味がある。

しかし第二に、「仕事生活上の道徳」に限定せず、Ｊ道徳論を起点として倫理学の再編を考えることもできる。もっとも、もしこの方向を徹底するなら、倫理学だけではなく、Ｊ道徳論も考え直さなければならないだろう。というのは、道徳体系が二つしかないというのが仕事生活に限ってのことであったとすれば、逆に、この限定を外せば、道徳体系はもっと多く見出されるかもしれないからである。実際、ジェイコブズ自身が、商売でも統治でも尊重される共通な倫理があることを認めていたし（注21参照）、家庭や個人生活に関しては曖昧な態度に終わっている。また、二つの道徳体系それぞれに異なるレベルの道徳律が混ざり込んでいることも既に見た通りである（C（三）及び（四））。とすれば、道徳体系が二つに収まらない可能性の方が高い。現に、この点については橋本（橋本［2008］）が一つの試論を提示している。

私見だが、ジェイコブズの都市論が優れていたのは、それが社会そのものについての考察でもあったからである。「都市はその定義からして知らない人だらけだ」、「多様性は大都市にとっての天性」だ（『死と生』、四五頁、一六六頁）とジェイコブズは言う。これはそのまま社会の条件だと言ってよい。そうした社会に、わずか一種類の価値観しかないとなれば、それはまさしく社会そのものの「死」に他ならないのではないだろうか。[25] 我々は二つのものを提示されると、どちらが優れているかといった短絡的な思考に陥りがちだが、彼女自身は両体系の共生が必要だと考えていたことも確認しておくべきである（『倫理』あとがき、四四三頁、三章、八〇頁）。

こうした見方が正しければ、仕事生活に限らず、我々にとって必要な倫理のあり方全般を論じようとするなら、本当に二つで足りるのか、それ以外の原理はないのかを改めて考えなければならない。

（二）倫理学再編の見通し？（大風呂敷広げました）

J道徳論を高く評価する人は、こうしたJ道徳論の不安定さを見たがらないかもしれない。確かに、「仕事生活」に限定するならそうした不安定さも見なくて済む。問題はそうした限定を外してJ道徳論の拡張を考える場合である。他方、J道徳論を起爆剤にした倫理学の再編などと言うと、何を大げさな、と言う人もあるだろう。そうかもしれない。しかし、私はその可能性は認められると思う。

例えば、この二、三〇年で倫理学を大きく揺り動かしたのは、既に触れた徳倫理学の台頭と、もう一つはケア倫理の登場であった。確かに倫理学におけるケア倫理の位置についてはまだ議論があるが、それが新しい、有力な、そして、倫理学全体の枠組みを問う力を持つに至ったことは明らかに認められる[26]。それが可能になったのも、（a）看護や介護、教育や育児といった領域に密着したもの（に過ぎない）と見られていたケアを、ケア倫理が一個の原理として打ち出し[27]、また（b）従来の倫理学を「正義の倫理」と捉え、「正義対ケア」という大きな構図を生みだした[28]からである。伝統的に正義に対置されてきたのは愛であったから、ケア倫理の登場は、「正義／愛」という古典的な二分法の批判であり再解釈であったということである。いわば、近代の倫理学は愛を忘れていた（！）のである。

ここからまず明らかになるのは、（a'）日常生活の中に生きていたものを改めて倫理の原理として取り出すことが、今でも十分に可能だということである。だとすれば、同様に生活に根ざし、一定の見通しを持つJ道徳論を倫理学再考の起爆剤とすることもあり得るだろう。（b'）また、J道徳論が提起する二つの道徳体系の関係についての再考のヒントも得られる。J道徳論で道徳体系が二種に限られたのは、問題が仕事生活の領域に限定されていたからであったが、同じ限定によって、二つの道徳体系が全く併置されている。だが、仕事だけを念頭に置くから商売・市場と行政・統治が併置されるだけではないのか。むしろ両者は、「ケアと正義」や「愛と正義」について考えられて来たように、実は次元が異なっており、同一平面に並ばず、場合によっては階層化されるかもしれないのである[29]。

（三）はじまりのジェイコブズ

勿論、議論を詰めていくと様々な問題が噴出するだろう。しかし」道徳論には少なくとも、そうした考察へと我々を誘う力があるのは確かである。実際、『倫理』を読んでいると、熱くなったり、うなったり、腹を立てたり、ついには口に出したくなる。「その通りだ！」、「いや、それは違う！」。ジェイコブズはいわばソクラテスのように、倫理的思考を開始させるのである。

伝えによれば、ソクラテスは極めつけの醜男であった。しかし、人々に妙に好かれるところもあった。はっきり言ってモテた。美青年で名高いアルキビアデスもソクラテスを追いかけ回したし、何よりソクラテスは実に巧妙な、危険な誘惑者である。例えば、少年たちが集まってスポーツで汗を流している。そこに現われたソクラテスは、「友情とは何だろうか」と問いかける。その中には美少年のリュシス君もいる。しかしソクラテスは彼には話しかけない。ソクラテスの巧妙な話術で話は弾み、議論は進んで行く。そうすると放置プレーされたリュシスは話に引き込まれ、思わず「そうです、その通りだソクラテス！」と叫んでしまう。リュシスは見事にソクラテスの罠にはまったのである。

ジェイコブズ＝ソクラテスの言うことを前提にするのではなく、彼／彼女とともに考え始めること。そのときこそ『倫理』は、生きた対話となるのである。

文献一覧（五十音順＋アルファベット順）

アリストテレス『ニコマコス倫理学』（高田訳）［1971］岩波文庫／（加藤訳）［1973］岩波書店「アリストテレス全集」13／（朴訳）［2002］京大学術出版会／（神崎訳）［2014］岩波書店「アリストテレス全集」15／（渡辺訳）［2015］光文社古典新訳文庫他→『ニコ倫』

宇沢弘文［2000］『社会的共通資本』岩波新書

カント（野田訳）［1979］『人倫の形而上学の基礎づけ』中央公論社『世界の名著』39所収／（熊野訳）［2013］『実践理性批判　倫理の形而上学の基礎づけ』作品社所収他

コント＝スポンヴィル、A・（小須田訳）［2006］『資本主義に徳はあるか』紀伊國屋書店

ジェイコブズ、J・（香西訳）［1998］『市場の倫理　統治の倫理』日本経済新聞社（＝Jacobs, J.［1992］, *Systems of Survival*, Vintage）→『倫理』

＊日経ビジネス人文庫、ちくま学芸文庫版もある。ここではちくま版の頁を示すが、参照の便のため、章を漢数字で併記する。訳文は一部変更した。

同（山形訳）［2010］『アメリカ大都市の死と生』新版、鹿島出版会→『死と生』

品川哲彦［2008］『正義と境を接するもの』ナカニシヤ出版

田中朋弘［2012］『文脈としての規範倫理学』ナカニシヤ出版

ドゥ・ヴァール、F・（西田・酒井訳）［1998］『利己的なサル、他人を思いやるサル』草思社

内藤淳［2009］『進化倫理学入門』光文社新書

橋本努［2008］『経済倫理＝あなたは、何主義？』講談社選書メチエ

平尾昌宏［2013］『愛とか正義とか』萌書房

ベンサム（山下訳）［1967］『道徳および律法の原理』中央公論社『世界の名著』38所収

ボウイ、N・E・（大内訳）［2009］『利益につながるビジネス倫理』晃洋書房

松尾匡［2009］『商人道ノスヽメ』藤原書店

宮坂純一［1995］『現代企業のモラル行動』千倉書房
同［2003］『企業は倫理的になれるのか』晃洋書房
宮崎洋司・玉川英則［2011］『都市の本質とゆくえ』鹿島出版会
山岸俊男［2015］『日本人という、うそ』ちくま文庫
與那覇潤［2011］『中国化する日本』文藝春秋
Katz, M. S., Noddings, N., Strike, K. A.（ed）［1999］, Justice and Caring, Teachers College Press.
Solow, R. M. [2005], Economics of Truth, The New Republic Online, 05. 15, 00.

注

（1）実際的な理由は、都市思想家として知られるジェイコブズにまとまった道徳論があることを倫理学者が知らないから、ということであろうが。

（2）橋本［2008］、松尾［2009］、與那覇［2011］、山岸［2015］。

（3）ジェイコブズは、プラトンが肯定する身分固定制を否定しているから、実は明確にアンチ・プラトンである。

（4）まだこれからの分野だが、法哲学者による論争的な入門書（内藤［2009］）がある。また、動物行動学から道徳性の起源へのアプローチもある（例えばドゥ・ヴァール［1998］）。

（5）ここからジェイコブズが引き出すのは、ただ、道徳体系が二つ（だけ）あることである。

（6）アルチュセールがどこかで、科学者が哲学に向かう時、最悪の哲学を選びがちだと言っていたように思う。

（7）この作業にジェイコブズは一五年掛けたと言う（『倫理』原注、四一三頁）。

（8）ベッカー版の頁付（訳書でも欄外に示してある）で示す。

（9）「万学の祖」アリストテレスは動物の行動観察も得意だったので、ケートを動物行動学者とした設定は面白い符合である。

（10）つまり社会科学はそれに逆行した訳である。

（11）（前注の続き）だから、J道徳論は明確に社会科学批判でもあり、経済学批判の延長でもある。

（12）日本でも、近年、関連書が次々に刊行されている。

（13）これは、哲学史的には、種々の二元的対立の解決手段としてよく見られる。ライプニッツの予定調和、カントによるアンチノミー、V・v・ヴァイツゼッカーの回転ドアの原理など。

（14）その具体例は既にプラトン『プロタゴラス』356c-357eに見られる。

（15）これは飽くまで基本の考え方（行為功利主義）で、これだけではうまくいかない事例があるため、功利主義には幾つかの修正版がある（規則功利主義、選好功利主義など）。

（16）ただ、ジェイコブズがプラトンを引いて個人と国家の相似に触れている（『倫理』二章、七四頁他）のは興味深い。

（17）「道徳体系」という語には要注意。表題にこそ「体系（system）」という語が使われているが、香西訳で「道徳体系」と訳されているものは、多くの場合syndrome（複数の要素の連動を原義とする）である。

（18）ただし、アリストテレス自身は、明確なカテゴライズ（魂の構造からの徳の分類）を施している。

（19）近代的思考に囚われた我々は、「過大とか過小とか言っても、その程度は？」と問いたくなるが、アリストテレスからすれば、それは徳が身についてない証拠である。

（20）コント＝スポンヴィル［2006］は、社会や道徳に関する四つの秩序を区別し、かつ、それらの秩序間の混同が問題を引き起こすと考えており、その点でJ道徳論と対比すると面白いのだが、今はその紙幅がない。

（21）ジェイコブズも、どんな仕事にも個人の生活にも共通する普遍的な徳（『倫理』二章、六二頁）を指摘してはいるが、これもカント的な道徳法則に当たらないだろう。

（22）日本でも独自に、主として経営学の延長で経営倫理が展開された。因

みに、経済倫理学という分野も別にあり、これは多くは経済学者により、また、その中身は経済に関するイデオロギーを対象とするようである（橋本［2008］など）。

(23) これを「法令遵守」と訳すのは誤解である。

(24) 残念ながら、ビジネス倫理学書でジェイコブズに、主題的に触れたものは見られなかった。

(25) ジェイコブズは、ソ連は二体系を混ぜ合わせたために失敗したのだと言うが、J道徳論を正確に適用すれば、この失敗が示すものはむしろ、市場倫理を取り除いて統治倫理のみでやろうしたこと、要するに、唯一の道徳体系で全てが解決すると考えることの愚かさである。だとすれば、市場原理主義についても同じことが言えるだろう。

(26) 例えば田中［2012］ではケア倫理を、義務論、功利主義、徳倫理と並ぶ第四の立場に置く。ただ、そのことの正当性は慎重に問うている。

(27) もう一つ大きいのは、これがジェンダー問題と絡むことであるが、今はそれは措く。

(28) ただし、議論の成熟に従い、正義とケアは相補的と考えられるようにもなった（Katz et al.［1999］の序論や品川［2008］の第二部を参照）。

(29) 我田引水だが、例えば平尾［2013］では、J道徳論に言及はしなかったが、実はそれに刺激されながら、この点を考えてみた。

『経済の本質』になにを読み取るか

塩沢由典

●しおざわ・よしのり　一九四三年生。大阪市立大学名誉教授、前中央大学商学部教授。理論経済学。進化経済学会会長、関西ベンチャー学会会長を歴任。著作に『複雑系経済学入門』（生産性出版）『マルクスの遺産』（藤原書店）『関西経済論　原理と議題』（晃洋書房）『リカード貿易問題の最終解決』（岩波書店）等。

はじめに

ジェイン・ジェイコブズは、一生のあいだに経済学四部作ともいうべき四つの著作を残している。『都市の経済』（*The Economy of Cities*）『都市と諸国民の富』（*Cities and Wealth of Nations*）『生き残りのシステム』（*Systems of Survival*）『経済の本質』（*The Nature of Economy*）の四冊である。このうち、第一は『都市の原理』、第二は、『都市の経済学』として翻訳され、のち『発展する地域 衰退する地域』と改題されて、ちくま学芸文庫に収められた。第三は、『市場の倫理 統治の倫理』として翻訳された。これも、さいきん、ちくま学芸文庫に収められた。

『都市の原理』と『都市の経済学』とが経済学の本であることはまちがいないが、『市場の倫理 統治の倫理』と『経済の本質』はどうであろうか。わたしは長く、この二冊は経済学以外の本であると考えてきたが、最近になって考えを変えた。四つの本すべてが、経済に関する本であり、広い意味では経済学の本であると考えるようになった。

ジェイコブズは、経済とその発展について考察したが、その範囲は、通常の経済学が対象とするものより広く、また通常の経済が注目する諸現象とはことなる側面にしばしば注目の中心がある。ただ、このようにジェイコブズの経済学の対象を広く定義すると、反対に、では『アメリカ大都市の死と生』あるいは『壊れゆくアメリカ』(原題：*Dark Age Ahead*)も経済の本ではないか、さらには『分離主義の問題』(*A Question of Separatism*)も経済の本ではないかということにもなるかもしれない。経済とはひとびとの物質的生活のことだという定義にしたがえば、都市での生活そのものが経済と切り離せないし、分離主義や現代文明のゆくすえも、とうぜん経済の問題でもある。その意味では、ジェイコブズの全ての本は経済に関係しているが、経済を第一の問題関心としているという意味で、先の四つを経済の本と考える。

　本稿では、四つの本のうち、最後の『経済の本質』を取り上げたい。『都市の原理』『都市の経済学』については、すでに『関西経済論』の下敷きとして利用させてもらったし、各所で引用もさせてもらっている。しかし、『市場の倫理 統治の倫理』と『経済の本質』とは、わたしが経済の本だと認識してこなかったこともあり、これまで本格的に紹介したことがなかった。『市場の倫理 統治の倫理』は、働く場における倫理の問題という新しい問題提起がされている。きわめて重要なものあり、日本でもこれを受けた書物が私の知るかぎりでも何冊か出版されている。しかし、いまのところ既存の論考を超えて議論するほどには考えが熟していない。

『経済の本質』を取り上げるには、もうひとつ理由がある。というのは、『アメリカ大都市の死と生』の完訳者山形浩生がその本の「訳者解説」で酷評した対象であるからである。そこにも言及されているように、R・ソローがこの本の書評を書いており、山形訳まである。[1] 多くの人の判断基準となっていると思うが、そこには重大な見落としがある。周知の通り、ソローはノーベル経済学賞受賞者であり、近代的経済成長論の祖とも言える人である。通常の感覚からいえば、権威はソローの批判にあるだろう。しかし、ソローは経済学の主流にあるという盲点をもっており、『都市の経済学』書評は、この盲点がまさに露呈したものである。山形氏が指摘するように、経済学の眼からみて、この本の意義を明らかにすることは、ジェイコブズに示唆を受け続けている経済学者の義務でもあろう。

　ソローの書評を議論することは、ソローとジェイコブズの観点の違いを明らかにすることに繋がる。それは、ジェイコブズの経済学の特性を明らかにするだけでなく、現在主流の経済学の問題点をもあぶりだすものともなる。ソローの書評が出たのは、『経済の本質』が出版されたとおなじ二〇〇〇年である。この当時、マクロ経済学は、新しい古典派もニューケインジアンも、動学的確率的一般均衡(DSGE)理論という体系に到着し、ドットコム・バブルの最盛期であった。「大いなる安定」(The Great Moderation)という表現はまだ一般化していなかったが、経済学者や経済政策担当者たちの気分はこうしたものであった。しかし、「大いなる安定」が定着して数年も立たないうちに、世界はベア・スターンズやリーマン・ブラザーズの倒産に見舞われ、世界経済は「一〇〇年に一度の大災害」に見舞われることになった。二〇〇八年以降、マクロ経済学に関する反省は進んだが、では現在主流の経済学をどういう方向に転換させていくかについては、合意らしいものは見えていない。ショックから七年も経って、経済学者の中には、経済学は元のままでよかったのだといった開き直りまで見られる。そうした時期だからこそ、ジェイコブズの示唆に学ぶものは大きい。そこには、ここ一五〇年ほどの経済学の主流からは失われた視点が生きているからである。

1 『経済の本質』の主題

ソローによるジェイコブズ批判を語るには、批判のよってたつ基盤に関するいくらかの知識が必要である。したがって、ソローの経済学、とくにその成長理論がどのようなものであるか、まず紹介するのが筋であろう。その成長理論は、成長会計として開発経済学の必須の分析道具となっているほか、内生的成長理論、実物景気循環（RBC）理論や動学的確率的一般均衡理論として、現代経済学の中核部分に関係しているからである。しかし、そうすると冒頭から、数式にあふれた論考になりかねない。ジェイコブズがもつひろい読者層を考えるとき、それは避けたい。ただ、ソローの成長理論とその後の発展型である内生的成長理論・動学的確率的一般均衡理論をわたしが基本的に認めない立場であることは明言しておきたい。なぜかについて詳細に書くべきであろうが、それにはかなり長い数学的展開とそれに対する批判を必要とする。本論考では、注（12）と注（13）に触れたものに留める。ソローはジェイコブズに「複雑な議題に関する過剰な断言」をあてこすっているが、経済学という権威を背景に、ほとんど正当化できない過剰な確信を支えているのは、ソロー自身である。

ソローの書評は、「真実の経済」と題されている。これもかなり意味深長な表題と思われるが、そこは飛ばしておこう。ソローは、書評の冒頭で、『経済の本質』を読む前には『経済の原理』しか読んでいないと告白している。もし『都市の経済学』の第一章を読んだなら、ソローはもっと怒り狂っていたかもしれない。『経済の原理』については好感を持ったが、過大な一般化と過剰な断言への傾向とがあり、新著ではその傾向が不快なほど顕著になっているとソローは指摘し、ジェイコブズの批判を始める。

『経済の本質』は、いったい何についての本であろうか。じつは、最初に読んだとき、この本は環境問題に対するジェイコブズなりの視点を展開したものだと思った。そのまま長い年月をすごしてきたが、今回ジェイコブズ特集の編集企画に当たって、考えを改めた。じつは、古い考えのまま、だれか（環境経済学をふくむ）環境論の専門家に『経済の本質』を取り上げてもらえないかと思い、いろいろさがしてみた。よい書き手が見つからず、その案は断念した。仕方なく再読してみて、考えを変えた。冒頭に触れたように、この本は表題のとおり、やはり経済学の本であると考えるようになった。

『経済の本質』は、いったい何についての本であるか。ソローもこう自問し、この本が「何に反対しているか」を見ることから、その答えを導くことができると指摘している。そのとおりであるが、ソローが考えた「ジェイコブズが反対していること」は、読みが浅いと思う。ソローは、「人間はあらゆる面で自然秩序の一部として、すっぽりと自然の中に収まって存在している」（『本質』p. iii）というジェイコブズの「まえがき」のことばを引いて、自分が知っているかぎり、このことを否定したり、自然の法則を出し抜くことができると考えている経済学者はいない、という点から批判を開始している。

> 「経済学者」たちが考えしていることについて、ジェイコブズとその登場人物たちは広範な無知をさらけだしている。

こうソローは指摘し、その一例として、『経済の本質』の作中人物の一人で、ある意味、主人公であるハイラムの「反応的代替」(responsive substitution) という概念をひいている（『本質』pp. 16-17）。ハイラムは新しい考えであるかに語っているが、これは価格代替という経済学の基本概念であり、経済学部の学生は死ぬほど聞き飽きている、こんなことを知らないのは著者の無知の兆候であるという。しかし、これはソローの誤読である。反応的代替は価格代替ではない。ふたつを区別できないソローこそ、ジェイコブズを読むに当たって、いかに既成概念で読み解こうとしているかを示している。

反応的代替は、教科書が想定する、価格が高くなっておこる単なる代替ではない。教科書的な価格代替では、人々の知識に変化はない。反応的代替では、「費用が高くつくようになった資源への代替物を人々は探し求め、それをなんとか手に入れる」というものである。ジェイコブズは、鯨油や石炭の代わりに石油、鼈甲や象牙の代わりにプラスティックを例示しているが、より適切な例は別の章の、書物への需要の増大に対応して活字印刷された本が筆写本に取って代わった例であろう（『本質』p. 134）。本を複製するには書写生が筆写するしかなかった古代や中世には、活字とそれによる印刷という技術はなかった。価格高騰であれ、品不足であれ、その事態を改善しようと新しい供給源を探しまわり、代用品を発明することが反応的代替であり、それはソローが同一視する価格代替とは似て非なるものである。

もちろん、これはこんにちイノベーションと呼ばれている事象の一部であり、そのことはジェイコブズもよく弁えている。登場人物の一人マレー（ハイラムの父親、隠退した経済学者）にジェイコブズは、印刷術の発明を語るちょくぜん次のように語らせている。

今日に至るまで、複雑だが秩序ある過程としての活力再補給にはいかなる注意も払われていない。やっと二十世紀半ばになって経済学の諸学派は技術革新——発展——に探求の価値のあることを認めるところまできた。それでも当時は奇矯で限界的な副次的問題としてしか考えられていなかった。

（『本質』p. 133、「技術革新」は innovation の訳）

ソローがハイラムの「混乱して無知丸出しの論考」と呼ぶ、地域からの輸出・輸入についても検討してみよう。ジェイコブズは、マレーに

経済学者は輸出乗数比率を棄て、輸入ストレッチ比率に注意を向けるのがよいとの結論に、私は到達したのだよ。

（『本質』p. 74）

と語らせている。輸出乗数比率は、輸出という最終需要が域内に引き起こす需要＝所得の総額の輸出に対する比率である。輸出乗数という概念は、カーンの考えに示唆を受けてロイ・ハロッドが定式化したとして有名なものであるが、ハロッド以前にギブリン（L. F. Giblin）が定式化していたとして、その起源には議論がある。[2]しかし、概念自体は明確であり説明を要しない。これに対し、輸入ストレッチは、『経済の本質』に固有の概念である。正確な定義は与えられていないが、文脈から推定すると、輸入ストレッチ比率とは、輸入に対する地域の所得総量の比率である。ハロッドの輸出乗数では「輸出という最終需要が域内に引き起こす需要＝所得の総額」を輸出と比べたものであるが、輸入ストレッチ比率という概念では、「輸出が域内に引き起こす」という限定ぬきの地域の所得総額を輸入と比べたものである。地域の輸出と輸入があまり大きく乖離しないとすれば、輸入ストレッチ比率は輸出ストレッチ比率に等しいか、少なくとも近い値をとる。したがって、分析上、輸入か輸出かという点にはあまり意味がないが、分子にとるものが所得総額であるか、輸出により引き起こされる所得と取るかには、考え方の大きな違いがある。

ジェイコブズがここで輸入ストレッチ比率を取り出して議論させていることには、二つの意義がある。

一つは、成長政策あるいは景気刺激策として、輸出のみに注目することの問題点である。アベノミクスは、その初期に大幅な為替変動が起こり、その後の持続した円安のおかげで輸出企業の収益は大幅に増大した。これが意図的・政策的なものであったかどうか、あるいはアベノミクス以前からの修正傾向であったのかは

議論の余地があるが、アベノミクスの当初、円安が景気刺激的に作用したことは事実である。

このように為替切下げによる輸出増大がしばしば景気回復の契機となることは広く知られており、自国通貨を切り下げることが政策上意図的に取られることがある。戦後日本の景気回復においても、輸出主導型の景気回復・経済成長が何度か観察されている。しかし、このような景気回復政策は、近隣窮乏化政策という側面をもっている。自国通貨切り下げによる輸出増大は、他方に輸入減少を伴いやすい。それは貿易相手国にとっては、有効需要の抑圧要因である。多くの国が同時にこのような政策を取れば、通貨切り下げ競争につながりかねない。もちろん、いまは為替変動制で、為替レートに政府は直接介入できないといった状況の変化はあるが、経済界にはいまだに為替レートの切り下げを歓迎する反応が少なくない。輸入ストレッチ比率に注目することは、このような輸出主導型景気回復・経済成長という考え方に反省を迫る効果がある。

二つは、経済成長とは、いったいいかなるものかという点に新しい視点を提出している。この点にソローが一言も言及していないのは、もともと「なにも学ぶものはない」という意識が先行したからであろう。無理もないといえば、無理もない。ソローは、経済成長理論でノーベル賞を受けた経済学者であり、そのような経済学者が一介の素人から大切なことを教えられるとは思えなくてとうぜんである。しかし、ここでも、ソローは深く読んでいないし、ジェイコブズが本当に「反対していること」が分かっていない。ジェイコブズは、じつは主流の経済学のすべてに浸透している均衡（あるいは一般均衡）という分析枠組みに反対し、そこに過程と自己組織化という概念をもちこむことを提案しているのである。まえがきの冒頭で、ジェイコブズが「硬直化した経済学の抽象的推理をこの世の現実に触れさせる」と宣言しているのは、この点に関する。

より詳しくは第3節で詳説するので、ここでは深入りしないが、自己組織化された構造の見方の一つに「散逸構造」という考えがある。これは物理現象としては、熱平衡や化学平衡から遠く離れたところに成立する安定した空間構造である。ジェイコブズは、経済を（こういう表現を使ってはいないが）力動的な散逸構造と捉えている。そこには熱あるいは物質の流れ（流入と流出）があるが、準定常状態では流入と流出とは等しい。しかし、おなじ量の流入＝流出があるとしても、そこに成立しうる散逸構造には大きな違いがある。同じ流量が内部で何回利用されるかによって、散逸構造の内部の「豊かさ」（構造の複雑さや質量の多さ）には違いがある。ジェイコブズが言いたいのは、経済の場合にも、同様の事情が成り立っているということである。このことは、ソローのように基本的に経済を一財モデル（後出、一五八頁下段）で考えている経済学者にはまったく気づかないことだ。

地域の豊かさは、同じ量の原材料・部品を持っていても、地域経済の中でそれらが何回利用され、どのくらいの付加価値がそれに付けられるかにより、おおきな違いが出る。地域の経済的活動の総量がことなり、一人当たりの豊かさもことなる。輸入ストレッチ比率は、流量に対する内部活動量の大きさを示すものである。このような指標に注目することにより、輸出指向型の成長戦略とはことなる経済戦略がありうることをジェイコブズは示しているのである。

輸出入といえば、ソローには、伝統的な貿易理論しか思い浮かばない。したがって、かれはリカードからクルーグマン・ベナブルズ・藤田の新著にいたる二百年の歴史をジェイコブズ（あるいは彼女の本の登場人物）が無視していることを非難し、ジョン・スチュアート・ミル、アルフレッド・マーシャル、ジェイコブ・ヴァイナー、バーティル・オーリン、ジェイムス・ミード、ゴッドフリード・ハーバラーという六人の経済学者の名前を挙げ、これらの連中の頭に「貿易パタンに関するすくなからぬ有用な考え」が浮かんだとなぜ考えないのかと非難している。

たしかに、リカード以後の上記六人には、それぞれ貿易論に関する大きな貢献がある。しかし、それが偏った伝統でしかないことにソローは気づいていただろうか。詳しいことに触れる余裕もないし、その場でもないが、ジョン・スチュアート・ミルは、リカードの「未解決問題」を解くために、貿易両国の需要に注目してリカードの生産費価値論を否定し、後の新古典派経済学への道を開いた[3]。その後の五人はミルの貿易論を原型として「新古典派貿易論」を展開した人たちである。かれらは、ソローがいうように「貿易パタン」には注目したが、（ミードを除き）貿易量や貿易と失業の関係には分析が及んでいない。ロイ・ハロッドの『国際経済学』は、その例外であるが、ソローのリストからは見事に落とされている。ジェイコブズは輸出と輸入について語っているが、「貿易パタン」の解明を意図するものではなく、既述のように適量の輸出入は必要であるが、問題なのはそれをベースにした域内の活動量＝付加価値だという主張である。その主張が通じなかったという意味では、ジェイコブズに記述の問題があったことは否めない。しかし、輸入・輸出といえば、主流の経済学ですべてカバーされているというのは、ソローの思いちがいでしかない。

さらに不思議なことは、ソロー自身の次の設問

より根底的な問題は、経済活動の構成は、なぜ地球上どこでも同じでないのか、特化ないしは地理的分業はなぜ存在するのか

に対する、ソロー自身の回答である。

当然の理由としては、気候や地勢や輸送可能性、資源などに

> 地域的偏りがある。

> 同じように重要なのが「規模に関する収穫逓増」である。
> 現代世界では、さらに、生産特化は純粋に歴史的な偶然から生じるかも知れない。ある偶然的理由で一都市がヘアドライヤーを生産し始める。他の地域より特に生産費上の優位性があるわけではない。しかし、生産をはじめたことにより、その都市は学習曲線をたどってちょっとした技術的な飛躍を実現し、補完的企業を引きつけ、長くないうちにコスト優位性を確立して、他の新興地域が太刀打ちするのは難しくなる。

引用の第二と第三は、クルーグマンらの「新貿易理論」が念頭にあるのは明らかである。第一の引用は、上記六人のうちオーリンがはじめたHO理論あるいはその発展型としてのHOV理論がある。不思議というのは、リカードに言及しながら、ソローが技術の違いを挙げていないことである。周知のとおり、ソローの最大の貢献のひとつに、成長会計による技術進歩の重要性の発見がある。かれはなぜ自己の知見に基づいて、貿易理論が技術の違いを軽視していることに異議申し立てをしないのであろうか。もちろん、それをこの場でいう必要はないが、上の表現を見ていると、じつはそういう問題意識すらもっていないのでないかと疑われてくる。

> 鍵は、地域が
> 原料や中間財を輸入し、それを加工して再輸出する

点にあろう。これに続けてソローは

> ハイラムはこの過程を表現するのに「輸入ストレッチング」という用語を発明する。しかし、それは、「価値付加」というふつうの活動でしかない。「輸入」が関係していようとなかろうと、それはつねにどこでも起こっている。中間財がある企業から別の企業へと手渡されるだけだ。

と指摘している。ソローは、かれ自身がこの書評を書いた二〇〇〇年時点において、中間財の貿易を明示的に扱う生産特化の一般理論が存在しないことに気づいていただろうか。経済学の専門家として、貿易理論について講釈する以上、その程度のことは知っていても悪くない。しかし、ソローはたぶん気づいていなかっただろう。なぜなら、二〇〇〇年当時の貿易論においては、付加価値貿易はまだ新しい話題であり、そこに必要な理論の欠如は、少数の専門家をのぞいて一般には気づかれていなかったからである(4)。だから、あえて中間財貿易あるいは付加価値貿易について言及し

ながら、それをただの「付加価値」活動としてしか捉えていない。それはもちろん付加価値活動であるが、従来の貿易理論の改変を要請する内容がそこには含まれている。

簡単にいえば、ソローは、聞きかじりの知識を披露しているのであり、自分から考えた知識を述べたものではない。ジェイコブズは、もちろん、経済学の専門家ではなく、その分析枠組みは、不明確である。しかし、ジェイコブズはじぶんで考え、問題を提起している。ソローは書評の終り近くで『経済の本質』は経済の本質について、ことば遊び以上のものは多くを教えてくれないと結論付ける。『経済の本質』が彼にとってなぜ「ことば遊び」としか映らないのかソローにはまったく気づいていない。第2節では、この問題を取り上げる。

2 均衡体系と自己組織化

ソローを含め、現在主流の経済学（新古典派経済学）は、すべて均衡を分析枠組みとしている。ソローは、このことを当然のことのように考えている。しかし、経済は均衡体系であろうか。

こうした設問をするときには、もちろん、「均衡」という用語の意味を明確にしておかなければならない。経済学の「均衡」の概念は、物理学などの「平衡」から来ている。英語などヨーロッパ系のことばでは、ふたつはともにequilibrium（ドイツ語はGleichgewicht）であり、同一概念である。これはラテン語のequi（等しい）とlibra（天秤、おもり）の合成語で、基本的には天秤の釣合が取れている状態を表す。この表象が物理学（とくに力学）や化学に取り入れられ、さらにその観念が経済学に取り入れられたという経緯がある。多くの状況に用いられるので、平衡といっても、一義的な概念とは言いがたい。経済学における均衡は、比較的明確である。企業や消費者などの経済主体が複数（一般には多数）あるとき、（1）すべての商品（財とサービス）について、需要と供給が一致していること、（2）すべての主体の需要・供給活動がその主体にとって最適な状況であること、の二点を要請するのが一般である。（1）を需給均衡条件、（2）を主体均衡条件と呼ぶ。

商品や経済主体のある集合があって、（1）と（2）とが満たされれば、経済体系は一義的に定まるだろうか。この疑問に応えるものが、一般均衡の存在と一義性の問題である。このように問題を設定し、それを解くことにより経済を分析しようというのが、均衡分析という方法である。これは経済学の中核的な方法となっている。この点は、主流の新古典派にかぎらず、異端派の多くの人にとっても、ほぼ正しい。なお、経済学の異端派は、マルクス派と限らず、ポストケインズ派、オーストリア学派、進化経済学など、多くの学派を含んでいる。これらの諸学派も、その分析の多くで均衡分析をもちいている。もっとも、その詳細をみれば、同じ均衡という言葉・分析方法を使っていても、内容的に異なる場合があるが、ここではその詳細にまでは立ち入らない。

均衡分析という研究計画（research program）は、十九世紀初期にまで遡ることができる。たとえば、フランスのイスナール（Isnard 1781）やカナール（Canard 1801）は、一八〇〇年前後に需要と供給の力がつりあう均衡として経済を捉える構想を打ち出している。[5] この構想は、後にワルラスに引き継がれて、現在も経済学の中心的な研究計画となっている。たとえば、第1節冒頭で触れた動学的確率的一般均衡理論（DSGE）もこの延長上にある。

ワルラスのころは、一般均衡の存在と一義性は、ただ前提されるか、あるいは未知数の数と方程式の数を数える程度のものであったが、両大戦間に主としてウィーンにおいて数学的な厳密化が進められ、第二次大戦後のアローとドブル（1954）による「競争経済における均衡の存在」に結実した（Arrow and Debreu 1954）。これは任意の人数の消費者（家計）と任意個数の企業とが任意の個数の商品（財とサービス）とを取引する経済で、ある価格において一般均衡が存在することを厳密に示した画期的なものであった。その証明には、凸閉集合を値とする超過需要関数に角谷静夫の不動点定理を用いるもので、数学的には完璧なものである。明言されることは少ないが、現在の経済学は、基本的にはこの一般均衡の存在定理を前提に組み立てられている。

一方、一義性の方は、存在定理ほどにはきれいな結果がなく、その理由も明らかになっている。一九七〇年代にゾンネンシャイン、マンテル、ドブルの三人によって明らかにされ、三人の名前で呼ばれている定理がある。それは簡単にいえば、超過需要関数は、ワルラス法則を満たしさえすれば、いかなる形をも取りうるというものである。したがって、均衡の一義性をいうには、需要の粗代替性のような、集計された需要関数に関する何らかの強い仮定をおかなければならない。[6] これは、家計の資産分布に一定の仮定をおけば導けるかもしれないが、わたしはそのような結果は知らない。

さらにいえば、存在と一義性のほかに均衡の安定性の問題がある。これは（わずかではあるが）均衡の外における状態の運動を扱わなければならない点で、厳密な均衡理論の枠組みを外れるが、均衡に近づくという想定がなんらかの現実性をもつためには、避けて通れない問題である。しかし、レイヨンフーブドがいうように、主流の経済学はまるでこの問題が存在していないかのように忘れさっている。[7] なお、ソローやDSGEの均衡モデルは、一般にはもっと単純なもので、経済には一つの財と一人の代表的個人がいるといった、経済学の専門家以外には信じられない代物である。これが「一財モデル」である。

アロー・ドブル・モデルには、しかし、大きな問題がある。第一は、それが個人に完全合理性を仮定するものであること、第二は、すべてが価格調整という考え方に基づいていることである。

第一の完全合理性の仮定については、わたしはすでにいろいろな場面でその非現実性を指摘し、それに代わる定型行動の定式化についても書いているのでここでは省略したい[8]。価格調整については、主流の経済学の中にも、すでにこれに対立する考え方がある。数量調整である。たとえば、J・R・ヒックスや森嶋通夫は、数量調整を重視した経済学を提出している。数量調整がなぜ近代経済において優勢であるかについては別稿を要するが、多くの工業製品がほとんどの時間中、一定の価格で販売されていることはだれもが経験することである。これに対し、アロー・ドブル・モデルでは、個人も企業も与えられた価格のもとで自己の行動（なにを購入し、生産するか）を決定すると考えられている。

もし経済がアロー・ドブル・モデルの記述するように動いているなら、すべてが価格調整されていることになる。しかし、現実の経済では価格が上下して需給が調整される局面は、絵画のように複製・再生産ができないものか、農産物のように収穫後一定期間、その供給量を調節できないものに限定されている。工業製品やサービスを含めて、現代経済の大多数の商品は、これとは違い、短期的には一定の価格が設定され、需要者はその価格で（限度はあるが、つうじょう）欲しいだけいくらでも買うことができる。これが数量調整である[9]。これに対し、株式など上場市場を持つものでは価格調整が優勢になっている。

教科書的な説明では、証券市場の例などを引き合いに出し、価格調整を印象付けた上で、価格の需要・供給調整機能についての説明に入るが、現実には数量調整が優勢になっている事実については、触れないか、長期的には価格により調整されているといった説明でお茶を濁している。

ヒックスや森嶋通夫のような有力な学者が研究したにもかかわらず、けっきょく数量調整でなく価格調整の考えがいまも優勢なのには理由がある。上に見たように、現実の市場で確認されるかぎりでは、数量調整の方が圧倒的に優勢である。それにもかかわらず価格調整が経済学の中核にあり続けるのは、数量調整には価格調整とは異なる難しさがあるためである。数量調整は、それ自体では完結することができない。それは価格がいかに調整されるかという理論と組み合わされなければならない。産業ごとに一定の上乗せ率を前提とする価格体系が成立したとき、そのもとでどのような数量調整過程が進行するかというように、二重の構造になる。一般にはさらに数量自体が数量に依存するという難しい関係を扱わなければならない。経済の実態を考えれば、これはふつうのことである。たとえば、売行きがよければ生産を増強し、売行きが悪ければ生産を抑制する。しかし、このような調整を考えようとすると、数量の（過去の）時系列に対して現在の生産量や在庫量を調節するということになる。これもどの企業・工場でも行なっていることであるが、経済体系として定式化するとなると、時間変化を明示化した枠組みを取らなければならない。このような分析を過程分析という。

経済学の分析枠組みとして、数量調節でなく価格調節が優勢であり続けるのは、過程分析より均衡分析の方が簡単であり、理解しやすい・定式化しやすいという理由が強く働いている。数量調整でも、過去・現在・近未来の数量が同一の値をとるという前提をおけば、均衡分析となる。このような前提による成功例として、フォン・ノイマン・モデルがある。しかし、それでは数量調整のほんとうの機構は明らかにならない。

均衡分析か過程分析かという観点は、経済学の歴史においても、ある学説が成功するかどうかの大きな要因となっている。いちばん有名な事例は、『貨幣論』から『一般理論』へのケインズの変身であろう。『貨幣論』は過程分析、『一般理論』は均衡分析に基づいている。[10] ケインズの『一般理論』が（広く受け入れられたという意味で）成功したのは、そこに含められた政策提言が一九三〇年代当時の経済の実情に応えるものであったということがいちばん大きな要素であったにちがいない。しかし、それは理論としても広く受け入れられた。その理由は、それが均衡分析であったためである。私見によれば、それはケインズが真に考えようとした有効需要の概念を歪めてしまい、けっきょくは一九七〇年代の反ケインズ革命の原因となった。安易な成功は安易な反動をも呼ぶ。リーマン・ショック以降、一時的に「ケインズに戻れ」が合い言葉となったが、戻るべき先のケインズは『一般理論』のケインズではなく『貨幣論』のケインズであろう。もちろん、ケインズが明言しているように、ケインズは『貨幣論』の多くの定式を放棄しているし、そうするにはそれだけの理由があった。したがって、「帰れ」と言っても、『貨幣論』の文言に戻ることはありえない。『一般理論』で構築しようとした理論を『貨幣論』の方法、つまり過程分析で再構築・発展させることであろう。[11]

本格的な分析は、なぜ均衡分析でなく、過程分析を必要とするのか。その理由は、経済という体系（システム）は、均衡体系ではないからである。均衡分析は、経済が均衡体系であるかそれに近いときにのみ有効である。均衡体系でないにもかかわらず、均衡体系と考えられ、均衡分析が経済分析を流れる底流となったのには、一定の安定性をもつシステムとして、二十世紀のなかばまで均衡体系＝平衡体系しか知られていなかったからである。一九五〇年代を境として、ようやく物理や化学において非平衡系の研究が始まり、自己組織系や散逸構造といった概念が生まれた。生まれてみれば、それらはきわめて重要な概念であったし、世界に広く観察されるものだった。生きている生物は、すべて自己組織系であり、散逸構造であるといえば、その重要さがよく分かる。死んだ生物は、死後数時間もたたないうちに熱平衡に達するが、（ウイルスや仮死状態の生物をのぞくと）どんな生物であろうと生きているかぎり、生物は平衡系ではなく、無数のフィードバック・ループからなる極めて複雑な自己組織系である。

『経済の本質』でジェイコブズが広い読者に願ったのは、経済の本質を自己組織系と見る見方である。ソローは、ノーベル賞を受賞するような偉い経済学者ではあるが、経済学は均衡分析が標準で、それでじゅうぶんと見ている。書評を見るかぎり、ソローは、ジェイコブズが何を読者に訴えたかったか、分からなかったに違いない。生物学・生態学の事例を延々と話すハイラムに、こんなものは経済学と関係もないと思ったのであろう。

わたしがさいしょ『経済の本質』を読んで、これは環境問題（エコロジー）の本だと思ったように、この対話仕立ての小説は、たしかに分かりにくいところがある。対話の狂言回しであるアームブラスターがなんどもしぶい顔をして、話を経済に戻さないと、どんどん生態系の話に入りこんでしまう。ジェイコブズは、進化や共進化を語るときには、具体例をふんだんに取り入れて分かりやすいが、経済をシステムとして語るには、やはりすこし苦渋している。「自己組織化」という用語はもちいているが、散逸構造といった考えは明示していないし、生物の進化・共進化と生態系の変容を経済世界での現象と明確に区別せずに語ってしまっている傾向もある。

このような事情を考慮しても、ソローが『経済の本質』を評して、こう言っていることは肯定できない。

もう一歩進んで考えるならば、経済の動力学の底にある機構の詳細が、生態系の動力学を記述するものと同じだと考えるべき理由がまったくないことが分かろう。それどころか、二つが異なると考えてよいじゅうぶんな理由がある。経済行動はおおむね意識的で、将来を見据え、理論に依存し、目標主導的である。その目標は、ときにはるか遠い将来であり間接的なものである。植物や他の動物たちの行動は、そういう側面がかなり少ないか、まったくない。

もし、経済が教科書のように二財か三財で、代表的企業と代表的個人がそれぞれ一社と一人いるだけなら、ソローの指摘は当たっていよう。これも経済学の専門家以外には理解しがたいことだろうが、ソローが考える経済システムは、基本的にはこうしたものである。マクロ経済学を考えるときには一財モデルとなる。そのようなシステムでは、予見も簡単であり、目標も立てやすい。しかし、経済は教科書が仮定するような単純なシステムではない。グローバル経済ということばが膾炙しているように、地球上のほとんどの人は、商品の交換を通してたがいにつながっている。現在では、経済は世界大のネットワークである。

個人であれ、企業であれ、その全体を見通すことはできない。人間はたしかに知恵をもち、動物に比べれば、格段の推論能力と情報力を持っている。しかし、どんな優れた情報網を使って情報を集め、計算機にかけたとしても、明日の株価を正確に言い当てることはできない。経済が世界大のネットワークであることに対比すれば、人間の情報能力と推論能力はきわめて限られたものである。ソローは、たぶんハーバート・A・サイモンの「合理性の限界」といった考えを無視するか拒否しているのであろう。[12]新古典派経済学を信奉する学者の中には、人間が無限の合理性（あるいは最適化可能性）をもつという仮定こそが経済分析を可能にしているのであり、それを否定することは分析を否定するものだと主張する人もいる。[13]しかし、すこし考えてみれば、人間の合理性が限定されたものであることは明らかである。さらに、経済生活に現れる多くの最適化問題の計算量がじつはNP困難であり、すこし規模の大きな問題では電子計算機を使っても厳密な最適解が求まらない性質のものであることが分かってきている。[14]巨大な世界大のネットワークに対し、人間の合理性と情報収集能力で応えよう、合理性に頼ってシステムをまわそう、などというのはとうてい不可能なことである。

均衡分析、あるいは均衡という枠組みに基づく経済学は、人間の情報処理能力を無限のものとみる途方もなさの上に築かれている。それに対するいくらかの反省なしには、ジェイコブズの意図を読み取ることはできない。

では、経済は、いかなるシステムなのであろうか。それが『経済の本質』で示唆されている自己組織系である。自己組織系には、自己組織化という作用が働いている。自己組織化および自己組織系という概念は、イスナールやワルラスが経済学を構想していた時代にはなかった概念である。「自己組織化」（Self-organization）の原理は、最初、アシュビー（Ashby 1947）により提案されたとされるが、この観念自体は、カントの『判断力批判』に現れるという（Haken 2008）。しかし、この現象が学問の各方面で注目され、研究されるようになるのは一九七〇年代に入ってのことである。したがって、経済学に自己組織化の考えがなかなか入らなかったのは仕方がない。ソローは、自己組織化の考えを知らなかったわけではないだろうが、経済を研究する上で自己組織化が重要なものだとは気づかなかったのだろう。

自己組織化は、現在では、原子レベルから宇宙規模の集合化にまで観察される普遍的原理のひとつである。すなわち原子レベルではレーザーのコヒーレント光、宇宙規模では星や星雲、銀河団などが自己組織化の結果として生まれている。身近なところでは、台風の形成、結晶形成、シマウマの縞などが自己組織化の作用である。現在では、生命や脳の研究あるいは化合物やナノマテリアルの創成にも、自己組織化の考えが使われている。たとえば、小保方事件に関連して自殺した笹井芳樹は、自己組織化をかぎ概念として脳の組織化を研究していた。有機化学の藤田誠は、分子の自己組織化を利用して有用な人工物を創造する研究を進めている。データ分析で活用される自己組織化マップもその応用のひとつである。生命の誕生そのものが、自己組織化の結果であることは長く考えられてきたが、カウフマン（2008）は、それを説得的なかたちで説明している。この本は、自己組織化を理解するうえでよい教科書ともいえよう。

自己組織化は、このように広い範囲で起こる現象であるが、概念的には平衡＝均衡という概念と同じく、曖昧で多義的である。科学の概念としては、まだ形成過程にあるといってもよいかもしれない。自己組織化と自己組織化の結果とを区別する必要もある。アシュビーが最初に示した力学系のアトラクタ（吸引域）の収束極限という考え方では、その極限は均衡状態にあるかも知れないし、ないかもしれない。たとえば、上に挙げた結晶も台風も、自己組織化が作用しているが、結晶はそれ自身平衡状態で存続しうる。しかし、台風は、その体系が維持され続けるには、エネルギーと物質の継続的な吸入と放出とが必要である。自己組織系の後者の特徴に注目してI・プリゴジンが定式化したのが散逸構造(dissipative structure）という概念である。この概念を用いれば、台風は散逸構造であるが、結晶は散逸構造ではない。自己組織化には、つねにエネルギー・物質の吸収と放出とがあるが、その結果として生まれるものはかならずしも散逸構造であるとはかぎらない。

この区別をすることが必要なのは、経済学においてである。経済学では、経済はおおむね均衡状態にあるか、それに近いと考えられているからである。経済を均衡＝平衡系と考えることは、自己組織化の概念を拒否していないものの、結果として均衡系を考えればよいとすることになる。ジェイコブズは、経済にとって自己組織化が重要であるばかりでなく、つねにそれが自己組織化しつつある体系であることを強調している。ジェイコブズは明言していないが、経済を散逸構造と考えていたのである。

散逸構造の特徴は、それが平衡から離れたところにのみ存在することである。このことは、自己組織化においても必須の条件で、自己組織化は平衡から離れたところでのみ進行する。経済学が理解しなかったのは、この点である。クルーグマン（2008）は、経済学の本としては自己組織化を書名にした最初の本であろうが、考察の対象が地理的パタンの形成であったため、経済が散逸構造であるという観点は希薄である。地理的パタンを建物の集積によって捉えるならば、それは突然の中性子爆弾戦争によって人間がすべて死滅しても、建造物の集積パタンは（すくなくとも一世紀程度は）そのまま存続する。しかし、これは経済の生きた姿ではない。経済は自己組織化の結果生まれる平衡状態ではなく、つねにエネルギー・物質の流入・流出によってその形を保たれている散逸構造である。

『経済の本質』では「散逸構造」ということばは使われていないが、散逸構造を記述していると推定される表現は何カ所かにある。

いわゆる自己持続的システムは実際には自己持続的ではない。それは外部からのエネルギー流入を必要とする。

（『本質』p. 55）

エネルギーの注入はエネルギーの話の半分にすぎない。あとの半分はエネルギーの放出だ。

（同）

ジェイコブズがハイラムをして語らしめている「エネルギーが通過していく導管」という表象は、散逸構造にきわめて近い（『本質』p. 58）。『経済の本質』には、生態学や進化学、複雑系など多方面の文献が引用されているが、散逸構造に関するものは見当たらない。もしジェイコブズがプリゴジンらの考察を知らず、自己組織化や生態系についての説明のみから、この観念をつかみ出したとするなら、それは大変な洞察力である。ソローには、その力はなかった。

ソローも自己組織化に近い表象はもっていただろう。それは自生的秩序あるいは自己形成秩序（spontaneous order）である。この観念は、一九六〇年代以降、ハイエクによって復活された。ハイエク自身の解説によると、この観念の起源は十六世紀のサラマンカ学派にあるというが、詳しいことは知らない[15]。ハイエクをまつまでもなく、経済学では『諸国民の富』の第四編第二章でアダム・スミスが次のように指摘している。

人は自己の利益を追求することによって、社会の利益を増進しようと彼がじっさいに意図する場合よりも、しばしばもっと有効に社会の利益を増進する。

（Library, IV. 2. 9）

これは有名な「見えざる手」の直後のことばであり、スミスが自生的秩序に近い観念をもっていたことは疑いえない。その意味では、その成立当時から、経済学には自発的秩序＝自己組織化の概念があったともいえよう。しかし、どのような自生的秩序かが問題である。

経済学者であるソローが、ハイエクなどの自生的秩序理論を知らないはずはない。もし経済が自生的秩序であるとするなら、その構成員（個人や企業）が高い合理性をもつ必要のないことは分かってよいはずである。それにもかかわらず、『経済の本質』を批判するに当たり、ソローが人間行動の合理性（すなわち「意識的で、将来を見据え、理論に依存し、目標主導的」であること）を引き合いにだしたのは、かれの考えが一般均衡理論から一歩も外に出ていないことを示している。ジェイコブズは、経済がたんに自生的秩序であるということを言ったのでなく、自己組織系のより特殊な体制である散逸構造を考えようとしていたのである。ジェイコブズはそのために苦労しているのだが、ソローは、ジェイコブズのそうした側面すら読み取ることができていない。

もっとも、ソローが自生的秩序という観念を持っていたとしても、かれはそれを一般均衡系の一種ぐらいに考えていたことはありうる。ハイエクは、均衡理論の一面性を批判するが、均衡理論とかれのいう自生的秩序とが種的にどうことなるのか明らかにできていない。そうすべきと考えてもいなかった。ハイエクが自生的秩序を強調したのは、経済を意図的に制御する考え（かれが「構成的合理主義」constructive rationalismと呼んだもの）に対抗するためであった。そのため、自生的秩序の概念は、外部（政府や計画当局）から経済に介入することに対比されている。スミスの「見えざる手」は、しばしば「神の見えざる手」とされているが、経済は「神」のような叡智の介入を必要としないというのが、ハイエクのスミス解釈である。このような観念からは、経済が自己組織化の結果生まれた安定的な構造（平衡＝均衡体系）であるか、散逸構造のようなつねに自己組織化し続けることにより保たれている体系であるかは問題にならない。たとえば、自生的秩序の観念の歴史に関する論文のなかで、ノーマン・バリーはアダム・スミスの『諸国民の富』を経済社会に関する「一般均衡理論」タイプの理論と規定し、自生的秩序の自己調節システムが人間本性の基本的衝動によって再構築されるものと要約している（Barry 1982, Library B. 51）。バリーにとって、均衡と散逸構造との区別がないといってよいであろう。しかし、ジェイコブズは、結果として存在するが自己組織化の終わった安定な構造ではなく、つねに自己組織化することにより体系が維持されているものとして経済を考えている。

この二つを区別する概念を欠いたことが『経済の本質』を分かりにくくしている。それがわたしの読みまちがいやソローの無理解を呼んだとしたら、残念なことである。だれかが、アドヴァイスとしても良かったと思うが、そういう人が彼女の周辺には当時いなかったのだろう。しかし、もし「散逸構造」という鍵概念をもったとしても、均衡と散逸構造との違いを説明するのは、容易なことではない。

3　散逸構造としての経済

こうした表題のもとにプリゴジンの前で報告したことがある。一九九六年五月二十六日の「けいはんな・プリゴジン・コンフェランス」においてであった。この当時こういうことをいう経済学者はまだ少なかったと思う（Shiozawa 1996）。散逸構造との出会いは偶然だった。大学生協の本屋さんの棚にあったニコリスとプリゴジンの『散逸構造』（1980）をのぞいてみたとき、「平衡から遠く離れたところに成立する定常系」という表象は衝撃的であった。たぶん副題の「自己秩序形成の物理的基礎」という文言に引かれたのだと思う。これは、わたしにとっては『近代経済学の反省』（1983）を書いたとき以来、一貫したモチーフとなった。一九八七年にGeoffrey Harcourt博士主宰のポスト・ケインジアン研究会で報告したときにも、均衡系とは異なる定常系として散逸構造に触れている[16]。経済はゆらぎのある定常系であるが、それは熱平衡から示唆を受けて成立した均衡体系とはまったく異なるものであるというのがその趣旨であった。また最近では、塩沢由典（2014）の第二節でも解説している[17]。

しかし、正直なところ、散逸構造について語るのは難しい。均衡＝平衡は、物理学や化学の術語になったとはいえ、もともと天秤の釣合という平易な表象があった。散逸構造は、非平衡系の研究の中からプリゴジンが考え出した概念であり、それを理解するには均衡＝平衡よりかなり高度の物理・数理が必要である。第一に、散逸構造を記述する簡単な方程式がない。パタン形成する方程式としては、プリゴジンの紹介しているベロウソフ・ジャボチンスキー反応がある。これは化学反応式としてはそれほど難しいものではないが、微分方程式で表そうとすると、チューリングの反応拡散方程式のようなものが必要であり、偏微分方程式を考察しなければならない。しかも、それは非線形であり、解を記述する簡単な関数が存在しない。このため、数学や物理学の初歩では扱えないし、例示されることもすくない。もちろん、一九七〇年以降、散逸構造や自己組織系に対する注目度は格段に増大したから、その気になればいくらでも例や解説を読むことはできるが、それにはある程度の強い関心が必要である。

わたしが散逸構造について説明するときには、いつも室内で燃えているロウソクの火を例示することにしている（Shiozawa 1996; 塩沢由典 2014, pp. 52-53）。これは台風などを例とするより分かりやすいと思う。ロウソクは、室内に立ててあっても、ライターなどで炎を近づけることがなければ火は点かない。とうぜんのことであるが、これはロウソクが安全な灯火であるための重要な特性である。しかし、いったん火をつけると、ロウソクはふつう安定して燃え続ける。もちろん、これも無条件ではない。強い風が吹かないこと、室内の酸素が欠乏しないこと、灯心と蝋とが残っていることなどである。蝋がすべて融けてなくなれば、ロウソクの火は、消える。反対に室内に酸素がなくなっても消える。このようにロウソクの火の環境として蝋と酸素が存在していることが、ロウソクの火が燃え続ける必要条件である。

ロウソクの火は、散逸構造の基本的な特性をすべて満たしている。それは灯芯から融けた蝋を毛細管現象により吸い上げ、空気中の酸素と化学反応を起こして、光と熱を発散する。ロウソクとしてはふつう光のみを利用するが、熱を出すということも重要な特性である。これにより、ロウソクの蝋を融かし、炎の中の蝋の蒸気と酸素に点火して炎を維持する。散逸構造は、このように外部（この場合、ロウソクの火を系と考える）から、融けた蝋と酸素とを取り入れ、光と熱、水蒸気と炭酸ガスを放出して燃え続ける。しかし、これらの条件のどの一つでも欠けると、火は消えてしまう。蝋や酸素は有限であるから、部屋を閉め切っているかぎり、ロウソクの火はいつかは消える。散逸構造は、ある制約された条件のもとに成立・存続しうる安定的な構造である。条件が満たされなくなれば、構造は壊れる。

一定の時間内に限定されるが、ロウソクが燃えている状態は、熱平衡からは遠い状態にある。室温と火の温度の間には、大きな違いがある。この違いは、酸素が燃えた（正確には酸化反応を起こした）あと、それを速やかに上方に逃して新しい酸素を供給するのに役立っている。もし熱平衡になり、灯心の周りが室温と等しい温度になれば、火は消えてしまう。ロウソクの火は、それが燃えていることにより、火を維持するが、それは平衡から遠いところにのみ成立する。プリゴジンが散逸構造は平衡から遠くはなれたところにのみ成立するというのは、こうした事情を指す。

散逸構造は、一般に、エネルギーと物質を取り入れ、また別の状態のエネルギーと物質を排出することにより成立する安定的な構造である。そのつもりになって探せば、世の中には散逸構造があふれている。たとえば、地球自体がひとつの散逸構造である。それは太陽光を取り込み、風や雲や潮流を作りだし、動植物を育てる。主として蒸気として運ばれた熱は、成層圏上空でマイナス六〇℃で熱を地球外に放射している。積乱雲や台風なども、一時的に成立する散逸構造であるが、より身近かに見られるのは、あらゆる生物である。動物は、食料を取り入れ、余分な水分や物質を尿として体外に放出する（糞は、腸内を通りすぎた食料と腸壁の残骸であり、厳密にいえば体内に取り入れたものではない）。植物は、光と水、空中の炭酸ガスにより光合成をおこない、水と他の必要な物質は主として根から吸収している。光合成の結果生まれた酸素は、体外に放出する。

散逸構造は、入れ子の人形のように散逸構造の内部ないし一部にまた散逸構造を持ちうる。動植物は、地球という散逸構造の一部である散逸構造であるが、つうじょうの動植物のような多細胞生物は、多数の細胞から構成されている。この細胞自体がひとつの散逸構造であり、細胞のなかを調べてみれば、それは無数の化学サイクルの集合である。ひとつひとつの化学サイクルが散逸構造であるかどうか微妙であるが、それらが自己触媒系のネットワークを作っており、全体としてその体系を複製維持している。こうしたことも平衡系にはないことである。反対に、動植物や細菌の全体は、地球内部の生態系という特別な散逸構造を作りだしている。動物が動物や植物を捕食し、細菌が動物や植物を分解するという作用を通して、物質循環の緊密なネットワークを形成している。

人間の経済も、大きく見れば、地下資源や空気・水を系内に取り込み、廃棄物を系外に排出する散逸構造である。ソローが『経済の本質』に反発したのは、彼の知るかぎりの経済学者は、人間の経済がこうした自然界の一部として物理法則・化学法則を破るものでないことぐらいはわきまえており、ハイラムのような環境学者ないし生態学者になにも経済の本質を教えてもらうまでもない、ということであったに違いない[18]。

経済は、マクロに眺めたときにのみ散逸構造であるのではない。人間の経済は、内部に無数の散逸構造を含み、それぞれがまた内部に散逸構造をもつような複雑な散逸構造である。これを簡単に表現しようとすれば、多数の散逸構造の階層が作るフラクタル構造といえよう。散逸構造の内部にある散逸構造は、つうじょうひとつの散逸構造ではなく、多数の散逸構造の集合である。たとえば、企業や家計は、ひとつの散逸構造と見ることができる。家計であれば、家族の何人かのメンバーが働いてお金を稼ぎ、それでものやサービスを購入し（吸収）、使い終わった財や排出物は廃棄物として家計外に放出する。企業も、製造過程では、原材料とエネルギーを使い、廃棄物と低温の熱を（蒸気や排水として）排出する。

以上は、経済とそのさまざまな構成部分が物理的な意味での散逸構造になっているという話だ。しかし、経済学にとってより重要なことは、経済的な流れそのものも、散逸構造になっていることである。

たとえば、小売店舗をひとつ想像してみよう。身近なコンビニエンス・ストアを例として考えればよい。コンビニは二四時間開店しており、二千五百から四千種類の商品が店頭に並べられている。それらには定価が付けられ、客の来るのを待っている。開店しているあいだ、商品はすこしずつ売れていく。たとえば、朝三〇本仕入れたパック入り牛乳は、お昼ころには二五本になり、夕方は一〇本になり、明け方近くには五本になる。定時になると、牛乳はまた補給されて、入荷時には残った五本とともに、三五本の牛乳パックがある。それが、また一日かけて売れていく。

ある時点で売れ残っている商品が在庫である。補給と販売とを同時に行なうことができないかぎり、こうした在庫による調整は必然である。コンビニでも、二千五百、三千種類の商品が毎日売れていく。店頭在庫の変動は、ひとつは販売という経済行為に伴う「排出」であり、毎日一回、必要数が補給される。一種類の商品に注目してみれば、取り入れと排出とがあり、そのリズムが同期化していないために在庫量の変動がおこる。

コンビニエンス・ストアは、二千五百から四千種類の商品を仕入れ、販売していくことにより経営が維持されている。これは二千五百から四千の小さな散逸構造が並存している状態と考えることができる。もちろん、これらは相互に関連している。たとえば、コンビニ全体としての品揃えが客の来訪を促しているかもしれない。多くの商品が在庫として存在し、いつ行っても、欲しい数量がほとんどつねに買えるというのが、コンビニの魅力である。

同様の事情は、生産現場でも起こっている。たとえば毎日、三千台の乗用車を生産している組み立てラインを考えてみよう。工場は八時間勤務二交代三シフト制で動いているとすれば、車は約二〇秒に一台ラインを流れてくる。これをタクト・タイムという。一人の作業員は、この二〇秒の間に、自分に割り振られた作業をこなさなければならない。これが可能であるためには、必要な工具がそろい、組み付けるべき部品が手の届く範囲に用意されていなければならない。ここでは、部品の補給と組み付けによる「排出」を繰り返す、小さな散逸構造が組み付ける部品の種類の数だけ存在する。正確にいえば、そのような散逸構造が機能するよう工場全体が設計されていなければならない。

厳密なリズムで運転されている工場に比べれば、家庭内の取り入れと排出は、ずっと粗いものである。多くのものが必要に応じて購入され、一定期間、家庭内の在庫として存在し利用されて、最後は廃棄物となる。現在では、ふつうの家庭にあるものの量と種類は膨大なものである。本や書類などを除いても、家庭にある財の種類は数千では足りないかもしれない。正確なところはわからないが、さいてい数千という家具や家庭用品の在庫を各家庭は抱えており、それらすべてが取り入れと排出を繰り返している。

地球大に繋がる経済というネットワークは、無数の経済主体が抱える無数の散逸構造のネットワークであり、産業連関を通じて全体が繋がっている。

散逸構造（あるいは散逸構造のネットワーク）として経済を見ることと、それを均衡体系と見ることの間には、大きな違いがある。均衡体系といっても、さまざまにある。代表としてアローとドブルの競争均衡体系を考えてみよう。それは商品種類ごとに、総需要と総供給が一致するところに価格がさだまると考えるが、総需要と総供給は、市場の中でどこに表出されているのであろうか。組織された市場である株式市場のようなものを除いて、総需要・総供給を計算するような機構、さらに一致しなければ価格を上下させるような機構は存在しない。現実の市場経済では、商品には基本的に価格が付けられ、ひとびとはその価格を受け入れる場合にのみ、その商品を購入する。これは、相対（あいたい）取引として可能である。

アローとドブルの一般均衡は、一般には各経済主体の分権的な決定が経済全体の整合的な運動を作りだすことのモデルと考えられている。しかし、すこし細部に踏み込んでみると、分権的なシステムとしては実現できない部分を多数含んでいる。これに対し、経済を散逸構造のネットワークと見る場合には、売買は基本的に相対であり、欲しい商品のもち手がどこにいるかが分かりさえすれば、基本的には機能する。

ただし、ここに難しい問題がある。ミクロ・マクロ整合問題である。一つの散逸構造がより大きな散逸構造の一部であるとき、前者をミクロ構造、後者をマクロ構造と呼ぼう。ひとつのマクロ構造が他のより大きな構造のミクロ構造となっていたり、ミクロ構造がより小さな構造を含むこともありうるので、ミクロ構造・

マクロ構造といっても、相対的な関係である。散逸構造は、一定の範囲で成立する。ミクロ構造が散逸構造として機能しうるためには、その環境であるマクロ構造が一定の範囲になければならない。その範囲は、かならずしも明確でないが、「正常」といえる範囲を逸脱すれば、ミクロ構造が崩壊する確率は増大する。

経済でいえば、経済全体のマクロ構造が機能するためには、個々の主体が散逸構造として機能しうるだけでは不充分である。マクロ構造は、個々の主体の行動が生み出す。それが全体として安定的な体系を生み出さなければならない。つまりミクロ構造の集合であるマクロ構造は、個々のミクロ構造が散逸構造として機能することを許容するものでなければならない。

この点でも、アローとドブルの一般均衡モデルは、大きな問題をもっている。主体に関する非現実的な想定をいまは問わないこととする。モデルが記述するように、経済全体が動いたとしよう。詳細に説明する余裕はないが、アロー・ドブル・モデルは一時点での市場を描くものに過ぎない。その中には、条件付の市場や将来財の市場も含みうるが、すべては現在開かれるものであり、明日あるいは何期か後に開かれる市場ではない。ところで、今日の市場は過去において将来財をどのように蓄積したかに依存している。この蓄積が不充分であれば、毎期の市場が均衡していても、縮小再生産を繰り返して破綻する径路が存在しうる[19]。これを防ぐには、つうじょう置かれている仮定以外に、主体が来期以降の「賦存資源」を今期以上に保つよう努力するような特別な仮定が必要となる。

これに対し、在庫調節による生産のネットワークは、ミクロ・マクロ整合問題について、はるかに明確な調整機構のあることが分かっている。各主体が、自己の商品の過去の売行きのみを知る近視眼的な行動主体であっても、それが需要の予測を実績の数期間の平均とすると、それに基づく在庫調節が経済全体として安定的な経済過程を生み出すことが知られている（谷口和久 1997; 森岡真史 2005）。この結果を谷口和久（1997）はコンピュータ・シミュレーションにより、森岡真史（2005）は巨大な行列の固有値の絶対値を評価することにより得ている。したがって、在庫調節によるネットワークは、一般均衡理論がつうじょう想定するような過大な合理性を主体に想定することなく、経済全体の安定した過程を生み出す。さらに示唆的なのは、各主体が需要予想を未来指向型にして、現在の変化の傾向を将来に読み込むような行動をすると、経済の全体過程は逸脱増幅型となり、場合によると破綻の道をたどることも示せる（塩沢由典 1983b）[20]。

ここで貨幣の役割についても考えてみよう。普通の家庭であれば、賃金や給与として入るお金が購入の範囲を規定するものとなる。これは均衡理論でも、予算制約として注目する。しかし、均衡理論と散逸構造とでは、その役割の理解にもかなりの違いがある。アロー・ドブル・モデルでは、任意の価格体系にたいし、人々は最適の反応をして商品を購買することになっている。しかし、そのような計算は計算量の理論に照らしても妥当性を持たない。このことについてはすでに触れた。貨幣は最適計算にはあまり役立たないが、家計が購入しうる財・サービスの範囲を限定する意味では強い強制力を持っている。現在ではカード・ローンや消費者ローンなどがあり、現在消費可能な範囲はいくらか曖昧になっているが、購買は基本的には現金との交換である。お金を持たない人は、買うことはできない。

家計も企業も、すべて手持ち現金の範囲内で購入しており、かつそのすべてを何らかの財・サービスに支出しているなら、個々の商品についての需要過剰・需要不足はあっても、経済のほとんどの商品について需要不足となることはない。しかし、手持ち現金の範囲内での購入を厳密に守るかぎり、経済の成長は難しい。貨幣の流通速度も貨幣数量も増大しないならば、経済は現状を維持できても、成長はできない。そこで近代経済は、金銀など金属貨幣以外の銀行券や銀行口座の数値を貨幣の代替物として使いだした。いまでは銀行口座の数値の総計が紙幣の発行残高の八倍から一〇倍といった状況になっている。

銀行口座の数値は、個々の銀行が任意に変えられるものではないが、銀行システム全体としては、借り手があるかぎり、その総量をほとんど制限なく増加させることができる。簡単にいえば、貸し出しと同時に銀行預金が同額だけ増大するだけである。この意味で、現代の銀行制度は、経済の成長を助ける（すくなくとも抑圧しない）機構を組み込んでいる。それが銀行制度のすばらしいところであるが、同時に経済の暴走に歯止めが利かなくなる原因でもある。このため国際決済銀行（ＢＩＳ）は、国際取引を行なう銀行に対しては、自己資本を貸し出しなどリスク総額の八％以上に保つよう規制をかけている[21]。

同様の規制は、金融取引業務の内部でも、内規的なものとして定められていることが多い。これらは極端に大きな損失を出さないための内部的な自己規制である。このような内規は、つうじょうは経営や経済全体の安定性に寄与しているが、状況がある範囲を超えると、反対に不安定要因に転換することが知られている。一九八七年十月十八日、ニューヨーク株式市場は、ダウ工業株平均が一日に二二・二％下落するという事態となり、後にブラック・マンデーと呼ばれた。この暴落がいかに生じたかについて、Ｒ・ブックステーバー（2008）第二章は、その経緯を詳細に示しているが、現物・先物の価格ギャップを埋めるのに必要なだけの「在庫容量」が自己売買トレーダ（specialists）になかったためである。かれらは自分自身のリスク限界や内規に縛られていた（Lejonhufvud 2009, pp. 750-751 に簡潔な紹介がある）。

ここでも経済を均衡と捉えるか、散逸構造と捉えるかで、その機能や安定性に関する見方が大きく変わってくる。均衡の枠組みに立つかぎり、経済はいかなる状況にあろうと、均衡という極限に向う。これに対し、散逸構造の見方では、ある限界を超えると、つうじょうは安定的・逸脱縮小的に働くメカニズムが逆転して、不安定的・逸脱増幅的に作用する。散逸構造のネットワークは、ある範囲のミクロ・マクロ整合条件が成立するときにのみ安定的に作用する。レイヨンフーブッドは、これに「回廊」(corridor)という比喩をもちいている。[22] 散逸構造はゆらぎのある定常系であり、回廊の中にあるかぎり復元力をもっているが、そこから逸脱すると逸脱自身をより大きくする。すこし技術的な用語を使えば、経済には、さまざまな安定化機構が組み込まれていて、ある範囲まではそれらがネガティブ・フィードバックをもたらすが、ある範囲を逸脱するとポジティブ・フィードバックに転換してしまうのである。

4 まとめ

もういちどジェイコブズの『経済の本質』に戻ろう。経済を散逸構造として見ることについて、ジェイコブズがじゅうぶん有効かつ説得的に議論しているとは思わない。しかし、この本がかかれたのが二〇〇〇年であることを考えると、その先駆性は高く評価されるべきであろう。ソローの書評が示すように、主流・非主流を問わず経済が散逸構造であるという発想は、経済学の世界にはほとんどなかった。他の言語での状況は分からないが、Shiozawa (1996) は、英語文献の中では最初期のものであることが現在では認められている。[23] 散逸構造としての経済という研究は、ようやくその途についたに等しい。[24] 経済学の素人であるジェイコブズがこれをじゅうぶん展開できなかったとしても不思議はない。しかし、彼女は(何度もいうように「散逸構造」という言葉は使っていないが)経済が散逸構造であること、その特性が主流の経済学の均衡という枠組みでは捉えられないことをしっかり摑んでいて、それを経済学の素人にも分かるように示した。それが経済学者たちにじゅうぶん説得的なものでなかったとしても、それは彼女の責任ではない。彼女の示唆した方向に向けて経済学を発展させるのは経済学者の責任である。

第3節では、散逸構造のごく基本的な特性についてしか取り上げられなかった。ジェイコブズが『経済の本質』で語ったことは、それよりもはるかに広範である。彼女は散逸構造としての経済がいかに発展するか、その進化の過程はいかなるものかについてさまざまに語っている。フラクタル、輸入置換、活力再補給、多様性、共発展、分岐、ネガティブ・フィードバック、ポジティブ・フィードバック、反応的代替、過程などの言葉を用い、商品の多様化や域内の付加価値連鎖の高度化などについて語っている。これらは、観察眼さえあれば経済にも観察される事態であり、経済学者が理論化したいと考える課題である。ただ、これらの事情を論理的にまとめ、実証的な研究と結びつけるのは容易ではない。経済学研究の多くが、分析装置のある課題に偏る強い傾向を示すのはある意味しかたないことである。そのような状態だからこそ、ジェイコブズのような深い思索のできる素人の貢献が重要なのだ。ソローの書評は、現状の経済学の偏りを示すものでしかない。困難だけれども、有望な方向はむしろジェイコブズが示している。彼女の問題提起に応えようとすることから、経済学の再生が始まるかもしれない。

注

(1) Robert M. Solow (2000) "Economies of Truth" The New Republic. 山形浩生訳「真実の経済」http://cruel.org/econ/solowonjacobs.html

(2) John King (1997) From Giblin to Kalecki: The Export Multiplier And the Balance of Payment Constraint of Economic Growth, 1930-1933. La Trobe University, Schools of Economics and Commerce. http://www.hetsa.org.au/pdf-back/28-A-3.pdf なお、ハロッドの輸出乗数理論は、Harrod, R. F. (1933: 1939) *International Economics*, 藤井茂訳『国際経済学』第六章にある。

(3) 塩沢由典 (2014b) 第四章第四節「J・S・ミルが領導した大転回」では、古典派の「生産の経済学」が新古典派の「交換の経済学」に転換した事情が述べられている。なお、この内容をより幅広い観点から解説した『新古典派革命』を予定している。

(4) 中間財貿易の理論上の重要性は、すでにMcKenzie (1954, p. 179) が強調している。しかし、中間財あるいは投入財の貿易を含む一般理論がリカード型理論として構築されるのは、筆者の二〇〇七年の二論文による。塩沢由典 (2014b) は、その解説である。Eaton and Kortum (2002) はリカード・モデルとして中間財を取り入れたと謳っているが、原材料の輸入を停止しても日本経済の総生産は〇・二五%しか落ちないという非現実的な結果を伴っている。輸入財をひとつのバンドルとして扱ったためにこういう事態を招いており、リカード型モデルの一類型ではあるが、とうてい一般理論ではない。

(5) なお、経済学における「均衡」概念の歴史については、Bert Tieben (2012) をみよ。

(6) このあたりの事情とその含意については、Steve Keen (2011) をみよ。

(7) Leijonhufvud (2009, p. 751) は、「約四〇年前に理論家たちは一般均衡体系について意味のある安定条件を求めるということを諦めた」と評している。

(8) わたしの『市場の秩序学』『複雑さの帰結』『複雑系経済学入門』などをみよ。不確実性のある環境における問題については、塩沢由典 (1998) をみよ。また、完全合理性と均衡の枠組みによらない経済学の構想については、塩沢由典・有賀裕二編『経済学を再建する』(中央大学出版) の提案編を参照されたい。簡単にいえば、それはリカードの生産費価値説を一国経済から世界経済へと一般化し、数量調整過程に注目するものである。

(9) わたしは調節と調整をできるかぎり使い分けている。ある主体が数量を調節する場合、数量調節、システムとして数量が調節される場合を数量調整という使い分けである。この使い分けによると、アロー・ドブル・モデルには価格を調節する主体はなく、価格調整はあっても価格調節はないことになる。ただし、この区別を厳密に行なうのはしばしば難しい。

(10) 塩沢・有賀編 (2014) 第一章。より詳しくは吉田雅明 (1997) をみよ。

(11) この構想の簡単な概略は塩沢・有賀編 (2014) 第一章をみよ。同書第二章から第五章は、この構想に基づく展開の諸要素である。まだ体系的なものではない。

(12) H・A・サイモンは一九七八年、ソローは一九八七年にノーベル経済学賞を受けている。本文の内容とはちょくせつは関係ないが、このサイモンが受賞時に、受賞講演の中で既存の経済学のいくつかの側面を批判している（Simon 1978 の DECISION THEORY AS ECONOMIC SCIENCE の節）。しかし、そこで簡単に触れただけでは足りない重要な内容として『スカンディナヴィア・ジャーナル』に載せた論文がある（Simon 1979）。この論文は、Simon and Levy（1963）以来温めてきた考えをまとめたものだった。その中でサイモンは、ソローも使っているコブ・ダグラス生産関数（あるいは二要素ＣＥＳ生産関数）の妥当性について、それは会計恒等式を数学的に変換したものにすぎず、これらを用いて成長や分配などを分析することは擬似的な分析でしかないと批判した。じつはこの論文に先立って、サイモンとソローとは書簡を交換している（Cater 2011; Felipe and McCombie 2011）。サイモンの批判をソローが受け入れなかったことが分かるが、サイモンの限定合理性についても、同様に無視したのであろうか。生産関数については、上記サイモンの批判と資本測定を巡る古典的な論争のほか、フェリペとマッコンビが指摘する集計の困難もある（その概要は Felipe and McCombie 2011 からたどることができる）。わたしは、産出が任意の投入の関数として得られる生産関数という概念自体に疑問をもっている。なお、生産関数と成長会計とは区別すべきであり、成長会計自身は、生産関数による解釈から独立させて理解できるものかもしれない。

（13）このような考えは、現在のマクロ経済学の基礎にも流れている。ＤＳＧＥなどの基礎にある合理的期待形成仮説は Muth（1961）で最初に定式化された。その中でムースは次のように主張している。すなわち、動学モデルがじゅうぶんな合理性を仮定していないことが問題としている。

"It is sometimes argued that the assumption of rationality in economics leads to theories inconsistent with, or inadequate to explain, observed phenomena, especially changes over time. Our hypothesis is based on exactly the opposite point of view: that dynamic economic models do not assume enough rationality."

なお、ムースがこのように主張しはじめた経緯については、Simon（1978）をみよ。

（14）もっとも身近な例としては、予算制約式下の効用最適化問題がある。塩沢由典（1990）第八章をみよ。最近の解説としては Shiozawa, Y. Microfoundations of Evolutionary Economics,（to appear）がある。

（15）自然発生秩序については、Barry（1982）をみよ。

（16）Shiozawa（1989）Section 4. この論文は日本語訳されて塩沢由典（1997b）に第七章「定常性の第一義性――一般均衡理論に抗する一試論」として収録されている。

（17）この論文は、もともと進化経済学会オータム・コンフェランス（2012.9.15 @中央大学）における基調講演「進化経済学を棚卸しする――クルーグマンの批判と進化経済学」に基づいている。

（18）ただ、ソロー自身も、経済が大きな散逸構造であるということをしっかり受け止めていないことがあり、次のような不注意な発言を行なっている。

As you would expect, the degree of substitutability is also a key factor. If it is very easy to substitute other factors for natural resources, then there is in principle no "problem.' The world can, in effect, get along without natural resources, so exhaustion is just an event, not a catastrophe.（Solow, 1974, p. 11）

これは枯渇資源があっても、他の技術（W. D. Nordhous のいう backstop technology）があり、そこへの代替（これは価格代替ではなく、技術転化）が容易に進むならば、ひとつの地下資源の枯渇はエピソード的なものだと言いたかったのであろうが、「世界は自然資源がなくても回っていく」という表現は、人間の経済が散逸構造だと知っていれば犯さないだろう言い損ないである。

（19）ここでは簡単に言及することしかできないが、詳しくは塩沢由典

(1983) 第二節二・四「補論」を参照されたい。

（20）現実の展開は、ここに記したとは逆の経緯をたどっている。まず塩沢由典（1983b）が時間順序を厳守した在庫調節を分析したところ、その過程は逸脱増幅的なものであることが判明した。塩沢由典（1983b）における需要予想が「未来指向型」であったためであった。これに対して、谷口和久と森岡真史が、一連の論文により、数期の平均をとることで全体過程が却って安定することを示した。谷口和久（1997）と森岡真史（2005）とは、それら結果のまとめである。この簡単な解説が塩沢由典（1997b）第三章にある。

（21）自己資本およびリスク総額の計算方法は詳細に定められているが、それはしばしば変更される。

（22）「回廊」の概念について、塩沢由典（1997）第七章では、それが均衡概念とじゅうぶん分離されていない点を批判したが、散逸構造のネットワークという枠組みの中で再定義すれば、じゅうぶん有効な概念になると思われる。

（23）Anttiroiko (2015, pp. 17-18) および Songa and Guo (2015, p. 1041) などをみよ。

（24）Shiozawa, Taniguchi, and Morioka. (to be published) はその試みの一つである。内容的には、本節での考察を注意に、注（20）に触れた研究を英語で紹介することが中心となっている。

参考文献

（文献参照中、Library とあるのは、Library of Economics and Liberty に掲載されている論文およびその文節番号をさす。http://www.econlib.org/）

カウフマン、S・2008『自己組織化と進化の論理——宇宙を貫く複雑系の法則』ちくま学芸文庫。原著は Stuart Kaufman 1995 *At Home in the Universe: The Search of Laws of Self-Organization and Complexity*. Oxford University Press.

クルーグマン、P・2008『自己組織化の経済学——経済秩序はいかに創発するか』ちくま学芸文庫。原著は P. Krugman 1996 *The Self Organizing Economy*, Wiley-Blackwell.

塩沢由典 1983『近代経済学の反省』日本経済新聞社。

塩沢由典 1983b「カーン・ケインズ過程の微細構造」『経済学雑誌』八四（三）、四八—六四頁。

塩沢由典 1990『市場の秩序学——反均衡から複雑系へ』ちくま学芸文庫、一九九八年。

塩沢由典 1997b『複雑さの帰結』NTT出版。

塩沢由典 1998「判断の論理とわれわれの知識——事前選択 vs. 検証された規則」『比較経済体制研究』第五号、三九—六一頁。http://www.shiozawa.net/ronbun/handannoronri.pdf

塩沢由典 2007「リカード貿易理論の新構成——国際価値論によせてII」『経済学雑誌』（大阪市立大学）一〇七（四）：一—六一頁。

塩沢由典 2014「進化経済学の可能性」塩沢・有賀編（2014）第二章、四七—七三頁。

塩沢由典 2014b『リカード貿易問題の最終解決』岩波書店。

塩沢由典・有賀裕二編（2014）『経済学を再建する』中央大学出版部。

谷口和久 1997『移行過程の理論と数値実験』啓文社。

ニコリス、G＆I・プリゴジーン 1980『散逸構造——自己秩序形成の物理学的基礎』岩波書店。原著は G. Nicholis and I. Prigogine 1977 *Self-Organization in Nonequilibrium Systems: From Dissipative Structures to Order through Fluctuations*, Wiley.

ブックステーバー、R・2008『市場リスク——暴落は必然か』日経BP社。原著は、R. Bookstaber 2007 *A Demon of Our Own Design / Markets, Hedge funds, and the Perils of Our Financial Innovation*, Wiley.

森岡真史 2005『数量調整の経済理論——品切れ回避行動の動学分析』日本

経済評論社。
吉田雅明 1997『ケインズ——歴史的時間から複雑系へ』日本経済評論社。

Arrow, Kenneth J., and Gerard Debreu. 1954. Existence of an Equilibrium for a Competitive Economy. *Econometrica* 22（3）: 265-290.

Ashby, W. Ross 1947 *Principles of the Self-Organizing Dynamic System, Journal of General Psychology* 37: 125–128.

Anttiroiko, Ari-Veikko 2015 *New Urban Management: Attracting Value Flows to Branded Hubs*, Palgrave Macmillan, 2015.

Barry, Norman（1982）The Tradition of Spontaneous Order, *Literature of Liberty*（Institute for Humane Studies）5（2）: 7-58.
http://www.econlib.org/library/Essays/LtrLbrty/bryTSOCover.html

Beinhocker, Eric 2006 *The Origin of Wealth: Evolution, Complexity, and the Radical Remaking of Economics*, Harvard Business Review Press. Paper back edition: 2007.

Canard, Nicolas-Françoi 1801 *Principes de L'Economie Politique*, Paris : F. Buisson.

Carter, Scott 2011 "On the Cobb-Douglas and all that ...": the Solow-Simon correspondence over the aggregate neoclassical production function, *Journal of Post Keynesian Economics* 34（2）: 255-274.

Eaton, J., and S. Kortum（2002）Technology, Geography, and Trade. *Econometrica* 70（5）: 1741-1779.

Felipe, Herbert A. & John McCombie 2011 On Herbert Simon's criticisms of the Cobb-Douglas and the CES production functions, *Journal of Post Keynesian Economics* 34（2）: 275-294.

Haken, Hermann 2008 Self-organization, *Scholarpedia* 3（8）: 1401.
http://www.scholarpedia.org/article/Self-organization

Isnard, Archylle-Nicolas 1781 *Traité des Richesses*, Lausanne : François Grasset.

Keen, Steve 2011 *Debunking Economics - Revised and Expanded Edition: Devised and Extended Edition, The Naked Emperor Dethroned?* Zed Books. 初版は 2001.

Leijonhufvud, A. 2009 Out of the Corridor: Keynes and the Crisis. *Cambridge Journal of Economics* 33: 741-757.

McKenzie（1954）Specialization and Efficiency in the World Production, *Review of Economic Studies* 21（3）: 165-180

Shiozawa, Y. 1989 The Primacy of Stationarity: a Case against General Equilibrium Theory, *Osaka City University Economic Review* 21（1）: 85-110.

Shiozawa, Y. 1996. Economy As a Dissipative Structure, a paper read in *Keihana Prigogine Conference*, May 26 1996.

Shiozawa, Y. 2007 A New Construction of Ricardian Trade Theory: A Many-country, Many-commodity Case with Intermediates Good and Choice of Techniques, *Evolutionary and Institutional Economics Review* 3（2）: 141-187.

Shiozawa, Y., K. Taniguchi and M. Morioka（to be published）*Microfoundations of Evolutionary Economics*, Springer.

Simon, Herbert A. 1978 Rational Decision-Making in Business and Organizations, Nobel Memorial Lecture, 8 December, 1978.
http://www.nobelprize.org/nobel_prizes/economic-sciences/laureates/1978/simon-lecture.html

Simon, Herbert A. 1979 On Parsimonious Explanations of Production Relations, *Scandinavian Journal of Economics* 81（4）: 459-474.

Simon, H. A and F. K. Levy 1963 A Note on the Cobb-Douglas Function, *Review of Economic Studies* 30: 93-94.

Solow, Robert M. 1974 The Economics of Resources or the Resources of Economics, *American Economic Review* 64（2）: 1-14.

Song, Y. and Guo, K. 2015 Empirical Study of Chinese Stock Market Structural Changes based on dissipative Structure Theory, *Procedia Computer Science* 55: 1040-1049.

Tieben, Bert 2012 *The Concept of Equilibrium in Different Economic Traditions: An Historical Investigation*, Edward Elgar. Paper back edition 2014.

II 都市空間とコミュニティ

ニューヨーク市議会議員を務めたキャロル・グレイツァーとともに。（1962年）Box 36, Folder 8, Jane Jacobs Papers, MS.1995.029, John J. Burns Library, Boston College.

アドボカシィ・プランニングとしてのジェイコブズ都市計画論

宮﨑洋司

●みやざき・ひろし　一九四七年生。（株）プラス社会計画センター所長。合意形成論。著作に『共同ビル計画論』（建築知識）『都市再生の合意形成学』（鹿島出版会）『都市の本質とゆくえ――J・ジェイコブズと考える』（玉川英則共著、鹿島出版会）等。

本年のジェイコブズ生誕百年を迎え、彼女の都市論がこれまで以上に注目を浴びるのは間違いないと思われる。彼女の都市論は幅広い領域をカバーするが、そのなかでも都市計画は最初の単著『アメリカ大都市の死と生』で取り上げたこともあって、最も評価が高い分野と言えよう。この小論は、専らこの都市計画分野におけるジェイコブズ都市論を、アドボカシィ・プランナーとしてのジェイコブズという観点からその価値規範と方法論の特徴についてごく簡単に考察し、今後の本格的な研究に展開するための足掛かりを得ようとするものである。

1　着眼点

ジェイコブズと言えば、それまでの都市計画に全く新しい考え方を持ち込んだアーバニストとして知られ、その著書『アメリカ大都市の死と生』は建築家の槇文彦をはじめ多くの人から都市計画関係者にとってのバイブルであるとさえ言われる。米国で都市の計画・デザイン・開発の関係者向けに情報提供を行うウェブサイトであるPLANETIZENは二〇〇二年以来毎年、全てのプランナーが読むべき都市計画と都市デザイン関連の著書を"Top 20 Urban Planning Books"として発表しているが、二〇〇七年までの通年の"Top 20 Urban Planning Books"で『死と生』はトップに挙げられている。また、米国の都市計画関係者には"WWJJD? (What would Jane Jacobs do? 〔ジェイコブズならどうするだろうか〕)"と自らに問いかけることが日常的にみられる（た）とされるエピソード[1]も彼女の影響力の大きさを物語っている。このように影響力の大きいジェイコブズの都市計画論にはどのような特徴があり、神格化されるほどのその影響力の大きさがどのような理由によるものかを、生誕百年に当たり改めて考察することは意義深いものと考える。

本稿ではまず、ジェイコブズ出現以前の合理的総合的都市計画が主流を占めた都市計画分野で、パイオニアの一人としてジェイコブズが出現し、推進したアドボカシィ・プランニングがどのようにして構築され、広く受け入れられるようになったのかを計画理論的に考察する。同時に社会学者シャロン・ズーキンによる大都市ニューヨークにおける都市の目標を巡る有力な二つの立場、歴史的なものを尊重する「由来（origin）」派と開発促進指向の「新しいはじまり（new beginnings）」派との緊張関係として捉える分析枠組みと、ジェイコブズによるアドボカシィ・プランニングとの関係を確認する。ついで、アンソニー・フリント『ジェイコブズ対モーゼス』でよく知られるニューヨークの都市計画を巡るジェイコブズと市の土木部長等を歴任したロバート・モーゼスとの闘いを、合理的総合的都市計画vsアドボカシィ・プランニングの闘いとして捉え、後者が前者に与えた影響と両者の位置づけ等を考察する。さらに、ジェイコブズが「由来」派ないし「アドボカシィ・プランナー」として都市計画において価値を置くものを、「新しいはじまり」派の都市経済学者と比較しながら、彼女のその面の経済的な論理を考察する。同様に、二十世紀後半の都市において最も重要な問題であったジェントリフィケーションについてのジェイコブズの認識と立場を考察する。最後に、都市の拡大期に対応したものとされるジェイコブズの都市計画論が都市の縮退期にも活用可能かを、アドボカシィ・プランニングの特徴と関連付けて関単に検討を加える。

2 アドボカシィ・プランニングとジェイコブズの都市計画論

ジェイコブズのアーバニストとしての活動の原点は『アーキテクチュアル・フォーラム』誌等の編集記者とワシントンスクエアへの高速道路貫通計画に反対した運動家にあるが、後者の活動をとおして都市計画論における方法論の型としてのアドボカシィ・プランニングに原型をつくり実践したパイオニアの一人である。当時の都市計画で主流になっていた方法論は、彼女が『死と生』の中で強く非難する都市プランナーが担った合理的総合的都市計画である。これは、「総合的かつ専門的な見地をもって最適な都市像を確定的に描き、これを着実に実現して行くというものであり、総合性、直線性、客観性、確実性、絶対性といった特徴を有する」[2]、事前確定的、状況適応的な方法である。この方法はその硬直性のゆえに批判され、その後、状況に応じてその都度計画づくりをするコンティンジェンシィ・モデルや、徐々に段階的に計画づくりをするインクレメンタル・モデルが提唱された。これらの計画論が何より問題なのは、特定利益を離れて公共の利益の具現化した計画とするためのその総合性や客観性の要請が結局、誰のための計画なのか分からなくなっている点にある。また、その方法論は基本的に行政からの一方的な統治型のものであるが、ジェイコブズが当時住んでいたグリニッジ・ヴィレッジのような中流層住民のコミュニティでは、その高い政治意識から市民も加わった参加型のものが求められるようになっていたのである。その点に応えるのが、上記コンティンジェンシィ・プランニング等の広義の合理的総合的都市計画に住民参加の要素が加わったアドボカシィ・プランニングである。これはジェイコブズの都市計画論を考える上で見逃せない特徴である。アドボカシィとは擁護・主張・支援運動の意味であるが、都市計画や法律の専門家が住民団体の依頼に応じ、住民団体の集団利益を擁護するために、公共機関が作成した計画に批判を加え、あるいは代替計画を立案することでその政治的影響力を補強する運動（論）である。

このアドボカシィ・プランニングが生まれた背景にはアメリカの制度的な面からの要請があった。第一に、アメリカの都市計画行政は独立性の強い都市計画委員会とその事務局に都市計画の決定権ないし原案提示権を与え、これによって特定の利益を超え公共の利益を具現した都市計画を確立しようとした。これによれば少数者の利益は無視されがちとなる。第二に、都市計画は市政全般に指針を与える長期的かつ総合的なものでなければならないとされるが、財政的な裏付けや必要な隣接市町村との調整が上手くいっていない。第三に、長期的総合計画はマスタープランの形式を取り、その理想状態への誘導手段としては地域地区制、宅地分譲規制等が用いられた。これは基本的に貧困層を排除するものである。第四に、マスタープランは安定度の高い硬直的な計画という性格を備えている。変化の激しい大都市に必ずしも適当でない[3]。

ところで、都市計画事業への批判・反対を運動として行うにしても、貧困層を含む一般市民の政治力の弱さと専門知識の不足があり、住民の能力を超える。こうした現状を批判する都市計画家や弁護士が対象住民の相談に応じ、彼らの代理人として行政当局への要求や代替案の提示を行う（広義の住民運動を支援する）社会改革運動でもあるのが、アドボカシィ・プランニングである。

その核心は計画が前提とする価値を特定することにあるが、通常、この点があいまいでありそれにかかわる住民や特定団体も多様であり、それゆえ、弁護すべき特定利益をできるだけ単純にする必要がある。このためコミュニティ＝特定地域を代表することを断念して特定階層の代表を選び、さらに特定階層を代表すると見なされる特定団体を代表しようとした。そのため政治性が強くなり、その正統性に疑義が生じるようになった。そこで、計画対象や事象をできるだけ小規模に留め、特定利益を単純化した。そのことは建前的にしろ、総合性や客観性を重視する合理的総合的都市計画と比較した場合、公平性・公正性に難点を抱えるように見える。しかし、アドボカシィ・プランニングは社会科学における価値判断の問題に対する態度・立場として「価値前提」をとるもので、科学的方法論としてそのことを明示することで客観性を認めようという考え方に沿ったものでもあり(4)、難点があるわけではない。因みに総合性や客観性を重視する合理的総合的都市計画は価値判断について中立である「価値自由」の立場を取る。ジェイコブズが都市の計画論（『アメリカ大都市の死と生』）、都市の経済論（『都市の原理』、『都市の経済学』）と論考を進めて、その次に都市計画（＝統治）と経済（＝市場）の道徳原理について記した『市場の倫理　統治の倫理』を書き著したのは、そのような価値前提の立場からするとごく自然な流れであったように思われる。

　グリニッジ・ヴィレッジというコミュニティに根を下ろしていたジェイコブズにとって、そこは生活の基盤であり、それは何にもまして守る（擁護す）べき存在であった。ジェイコブズのそのようなスタンディング・ポイントはアドボカシィ・プランニングの第一の要請に応えるものである。彼女は著作や講演等をとおして、一九五〇年代後半にはアーバニストとしてその名が知れ渡っていたが、地域の意向を無視し、誰のためにもならない（高速道路やスラムクリアランス等の）都市計画事業への反対運動等に自ら参加し、あるいは専門家として支援するという形で実践し、アドボカシィ・プランナーとして名を成した。

　ジェイコブズの都市計画論のもう一つの特徴は、彼女が活気あるコミュニティの継続性と安定性の確保のために、基本的に古く（元）からある生活環境を守ろうとする立場に立つことである。社会学者のシャロン・ズーキンはその著書『都市はなぜ魂を失ったか』でこの立場を「由来」派と呼び、都市再生による文化的革新やビジネスの中心地を構築しようとする「新しいはじまり」派との都市のオーセンティシティ（正統性）を巡る緊張関係で大都市ニューヨークを捉えている。その由来派の象徴ともみなされているジェイコブズは古くからある非計画的な猥雑性を大事にする。彼女は都市の多様性のための四つの条件や小さなビルを空き地にはめ込んでいく「細分生産（現在で言うところの漸進的なインフィル型開発）」(5)等といった「由来」の要素を大事にし、これを脅かす急激な環境変化をもたらす画一的なタワービル等からなる大規模開発（である「新しいはじまり」）を批判した。いずれにしろ、ジェイコブズのアドボカシィ・プランニングにおいて擁護する特定の価値を包括的に表す概念は、「由来」にほぼ相当すると考えてよいように思う。

アドボカシィ・プランニングが都市計画等への政治的影響力を補強する運動（論）であることに関し、ズーキンが『都市はなぜ魂を失ったか』で「ウエストエンドを破壊したデベロッパーと白人の政治家との不道徳な同盟関係を非難したハーバート・ガンズとは違い、ジェイン・ジェイコブズはいきいきとした街区の死に関して都市計画家を責めました」と述べ、（「輝く都市」的なデザインをした都市計画家ではなく）それを実現したデベロッパーや政府機関を責めるべきとしていることについて適切に異議を唱えている。アドボカシィ・プランニングは住民団体などの特定利益を擁護するために、公共機関が作成した計画に批判を加えあるいは代替計画を立案することでその政治的影響力を補強する実践的活動であり、表面的には計画作成者である都市プランナーのみを責めているように見えるだけであるからである。また、単なる批判に留まらず、政治家を巻き込んでその特定利益の擁護を図るものである。実際、ジェイコブズは『死と生』の以前に分担執筆した「ダウンタウンは人々のものである」の中で、「建築家は計画の外観と配置にはほとんど口をはさめないとしばしば嘆く。（中略）政府役人、プランナー——そして開発業者、建築家——都市再建の解決策として他にはほとんど無関係に、最初スペクタキュラーな計画を創造するからである」[6]と述べている。上記ガンズはジェイコブズが開発者と政治家による政治的側面を無視していると批判するが、一九五〇年代にワシントンスクエアに高速道路を貫通させようとしたときには、彼女を中心とする母親軍団は「グリニッジ・ビレッジに住んでいた市の民主党の政治的なボスであるカーマイン・デ・サピオの支持を獲得する」[7]ことで道路計画を撤廃させている。政治の批判に終わらず、したたかに利用もしているのである。これに関連して、ジェイコブズ自身も『死と生』の第二一章「地区の行政と計画」のなかで、「わたしは財政評価委員会公聴会の根強い支持者で、やみつきになっています」と、政治的な実践活動に注力していたことを述べてさえいるのである。

3 合理的総合的都市計画との新しい関係の可能性

ジェイコブズとニューヨークのマスタービルダーと称されるロバート・モーゼスとが都市計画事業を巡って闘いの幕を切ったのは、ワシントンスクエアを貫通する高速道路計画であるが、モーゼスは合理的総合的都市計画、ジェイコブズはアドボカシィ・プランニングによるものと見做しうる。この二つの方法論のこれまでの関係とこれからの新しい関係を、ジェイコブズのアドボカシィ・プランニングの意義と関係づけて考察してみよう。

モーゼスは当時のプランナーの殆ど全てがそうであったように、一般市民では難しい建築・都市計画・デザインの専門知識を駆使し、長期的・広域的な観点から合理的総合的都市計画を構想し推進する立場に立っていた。それは、特定の地域や団体に肩入れすることがない中立性とその計画を受け入れて貰う正統性が求められるとする立場に立つものである。正統性は法的根拠や公的機関のバックアップ等で担保されると考えられる。モーゼスはこのことを最大限に活用した人物で、様々な公職に就いて、都市計画事業としていくつもの動脈道路網等によりマンハッタンと周辺地域を結びつけ、中心部に国連ビルやリンカーンセンターのような中核施設を誘致することに成功した。現在のニューヨーク市の都市の骨格はモーゼスの主導によるものであることは、都市計画関係者の周知するところである。しかし、ジェイコブズ出現以降、その強権的な手法に対する批判が高まり、都市計画の分野ではモーゼスを擁護することはほとんどなくなった。

これに関連してノースカロライナ大学の都市計画とデザインの准教授であるトーマス・カンパネラは、ジェイコブズが都市計画という専門職制に与えた深刻な影響を三つ挙げている。一つ目は都市計画の専門科目（知識）において、社会的・経済的知識が重視され、半面その専門性のアイデンティティをもたらしてきたフィジカル・プランニングが犠牲になって、結果としてその専門性を危うくしている点。二つ目は専門性の多様化が進み、住民は地域の専門家ともみなされ、都市計画家としての権威と専門的技術より優先されて専門職としての立場を失っていること。そして、住民エゴの前では「都市計画家でなければ、いったい誰が社会全体を代弁して主張するのか」と合理的総合的都市計画の意義・利点を強く説く。三つめは「ジェイコブズ革命」によって都市計画家が専門家として大きな計画を提案する職能と権威を失墜させる結果を自ら招いたことで、「かつて、都市計画という職能として見分けられていた将来を先取りする勇気とビジョンが、今のアメリカの都市計画家には欠けている」[8]ことである。

一方、ジェイコブズは建築雑誌等の編集者としてキャリアを積み、上述の「ダウンタウンは人々のものである」を書き著した一九五〇年代後半には都市計画評論家として広く知られるようになっていた。アクティビストとしてのキャリアは、同じ一九五〇年代後半からのローワーマンハッタン・エクスプレスウェイがワシントンスクエアを貫通する計画への反対運動からスタートした。その活動の中で、モーゼスによる都市計画の独善性を批判し、コミュニティにおけるワシントンスクエアの意義に関して論陣を張り、反対運動を主導した。ジェイコブズのアドボカシィ・プランニングは、擁護する価値を明瞭にして都市計画事業等を批判したが、この段階では代替計画を立案することはなかった。この点はローワーマンハッタン・エクスプレスウェイ本体の反対運動やウエストヴィレッジハウス計画まで待たねばならなかった。

これまでのところ、モーゼスよりジェイコブズの都市計画論が明らかに優位に立つとされる。その一方で、モーゼスへの再評価の動きが見られるという。例えば、近年、モーゼスに関する展示・

著書・イベント等により、彼に対し「正当」な評価がなされるようになっている。[9]『ジェイコブズ対モーゼス』の訳者もあとがきで「長期的視野に立った社会インフラ投資の必要性が叫ばれ、経済の膠着状態を打破するために、第二のモーゼスの出現が待たれているという[10]」と述べている。モーゼスが進めた合理的総合的都市計画は、公的な裏付けのある正統性を根拠に将来を先取りする広域的観点からのビジョンを提示する（できる）点が最大の特徴であり、批判や対案で応じるアドボカシィ・プランニングでは基本的に対応できない点に応えることができる。上記の動脈道路網による市内各域のネットワーク化や公的な中核施設の誘致は、基本的に合理的総合的都市計画に拠らざるを得ないのである。カンパネラは前掲小論の中で、「その土地の人間活動を画策するところの土地に根ざして形を伴いながらその場所を規定する、フィジカル・プランニング」がカギを握るとして、都市計画家の役割を熱く述べている。同じ論考の中で、彼はジェイン・ジェイコブズでさえ後年は、「（カナダの）都市計画家側の臆病で想像力の欠如に対してイライラするようになっていた。（中略）一九九三年のオンタリオ州の講演で、彼女は彼女自身がかつて非難した堅固で計画的な介入主義の欠如を嘆」き、さらに「我々の行政の都市計画課は、都市のフィジカルな将来に影響を及ぼす切迫した問題に対処する上での理性的なリーダーシップはどんな形であっても期待できないという意味で、脳死状態であるようだ」と述べていることについて、「これが都市のフィジカルな将来を形づくる都市計画機関を誰よりも糾弾してきた人からの言葉である」と皮肉って（？）いる。[11]しかし、これには誤解があるように思う。「堅固で計画的な介入主義の欠如を嘆き」という認識はさて置くにしても、ジェイコブズの批判は都市計画への期待が裏切られてきたことに対してであり、彼女の都市計画への期待は当初から一貫している。

さて、合理的総合的都市計画が上記のような社会状況とその役割に応えることができるようになれば、ジェイコブズのアドボカシィ・プランニングは半面の難点であるＮＩＭＢＹ[12]主義に陥り易い故にその意義・役割を減ずるのであろうか。恐らく、そうはなるまい。擁護する対象と尊重する価値を明瞭にした上で、対（代替）案を提示してその優劣を競い合うのがアドボカシィ・プランニングの最大の意義であり、ともに切磋琢磨を求めるところにその本質がある。合理的総合的都市計画に対してアドボカシィ・プランニングから対案が出されたとしよう。仮にその対案がエゴに基づくものだとしても、そのことで他の地域や階層に不利な状況をもたらさない限り、アドボカシィ・プランニング（を抱え込んだ合理的総合的都市計画）はパレート改善案として尊重されなければならないからである。

4　ジェイコブズの都市計画論の価値規範と経済論理

ここでは、ジェイコブズの都市計画論が置く価値の考察を進めるために、再びズーキンによる、歴史的建築物等からなるアーバンビレッジを保全しようとする「由来」派と、企業都市を建設しようとした「新しいはじまり」派の分類枠組みを利用する。前者代表としては勿論ジェイコブズを、後者の代表としてリバタリアンの都市経済学者であるエドワード・グレイザーを選び、それぞれが認める価値の対象とその経済論理を比較することで、ジェイコブズ都市計画論の経済論理の特徴を明らかにする。

ジェイコブズは、高層棟は画一化しがちで監視機能等に問題があり、逆に古い中層棟は家賃が安くて多様な新規起業者が期待できるとし、監視機能に係る条件として密集の必要性を、安い家賃による新規起業者誘因に係る条件として古い建物の必要性を挙げる。これに対しグレイザーは、彼の著書『都市は人類最高の発明である』で、高層ビルに住む人は戸建てに住む人より街路で犯罪に遭う確率は高いが家に強盗が入る確率は低い。つまり、高層ビル（及びその敷地内で）は犯罪に遭う確率が低い。それなのに、ジェイコブズが高層ビルを問題視するのは、低所得者向けの高層の公共住宅団地では貧困者が多く、一階に小売店舗が入ることもないのでトラブルが多かったことにとらわれた偏った見方だとして、彼女の高層ビル嫌いを批判する。また、マンハッタンのような高層建物からなる近隣は活気に欠けているわけではなく、面白い店舗やレストランが一階にあれば高層であっても十分面白みを出せると主張する。さらに、そもそも人間は多様なので、自分の嗜好だけで一種類のみに限定するのは筋が通ってないし、仮に（ある）都市で高層棟を禁じても、他所の都市に建つだけであると畳み掛ける。古い建物好きに対しても、ジェイコブズが古い低層の建物を保存すれば物件価格や賃料が低い水準に留まると考えたことは混乱した経済学の発想のせいだとし、実際はそこに建つはずの建物による床供給を阻害し、需給関係から価格・賃料は高くなることを理解していないと批判する。また、新しい超高層ビルでは古いビルのような混合用途が実現しないという思い込みもあるのではないかと、疑問を呈する。これに関連して、歴史的建築物保存地区の指定による新規供給の阻害、その結果として家賃が高騰して金持ちしか住めないのは、効率性・公正性のいずれの観点からも問題であると強く批判する。[13]

以上のグレイザーの批判は概ね真っ当と思われるが、しかし、実際は両者が共存することで多様性を増すところを一方の立場を強調したものであり、反面の批判をジェイコブズ側から返すことができる。即ち、大都市では放っておけば短期的な効率性から新築・高層化に走りがちになるが、そのタイミングは実は非常に難しい（いわゆるオプション価値[14]の考慮が必要）。また、できたものは大抵画一化したデザインの大規模オフィスビルということが、そうでないことよりも圧倒的に多いように思われる。そのような変化は度をこしがちであり、かつほぼ不可逆な現象であるという特性があって、まちのアイデンティティを失う決定的な要因となる恐れがある。そうした点を考えれば、古い中・低層ビルの存在はその都市の多様性にとって貴重である（オプション価値の観点からは経済合理性も有り得る）。歴史的建築物保存地区での建設規制が新規の床供給を阻害し、家賃上昇につながるとするグレイザーの批判の妥当性についても検討しておこう。この批判は多分に概念的なもので、実態に即さないように思われる。何故なら、歴史的建築物保存地区の価格（賃料）は建築規制がされることで他の同種の規制がない地区よりもその希少性のためにかなり高い価格（賃料）が可能となり、その影響による当該地区以外への床供給減がもたらす価格（賃料）上昇に起因する需要減をカバーできる、補償原理[15]が成立している可能性が高く、効率性という点で経済学的にも意義付けが可能と思われる。これに関連して、ズーキンは民間投資家が「（古い建物の）破壊と（新しい建物の）建設を急速に広めた一方、歴史地域と小さなスケールの地域をより貴重な存在」にする、つまり歴史地域の価格を上昇させるという、異なる側面からの新しい建物の影響を指摘している。

　グレイザーの批判には、供給を増やすことでより低い価格で需給均衡するという完全市場の条件が、対象となる財の同質性を前提としていることを忘れ、理論で現実を説明するのではなく、理論が現実を規定するような逆転関係で捉えているようにしか思えない面がある。また、大都市は多様性が最大の特徴であり、その希少性の故に高額となる住宅価格（賃料）について、財の均質性を前提条件とする需給均衡理論を純粋な形で当てはめる「場」としては適切とは言えないのではないだろうか？ そもそも、それらの二種類の地区は需要面からはマーケット（セグメント）が全く異なり、相互の影響（競合）が殆ど及ばないように思われるからである。金持ちしか住めない（高い家賃を支払う）ことへの批判も、観念論ではともかく、公正性等の論理面からは全く当たらないように思う。

　グレイザーが「ジェイコブズは街路目線に頼りすぎ、システム全体を考慮する概念的ツールを利用しなかった」、「自分の嗜好だけを根拠にしてはまともな政策にならない。政府が一種類の都市だけを義務付けるのは、……筋の通ったことではない」とする、論理的な経済学を利用しないことや理論の裏付けのない政策観を批判することはどうだろうか。その傾向は確かに認められるが、誤解（噛み合わない部分）も多い。ジェイコブズは多様性を「追加」するために古い建物が有効であると言っている。グレイザーはそこを忘れてジェイコブズが高層化の良さを理解しないと批判する（実際には、ジェイコブズは超高層のロックフェラーセンタービルの足元が小規模なブロックとなっていることから、肯定的な評価を行っている）。

ジェイコブズも地域での（過当な）競争の結果、収益性の高い一部の用途（大資本の大規模施設）のみが残りがちなことを懸念して、その点を強調しようとするあまり、他の多様な用途・高さの建物（の必要性）を無視してしまったように見える。勿論、そうではないのであるが。

このように、「由来」の要素でもある、ジェイコブズが認める古くからある生活環境の価値は、経済論理的にも裏付けがあると考えられる。

5 ジェントリフィケーションにみるジェイコブズの政治的価値規範

ジェイコブズの都市計画論を論ずる場合に、ジェントリフィケーションとの関係を避けることはできない。ジェントリフィケーションは、大都市の中心部の低所得層や空き家が多い地域（インナーシティ）が中産階層の住居や商業的利用に替わり上品化（ジェントリファイ）する現象を指す。この用語はロンドンの労働者階級の住宅地に中流階級が移り住んできた現象の議論の材料として一九六四年から使用されるようになったとされる。ジェントリフィケーションには、治安が向上し地価や家賃が上がるという利点がある一方で、従来からの居住者がそこに住めなくなり（ディスプレイスメント：社会的排除）、従前のコミュニティが崩壊する問題点が指摘されている。ジェイコブズがかって住んでいたグリニッジ・ヴィレッジも一九五〇年代からこの現象が進行した。彼女の『死と生』はまさにその時期に書かれたものであるので、ジェントリフィケーションという言葉はその当時知らなかったということになる。ズーキンはジェイコブズを「由来」派のジェントリファイアーと見做しているが、ジェイコブズ自身は後年（一九六八年にトロントへ移住した後）、グリニッジ・ヴィレッジがジェントリフィケーションとそれに伴うディスプレイスメントによってすっかり変わってしまったことを快く思っていなかったとされる。[16]

この、ジェントリフィケーションの進行段階にはいくつかの説があるが、ここではクレイの四段階モデルによりジェイコブズの認識を考察する。第一ステージはまさに『死と生』に描かれていたものであり、「由来」派が価値を置くものである。第二ステージ以降の記述は、都市の多様性の進行に伴う多様性の自滅として『死と生』の第一三章に概ね描かれている。それによれば、多様化した混合用途が並はずれて有名になり、その地域が成功すると、この地域への立地を巡って猛烈な競争が展開される。その勝者はその地区の成功を共に築いた数多くの用途のごく一部だけである。結果的に支配的な用途が一つか二つ現れ、他の比較的収益性の低い利用形態を押し出してしまう、とある。

不動産に対する利用・投資形態面に関し、一九八〇年代半ばに、ジェイコブズはある著書での質問への回答で、ジェントリフィケーションに反対する人々はその対抗策を自問自答しなければな

表　ジェントリフィケーションの段階別特徴

ステージ	ジェントリフィケーションの特徴	
	不動産に対する利用・投資形態面	ディスプレイスメント面
第1	少集団のリスクを気にしない人々が不動産を自ら利用するために移り住んできて改修を行う	この段階での移住者は既存空き家等に住むのでディスプレイスメントは起きない。これらの住民にはプロのデザイナーや芸術家が多い
第2	似たタイプの人々が自ら使用するため家具付き住宅に移って来る。商売勘が鋭い不動産業者が投機的活動を始める	空き家が少なくなりディスプレイスメントが起こり始める。近隣の地区名が変わり，新たな境界が識別され，メディアから注目されるようになる
第3	メディアや行政の関心が直接向けられる。当初移り住んだ人々は影が薄れる。都市再生が始まり，個人投資家は改修行動が主となる。地価や家賃は急激に上昇する	ディスプレイスメントは続くが，多くの若いミドルクラスの専門家層にとって安全な地区と見られるようになる
第4	大多数の不動産がジェントリフィケーション化し，新しい住民はミドルクラスが多くなる。投機用の保有ビルが市場に出回り，小さな専門小売やサービス店が現れ始める。地価や賃料はらせん的上昇を始める	ディスプレイスメントは借主だけでなく，家主にも起きる

（S. Sheppard, “Why is Gentrification a Problem?”, 2012, pp.31-33, Box1.1 を筆者要約）

らないと理解を示し、問題はそれが特定の場所に集中することと、需要に比べ供給が少なすぎることが問題である、[17]とする考えを述べている。ジェントリフィケーションは元々他所から移り住んできて街の上品化をもたらす中流階級の転入者に着目した現象で、経済的動機に基づくが社会的にも望ましいものとみていると思われる。ディスプレイスメントに関しては、入れ替わって出ていくのが社会的弱者（借家人）で、それが過剰になりがちで大規模で急激な追い立て・流出が起こることを「アドボケーター」のジェイコブズは大きな問題としている。しかし、ジェントリフィケーションは極めて経済合理性にも適った現象で、これを止めることはできない。ディスプレイスメントという負の側面のみを捉えてジェントリフィケーションに反対するのは、角を矯めて牛を殺すようなものであり、問題の解決は公平性・公正性の観点から当事者間の私的な解決に拠るのではなく、公的政策での対応をとるべきとの経済学者の主張は正しい。この点をアドボカシィ・プランニングのアクティビストとしてのジェイコブズの限界と切り捨てるのはたやすいが、彼女の著書や発言がこの方面の制度化やその運用の現場に多大な影響を与えてきたことは強調してもし過ぎることはない。

6　都市縮退下におけるジェイコブズ都市計画論の意義

『死と生』における都市は基本的に拡大期のものであるが、特定の価値（規範）を前提とし、独特の方法論によるジェイコブズの都市計画論は、都市の縮退が進行する時代の都市計画を拡張する際のヒントがあるように思う。

例えば、都市の成長を前提とした時代に、集積の経済による都市の成長を目指す都市再生策としての容積率緩和策の活用について、これを理論的に支え、議論をリードしたリバタリアンの都市経済学者によるパレート性という効率性基準に代わる（あるいは補完する）価値基準のヒントを、ジェイコブズの価値規範が与えるように思われる。あるいは、都市の縮退による経済的衰退がより先鋭的な利害関係者間の対立を生むと思われるそのような場面での社会的合意において、（価値基準を明示した）対案を提示してその優劣を競い合うジェイコブズ流アドボカシィ・プランニングには、都市政策分野で主流を占める（都市）経済学がよって立つ方法論的個人主義に代わるアプローチ法についてのヒントがあるように思われる。

ジェイコブズ都市論の壮大な体系の中でも、彼女の都市計画論は特別の意味を持つように思う。この点に関し、マサチューセッツ大学アマースト校の建築史の教授であるマックス・ページは、ジェイコブズが都市計画に与えた影響について考察した著書の中で、「私は、我々の最も偉大で雄弁な都市生活の伝道者であるジェイン・ジェイコブズが後年の作品でしたように、かえって微視的なものから大局的でもっと理論的なものへと移らずに、彼女がその比類なき流儀で都市を移動しながら異なるダイナミックス、『バレエ』を説明してくれたら良かったのにと思わずにはいられない。恐らく、彼女が著書を通して何年にもわたり都市の経験に焦点を当て続けたならば、我々が必要とする都市の社会的文化的な交流、融合、葛藤を本当に抱える都市についての雄弁で情熱的な擁護を、彼女は提供できたかもしれない[18]」と述べている。私自身は大局的で理論的な部分も大いに評価する者の一人であるが、ジェイコブズの都市計画論に関する非常に興味深い夢想と感ずるとともに、彼女の都市計画論研究への新しい視点を与え、その進展に大いなる手がかりを与えるように思われる。なんともモチベーションを高めてくれることではないか！

注

（1）M. Page, "Introduction", in M. Page and T. Mennel (ed), *Reconsidering Jane Jacobs*, American Planning Association, 2011.

（2）高見沢実「都市計画における価値とその実現」『都市計画の理論』学芸出版社、二〇〇六年、四四頁。

（3）西尾勝『権力と参加』東京大学出版会、一九七五年、七一―一二一頁。

（4）塩野谷祐一『価値理念の構造』東洋経済新報社、一九八四年、五―九頁。

（5）ジェイン・ジェイコブズ『都市の原理』中江利忠・加賀谷洋一訳、鹿島出版会、二〇一一年、二八二―二八四頁。
（6）ジェイン・ジェイコブズ「第六章　ダウンタウンは人々のものである」W・H・ホワイトほか『爆発するメトロポリス』小島将志訳、鹿島研究所出版会、一九七三年、二六三―二六四頁。
（7）シャロン・ズーキン『都市はなぜ魂を失ったか』内田奈芳美・真野洋介訳、講談社、二〇一三年、二七頁。
（8）T. Campanella, "Jane Jacobs and the Death and Life of American Planning" in M. Page and T. Mennel (ed), *Reconsidering Jane Jacobs*, American Planning Association, 2011.
（9）前掲（1）、p. 9.
（10）アンソニー・フリント『ジェイコブズ対モーゼス　ニューヨーク都市計画をめぐる闘い』渡邉泰彦訳、鹿島出版会、二〇一一年。
（11）Not In My Back Yard の頭文字をとったもの。公共のために必要な事業（ごみ処理場等の迷惑・嫌悪施設）であることは理解しているが、自分の居住地域内では行うことには反対する、地域エゴを揶揄した言葉。
（12）前掲（8）、p. 150。
（13）E・グレイザー『都市は人類最高の発明である』山形浩生訳、NTT出版、二〇一二年、一九三―一九四頁。
（14）意思決定を将来に先延ばしして、より有利な意思決定の機会が生まれれば、これを実施すればよいし、そうでなければ先延ばしすればよい。このような意思決定はプラスの価値を持つ。金融オプションの考え方を実物資産やプロジェクトに応用したものである。
（15）ある政策の実施により有利になる者が不利になる者に仮に補償をしたとしてそれでもなお全体として有利か否かによりその実施を判定する方法。パレート最適概念を拡張したもの。
（16）矢作弘「偶像的な偶像破壊者」『地域開発』No. 503、（財）日本地域開発センター、二〇〇六年、七四頁。
（17）Ed Zotti, "Eyes on Jane Jacobs", *The Best of Planning*, American Planning Association, 1989, pp. 91-95.
（18）前掲（1）、pp. 13-14。

ブルックリン=バッテリー橋の模型を前にしたニューヨーク市公園局長ロバート・モーゼス。（1939年）この橋の計画は1940年に挫折し、後にトンネルが開通した。World Telegram & Sun photo by C. M. Spieglitz. Library of Congress, Prints and Photographs Division [LC-USZ62-136079]

ヒューマンスケールなまちづくりの原点

鈴木俊治

すずき・しゅんじ　一九六〇年生。有限会社ハーツ環境デザイン代表。都市デザイナー。著作に『オープンスペースを魅力的にする』（共訳、学芸出版社）『中心市街地の再生――メインストリートプログラム』（共著、学芸出版社）等。

　私が初めてジェイン・ジェイコブズに触れたのはいつか、定かな記憶はないのだが、一九九〇年代後半にカリフォルニア大学バークレー校大学院において『アメリカ大都市の死と生』がアメリカ都市計画史の授業で扱われ、その原書を手にすることになった。同書の核となる命題は「都市を計画する際に最も重要な課題は、自己の文明を持続するために、都市領域全体において、どのようにすれば十分な用途ミックス、多様性を生み出すことができるか?」である。その解として提示された「都市の街路や街区に豊かな多様性を与えるために必要不可欠な四原則」は非常に明快、シンプルで力強く普遍的であり、大いに共感した。以降「四原則」は都市デザイナーあるいはまちづくりコンサルタントとしての、私の活動の根底にある。

　同校修了後に、一九八〇年代に勃興しその後も多様に展開されている「ニューアーバニズム」の旗手であるピーター・カルソープ事務所で都市デザインの実務に携わる機会を得た。そこでは主に郊外において住宅を中心とする複合用途開発地区のデザインを担当したが、共通理念であった歩きやすい・歩きたくなる街路計画、用途の混在、公共交通重視などニューアーバニズムの基本的デザイン手法は、「四原則」を発展的に継承・応用したものといえる。

　二〇〇〇年に米国から帰国して都市・まち計画事務所を開設したが、その翌年に業務として米国の「メインストリートプログラム」の調査をする機会を得た。これは一九八〇年に開始され、歴史的商業建築の保存再生を中心に中心市街地の経済や環境の再生を図る包括的なプログラムであり、多数の成功事例を生み出している。その基本的考え方は、アーバンリニューアル政策など大規模クリアランス事業を反面教師とし、歴史的建築物などの地域資源を基にし、商業者・住民・地元企業・地方自治体などの協働、とりわけ地元主体で小規模・段階的な開発・更新と地域運営をしていくことであり、「四原則」と主旨を同じくする。

　最近、日本でも「プレイスメイキング」という言葉が都市計画やまちづくり関係者の間で使われ始め、多様なアクティビティがある豊かなパブリックライフを実現しようという試みが各地で始まった。その分野の第一人者であるデンマークのヤン・ゲール氏が二〇一四年に来日し、私はゲール氏の著作翻訳や関連座談会等に参加する機会を得た。「プレイスメイキング」の基本となっている路上アクティビティの多様化・活性化とそれを可能とするきめ細かい屋外空間のデザイン、マネジメントなども「四原則」に通じることが多い。

このように、二十世紀後半から二十一世紀にかけて世界各地で展開されたさまざまな実験、戦いの成果であるヒューマンスケールのまちづくり、多様なアクティビティがある屋外空間のデザイン、地元参加型の運営などの多くは、意識してかしないでか、ジェイコブズの「四原則」の理念を受け継いだものと言えよう。

しかしその流れが、現代日本で都市計画の主流になっているとは言い難い。欧米の一部の中心市街地では街の主役が自動車から歩行者に取り戻され、街路が本来のパブリックスペースとして機能し豊かなパブリックライフが創造されているが、日本においてはまだ一部の実験的取り組み、特区等としての扱いに留まっている。そのプロセスは必要なことではあるが、基本的な制度や公共施設の運用概念が従前のまま、世界の先進都市に遅れをとっていることは否めない。高齢化が顕著となり人口減少が顕在化し外国人が目に見えて増えているような状況において、多様さを許容し健全なにぎわいを「見える」化し、地域と来訪者が共有できるような都市計画やデザインが不可欠であろう。

私がNPO理事としてまちづくりに係わっている東京・神楽坂では、「四原則」をさほど意識しないままに、また図らずも面もありながら、「四原則」がほぼ維持されている。ヤン・ゲール氏来日の際に神楽坂をご案内したが、ヒューマンスケールなまちとそこでのパブリックライフを高く評価された。現在の神楽坂のにぎわいはその「四原則」的状況によるところが大きいが、関連制度や公共施設整備が、それを破壊もしくは維持困難とするような基本ベクトルを持っていることは問題である。制度や既得権益に対して志ある住民、商業者やNPO等が持っている力は大きくないが、当面、私たちひとりひとりが小さなジェインとなってなんとか道を開いていくのだろうと思っている。

「四原則」は都市デザイナーあるいはまちづくりコンサルタントとしての、私の活動の根底にある。

都市デザインの世界にみるジェイコブズの功績

【未だ異端扱いの日本の都市計画事情を憂う】

中野恒明

●なかの・つねあき　一九五一年生。芝浦工業大学システム理工学部環境システム学科教授。建設工学。株式会社アプル総合計画事務所・主宰。著作に『都市環境デザインのすすめ』（学芸出版社）『日本の都市環境デザイン』（1〜3、編集責任・共著、建築資料研究社・都市環境デザイン会議編）『建築・まちなみ景観の創造』（共著、技報堂出版）等。

0　はじめに

筆者は根っからのJacobseanのひとりと自負する。それが言えるのは、わが国の都市計画の本流とは外れた「都市デザイン」の世界に身を置いているからかも知れない。実はわが国の都市計画で身を立てる人には、それはタブー視される風潮が存在しているようにも思う。

“Jane Jacobs”との接点は四〇年余り前の一九七〇年代の学生時代に遡る。当時の先端的都市計画とされた東京下町改造・江東防災再開発構想を検証すべく、学友たちと墨田の三畳一間の木賃アパートを根城に二年間に及ぶ輪番制泊まり込み、昼は界隈サーベイ、夜は議論を重ねて行った。その間にJaneの *The Death and Life of Great American Cities* の原著そして抄訳との出会い、それが後の筆者の生き方を大きく左右したようにも思う。大学の五月祭では東京消防庁からお借りした関東大震災被災状況写真をパネル展示、再開発の是非を問うミニシンポジウム自主開催などに発展した。

その活動経緯からか、合宿先に来られた唯一の教官であった伊藤滋さんから、就職先として「槇さんのところに行く気はあるか？」の声、アメリカのMITとハーバード大学のジョイントセンター時代に槇文彦さんと交流が始まったそうだ。それが縁で槇総合計画事務所の門を叩いたのが、次なるUrban Designとの出会いである。それは後に、Janeとの大きな繋がりがあったことを知る。一〇年で実務を修得し、現在のアトリエ「アプル」を設立したのが三十二歳、地道な作業ながら世田谷区内の地区計画や都市整備方針づくりから始まり、土木の景観分野の立ち上げにも協力、程なく北九州・門司港の再生プロジェクトに声がかかり、各地のまちづくりの最前線にも立つ。その過程で各地のまちづくり計画そしてまちの現状をつぶさに観察し、常にJaneの視点で検証することを行って来たつもりである。

その一連の活動を評価する方の推薦もあり、一一年前から大学教員も兼務し、講義に用いて来た自作メモを纏めたのが二〇一二年に上梓した『都市環境デザインのすすめ』(学芸出版社刊)である。その第一章の「一九六〇〜七〇年代の都市再生運動」の冒頭にJane Jacobsを紹介し、①混用地域の必要性、②小規模ブロックの必要性、③古い建物の必要性、④集中の必要性、の四つの原則を引用解説している。それが本書の編集陣の目に留まり、執筆につながったものと推察する。

1　何ゆえにわが国の都市計画は〈ガラパゴス化〉?

全国の都市、とりわけ地方のまちを訪れて感じるのは、中心市街地の空洞化の厳しさである。筆者の生まれ故郷は「元祖・シャッター通り」の街として有名となったが、筆者が離れる一九七〇年までは実に活気があった。それがいつの間にか大きく寂れてしまった。前掲の北九州・門司港とは車で四〇分程度の至近距離、その落差は実に大きい。市も八〇年代以降、国の支援も受け、再生のための様々な施策を展開させてきたが、結果は焼け石に水に近い。それを帰郷するたびに観察してきた。その現象は全国に顕れている。その意味ではわが国の戦後の都市計画の本質に問題が内在するのではないか、というのが、筆者の見解に他ならない。

実は、近代都市計画思想をいち早く取り入れた欧米諸国においては、インナーシティ問題は一九三〇〜六〇年代にすでに深刻化していた。それが六〇年代末〜七〇年代にかけて、都市計画そのものの見直しが各地で実践されてきた。その成功・不成功の多くの都市をつぶさに巡ることを旨とし、得た結論こそがJane Jacobs的なるものへの評価の差異に他ならない。世界の都市計画の主流は、今や市民のための快適環境づくりの感性が求められている。つまり機能主義的都市計画をいち早く転換させた国々・各都市、そこでは街なかで憩う多くの市民の姿、そして幸せな都市風景が展開する。

それに比して、わが国は如何に。大都市での超高層ビル群の林立、そして行き交う車の群れ、一方で廃れた地方の中心市街地、シャッター通り、空虚化する郊外団地や戸建住宅地、人口減少社会……、これらが二十一世紀初頭の現代に突き付けられている。

その意味ではいち早くJaneが五〇年代以降に展開した主張、そして一九六一年に出版された原著、それらが世界で翻訳され、一九六〇~七〇年代において各国の都市計画思想が大きく書き替えられたこと、つまり機能主義的近代都市計画に引導を渡したのが、その年代に台頭してきた「Urban Design＝都市デザイン」に他ならない。それは建築・都市計画の専門家だけでなく、広く一般社会の知識層にも浸透し、各国の都市計画法の見直しにつながった。

後節に解説するが、例えば近代都市計画の発祥とされる英国においては、機能主義的とされた一九四七年制定の都市・田園計画法（Town and Country Planning Act 1947）は一九六八年に全面改訂され、一九六八年都市・田園計画法（Town and Country Planning Act 1968）に生まれ変わった。その同年（一九六八〔昭和四十三〕年）にわが国は新都市計画法を制定した。しかしその中身はまさに一九三三年のCIAM（近代建築国際会議）で採択されたアテネ憲章を踏襲したもの、その基本は用途分離を旨とした土地利用計画、道路等の都市施設計画、そして再開発等の面的整備計画を柱としてきた。当然のことながらJane Jacobs的なる世界は異端とされる。国内外の都市を観察してきた立場からは、わが国の都市計画は「ガラパゴス化」現象が続いているようにも思える。

2　都市デザインの世界とJane Jacobs

あらためてJaneと都市デザインとのつながりを解説してみよう。槇文彦氏の主宰の槇総合計画事務所に入所したのが一九七四（昭和四十九）年、配属先は泉岳寺の分室にあったアーバンデザイン・セクション、そこで担当したのが横浜・金沢シーサイドタウンの団地計画設計、これは京の町家を現代流にイメージした低層高密型の小街区単位の集合住宅地で、大通り・通り・小路・路地のシステムの歩車共存型の道路構成、当時の公団のスーパーブロック、中高層住棟で広いオープンスペース、歩車分離そして歩行者専用道路の計画とは異質のものであった（図1）。当時、横浜市役所に設置されたばかりの都市デザイン室の面々とのコラボレーション、そのチームを率いる田村明さんと槇さんの会話は実にフレッシュなものだった。歩車共存道路は陽の目をみなかったが、他は概ね実現した。もう一つは東京都二三区の高密住宅地の環境改善調査、この内容は後に雑誌『都市住宅』「ミニ・アーバンデザインの試行」（一九七五年九月号）に発表されているが、これも路地を残した修復型まちづくりの提案であった（図2）。また槇事務所の代表作、代官山ヒルサイドテラス集合住宅だが、当時の第一種住居専用地域内で住居併用の形で店舗群を積極的に配する。明らかに用途純化を旨とする当時のわが国の風潮とは一線を画する

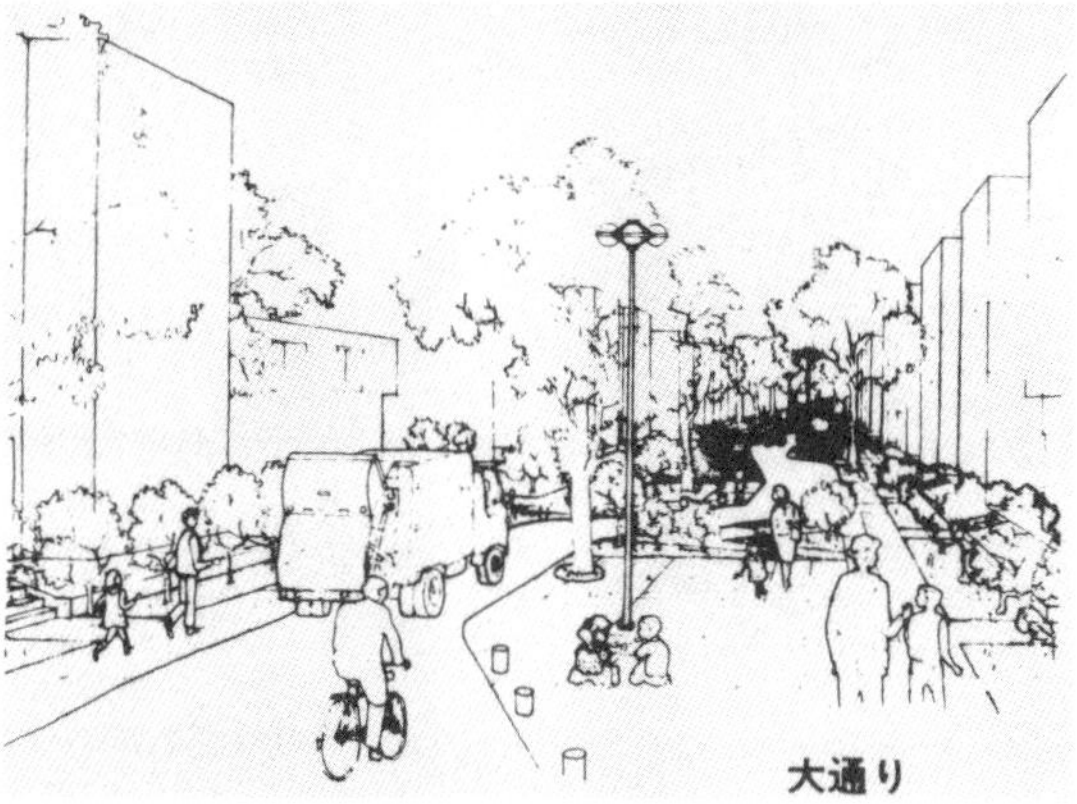

図 1　横浜・金沢シーサイドタウン第一期計画・歩車共存道路提案・大通りの図
（出典：槇総合計画事務所 UD 作品集）

図 2　雑誌『都市住宅』（1975 年 9 月号）「ミニ・アーバンデザインの試行」に掲載された路地改修イメージ図

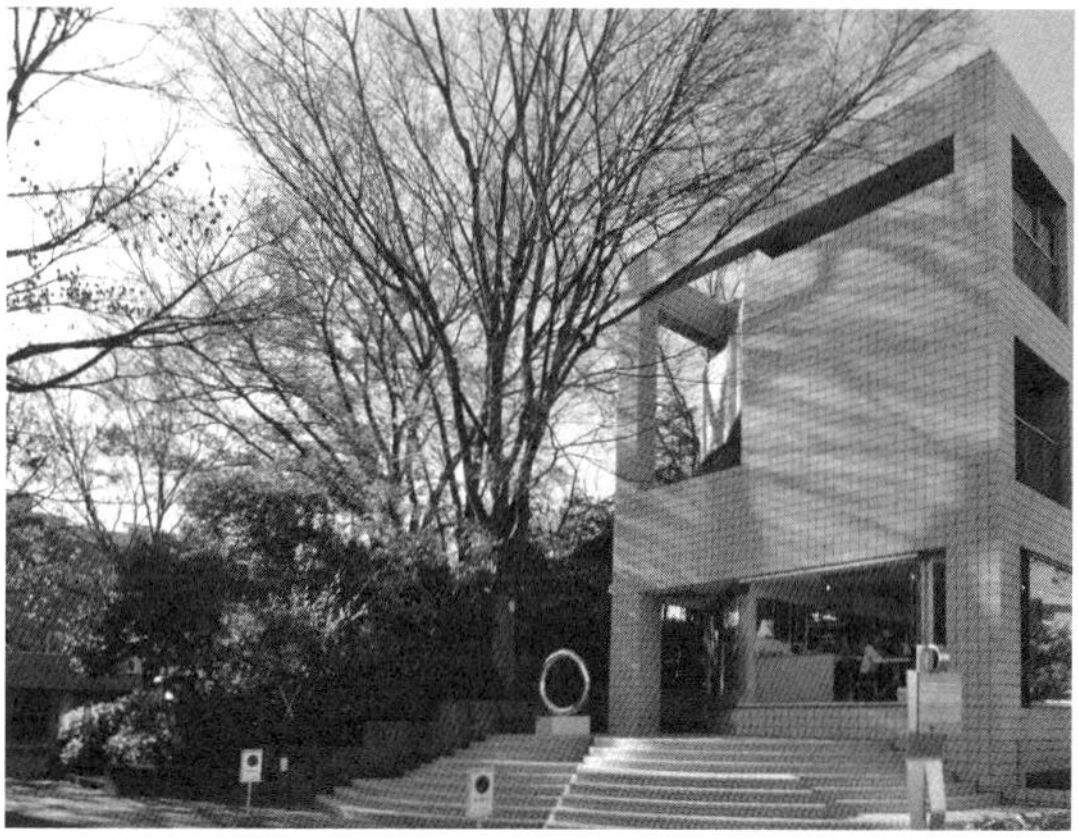

写真 1　代官山ヒルサイドテラス集合住宅

ものと言うこともできる（写真1）。

また槇さんを介して得る海外の最新情報、これも実に刺激的で、話の中で登場する一九五三年に結成されたチームX（テン）のメンバーで親交のあったアルド・ファン・アイクやヤコブ・バケマ、ジャンカルロ・デ・カルロたちの名前、そして海外出張の度に撮影された作品や都市のスライド映写も魅力的であった。また所員はプロジェクトが一段落すれば、一〜二カ月の休暇で海外巡りを経験するのが当たり前、筆者も入所三年目に三カ月の欧州旅行を経験したが、これは後に大きな糧となった。七〇年代初頭の欧州諸都市は自動車社会の受容とアテネ憲章に代表される近代都市計画理論に基づく職住分離策の結果、中心市街が疲弊し、その回復のための歩行者空間整備など、新たな都市計画の世界が展開したばかりであった。後に訪れたアメリカ諸都市も大きな変革期を迎えていたと記憶する。

在籍は事務所設立一〇年目から二〇年目の一〇年間だったが、その間に手すきの時にと槇さんから依頼されたのが事務所のアーバンデザインの作品集の編纂、これは一九八〇年に小冊子としてまとまったが、その間槇さんのアメリカ時代の論文や雑誌投稿に目を通す機会にも恵まれた。後に知ることとなったのだが、槇さんはアメリカ・ボストン時代の一九五六年五月にハーバード大学で開催された第一回アーバンデザイン会議に大学の一員として参加され、フロア席から発言した予期せぬ客人であったJane Jacobsの近代都市計画批判に直に接されていた。そこに参加された面々はハーバード大GSDディーンのホセ・ルイ・セルト、客員教授のルイス・マンフォード、フィラデルフィア計画のエドモンド・ベーコン、MITのジョージ・ケペス、「モールメーカー」と称されたヴィクター・グルーエン、ニューヨークの公共事業推進者のロバート・モーゼス、ランドスケープ・アーキテクトのヒデオ・ササキ、ガレット・エクボそれに前掲のチームXのメンバーたちであったという。Janeは招待客の建築雑誌社の上司に代わって参加されたのであった。その時の雰囲気はハーバード大学GSDの史料や槇さんの著書やインタヴュー記録などから窺い知ることができるが、その場でのJaneの革命的な激しい主張に対しては厳しい反論が展開されたが、ルイス・マンフォードが彼女の主張に共感を持ったことから、その風が大きく変わったとされる。

以降、アーバンデザイン会議は七〇年代にかけて計一三回も開催され、当時の欧米の第一線の建築家や都市計画家、文化人たちの近代建築や近代都市計画の批判的再検証の場ともなったと言われる。とりわけ都市計画の分野では、これを機に一九三三年の「アテネ憲章」に基づく近代都市計画理論を新たな方向に修正させるための試行が各国において始められている。

前掲のように欧米の諸都市は二十世紀以降の工業化社会を迎え、近代都市計画理論の受容は結果としてまちの衰退を招いてしまった。そこで各地で識者の間に近代都市計画への疑問が持ち上がっていた。その転換のトリガーとなったのがJane Jacobsの主張であり、前掲書に他ならなかった。ちなみに近代建築国際会議（CIAM）の事実上の解体を決定づけたとされる第一〇回のドブロブニク会議は一九五六年八月、先のハーバード大での第一回アーバンデザイン会議からわずか三カ月後の開催であった。

これを機に、多くの都市や国々での都市計画制度が見直され、新たな都市デザインの世界が展開して行く。旧来の機能主義的な近代都市計画から、新たな市民参加や保存修復、そして人間的環境を取り戻すための具体の都市空間のデザインの時代が始まるのであった。

そしてJaneは各地で従来型の都市計画への批判団体への支援を繰り返し、世界を股に講演会でのスピーチなどを精力的に行っていく。それに共鳴する人々が自称Jacobseanを名乗り、発信することで、その輪がより大きな広がりを持っていったと筆者なりに理解している。

3 欧米諸都市にみる都市計画の転換（一九六〇年代末〜七〇年代）

アメリカの幾つかの都市では旧来の再開発手法を改め、修復型まちづくりへと大きく舵を切る。そして欧州諸都市は、歴史的市街の保存修復を軸とした職住近接型都市への回帰への道を歩むこととなる。

（1）アメリカ諸都市における都市計画の転換

アーバンデザイン会議のお膝元のボストン市においては、一九五〇年代以降進められて来た再開発局（BRA）主導のスラムクリアランスや、スーパーブロック型で中央に高層タワー、周囲に商業系の低層建物群、足元には公開空地広場という構図の再開発計画（写真2）が影をひそめ、低所得者層住宅の供給と歴史的環境の保全と活用へと大きくシフトする。これは一九六八年に新市長となるK・ホワイトの政策転換によるものだが、旧い建物の修復・再生を対象に、税制上の優遇措置という独自の手法を展開したことが実に大きいとされる。その結果、ウォーターフロントの倉庫の活用・コンバージョンへとつながっていく（写真3）。そしてボストンの中心市街とウォーターフロントとを隔てていた、一九五九年に完成したばかりの高速道路も、一九七三年に地下化構想が立案され、三三年後の二〇〇六年には現実のものとなる。その数年後には地上部のかつての道路敷は緑道に生まれ変わった。緑道沿いには都心居住のための集合住宅などが建設され、周囲には生活街が復活した（写真4）。

また、アメリカ中西部、ロッキー山脈の麓のデンバーの街づくりは、ラリメール・スクエア（図3）などの歴史的建物・街並保存、都心居住等で知られるが、これも女性活動家ダナ・クロフォード（Dana Crawford, 1931-）と彼女に共鳴する人々の六〇年代以降の努

写真 2　1960 年代当時のボストン市内の典型的な再開発地区

写真 3　ウォーターフロント公園から見る 1832 年築の石造倉庫コマーシャルワーフを改造した集合住宅

写真 4　2006 年に完成したローズ・F・ケネディ・グリーンウェイのデューイ・スクエア・パークス

図3　デンバーの古き良き時代の街並み（ラリメール・スクウェア（Larimer Square）のHPサイトより）

写真5　デンバーの16番街トランジットモール

力の賜物とされる。当時の再開発計画への反対運動、それは結果として都市計画への住民参加、全面見直しへと結実した。そして一九八一年には中心市街の歩行者・トランジットモール一六番街モール（**写真5**）が実現し、二〇〇九年のアーバンデザイン・プランなど、市民主導の街の再生計画が協働して推し進められている。

また西海岸のサンフランシスコでは一九六七年に都市計画局・局長に就任したアラン・ジェイコブス（Allan B. Jacobs）による「アーバンデザイン・プラン1971（The urban design plan for the comprehensive plan of San Francisco 1971）」が策定されている。それまでの平面的な土地利用や線的なインフラ計画、拠点の再開発計画などに対して、立体的かつ空間的なスケールで都市をとらえ、より具体のデザイン指針としてまとめ上げたもので、歴史的建物の保存や街並み、都市景観、住民参加をキーワードとした新たな街づくりの展開が始まるのであった。ちなみに同書は槇事務所時代の机上での筆者

写真6　サンフランシスコの歴史的街並み

の教科書代わりの存在であったことも付記しておきたい。それから半世紀近く経過し、中心部の歴史的街並み（写真6）は生活街として保全され、何より感心するのは公共交通であるＢＡＲＴやバス網の充実ぶりである。

これらは明らかにJaneの主張に共鳴する人々の努力によって街づくりが大きく転換し、実践されたことが今の魅力ある街へとつながっていることを物語っている。とは言え、アメリカの諸都市を巡って思うのは、上記三都市は極めて特異な存在で、多くは用途分離と高層化、そして自動車交通中心の街が未だに続いている。その意味では、採用された都市計画の差異によって、何年か後の街の姿は大きく異なることも教えてくれるのである。

（2）英国の一九六八年都市・田園計画法制定

英国における大きな転換期は前掲の「一九六八年都市・田園計画法（Town and Country Planning Act 1968）」の成立と言えるだろう。

二十世紀以降の自動車社会の進展とともに郊外ニュータウンが建設され、街路網も整然とし、豊かなオープンスペースや緑、燦々と太陽の光が降り注ぐ、その理想の住まいに商店主をはじめとするまちの有力者がこぞって居を移す。それに一般市民層も追随し、中心部は空き家が増加し、旧来からの中心市街地は経済的地盤沈下も含め、街の姿が大きく様変わりする。当時の英国政府はその空洞化した中心市街を新しい時代に即したまちに改造するために、「一九四七年都市・田園計画法（Town and Country Planning Act 1947）」を制定し、総合開発地区制度による荒廃した地区の再開発による都市改造を推進していく。

五〇年代以降、各地でスクラップ・アンド・ビルド型再開発計画が展開されるが、その手法が多くの市民の反発を呼び起こす。特に自然環境、伝統的景観、歴史的建物等の破壊に危機感を抱いた市民層を中心に、シビック・トラストなどの活動が活発化する。ついに議員立法で「一九六七年シビック・アメニティ法（Civic Amenities Act 1967）」が成立する。そして都市計画法の本丸が、前掲の翌一九六八年の都市・田園計画法の改訂に他ならなかった。一九四七年法がＣＩＡＭの近代都市計画理論に忠実に、土地利用計画と道路整備、再開発手法による都市の改造を目指していたの

写真７　車で席巻されたチェスターのイーストゲイト通り（クロスから）1966 年当時（出典：Chester: A Study in Conservation, HMSO, 1968）

写真８　2009 年時点の同アングルの風景、多くの歩行者の集う場所に変身している

を、六八年法は歴史的建物の保存を軸とした用途混在の維持・保全ないし修復型まちづくりへと大きく傾斜させていった。翌年の「一九六九年住居法（Housing Act 1969）」は歴史的市街の建物改修を促すことで、住めるまちの復活への大きな呼び水となる。そして道路から自動車を締め出した歩行者街路（時間規制による）が続々と誕生し、面的な広がりを確保していく。それは職住近接の復活のための商店街の再生だけでなく、安全・安心に配慮した住環境の改善をも目指していた。

その大転換を象徴する歴史都市の保存・再生のための調査レポートがある。英国政府による、イングランドの地方の四つの歴史都市、バース、チェスター、ヨーク、チチェスターを対象とした歴史都市保存調査レポート"Studies in Conservation"（HMSO: Her Majesty's Stationery Office: 英国王立出版局）、ここでは、建物、景観、交通等の綿密な調査が行われ、その分析・研究によって得られた共通した結論こそが、Jane の主張に近いものに他ならなかった。つまり、「用途分離」「道路整備」「再開発」を推進してきた従来型都市計画を見直し、「商住用途混在―都心居住」「歩行者中心―快適環境」「歴史文化の尊重―街並保存」へと軸足を大きく変えることとなった。

それは歴史都市に限らず、一般の地方中小都市へ、そして中核都市へと大きく展開していく。その調査にあたった専門家は、建築家ドナルド・インソール（Donald W. Insall, 1926- ／チェスター担当）、交通計画専門家コーリン・ブキャナン（Colin Buchanan, 1907–2001／バース担当）、その他ランドスケープなどの多分野で構成される総勢一二名、それを率いたのが、後に英国住宅・地方自治体省(Ministry of Housing and Local Government)副大臣となる政治家ロード・ケネット（Lord Kennet, 1923–2009）で、彼は六八年の法改訂でも中心的役割を担っている。つまり都市計画は市民生活を支えるための重要な存在ゆえに、当該専門家だけでなく、広く社会学や政治学の分野の人々の力がその支えとなっている。その背景にはJane Jacobsの存在があると筆者なりに推測する（**写真7、8**）。

（3）欧州諸国の都市計画の転換

英国における都市計画の転換は、同様の中心市街の衰退に頭を痛めていたドイツやフランス、イタリアなどの西欧都市にも伝播していった。それにはJaneの書の翻訳本も一役買ったとされる。

その転換の成果が着実に見えてくるのに必要であった約三〇年後の一九九八年の三月に、二十一世紀に向けての都市のあり方を指し示す「新アテネ憲章」が採択され、その際その後約四年ごとに改訂されることが明記されている（**図4**）。それは旧アテネ憲章の固定的観念が、時代の変化の中で都市の衰退を招いたことへの批判をも意味していたのであった。

図4　「新アテネ憲章」2003年版小冊子の表紙

①ドイツにおける都市計画の転換

例えば、第二次世界大戦後の東西に分割されたドイツ、その旧西ドイツの都市計画も一九三三年のアテネ憲章、一九五〇年代のCIAMの活動の影響を受け、都市機能の分離策つまり土地利用計画をいち早く導入する。それは経済復興期とも重なり、大都市中心部には高層ビル群の出現を見る。中心市街と郊外を結ぶための放射道路とそれを同心円状につなぐ環状道路を基軸とした道路計画は、自動車社会の到来とともに進展していく。もう一つの柱は都市機能の分離で、工場と住宅地の分離、住宅地への非住居系施設の立地規制、商業地への住宅抑制策等が導入されている。そして六〇年代には都市部への人口流入や産業集中が促進され、それに伴って都市域の拡張、郊外住宅地の開発などが進められた。

そうした背景のもとで、戦前からの都市計画制度の流れを継承しながら、一九六〇年に「連邦建設法」を制定し、それに基づく土地利用計画に相当するFプランと、「地区詳細計画」とわが国に紹介されるBプランの二つの手法で、各自治体が実施するという仕組みが確立する。自動車の普及と郊外住宅地の開発が進められる六〇年代以降、各都市で中心市街地の人口減と空き家増が見られ、それは商業も含めた経済的地盤沈下という形で顕れる。ドイツの自動車産業は大きく発展し、都市内には自動車交通量増による渋滞・事故の多発、大気汚染等の問題が引き起こされていく。それが中心部の空洞化に拍車を掛けるのであった。

Jane の著書の出版の二年後の六三年にドイツ語翻訳本が出版され、その内容に啓発された学者、建築家、都市計画専門家たちが、用途純化に対する疑問の声を次第に高めていく。中心市街の衰退を目の当たりにした多くの識者が、伝統的な歴史地区への近代都市計画理論導入に疑問を持つのは当然の成り行きでもあった。

写真9　ミュンヘンの主要歩行者街路、カウフィンガー通り

六八年建築利用令改正では、それまでの中心市街の住居系用途規制がBプランに定めることを条件に、商店の上層階や街区内側において緩和され、次の七七年改正、九〇年改正と大きく見直しの方向に舵を切り替えていく。つまり中心市街地の崩壊を阻止するためには居住人口の回復が不可欠とされ、Bプランが中心市街のほぼ全域に指定されることで、居住機能が中心部に定着することが認知されていった。それは結果として、用途純化から秩序ある混在へという土地利用計画の転換、即ち居住環境回復のための建物改善すなわち公的に支援する修復型再生手法の確立でもあった。

そして自動車偏重の都市交通計画が歩行者・公共交通への傾斜を深めていくこととなる。特に六〇年代末から各地で歩行者空間の整備が行われ、それは次第に面的な広がりを有する歩行者区域(Fußgängerzone)へと発展、定着していく。これも都市内居住政策を支える大きな手段となっていく（写真9）。

②フランスの一九六二年マルロー法制定と都市計画改訂

CIAMそしてアテネ憲章の主導的役割を担ったフランスの建築家ル・コルビュジェ、彼が一九二五年に発表したヴォアザン計画は、二二年の「三〇〇万人の現代都市」と三〇年の「輝く都市」、その途上でのパリ改造試案を経て、三三年のCIAM「アテネ憲章」へと昇華していく。この提案はシテ島の右岸側の歴史ある地区を、広幅員の格子状街路と高さ二〇〇mの超高層建築群に改造するもので、コルビュジェの理想都市イメージを体現したものと見ることもできるだろう。

　これが実現することは無かったものの、この提案に酷似する都市開発が場所を変えて五〇年代から実現される。それはパリ西郊のラ・デファンス地区（**写真10**）、そしてポー・グルネル再開発地区である。そこには、地上階は車のための広い道、空中に歩行者デッキと人工地盤を設け、それはモータリゼーション時代に相応しい近代的な都市改造モデルとして全世界に広まって行った。

写真10　パリの新都心ラ・デファンス地区

　一方で郊外住宅地の開発も進められ、車社会以前の旧市街の旧態依然とした佇まいから脱出する新富裕層や旧貴族の地主層たちに、いつしか一般市民も追随することとなる。富裕層たちが抜け出した空洞化の著しい地区の典型例に、かつてパリで最も高貴な貴族のまちと言われたマレ地区がある。その兆候は二十世紀初頭から始まり、そこには多くの移民が住みつき、第二次大戦時のナチス占領下でのユダヤ人狩りの悲しい歴史にも遭遇する。また戦後の移民流入増に伴い、街区内にはバラックが建て増しされてより稠密化するなど、歴史的な建物やまちは荒廃していく。これは首都パリに限らず、地方の都市も同様であった。

　その状況を憂えたフランスの作家で当時の文化相アンドレ・マルロー（André Malraux, 1901-1976）が提唱した歴史的街区の保存と不動産修復を支援する法、通称「マルロー法」が一九六二年に制定される。その条文には「都市の歴史的・文化的かつ美的な価値自体は、単体の歴史的建物に限らず市街地を構成する建物群とそれによって創られる空間にある」とされ、これを機にフランス全土で歴史地区を含む旧市街の保全、修復を目指した計画が進められる。

　そして一九六〇年代末から八〇年代にかけての土地基本法（LOF: Loi d'orientation foncière, 1967）の制定、都市計画法典の改訂（Code de L'urbanisme, 1973）へと続く。そしてPSMV風致保全再生計画（Plan de Sauvegarde et de Mise en Valeur, 1976）、ZPPAU（建築・都市・文化遺産保存地区、Zones de Protection du Patrimoine Architectural et Urbain, 1983）の制定へと繋がり、修正都市計画の中に「歴史」「景観」、すなわち「伝統的な都市への回帰」が位置付けられ、各地で修復型の事業が進展していく。それによって良好な職住近接型の都市環境が充実していく。フランスの歴史的市街、それは居住の機能を回復することで再生していったのであった。その証左に首都パリの旧市街は昼間人口より夜間人口が上回っている。これがフランスの都市計画の実情を象徴していると言えよう。

③イタリア〝チェントロ・ストリコ〟の衰退と再生

イタリアの各都市は古代ローマ時代、そしてルネッサンス期の繁栄、そして中世からの自治都市としての歴史的経緯を有し、その中心市街〝チェントロ・ストリコ〟は実に個性豊かな、賑わいの風景を形成している。それは南欧特有と言うべきか、見事に市民の生活感が滲み出した活気ある風景が随所に展開している。それが六〇～七〇年代に荒廃していたことすら忘れさせてくれる。

その衰退の要因は、歴史的市街ゆえに経済的発展や自動車社会の進展から取り残され、人口の流出、建物の老朽化等々の様々な要因が複雑に絡み合っていた。その大きな呼び水となったとされるのが、二十世紀前半のファシズム政権下の各都市で展開された強引な都市改造とされ、一九二〇年代に誕生したムッソリーニ内閣は各地で国威発揚のために、広幅員の直線道路や広場を挿入し、モニュメンタルな都市への改造を進めていく。それまでの生活の場となっていた狭い路地の市民は強制的に追い出され、庶民の生活の場は消えていく。その政権は一九四五年の第二次大戦の敗戦で崩壊するが、その間に連合国軍の空爆、レジスタンスの抵抗など、市内も大きく痛手を受けたのであった。

その戦災復興の過程での近代都市計画の受容、それは郊外開発を誘引し、また戦争の傷跡も一部の都市では放置されるなど、チェントロ・ストリコは一層、衰退・疲弊していった。大都市では中心市街は、建物外観は保全されても商業や業務系の床面積増の投機対象となり、住民は追い出され、それが衰退に拍車をかけたと言われる。

本格的なチェントロ・ストリコの再生がスタートするのは六〇年代、「既存の都市全体が変わってしまってはいけない。いくつかの部分は過去の記憶として保存すべきだ[1]」という考えが主流を占め、後述する歴史地区の町家保存再生手法が市民権を得ていく。そして六七年には、いわゆる「橋渡し法（Legge-ponte）」が制定され、各自治体は歴史地区の線引きを行うことを義務付けられ、歴史地区内部はすべて地区詳細計画によって、街区密度や建築物の高さ等が規制されることになった。それに基づき都市内住居の修復、そして公共空間である路面や下水道などの改修が進められる。

その再生の契機となったのが、幾つかの都市における建築家・都市計画家たちの街並み改修、そして歩行者のための街路提案であった。それをマスコミが取り上げ、それに共鳴する市民層が大きな世論を形成し、町家を構成する各住居のリノベーション、つまり住宅設備の改修や内装、そして屋根や外壁、窓まわりなどの外装も含む改修が各地で進められる。公共も空き家になった住居を買い上げ、それを修復し、または減築することで空地を拡大し、住戸の通風や採光、日照の条件を向上させるなどを通して、居住機能の回復を図るという地道な手法を展開していく。それは以前の老朽化した住居のイメージを全く一新するものであった。その活動はローマやナポリ、ボローニア、ジェノヴァ、シエナ、アッシジ、ヴィツェンツァ、ベルガモ、ウルビノなど、多くの都市で展開され、徐々にではあるが、歴史地区チェントロ・ストリコの居住機能の回復が進んでいく。つまりイタリアでは都市を構成する市民の生活空間の改善、つまり建物改修が都市再生のキーワードとして定着する。そして建築家は都市の再生に関わる重要な職能として市民権を得ていくのであった。

その再生モデルとされる最も有名な都市がボローニアで、その鍵となったのが「低価格庶民住宅」に代表される老朽住宅群の改修計画であり、都市内居住を前提としたチェントロ・ストリコ（歴史的中心市内）の再生計画であった。そしてラファエロの生誕地として知られる山岳都市ウルビノにおいて、前掲のチームXの主要メンバーであった建築家ジャンカルロ・デ・カルロ、彼が提唱した一九六五年の「ウルビノ再生計画」が大きく実を結ぶこととなる。そしてデ・カルロたちチームXの面々はジェノヴァをはじめとする幾つかの都市の再生に尽力する。デ・カルロは前掲の一九五六年アーバンデザイン会議に参加し、Jane の主張に耳を傾けていたとされる。

写真11　新たな Jacobsean プロジェクトとして紹介されることの多い、ドイツ・ハンブルグのハーフェンシティ開発地

4　世界の Jacobsean たちによる新たな都市デザインの展開

このように、一九六〇～七〇年代におけるアメリカそして欧州諸都市における都市計画の大転換と Jane Jacobs の主張は、大きくつながるのである。それを機に都市計画の世界は、秩序ある用途混在、そして生活街の再生が大きな柱となっていく。そこには行き過ぎた自動車社会の反省のもとに、人間感性に立脚した都市デ

ザインが定着し、それは都市計画そして交通計画から建築、土木エンジニア、ランドスケープデザイン、工業デザインなどの分野を統合した世界が切り拓かれていく。

そして今や世界のJacobseanを名乗る都市計画専門家や識者の方々が、Janeの思想を後世代に受け継がせるべく、多くの書を著し、またそれを具体の街づくりへと展開させているようにも思える。それは時代の要請とともに、Janeが掲げた、①混用地域の必要性、②小規模ブロックの必要性、③古い建物の必要性、④集中の必要性、の四つの原則に加え、⑤安全な歩行空間、⑥路上の人の気配、⑦草の根型コミュニティ形成、⑧環境共生型社会、⑨地域経済、⑨緩やかな成長、といった新たな項目が付加されるなど、今後の持続可能な社会の形成にむけて、発展し続けている。[2] そして各地で意欲的な都市デザインプロジェクトが続々と生まれて来つつあるように思える（写真11）。

5　わが国の都市計画は何処を目指すのか

一方のわが国の状況をあらためて振り返ってみよう。前述のように戦前からの旧都市計画法を見直した新都市計画法の制定は一九六八（昭和四十三）年で、これを機に全国津々浦々の市町村に近代都市計画の柱である、用途地域制、道路等の都市施設等の計画が策定され、再開発等の区域指定などが実施される。奇しくも前掲の英国の都市計画法の大転換と同年だが、その内容は一九四七年法に類似したものであったのではないだろうか、というのが筆者の偽らざる思いでもある。

一九六八年当時、わが国は経済の高度成長下にあり、新たな都市計画の掲げる理想像は大きな夢を与えたことであろう。かつての低層主体の職住混在市街を新たな立体的なショッピングタウンに生まれ変わらせる。それは当然のことながら顧客のための駐車場確保が前提となった。一方の郊外には緑と太陽の溢れる理想のニュータウンが建設される。そして双方を結ぶ新たな道路計画が進められ、大都市はもとより地方中小都市の商店主たちがこぞって郊外移動、一般市民も追随し、自動車で街なかに通勤するスタイルが定着する。それは郊外ショッピングセンターの立地を誘発し、中心市街の商業機能は壊滅、すなわち空洞化の方向へと進むのであった。

国も一九九八（平成十）年に中心市街地の抜本的な対策を講じるための通称「中心市街地活性化法」を制定する。その中身は街なか区画整理等の道路基盤整備、市街地再開発などのJaneが忌み嫌った旧態依然とした手法が用いられてきたように思える。そのもたらした結果はその後の同法の改訂ペースを見れば明らかであろう。

そこで気になるのが、前掲のわが国の都市計画はガラパゴス化してしまったのではないか、との素朴な疑問であり、未だにJane

Jacobs 論が異端扱いとなっている、とも重ねて思うことがある。

筆者もこれまで多くの大学に非常勤講師として招かれ、今は専任教員の一人として、建築、土木、都市工学、工業デザインなどの学科、またそれらを統合した大学院教育に携わってきたが、意外と思ったのは学部レベルでの建築系と土木系の都市計画教育の大きな差異である。土木も近年では景観やデザインを教えることが一般化し、その差異が縮まったはずだが、未だにJane Jacobs については教わる機会が無いところが多いらしい。

学生たちが都市計画の世界を目指す場合、多くは自治体職員かコンサルタントの道を歩むこととなる。ところが自治体の都市計画職を希望する職種は土木職が圧倒的多数を占め、建築職は実に少数派なのである。またコンサルタントの世界も建築・まちづくり系は少人数所帯が多く、半ば絶滅危惧種と揶揄され、就職先は大手組織である土木系コンサルタントが主流となる。その背景には、国の官僚機構の人事構成が予算配分に支配され、それに自治体人事も追随する。その比率がこの分野にもそのまま通じ、わが国の都市計画は未だに「土木」中心の世界なのである。とすると、今の各地の都市計画や街づくりの担い手の人材はJane の思想に触れないままで実社会を動かしているのではないか、との疑問が湧く。

それが前掲の、十数年前から始まる地方都市の中心市街地再活性化のための様々な施策ではなかったのか。加えて危惧するのが、先の震災で被災した地域の復興計画の状況であり、方々から同じ轍を踏むのではないかという懸念も囁かれている。典型的な人口減少社会の被災地、そこで幾つかのまちでは大規模な市街地の嵩上げ区画整理事業そして高台の住宅地造成事業が進められ、国費による復興事業は被災から五年を経た今も進行中で、多くが土木事業に費やされ、市民生活の器となる住宅整備にはまだまだ時間を要すると言われている。基盤は出来ても高齢者の住み手が使いこなせる街になりうるのか、持続可能なコミュニティ形成は如何に、との心配の声も聞こえて来る。そこに商住の分離を前提とした中心市街地=商業・業務・産業地の構図ができあがり、そこは居住の場は全面否定という、徹底した「アテネ憲章」の世界が展開している。その中心地には「アゴラ」というべき大きなイベント広場があり、集客のための大型駐車場が整備されるとも聞き及ぶ。商店主の方々も当然のことながら、高台の住宅地から車で通勤となるのであろう。これこそ五十年前から私たちの先達の方々が描いてこられた理想都市の実現なのであろうか。

そして大都市で繰り広げられつつある自動車交通のための道路拡幅や再開発計画、とりわけ鉄道などの交通結節点で巨大超高層街の建設が進められ、また既成ビル街も耐震化と道路側のセットバックを前提に建て替えが進められ、鉄道の連続立体化事業にあわせ眠っていた道路拡幅事業が亡霊の如く顕れる。かくしてわが国の道路空間は年を追うごとに拡大を続ける。加えて二〇二〇年の東京オリンピック・パラリンピック開催にあわせ、そして近い将来の首都直下型地震対策も含めた、都内の木造密集市街地の再開発計画推進との報等々、これらに象徴されるように、わが国はJaneの主張とは真逆の世界を目指しているようにも思える。

　ちなみに筆者が学生時代に自主研究の対象とした東京下町の「防災拠点」だが、六拠点のうち完成したのが二地区半とも言われている。一九八四年に完成した一地区はほとんどが工場跡地だが、屏風のような延焼遮断のための連続型高層住宅群が並び、ゲートには放水銃等の装置が設置されるも、今では設備更新はされず使用不能となっている。もう一地区は事業面積約一〇〇ha、半分が工場跡地だが総地権者数約三〇〇〇人の世界最大規模の再開発計画と言われ、構想着手から四一年後の二〇〇五（平成十七）年に大規模な公園を囲む高層住宅群が完成したものの、二〇一六年現在も清算未完了で事業継続中とも聞き及ぶ。また「半分」とされる地区は、貯木場の水面埋め立て地の集合住宅は建つも、周囲は手つかずのままの個別建て替えで不燃化を促進している。残りも同様に時間の経過の中で個別の不燃化が進行してきたとの調査結果もある。かつて「木密の海の中に浮かぶ母艦」と揶揄された防災拠点再開発の評価は如何に。実はこの事業に永年関わってこられた、元自治体職員の方から、「私が半生捧げてきたこの再開発は今どう評価されているのでしょうか?」の問いに、「次なる大地震の際に救われる命がどれだけあるのか、それを一緒に見届けましょう」との声しか発することが出来なかった。この半世紀近くの間に当該事業に費やされた人々の努力、そして事業費は膨大な額に上る。やはりこの半世紀の間に都市計画の価値観が大きく変わってしまったのは事実である。

　あらためてこの半世紀近くの自分史を再確認させてくれた「Jane Jacobs 生誕一〇〇年、没後一〇年・特集号」の原稿執筆であった。編集者の方々に感謝したい。(3)

注

(1) 中心市街再生のための一九六〇年グッピオにおいて開催された全国会議、一九六〇年グッピオ憲章として有名。

(2) 出典・*Contemporary Perspectives on Jane Jacobs - Reassessing the Impacts of an Urban Visionary*, Edited by Dirk Schubert, Ashpate Publishing Co., 2014.

(3) 本稿は、拙著『都市環境デザインのすすめ』（学芸出版社刊、二〇一二年）、雑誌『建築ジャーナル』連載「都市計画はだれのためにあるのか——都市と建築のはざま」（2012.3 ~ 15.6、建築ジャーナル社刊、計四〇回連載）掲載文の引用箇所もあることをお断りしておきたい。

モクミツから学んだこと

佐藤 滋

さとう・しげる　一九四九年生。早稲田大学建築学科教授。都市計画。著作に『まちづくり市民事業』（学芸出版社）『新版・図説城下町都市』（鹿島出版会）等。

　私が生まれ育ったのは、東京から江戸川を越えた市川市の八幡。戦時中に両親が東京から引っ越して来て、緑豊かな郊外地で生活していた。裏の原っぱの防空壕の跡で基地ごっこなどして、時々、枯れ草の野原を焼いて近所の親たちがバケツリレーで消火するなど、のどかな思い出ばかりである。中学からはここから都心の公立校に通うことになる。ぎゅうぎゅう詰めの満員電車で両国から秋葉原あたり、のろのろ運転の車窓から、見るとも無しに広がる下町の風景を見ながら毎日通学していた。高校のホームルームで「あの下町を何とかする、都市計画をする」とスピーチしたのは、当時公害問題が注目されていたこと、高度成長期で都市開発が注目されていたこと、そして何よりは母方の故郷である下町に親近感を持っていたからであろう。

　そして、大学院の都市計画研究室に進んで隣の吉阪研究室の先輩達に連れられて、墨田区京島に入ったのが修士一年の時であった。都市計画を意識してから初めてのジェイコブズの世界との出会いと言って良い。路地には鉢植えや縁台が置かれ、当時「生活のあふれだし」、「隙間の研究」などがされていて、今で言えば木造密集市街地であるが、下町空間はコミュニティとして学ぶべき対象であった。

　そして、極めて単純に、もっとも高密な墨田区京島、もっともゆったりした田園調布を両極に、いくつかの典型的なまちの評価を比較する研究を進めていた。超高密度で木造長屋が密集した京島地区はさまざまな問題がある、と考えていた。下町路地空間の豊かさは、ある種の幻想のようなものとして言われはしていたが、しかしそこにあるのは、何とも言えないにぎわいで、橘銀座商店街は夕方ともなれば、雑踏と人声であふれ、下町にルーツを持つ身が揺すられた。町内会長は、街のかどかどにある消火器を指さして、「この街から火事は出さない。出てもみんなですぐ消す。一度も火事が広がったことはない」と胸を張っていた。ちょうどその頃、東京都から再開発や区画整理の話がでていて、地元はそんなものはいらない、と抵抗していた時期であった。「おまえらは都の手先か」などと、息巻かれたりもした。

　私たちにとって、このような下町のにぎわいや私鉄沿線の商店街の界隈はまさに当たり前のもので驚くものではないわけだ。ジェイコブズの本は、なるほど整理されてはいたけれど、日本なら当たり前のことで済ませていたのだと思う。その後、密集市街地を小規模共同建替えで連鎖的に更新して行く方法を「街区改善プログラム」と称して、学会論文やシンポジウムで発表したりしていて、もちろんジェイコブズの本に書かれている多様性や混在などは、背中を押してくれる存在であった。

その後、一九九一年にUCバークレイに滞在して、もう一人のジェイコブズ、アメリカのアーバン・デザインの先駆者、アラン・ジェイコブズに会う。サンフランシスコ都市計画局長からバークレイの教授に転身していて、スタジオスペースを囲んで、ボッセルマンやベンダー教授の部屋に机をもらっていた私は、いろいろな話をする機会に恵まれていた。当時、私は密集市街地の魅力とともに城下町研究も進めていて、少々からかい気味に、ジェイクに、「アメリカの都市は均一なグリッドで、これを有機的な構成に変えるのがアメリカのアーバン・デザインの仕事か」というと彼は、「グリッドこそアメリカで、街路を廃止して大街区にしたところを、グリッドに戻しているのだ」という。彼のもとで博士を取ったワシントン大学のアン・ムドンは *Built for Change* という本を書いて、グリッドの内部で起きている自律的な変化を分析してその価値に言及していた。そして、その後日本でも評判になるミッションベイの新たなプランが、今で言えばニューアーバニズムのはしりのようなものであったが、あまりにも型にはまりすぎていることを批判していた。彼らは、アメリカのグリッド都市、均一な構成の中で、ジェイン・ジェイコブズの批判に対して、答えを出すことにもがき、葛藤していたのであろう。

私たちは、『アメリカ大都市の死と生』を読んで安心してしまったとおもう。「そう、これは日本の都市が積み重ねてきたものだ」、と。しかしその後の日本の都市は、相変わらず、街路の拡張や画一的な大規模開発が続き、それでも、既存の街と非対称ながらも並存できていれば良かったのに、私たちが安心して、あると思っていたものが、もはや、どんどん失われてしまう危機が訪れている。

さて、私は、「街区改善プログラム」からそれを実践するための主体論・実践論として「まちづくり市民事業論」に行き着く。日本語版には割愛されていたけど、ジェイコブズは、実はそのことに言及していた。私がそんな話をふっかけていたボッセルマン教授が、「改訂版が出た」といって、この本をプレゼントしてくれたのは、多分、そのことはこの本にも書かれているからと言う意味であったのだろう。

私たちが安心して、あると思っていたものが、もはや、どんどん失われてしまう危機が訪れている。

地域に根付いた知の共有

窪田亜矢

●くぼた・あや　一九六八年生。東京大学大学院工学系研究科特任教授。都市工学専攻。著作に『界隈が活きるニューヨークのまちづくり』（学芸出版社）「水郷の商都・佐原における『記憶の枠組み』についての研究――『歴史的なもの』との関係をふまえた考察」（『日本建築学会計画系論文集』七〇五号）『大槌町赤浜地区住民　3・11大地震直後の軌跡』（赤浜公民館・東京大学都市デザイン研究室、自費出版）等。

グリニッジ・ヴィレッジの立地が持つ意味

『アメリカ大都市の死と生』は、グリニッジ・ヴィレッジという界隈があったから可能になった本だ。ジェイコブズがワーキング・マザーとして過ごしたグリニッジ・ヴィレッジは、ニューヨーク市のロウワー・マンハッタンとミッドタウンの間に位置する。ロウワー・マンハッタンはニューヨーク発祥の地であり、九・一一の標的になったワールド・トレイド・センターが象徴するように国際金融の中心地でもある。一八一一年マンハッタン島にグリッドが計画される前の街であったから、建物や敷地と一緒に形成された有機的な街路網となっている。一方、ミッドタウン以北は、南北方向のアヴェニューと東西方向のストリートによる整然とした街区で構成されることとなった。その背景には、急激に流入する膨大な数のヨーロッパからの移民を、効率的に受け入れる居住地開発の必要性があった。低層の集合住宅に加えて、特に世界恐慌が起きる一九二九年まで建築物の高層化が加速していった。技術開発によって建築の構造やエレベーターなどの設備が、かつてなかった大都会を可能にしていた。

グリニッジ・ヴィレッジは、そのような全く異なる都市形成の論理がぶつかり合うところに形成された。そのため、一部は細い路地や曲がった街路となっており、沿道には低層で個性的な建築物が立地し、見通しの効かない滞留空間や不整形な空地などがある。樹木のアイストップや低い位置の屋根など、個々の建築物の個性が感じられる。また、一部はグリッド街区でありロウハウスと呼ばれる五階程度の建物が線状に整然と並んでいる。こうした新規住宅地に住み着いた移民は、みな故郷の建築様式を再現した。たとえばオランダからの移民のオランダ様式では、主要な階が半階上げられ、同時に女中部屋や倉庫として使われた半地下ができる。これは干拓地で頻繁に起こった水害の減災の意味をもっていたが、ニューヨークでは水害は起こらない。現在では、その両方共が商業利用され、グリニッジ・ヴィレッジのにぎわいを支えている。二階以上は住宅利用が多く、地上から玄関に伸びる階段に、居住者や来訪者が腰掛ける風景もしばしばみられる。

一見異なる二種類の物理的環境であるが、建築物の地上部が街路との関わりをもっている点は共通している。

グリニッジ・ヴィレッジがニューヨークに与えた影響

一九六〇年代のグリニッジ・ヴィレッジは、都市観光客も含む多様な人を受け入れつつ、自分たちの住環境を守る活動も盛んになっていった。その結果、建て替えや大規模再開発事業は免れた。これまでにもこうした開発の要請や圧力は二度あったといえよう。

一つは二十世紀初頭の人口飽和時期である。特に貧困なヨーロッパ移民は一つの居住ユニットに複数の世帯で暮らさざるを得なかった。居住環境の超過密状態により衛生面でも深刻な問題が生じたので、その解消は、近代都市計画の重要な目的となった。グリニッジ・ヴィレッジよりも北側ではこのような超過密な住宅開発も進行したが、ここにはすでに建物があったので、居住ユニット内部は過密利用にはなっても、建物自体は建て替えには至らなかった。

もう一つは、より深刻であった。第二次世界大戦後、戦勝国となった一九五〇年代である。世界の覇権国にふさわしい建築文化が求められた。ル・コルビジェ原案による国連本部ビル（一九四七―五三）、SOMのリーバ・ハウス（一九五一―五二）、ミース・ファン・デル・ローエのシーグラム・ビルディング（一九五八）などはいずれも現在に残る近代建築の圧倒的な名品である。ヨーロッパの建築様式とは全く異なる、インターナショナル・スタイルの誕生である。グリッド街区を敷地としてプラザとよばれる空地によって周辺のコンテクストを断ち切り、世界中の国々が真似することができる超高層建築物という新たな建築様式が誕生した。超高層建築物は、高い技術を必要とする点が重要であり、他国が追随する憧憬の対象となった。ミッドタウンで多くのインターナショナル・スタイルの建築物が出来ていく。高速道路や高層公営住宅も計画されるようになった。このようなニューヨーク市が進める都市計画は、グリニッジ・ヴィレッジのあり方を否定した。この時期に『アメリカ大都市の死と生』は書かれた。大都市ニューヨークに住み働き暮らしている市民の実感としての都市の価値を、代弁してくれた本だった。

多様性を支える四つの原則

では次に、グリニッジ・ヴィレッジという界隈が形成した立地の歴史的な意義をふまえたうえで、ジェイコブズが主張する、現在に至るまで変わらなかった、多様性を支える四つの原則をみてみよう。

ジェイコブズが主張する価値は、グリニッジ・ヴィレッジのように、都市生活者が住みこなしている界隈において、街路の隅々まで生き生きとしている風景の中にある。安定した環境の中で自由に生きている風景は、『アメリカ大都市の死と生』の描写にもしばしば現れる。そうした風景は、大量の流入者が相互に認め合いながら、同じ界隈でぎりぎりの生活を営むために必死で編み出してきた、洗練された不文律の結果として生まれるものである。多様な人が相互に過剰な干渉をするわけではなく、しかし完全に無関心でもなく、同じ空間を暮らす場所として共有している。空間を共有するためには作法も共有する必要がある。共有された作法を伴う空間は、自分とは異なる他者が同じ界隈の中で共に暮らしていることを楽しめる空間である。

こうした空間が生み出されているグリニッジ・ヴィレッジにおいて、ジェイコブズは、多様性を支える四つの原則を以下のように説明している。

（1）公共空間や建物が複数の一次利用を備える。それによって、多様な人が多様な目的で、多様な時間帯にやってくる。そうした異種の交流が、新しいものを生み出す創造の源泉となる。

（2）複数の時代の建物がある。古い時代のものは、後述するように、その後、文化財的な価値が認められるようになるが、ジェイコブズの論点は、そうした文化財保存ではなく、経済価値の多様性である。たとえばエレベーターやエアコンがない時代に五階建ての五階は屋根裏部屋だったから、お金のない若者が働きながら夢を見ることができた。お金がなくても技術を磨き、多様な経験を積んで、自分の夢を見られる都会ならではの状況を生み出すのが、家賃の幅である。

（3）街区は短く、街角がたくさんある。特にグリッド状の街区群であった場合、先が見通せてしまうことは、歩くことの面白さを損なってしまう。歩くことが楽しいというのは、公共空間に多様な人を誘う最も単純で非常に強い要因であろう。ポール・オースターの小説にはニューヨークの散歩がよく題材になる。グリッド街区だからこそ、その日の気分でどの街角を曲がるかを決められる。それによって得られる、何重にも都市を生きているような感覚を伝えている。一つの場所に固執しすぎない大都市ならではの原則かもしれない。

（4）最後に挙げているのが、十分な密度である。過密でも過疎でもなく、それぞれの地域によって異なる適切な密度がある、と述べている。それでは何も言ってないのと同然、と今の私たちは思うかもしれない。しかし当時の理想の居住は、各敷地がなるべく広く、自家用車と芝生の庭をもつ住宅用途に限定された低密な戸建て住宅地だったことを考えると、低くない密度が重要だという主張自体に新規性があった。

面的空間に関する法制度

四つの原則は、非常に有名になった。ジェイコブズ自身が注意深く述べているように、この四原則は、多様性を生み出すための、どこにでも当てはまる必要条件ではない。ましてや十分条件でもない。一九五〇―六〇年代という時代のアメリカの大都市を対象としたときに、多様性が生み出されていた現象を丁寧に読み解いたというだけに過ぎない。冒頭に述べたように、極めて個性的な立地特性をふまえると、グリニッジ・ヴィレッジで事実だったとしても他の大都市の界隈に適用できるかどうかはわからない。

この考察を享受する我々の方が、しばしば誤解をしている。繰り返しになるが、ジェイコブズは自分が暮らしている風景の中に、界隈としての価値を見出し、それがなぜ生まれているのかを考察したのであって、こうした空間があれば、多様な人の豊かな生活を支える界隈が必ず生まれるのだとは主張していない。プランナーは、操作できるのは空間なので、そうした答えを求めたくなり、方向性を逆転させてしまいがちである。現象を理解することと空間のプランニングの間には、ジャンプが要る。

ジェイコブズはジャーナリストであってプランナーではない。市や州の立場で公共事業を推進したモーゼスとの対決が有名なように、巨大開発の反対運動の先頭に立ったが、長く関わり続ける必要があるまちづくりという面には深く関わらなかった。それは自分の仕事ではないと考えたのだろう。

日本のまちづくりは、一九六〇年代の町並み保存や激烈な公害に対する市民の開発反対運動に端を発する。一九七〇年代になっていくと、対行政だけでは状況が改善されないことに気づいた市民は、態度を変えて、実践的な協働を模索していく。そのために必要な諸制度も整えられていく。

こうした流れはニューヨーク市も一緒であった。

一九六〇年代前半には、個別建築物の保存を訴える市民と、居住環境の保全を訴える市民が登場した。彼らは協働して、ニューヨーク市に、両者を継承できる法制度を整えさせていった。一九六五年の市の歴史的環境保全条例（Landmarks Law: 英語は Law であるが、市の制度なので条例と訳しておく）である。これ以降、ニューヨーク市では、交渉によってすべてが決まると揶揄された容積を大きくする開発型の都市計画の他に、既存の物や人のつながりを大切にする都市保全・更新の枠組みも、並列するものとして構築された。ここで交渉とは、市場価値と環境調和をバランスさせるものだったはずだ。そのためには多様な主体の参画による複雑な思考と精緻な議論を必要とする。しかし実際には開かれた交渉ではなかった。一方、新たに導入された都市保全・更新の枠組みは、地域住民の質問や専門家の質疑応答などが公開の場で行われることを重視した制度設計になっていた。利用をふまえた空間保全や設計提案を対象にした、地に足のついた議論が行われた。こうした制度設計は、ニューヨーク市に根付いているコミュニティ・ボードや、ニューヨークの都市空間の魅力に惹かれた専門家ら（建築家、不動産業者、都市形成史家、都市計画家など）の関与なくしては成立しない。

居住空間の継承

驚くのは、こうしたニューヨーク市の都市保全・更新制度の歩みが、日本の文化財保護法の進展と多くの共通点を有している点である。

両者ともに、多くの歴史的建造物が再開発されて滅失し、豊かな暮らしを支えてきた安定した居住環境が破壊される状況をいくつも経験した反対運動から始まっている。

その結果、点としての文化財指定と面としての居住環境（ニューヨーク市：Historic District、日本：伝統的建造物群保存地区）を包含する法制度体系になっている。すでに私たちは慣れているので当たり前のようにも思えるが、こうした点と面を同時に対象としている制度は、非常に困難な状態を生み出す。なぜなら点としての歴史的建造物が歴史的文化的建築的に優れていたとしても、現代の生活に適合するか否かは別の話だからだ。実際、日本の伝統的建造物群保存地区制度の運用においては、釘一本打ってはいけない、という点としての文化財に課される規制が適用されるのではないかという誤解があって、敬遠されることが珍しくない。

点としての歴史的建造物の保存は、明快である。基本的には建設当初の価値を重んじる。近代を超えて現代に至る時代の積層を如何に評価するかという点においては、多様な議論があるものの、古くて希少性のあるものに価値がある。一方の、居住環境としての価値は非常に複雑である。安定して豊かな暮らしを支える居住環境という意味では、不燃化や近代的な衛生施設の導入などはあって然るべきだ。しかしそうした変化が、地域住民の追い出しや置き去りを生じさせることもある。また、同じ物理的環境を保存したがゆえに、観光業者などが流入したり、居住環境としての市場価値が高まったりして、転出を余儀なくされる人もいる。

グリニッジ・ヴィレッジでは、土木や建築などの技術は変化しても、建て替えは起こらなかった。グリジニッジ・ヴィレッジは、歴史的環境保全条例のもと、居住空間の継承を目的とした保全地区指定がなされた。すなわち、地域住民はここでの暮らしやそれを支える空間の作法を好み、空間を保持する道を選んだ。しかしその結果は、そうした地域住民の居住の継続を意味するものではなかった。

こうした矛盾する状態に対して、答えは一つではない。

そもそも居住空間である面的な空間を継承するというのは、空間を共有する作法も含むものと解釈されよう。これがまた非常に困難である。

近代以降の都市計画法制度は敷地単位で環境が成立しているという立場に徹底的に立っている。しかし実際の暮らしはそうではない。それを乗り越えようとしているのが、居住環境保全という面的制度である。必然的に、敷地単位の論理を越えて、地区スケールに着目する。

日本の居住環境保全制度は、防火体制が整っていることを地域社会に要請する。ニューヨーク市の場合は、個別の建物の更新（修理や取り壊しなど）を一つ一つ審査し判断する体制をつくり、地元住民が意見を述べつつもその場を見守っている。

いずれにせよ、住民自らの深い関心と関与があってはじめて成立する。

知の共有を介したつながり

その後のグリニッジ・ヴィレッジでは、地区保全の結果、優れた居住環境が継承され、歴史的建造物を意味するプレ・ウォー（戦前）というカテゴリーが不動産取引においても成立し、大変好まれるようになった。そのため、比較的富裕層のみの居住地となった。十年毎のニューヨーク市の人口統計によれば、一九七〇年が底であり、郊外へと流出していた富裕層が都心部での暮らしを再度見直すようになっていた。

こうした変化は、グリニッジ・ヴィレッジが持っていたニューヨーク市に対する役割を変えることを意味していた。グリニッジ・ヴィレッジは若い世代が低い賃金で働きながら、自分の技術を磨き、アメリカン・ドリームを追求する暮らしを支えてきた。そうした役割は終えたといえよう。しかしまず、すぐ北に位置する界隈（ＳｏＨｏ）に移り、さらにマンハッタン島の川沿いやブルックリンなどへと移っていった。

ここに一つの課題がある。事業制度にのっとった大規模床面積を確保するプロジェクト型の事業は、採算性を確保するためにブランド店舗などを誘致する。そうしたプロジェクトの性格は、多様な人を許容しない。『アメリカ大都市の死と生』で描かれていたような、公共空間において多様な活動が同時に展開されるという意味での賑わいがなくなり、プロジェクト型の敷地の内側に囲い込まれた空間（広場風のデザインだったり路地風の狭い道だったりする）における商業環境の賑わいがあちこちで生まれた。

しかし、そこで新たな価値は生まれているのだろうか。

高度経済成長時代において、新たな価値は、特に産業面や技術的な意味で、自ずと生まれていった。かつては、都市における工場系の立地や交通、ゾーニング、敷地規模など、空間的なボリュームと配置を決めることによって、如何に効率的に経済活動を受容できるかが問われた。しかし今や、ものづくり産業も衰退している。産業的な価値を生み出す空間計画や地域構想が望まれているが、実効性のあるものはまだ皆無ではなかろうか。

もう一つの課題は、界隈の排他性である。ジェイコブズが指摘するように、界隈には、自治的なシステムがある。そうした生活圏域は、価値を共有しているという点に特徴があるので、それを共有できない人に対しては、排他的にならざるをえない。空間の作法をはじめとして共有するものがあるという界隈は、排他性を帯びる性質を内包しているといえよう。この自治と排他性のバランスを如何に獲得するか、という難問は、今に始まったことではない。しかし、プロジェクト型の敷地は富裕層の内部への囲い込みとそれ以外の追い出しをする。意図的に排他的な空間である。その結果、他者を学ぶ機会も失われるので、自分が属している界隈の同質性がその界隈に特有なものであることが理解できない。特に、九・一一以降、人種問題や宗教問題は深刻となっているし、情報技術の進化も、他者との共存をさらに困難なものにしているのかもしれない。

これら二つの課題は、現代の大都市がどこでも直面している普遍的なものといえるだろう。こうした状況を越えようとしていたのが一九五〇—六〇年代のアメリカの大都市の界隈だった。

ジェイコブズは、路上の風景、界隈、都市という三つの空間スケールを同時に感得していた。それらがいずれも重要なもので、相互に関係していることが『アメリカ大都市の死と生』を読めば伝わってくる。

ジェイコブズは、まちかどがたくさんあり、知らない人同士が居合わせるための、高い密度と輻輳する土地利用が、界隈における他人同士の交感をもたらすと述べている。そうした交感の結果、創造的な変革が生まれると、近年では広く認識されるようになった。

毎朝の路上にて多様な人がそれぞれ合理的な理由でユニークに空間を利用している風景を楽しんでいた。生活の中身は人それぞれでも各人が自分や家族の生活を謳歌している。その価値は、そうした風景を通して、相互の差を理解したうえで、共有するものだった。たとえば、エイズが大流行した際に、グリニッジ・ヴィレッジは、同性愛者たちが差別や偏見と闘うための拠点になった。少数派を受容できる界隈の能力は、ジェイコブズが重視していたものだった。

このような状況は、ある空間的な広がりをもつ生活圏域、すなわち界隈の中で可能になっている。小学校や教会や市場や素敵な店舗などのほぼ徒歩圏にあるものを共有している。そこでは、より具体的な施設などを共有しているので、それらを維持管理するためのコミュニティ・ボードや町内会などの組織が設立される。ニューヨークには流入者も多いので、不文律だけでなく、明示的なルールも必要とする。グリニッジ・ヴィレッジでは前述のように、制度を活用して、改変が生じるときに如何なる空間がふさわしいのか、という議論を、延々と行っている。その際に、常に参照されるのは界隈の歴史であり、大都市の中で多様な人によって構成される界隈を守ってきたそれまでの努力や工夫である。新たな改変がこの界隈において人々の暮らしを支えるために有益であるかどうか、蓄積の中で判断し、地域に根付いた知として共有することに希望があるのではなかろうか。地域に根付いた知、とは、その地域性を空間的・時代的に明確に限定したうえで、有益なものとなる。近代以降の多くの知の中には、地域に根付かない、すなわち知が成立する条件や状況を無視したが故に、悲劇や誤解を招いたものが多かった。路上の風景という確固とした実態に基づいた知を介したつながりが、ニューヨークにおいてグリニッジ・ヴィレッジに存在している。ニューヨーク全体でみたときに、多様な界隈があることが、決定的な排他にならない状況を担保し、新しい文化を創造することに役立っている。

地域に根付いた知を介したつながりとは、排他的ではない新たなつながり方であり、それによって新たな価値が生み出されるのではないだろうか。地域に根付いた知がアメリカ大都市の死と生を分ける命なのだ。

笑顔から始まる都市再生

山崎　亮

やまざき・りょう　一九七三年生。studio-L代表。東北芸術工科大学教授（コミュニティデザイン学科長）。慶応義塾大学特別招聘教授。著作に『コミュニティデザイン』（学芸出版社）『ソーシャルデザイン・アトラス』（鹿島出版会）『まちの幸福論』（NHK出版）等。

顔が怖いと言われる。真剣に仕事をしていると「怒っているんですか？」と聞かれる。考え事をしていると誰も話しかけてこない。人を寄せ付けないほど険しい顔をしているのだろう。

顔に似合わず怖がりである。知らないまちを歩くと緊張する。それが大都市ならなおさらだ。無意識のうちに早足になる。怖い話は苦手だし、推理小説は手に取らない。ホラー映画などもってのほか。一週間後まで怖さが残る。

大学で都市計画を学んでいた頃、友人からジェイン・ジェイコブズの本を紹介された。「面白い本だから読んでみるといい」と渡された本のタイトルは『アメリカ大都市の死と生』。怖いタイトルである。まず「アメリカ」というのが油断ならぬ。続く「大都市」も危険な匂いがする。そして「死と生」である。間違いなく怖い。しかも、その本は真っ黒な箱に入っていて、抜き出しても表紙、背表紙、裏表紙すべて黒なのである。怖すぎる。きっとこの本を読んだら一週間は眠れない。危険を察知した私は、借りた本をしばらく自宅で寝かせた上で、「なかなか興味深い内容だった」とか言って友人に返した。

これがジェイコブズとの出合いである。いや、実際には出合いを避けた。にもかかわらず、真っ黒で怖そうな本の存在だけは記憶に残った。都市計画、建築、ランドスケープデザインなどを学び、建築設計事務所に勤めたが、常にあの不吉な本だけは避け続けた。

設計事務所で仕事をしているとき、日本の総人口が減るというニュースを目にした。「ハコモノ」という言葉も耳にした。莫大な予算を投じて建設された施設がほとんど使われていないとか、長い年月をかけて進めた再開発が無味乾燥な空間を生み出してしまうという事例をいくつも知った。何かが決定的に欠けている気がした。設計に携わりながら、それが何なのかを考え続けた。

住民参加型の設計を経験するようになって、欠けているものが何だったのかが少しわかった。それは、施設を利用する人の主体性であり、まちに住む人たちの緩やかなつながりである。人口が減少する時代において、市民がまちに無関心で、建物内に閉じこもり、屋外空間に出てこなければ、どんな施設や再開発を行ってもまちは楽しくならないはずだ。「誰かに会えるかもしれない」と期待できるくらいのつながりがないのなら、人はわざわざ屋外空間に出ようと思わないだろう。

自分たちのまちは自分たちで元気にしようという市民の主体性を醸成すること。そういう人々がゆるやかにつながる場をつくること。この二つを仕事にしたい。そう考えて、二〇〇五年にstudio-Lというコミュニティデザイン事務所を設立した。

「良い設計も必要だが、市民の主体性とつながりも大切だ！」ということを、さも自分が発見したかのように語っていたら、友人に「そんなことは昔からジェイコブズが言ってるよ」と指摘された。そして紹介されたのが、あの黒い不吉な本である。しかし今回は読まねばなるまい。何しろ、私の「発見」と同じようなことを半世紀近く前から提唱していたというのだから。

お互いに笑顔で対話し、一緒に何かやろうと思えば、その先にさまざまな可能性が生まれてくるのだ。

その本は怖くなかった。ジェイコブズの他の本も読んでみた。都市の空間と経済とコミュニティについて、バランスのよい考察が続く。腑に落ちる内容ばかりだ。理論だけではない。彼女は、古い建物が一掃されるのを防ぎ、無駄な高速道路の計画に反対した。そして、常に多くの市民とともに行動した。優れたコミュニティデザイナーだったといえよう。

都市再生は道路や建物を新しくするだけで成就するわけではない。そこにどんな人間関係が醸成されるのか、それによってどんな活動や協働が生まれるのかもまた重要である。素晴らしい知識や技術を持った人たち同士が無愛想で、友達になりたいとも思えない人間関係であり続けるのは都市にとって大きな損失である。その人たちがお互いに笑顔で対話し、一緒に何かやろうと思えば、その先にさまざまな可能性が生まれてくるのだ。

人と人とのつながりは笑顔から生まれる。極めて単純なことだけど、なかなか実践できないことでもある。怖い顔をした人に話しかける人が少ないことを、私は経験的によく知っている。

その点、本に登場するジェイコブズは常に愛嬌のある笑顔だ。彼女の理論と実践は、あの笑顔によってつながることができた人たちとの協働の成果なのだろう。彼女の本を読むたびに、コミュニティデザイナーとしてもっと人々に話しかけてもらえるような笑顔でいるべきだと反省させられる。気軽に道を尋ねてもらえるような人になりたい。

人は外見ではないが、外見の親しみやすさもまた大切である。だからこそ思うのだ。本もまた外見ではないが、もう少し怖くないタイトルをつけられなかったものだろうかと。

社会的共通資本としての都市*

宇沢弘文

●うざわ・ひろふみ　一九二八年生。東京大学名誉教授。スタンフォード大学助教授、シカゴ大学教授を経て、東京大学教授。九七年文化勲章受章。二〇一四年死去。主な著書に『自動車の社会的費用』『近代経済学の再検討』『社会的共通資本』(岩波新書)『経済学は人びとを幸福にできるか』(東洋経済新報社)『宇沢弘文の経済学』(日本経済新聞出版社)等。

解題　間宮陽介

ここに掲載された論文は宇沢弘文が『21世紀の都市を考える』(東京大学出版会、二〇〇三)に寄稿した論文の再録である。宇沢は五〇年の長きにわたって日本政策投資銀行・設備投資研究所の顧問職にあり、同研究所を主要な場として社会的共通資本の研究・指導を行った。その成果は *Economic Affairs* シリーズとして刊行され、その巻数は現在まで一〇を数える。そのうちの半数が都市に関する研究成果であり、上記『21世紀の都市を考える』はその中の一巻である。

数理経済学者、理論経済学者として世界の頂点を極めた宇沢は、研究者としての後半生を社会的共通資本の研究に費やした。新古典派経済学の理論的非現実性と実践的無力、新自由主義のもたらす弊害、ベトナム戦争を突き進むアメリカ「帝国」の非人間性、そして帰国して目の当たりにした都市の荒廃――こうした事柄は一方でこれまでの経済理論の再考を促すとともに、他方では、よりよき社会を目ざす思索へと彼を駆り立てることになった。その過程でしだいに形をとっていったのが社会的共通資本という考えである。

市場原理が社会全体を覆えば、土地を含む自然は金銭的収益の観点から評価され、収益性の高い土地には高層のビルやマンションが林立することになるだろう。また医療や教育は人々の共同の営みであることを止め、サービスの売買関係に解体されてしまうであろう。

忘れてならないのは、社会的共通資本は、市場経済の外部に、市場経済とは水と油の関係として存在するのではないということである。宇沢は市場経済の価値を認めたうえで、市場経済が安定的に存立するためには社会的共通資本の存在が不可欠だと考える。ちょうど一枚の絵画が図と地の一体によって構成されるように、宇沢の市場経済は狭義の市場と社会的共通資本が一体となって構成されたものである。市場が図で社会的共通資本が地というのではなく、宇沢においては社会的共通資本が図の位置を占めている。従って彼の市場経済は企業と消費者から成る経済というよりは市民から構成された経済、市民社会といったほうがいい。

都市は、教育や医療、あるいは農業や漁業が営まれるコモンズとともに、社会的共通資本論の中核をなす。そのさい都市＝社会的共通資本を考える道しるべを与えたのが、ジェイコブズの『アメリカ大都市の死と生』である。本書はルドフスキーの『人間のための街路』とともに、宇沢都市論に重要な示唆を与えた書物である。「最適都市」という言葉が示すように、「都市はかくあらねばならない」という規範的な考えを彼にもたらした。

わたしはこんな都市が好きだ、あんな都市は嫌いだという好き嫌いなら誰もがもっている。しかしこのような好悪は都市はかくあるべきだという規範性を生み出すものではない。これに対し、ジェイコブズやルドフスキーの本は、人々の生活の質を都市の形態と結びつける点において、趣味や好みによる都市論とは一線を画す。例えば犯罪の多発する通りよりも、安全で活気に満ちた街路のほうが望ましいことは誰もが認めるであろう。これは好き嫌いの問題ではない。都市は安全で活気あふれる生活の場であるべきなのである。ジェイコブズは都市がどのような形態をもつときに生気を帯びるかを四つの原理に集約し、ルドフスキーは多くの素晴らしい写真によって「人間のための街路」を示した。

ここに再掲された宇沢論文は都市＝社会的共通資本の輪郭あるいは見取り図である。この輪郭に図柄を描き入れるために日本政策投資銀行・設備投資研究所や同志社大学・社会的共通資本センターで研究が続けられたが、病が完成のための時間を奪った。その仕事は若い世代に委ねられたのである。

1　社会的共通資本の考え方

制度主義は、資本主義と社会主義を超えて、すべての人々の人間的尊厳が守られ、魂の自立が保たれ、市民的権利が最大限に享受できるような経済体制を実現しようとするもので、ソースティン・ヴェブレンが一九世紀の終わりに唱えたものである。社会的共通資本は、この制度主義の考え方を具体的なかたちで表現したもので、二一世紀を象徴するものであるといってもよい。

社会的共通資本は、ひとつの国ないし特定の地域に住むすべての人々が、ゆたかな経済生活を営み、すぐれた文化を展開し、人間的に魅力ある社会を持続的、安定的に維持することを可能にするような自然環境や社会的装置を意味する。

社会的共通資本は自然環境、社会的インフラストラクチャー、制度資本の三つの大きな範疇にわけて考えることができる。大気、森林、河川、水、土壌などの自然環境、道路、公共的交通機関、上下水道、電力・ガスなどの社会的インフラストラクチャー、そして教育、医療、司法、金融制度などの制度資本が社会的共通資本の重要な構成要素である。都市や農村も、さまざまな社会的共通資本からつくられていると考えてよい。

社会的共通資本が具体的にどのような構成要素からなり、どのようにして管理、運営されているか、また、どのような基準によって、社会的共通資本自体が利用されたり、あるいはそのサービスが分配されているかによって、ひとつの国ないし特定の地域の社会的、経済的構造が特徴づけられる。社会的共通資本の重要な構成要素である自然環境、農村、都市、教育、医療、金融などについて、それぞれのはたしてきた社会的、経済的な役割を十分配慮しながら、社会的共通資本としての目的が適切に達成でき、持続的な経済発展が可能になるための制度的諸条件を明らかにしなければならない。

2　スミス、ミル、ヴェブレン

経済学が今日のようにひとつの学問分野として、その存在が確立されるようになったのは、一七七六年に刊行されたアダム・スミスの『国富論』*An Inquiry into the Nature and Causes of the Wealth of Nations* に始まる。スミス自身が繰り返し強調しているように、この題名のなかの Nation という言葉は、ひとつの国の国土とそのなかに住んで、生活している人々を総体としてとらえたものを指す。つまり、国土と国民とを総体としてとらえたものであって、統治機構を意味する State（国家）とは異なる、ときとしては対立的な概念を指すものである。その思想的原点は、その二〇年前に書かれた『道徳感情論』*The Theory of Moral Sentiments* にある。

スミスの『道徳感情論』は、ハチスン、ヒュームの思想を敷衍して、共感（sympathy）という概念を導入し、人間性の社会的本質を明らかにしようとした。人間性のもっとも基本的な表現は、人々が生き、喜び、悲しむというすぐれて人間的な感情であって、この人間的な感情を素直に、自由に表現することができるような社会が新しい市民社会の基本原理でなければならないと考えた。しかし、このような人間的感情は個々人に特有なもの、あるいはその人だけにしかわからないという性格のものではなく、他の人々にとっても共通のものであって、お互いに分かち合うことができるようなものである。このような共感の可能性をもっているのが人間的感情の特質であって、人間存在の社会性を表現するものでもある。

　しかし、このような市民社会を形成し、維持するためには、経済的な面である程度ゆたかになっていなければならない。健康で文化的な生活を営むことが可能になるような物質的生産の基盤がつくられていなければならないとスミスは考えて、それから二〇年近くの歳月を費やして、『国富論』を書き上げたのである。

　スミスの『国富論』に始まる古典派経済学の本質をきわめて明快に解き明かしたのが、一八四八年に刊行されたジョン・スチュアート・ミルの『経済学原理』*Principles of Political Economy* である。その結論的な章のひとつに On Stationary States（定常状態）という章がある。ミルのいう Stationary State とは、マクロ的に見たとき、すべての変数は一定で、時間を通じて不変に保たれるが、ひとたび社会のなかに入ってみたとき、そこには、華やかな人間的活動が展開され、スミスの『道徳感情論』に描かれているような人間的な営みが繰り広げられている。新しい製品がつぎからつぎに創り出され、文化的活動が活発に行われながら、すべての市民の人間的尊厳が保たれ、その魂の自立が保たれ、市民的権利を最大限に保障されているような社会が持続的（sustainable）に維持されている。このようなユートピア的な Stationary State を古典派経済学は分析の対象としたのだとミルは考えたのである。

　国民所得、消費、投資、物価水準などというマクロ経済的諸変数が一定で保たれながら、ミクロ経済的にみたとき、華やかな人間的活動が展開されているというミルの Stationary State は果たして、現実に実現可能であろうか。この設問に答えたのが、ソースティン・ヴェブレン（Thorstein B. Veblen）の制度主義の経済学である。ヴェブレンの制度主義の考え方を現代的なかたちで表現すれば、さまざまな Social Overhead Capital（社会的共通資本）を社会的な観点から最適な形に建設し、そのサービスの供給を社会的な基準に従って行うことによって、ミルの Stationary State が実現可能になるというように理解することができる。Sustainable Development（持続的発展）の状態を意味したものであるといってよい。

　先にも述べたように、社会的共通資本は自然環境、社会的インフラストラクチャー、制度資本の三つの大きな構成要素から成る。

その管理、運営のあり方、また、どのような基準によって、社会的共通資本自体が利用されたり、あるいはそのサービスが分配されているかによって、ひとつの国ないし特定の地域の社会的、経済的構造が特徴づけられる。

このとき、社会的共通資本の管理について、ひとつ重要な点にふれておく必要がある。社会的共通資本の管理について、社会的共通資本は、それぞれの分野における職業的専門家によって、専門的知見にもとづき、職業的規律にしたがって管理、運営されるものであるということである。社会的共通資本の管理、運営は決して、政府によって恣意的に支配されたり、あるいは市場的基準にしたがって行われるものではない。この原則は、社会的共通資本の問題を考えるとき、基本的重要性をもつ。社会的共通資本の管理、運営は、フィデュシアリー(fiduciary)の原則にもとづいて、信託されているからである。

Stationary State あるいは Sustainable Development を実現するために、社会的共通資本の具体的な構成要素をどのように決め、管理、運営にかんする基準をどのように決めたらよいかが現在、経済学者にとってもっともプライオリティの高い課題であるといってよいであろう。

3　社会的共通資本としての都市

社会的共通資本としての都市とは簡単にいうと、ある限定された地域に、数多くの人々が居住し、そこで働き、生計を立てるために必要な所得を得る場であるとともに、多くの人々がお互いに密接な関係をもつことによって、文化の創造、維持をはかってゆく場である。

都市では、本源的な意味における土地の生産性に依存することなく生産活動を行うことができるという点で、農村とは本質的に異なる。農村では、生産活動が土地と時間を主要な生産要素として行われるのに対して、都市における土地利用の、規模と機能はきわめて限定的である。しかし、都市において、土地利用がどのような形で行われているかということは、そこで営まれる社会的、経済的、文化的、人間的活動の性格を規定する上で決定的な役割を果たす。都市は文明の顔であるといわれる。このことは一国の中枢的な役割を果たす、いわゆるプライマシーとしての都市の場合、とくに顕著である。これらの都市の諸様相はそのまま、そのときどきの時代的特徴を鮮明にあらわし、その国の政治的、経済的特質を反映するものとなっている。

4　日本の都市

日本の都市が第二次世界大戦後半世紀の間に経験した変貌は、その規模、質の両面から歴史上その比をみない。とくに、この間に起こった都市人口の拡大は著しい。第二次世界大戦前には、都市部の人口は約二八〇〇万人、全人口の三八％程度であった。大戦中には都市人口が大幅に減少し、終戦時には約二〇〇〇万人、全人口の三〇％以下となった。その後、都市人口の増加は著しく、現在では九〇〇〇万人をはるかに超えて、全人口の八〇％以上が都市部に住んでいる。

日本の都市人口の増加は高度成長期にとくに顕著であった。一九五〇年代に始まった日本の高度経済成長は、産業的、経済的規模の飛躍的拡大をもたらしたが、人工の都市集中のペースも著しく高まった。とくに三大都市圏への人口集中が顕著で、二五年間に二〇〇〇万人近い人口が流入した。この激しい人口流入によって、日本の都市はかつてない規模での経済的、社会的、文化的変動、摩擦を経験することになったわけである。じつは、このような激しい人口移動そのものも、これらの経済的、社会的、文化的諸条件の変化によって惹き起こされたという面ももっている。いずれにせよ、現在日本が抱えている大きな問題の多くは、この時期の都市人口の拡大と密接なかかわりをもっている。都市人口の問題はまさに、私たちが直面する最大の問題であるといえよう。

日本の高度経済成長を支えたのはいうまでもなく投資であった。初期の時点では、投資は主として工業用地の開発、造成を中心とした産業基盤的な資本形成が中心であったが、一九七〇年代以降、生産基盤的な機能をもつ社会的共通資本の蓄積、とくに都市のインフラストラクチャーの形成に大きなウェイトが置かれた。道路、街路、鉄道の整備・建設、電力、ガスなどの供給施設、上・下水道の整備、学校、病院などという教育・医療・文化的施設の建設などを中心とした都市的インフラストラクチャーの形成によって、この期間に日本の都市は大きな変貌を遂げた。同時に、民間の資金による投資の額も年々巨大な額に上り、企業の建物、個人住宅、社会的、文化的な施設の建設を中心とした私的資本の巨大な蓄積は、社会的共通資本の蓄積と補完的な関係をもって、日本の都市は多様な展開をしてきた。

この時期に日本の都市は大いに改善され、その内容がゆたかになってきたと思う人は多いであろう。土木工学的、物質的な観点からみると、たしかに日本の都市はよくなってきた。街路の構造、建物の質、デザインという点からみて日本の都市はすくなくとも外見的にはすばらしい変化を遂げてきたといってよい。しかし、都市の本来的な機能という面からみて、はたして日本の都市はその物理的、土木工学的外見が示すほどよくなってきたのであろうか。さらに一歩進んで、文化的、社会的、人間的な側面に目を向けるとき、日本の都市の多くは必ずしもよくなったとはいえないのではないだろうか。このような疑問に答えるためには、都市の本来的機能は何かという、より根元的な問題に直面せざるを得ない。

5　二〇世紀の都市

二〇世紀の都市は、近代的都市計画の理念にもとづいてつくられてきたといってよい。この、近代的都市計画の理念は、イギリスのエベネザー・ハワードの「田園都市」(Garden City) に始まり、アメリカに渡って、パトリック・ゲッデスによって拡張され、広域都市の考え方に受け継がれていったが、その昇華点は、ル・コルビュジエによる「輝ける都市」(Radiant City) の理念であった。ル・コルビュジエの「輝ける都市」は、都市をひとつの芸術作品としてみて、合理的精神にもとづき、最大限に機能化された幾何学的、抽象的な美しさをもつ。その具体的なイメージは、広々とした空間の中の芝生に点々と高層建築のオフィス、住宅が建ち並び、商店街、学校、病院、図書館、美術館、音楽堂などの文化的施設、公園などがすべて計画的に配置されている。レイアウトは幾何学的な直線あるいは曲線をもち、直線的で、幅の広い自動車道路がすみずみまで行き渡っていて、すべての建物、施設は自動車によって直接的にアプローチすることができる。建築素材として、ガラス、鉄鋼、コンクリート、大理石がふんだんに用いられ、建築物の形態は伝統的な概念を超越し、近代合理主義にもとづいて自由な精神が巧みに表現されていて、近代的デザインと機能性を併せもつ自動車の群れとみごとに調和したものとなっている。ル・コルビュジエは、高度に発達した二〇世紀の工業技術と抽象派の芸術とを都市の形に結晶し、具現化したのである。

しかし、ル・コルビュジエの「輝ける都市」は抽象派の芸術作品としてはすぐれた作品かもしれないが、人間が生活して、人間的交流をもち、人間的な文化を形成してゆく場ではない。ル・コルビュジエの都市では、人間は主体性をもたないロボットのような存在でしかない。

ル・コルビュジエの「輝ける都市」は、二〇世紀の都市の形成、再開発のプロセスに決定的な影響を与えつづけてきた。その、もっとも大きな要因は、ル・コルビュジエの都市を形づくる自動車と、ガラス、鉄筋コンクリートを大量に使った高層建築とが、二〇世紀の「企業」資本主義の体制のもとで、望ましい経済的誘因を形成し、政治的な観点からも好ましい条件をつくり出してきたということが挙げられよう。このことは、高度経済成長期から現在にかけての、日本の都市計画のあり方にとくに顕著に現れている。

近代的都市計画はこのように、都市に住んで、生活を営む生活者としての人間をほとんど無視して、都市計画者自身がもっている単元的、画一的で浅薄な人間像をそのまま投影したものとなってしまった。この傾向は、日本では土地制度の欠陥によって増幅されて、日本の都市の非人間性をいっそう顕著なものとしているように思われる。

かつて私たちは「最適都市」(Optimum City) という概念を提起

した。「最適都市」は、いわゆる近代的都市の理念を超えて、都市の中で生き、生活を営む市民の視点からみて、どのような構造をもち、どのような制度をもった都市が望ましいのかということを模索するために導入されたものである。限られた地域のなかに、技術的、風土的、社会的、経済的諸制約条件のもとで、どのような都市的インフラストラクチャーを配置し、どのようなルールないしは制度によってそれらを運営したら、そこに住む人々にとって人間的、文化的、社会的な観点からもっとも望ましい生活を営むことが可能であろうかということを求めようとするのが最適都市の考え方である。社会的共通資本としての都市というとき、最適都市の考え方をさらに発展させて、社会的、文化的、自然的な観点から魅力のある都市をつくるための制度的諸条件を明らかにしようとするものである。このとき、基本的な役割を果たすのは、ジェーン・ジェイコブスの思想である。

6 ジェーン・ジェイコブスと『アメリカ大都市の死と生』

一九六一年に刊行されたジェーン・ジェイコブス（Jane Jacobs）の *Death and Life of Great American Cities*（『アメリカ大都市の死と生』）は、二〇世紀を通じて支配的であったアメリカにおける都市再開発のあり方に対して根元的な批判を展開し、人間的な都市の基本的性格をジェイコブスの四大原則として特徴づけた。ジェイコブスの考え方は、若い都市計画者たちの間で革命的ともいうべき影響を与え、数多くの都市、あるいは公共的空間が、彼女の理念にもとづいてつくられてきた。二〇世紀の世紀末に入って、地球環境問題が大きくクローズアップされようとしているとき、ジェイコブスの考え方は観光学的視点に立った新しい地域開発のあり方を基礎づけるものとして、二一世紀の Zeit Geist を果たすことになるであろう。ジェイコブスの考え方を観光学的というのは、つぎのような意味においてである。

二〇世紀の初頭、アメリカには、数多くの魅力的な大都市があった。それらの大都市には、幅の狭い、曲がりくねった街路が隅々にまで行き渡っていて、人口密度も高く、人々がおおぜい、絶えず行き交っていた。主な交通手段は路面電車であって、これもまた隅々にまで敷かれていて、人間的な営みを可能にしていた。ところが、一九五〇年代の終わり頃には、これらの大都市の大部分は「死んで」しまった。

アメリカの大都市が「死んで」しまったのは、ル・コルビュジエの「輝ける都市」に代表される近代的都市の考え方にもとづいて、都市の再開発が行われてきたからだと、ジェイコブスは考えた。ジェイコブスは自らの足で、アメリカ中の都市を歩きまわり、数多くの住みやすく、人間的な魅力をそなえた町並みが残っているのを発見した。そして、これらの魅力的で、人間的な町並みに共通した特徴を探し出し、それらをジェーン・ジェイコブスの四大原則――新しい都市をつくるさいの基本的な考え方――としてまとめたのである。

ジェイコブスの四大原則の第一は、都市の街路は必ずせまくて、折れ曲がっていて、一つ一つのブロックが短くなければならないという原則である。幅がひろく、まっすぐな街路を決してつくってはいけない。自動車の通行を中心とした、幾何学的な道路が縦横に張りめぐらされたル・コルビュジェの「輝ける都市」とまさに正反対のことをジェイコブスは主張したのである。

第二の原則は、都市の各地区には、古い建物ができるだけ多く残っているのが望ましいということである。町をつくっている建物が古くて、そのつくり方もさまざまな種類のものがたくさん混ざっている方が住みやすい町だというのである。レストランなどで、店を新しく改造すると、味が落ちたり、値段が高くなって、お客がこなくなってしまうことが多いことをジェイコブスは指摘している。「新しいアイデアは古い建物から生まれるが、新しい建物から新しいアイデアは生まれない」というのはジェイコブスの有名な言葉である。

第三の原則は、都市の多様性についてである。都市の各地区は必ず二つあるいはそれ以上の働きをするようになっていなければならないということである。ル・コルビュジェは、ゾーニングを中心とする都市計画を考えたが、ジェイコブスは、この考え方を真っ向から否定したわけである。

第四の原則は、都市の各地区の人口密度が充分高くなるように計画したほうが望ましいということである。人口密度が高いのは、住居をはじめとして、住んでみて魅力的な町だということをあらわすものだからである。

ジェイコブスの四大原則は、これまでの都市の考え方を全面的に否定して、人間的な魅力をそなえた、住みやすく、文化的香りの高い都市をつくるために有効な考え方であることは、『アメリカ大都市の死と生』が出てから半世紀近くのあいだにはっきり示されてきた。

ジェイコブスの都市はまた、地球温暖化という点からも、非常に望ましいものとなっている。自動車の利用をできるだけ少なくして、エネルギー多消費型の高層建築ではなく、自然と風土にうまく合ったような建物、施設が中心となっているからである。ジェイコブスの都市は、人間的な点から魅力的で、しかも地球環境にやさしい、二一世紀の都市のあり方を示している。

7 観光学的視点に立つ地域開発の考え方

ジェイコブスは、それまでの既成の都市計画の Paradox に疑問を感じ、光を求めて、旅に出て、悟り (Enlightenment) を開くことができたのである。ジェイコブスは、その観た光を四大原則としてまとめたわけである。もともと観光という言葉は、仏教の言葉である。文字通り、旅に出て、光を観て、悟りを開くことを意味する。日本で観光学というとき、観光という言葉をこのような意味で使うのが最近のひとつの大きな流れとなっている。ジェイコブスが展開した新しい都市の理念はまさに、このような意味での観光学の思想をそのまま適用したものであって、それはそのまま、地域開発一般に適用される。日本の場合、戦後五〇年間を通じて、とくに一九八〇年代のバブル形成期に顕著に見られるように、土木・建設産業による土木・建設産業のための地域開発が中心となってきた。その結果、日本全国いたるところで、非人間的、反社会的、そして自然破壊的な地域開発の傷痕が痛々しい姿を残している。この悲惨な、人間破壊的な地域開発をいかにして癒すかということが、目下焦眉の課題として私たちに突きつけられている。このとき、ジェーン・ジェイコブスに始まる観光学的視点に立つ地域開発の理念をいかにして具現化するかに、ことの成否がかかっているといってよい。

8 自動車の普及

日本の交通状況は、高度経済成長期から現在にかけて大きく変化してきた。とくに、一九六〇年代の半ば頃からの変化が量的にも、質的にも著しい。国内輸送をとってみても、貨物輸送量は一九六五年には一八〇〇億トンキロ程度であったのが、一九九八年には五五〇〇億トンキロにまで増えている。他方、旅客輸送も、一九六五年の三八〇〇億人キロから、一九九八年には、一兆二〇〇〇億人キロにまで拡大している。

その構成をみるとき、質的変化はドラマティックである。一九六五年には、貨物輸送のうち、その約三分の一が鉄道によるもので、自動車輸送は四分の一程度であった。一九九八年には、鉄道輸送はわずか四・二％を占めるにすぎず、自動車輸送は五〇％を超える比率を示している。ちなみに、内航海運の比率は、一九六五年、一九九八年ともに四五％前後の比率となっている。

旅客運送についても、貨物運送ほどではないが、大きな質的変化がみられる。一九六五年には、鉄道は、旅客輸送の七〇％近くを占めていて、自動車は三〇％程度であった。一九九八年には、四〇％以下になって、逆に、自動車が六〇％となって、比率が完全に逆転してしまっている。

この背景には一方では、全国的な規模における自動車道路の建設、整備があり、他方では、鉄道に対する投資が必ずしも十分な水準ではなく、逆に、旧国鉄時代にみられるような地方ローカル線の縮小、撤去などがおこなわれてしまったということが挙げられよう。

このような交通体系の変化が自動車の保有台数に大きな影響をもたらしたということはいうまでもない。一九七〇年、自動車の保有台数は約一七〇〇万台を超え、一九九八年には七四〇〇万台となった。人口一人当たりの保有台数は、アメリカなどの国々に比較すれば必ずしも高くないかもしれないが、土地面積単位当たりでは（とくに可住面積をとってみると）、世界でもっとも自動車密度の高い国になっていることがわかる。

過去三〇年間にわたった自動車道路の建設、整備のテンポがじつは、日本の経済、社会、自然という観点から、最適な水準をはるかに超えた異常なかたちでおこなわれてきた。何故、日本における道路建設がこのような水準でおこなわれてきたのか、また何故自動車の普及が、このような道路の拡充の速いテンポをさらにいっそう上まわるような速さでおこなわれてきたのか。この点に、日本の政治的、経済的諸条件がもつ内在的な矛盾が存在し、日本の文化状況をいっそう不安定なものとし、貧しいものとしてきたということを指摘しておきたい。

9　自動車の社会的費用

自動車の社会的費用という概念は、本来、自動車の所有者ないしは運転者が負担しなければならない費用を、歩行者あるいは住民に転嫁して、自らほとんど負担しないまま自動車を利用しているようなとき、社会全体としてどれだけの被害をこうむっているかということをなんらかの方法で尺度化しようとするものである。もし、このような社会的費用を放置しておくときには、人々は自動車を利用すればするほど、私的な観点から大きな利益を得ることができるわけで、自動車に対する需要は限りなく増大する傾向すらもつことになってしまう。

自動車に対する需要が際限なく増大することを防ぐには第一に、自動車の価格に社会的費用に見合う額を賦課金のかたちで上乗せして、自動車に対する必要度が的確に需要に反映されるような仕組みを導入することが考えられる。第二には、道路の混雑が十分に大きくなってから、人々が自動車を利用することによって得られる利便が、私的な観点からも十分に小さくなるようにすることであろう。後者の場合、道路の利用――とくに自動車道路の場合――にともなう限界的社会費用に見合う額を、道路の使用量として賦課することが必要となってくる。しかし、さきに述べたように、現実には、このような方法はとられないまま自動車の保有台数は年々早いテンポで増加しつづけ、それに対応して、自動車道路の建設、現存道路の拡大ということがおこなわれ、それがさらに自動車に対する需要を誘発するという、螺旋的な悪循環を繰り返してきたのである。この悪循環のプロセスを断ち切るためには、自動車利用によって発生する社会的費用を、自動車を利用する人々がすべて負担するという、いわゆる社会的費用の内部化ということを実行することが必要になってくるわけである。このような意味でも、自動車の社会的費用の大きさを具体的にどのように計測するかということが重要な課題となる。

自動車の社会的費用を考えるとき、まず第一に考慮にいれなければならないのは、道路を建設、維持し、交通安全のための設備を用意し、サービスを供給するためにどれだけの費用が実際にかかったかということだけでは不十分であるということを指摘しておきたい。また、これまで、歩行者のために使われていた街路、あるいは子どもたちの遊び場としても使われていた街路について、舗装して自動車通行が可能になるようにしたとき、舗装、改修のためにかかった費用だけでよいのであろうか。当然、歩行者や子どもたちが、自動車が通るようになって、これまでのように街路を安全に使うことができなくなってしまうことによって発生する被害を考慮にいれなければならないであろう。このことは、社会的費用の第二の構成要因と密接な関わりをもつ。

自動車の社会的費用について、第二の構成要素は、自動車事故によって惹き起こされる生命、健康の損失をどのように評価したらよいかという問題である。自動車の利便のひとつが、各人が必要に応じて、手軽に自動車を利用することができるということである。とくに、自ら居住する場所から直接に自動車を利用できるという利点は大きい。このことは同時に、自動車利用にともなう直接的危険がきわめて大きいにもかかわらず、それを、日常性の観点から小さく意識することが多い。自家用自動車を利用する人が、自分自身の子どもをガレージの入り口で轢き殺してしまうという悲惨な事故すらみられるのは、このためであろう。また、公共的な交通機関と異なって、自動車は、専門の運転者によって運転されないのが一般的で、また、一般の歩行者と同じ空間で利用されることが多い。

このような意味でも、自動車運転によって惹き起こされる事故の確率は本来的にもきわめて高いということが予想される。とくに日本の道路の場合、その確率は、道路の構造がもともと自動車道路に適さないことが多く、また、都市の構造一般についても、自動車運行を想定していないでつくられたところが多いということからも、飛躍的に高いのではないかと思われる。日本中どこにいっても、曲がりくねった、道幅のせまい街路で自動車が利用されていて、歩行者、自転車利用者は、この上もない危険にさらされているところがいたるところに存在する。とくに、雨や雪の日など、この危険はさらに高くなって、日本で生活するときに感ずる、もっとも危険なもののひとつとなっている。

さて、自動車事故によって失われた、人命、健康の被害はどのようにして測られているのであろうか。通例使われているホフマン方式の考え方にもとづけばつぎのようになるであろう。もしある人が、自動車事故によって、その生命を失ったとしよう。もし、その人が天寿を全うしたとき、あとどれだけの所得を稼ぎ出すことができるかを計算する。そして、その所得系列を、適当な割引率で割り引いて、割引現在価値を計算する。その額が、自動車事故によって失われた人命の経済的価値の評価であり、自動車の社会的費用の第二の構成要素をなすという考え方である。この考え方がいかに非人間的、反論理的であるかということは、かりに自動車事故によって生命を失った人が、余命いくばくもない老人かあるいは病人であったとすれば、その人の生命の経済価値はゼロないしはマイナスの値をとることになってしまうということからも明白であろう。

自動車事故にともなう生命、健康の喪失にかんする社会的費用は、このような新古典派経済学の枠組みのなかで考えられるべきものであってはならない。むしろ、このような自動車事故が可能なかぎり最低限に抑えられるような道路構造を想定して、このような道路をつくるために現実の道路を建造するためにどれだけ費用がかかるかということによって、自動車事故にかんする自動車の社会的費用が推測されなければならない。このことはじつは、どのような道路構造が望ましいものであるかということに関わるものであって、究極的に、どのような都市構造を私たちは求めているのか、どのような交通体系が望ましいのかという問題に関わってくるものである。

第三に挙げなければならないのは、自動車通行によって惹き起こされる公害、環境破壊にともなう社会的費用をどのように計測したらよいかという問題である。

自動車通行にともなう大気汚染、騒音、振動などは、人々の健康を損ない、ときには生命の危険をもたらす。さらに、住宅環境が破壊され、街路の機能もまた著しく阻害される。このうち、とくに深刻なのは大気汚染にともなう健康被害の問題である。

大気汚染にともなう健康被害の問題は、水質汚濁とならんで、高度経済成長期におけるもっとも深刻な公害問題を提起していた。一九六〇年代にはもっぱら産業活動によって惹き起こされる公害問題が中心であったが、やがて、自動車によって惹き起こされる公害問題に焦点が移っていった。

このことを象徴的に表しているのが、西淀川地区の公害裁判である。

西淀川公害裁判は、自動車沿道における大気汚染公害によって健康被害を受けた人々が、一〇企業と国・道路公団を被告として提訴したものである。

一九七二年に判決が下された四日市公害裁判（提訴一九六七年）は、疫学的判断にもとづく法的因果関係を認めて、複数企業の共同不法行為責任を認めたという点で歴史的な意味をもつものであった。西淀川公害裁判はさらに進んで、自動車道路の設置管理者である国と道路公団もまた、民間企業と同じように、共同不法行為の成立に責任をもつべきであるという主張を展開したものであって、大気汚染の原因に、自動車の果たす役割が、この間に大きく変わってきたことを象徴するものである。

西淀川公害裁判は、自動車との関連でもうひとつ重要な意味をもっている。それは、大気汚染の原因物質にかんして、二酸化硫黄だけでなく、二酸化窒素と浮遊粒子状物質とを含めているという点である。四日市公害問題を始めとして、一九六〇年代の大気汚染は主として、工場から排出された硫黄酸化物による呼吸器疾患が中心であった。反公害運動の焦点はもっぱら硫黄酸化物におかれ、二酸化硫黄にかんする環境基準がかなりきびしい水準に設定され、その濃度は、一九七〇年代から現代にかけて大幅に減少するという結果をもたらした。しかし、自動車から排出される有毒ガスのなかで、とくに深刻な健康被害をもたらすのは、二酸化窒素であって、その影響は広範な領域にわたっている。

二酸化窒素は、二酸化硫黄と異なって、粒子が微小で、肺胞の深部にまで達し、一般に喘鳴をともなう肺疾患を惹き起こす。とくに、二酸化窒素は、ある種の浮遊粒子状物質と複合するとき、肺癌などの悪性腫瘍を誘発する要因となりうることが、近年、多くの医学的・免学的研究を通じて明らかにされた。

ところが、一九七八年、環境庁（当時）は、二酸化窒素に関わる環境基準を大幅に緩和する措置を強行した。二酸化窒素にかんする環境基準は、「一時間値の平均〇・〇二ppm以下」であったが、それを、「一日平均値〇・〇四―〇・〇六ppm以下」という緩和した基準に変え、しかも測定方法をも同時に変えたため、実質的には三倍以上の緩和措置であった。この基準緩和によって、それまで、全国の測定局のうち、旧基準をみたしていたのは五％以下であったが、九五％が新基準をみたすという奇妙なことになったのである。

この基準緩和は、環境庁が、上に述べたような医学的・免学的知見を無視して決めたものであるが、その背景には、自動車道路の建設に関わる問題が存在していたのである。すなわち、旧基準のもとでは自動車道路の建設が不可能といわないまでもきわめて困難となってしまうということが、基準緩和に対して、産業界からのつよい圧力の原因であった。

自動車の社会的費用の第四の構成要因は、自然環境の破壊である。自動車道路、とくに観光道路、スーパー林道などの建設によって、森林と地形の均衡が破られてしまうだけでなく、自動車から吐き出される有毒ガスによって、樹木が枯れ、いたるところに枯木の墓場が広がっている。日本の地形的条件のもとでは、森林の均衡を保つことが困難であって、自動車による自然破壊はたんに環境景観の破壊に止まらず、ときとして大きな災害を惹き起こす要因ともなっている。

自然破壊と関連して強調しなければならないのは、自動車による文化的、社会的環境の破壊である。とくに都市については、自動車通行が中心となるにしたがって、その社会的環境は不安定な、危険なものとなって、文化的にも劣悪なものとなってゆく。また、自動車自身が、その果たす機能の大きさに比較して、あまりにも巨大な空間的存在であるということによって、都市空間のあまりにも大きな部分を自動車利用のために提供しなければならなくなってしまうということである。とくに、日本の場合、可住国土面積当たりの人口、経済活動水準が極端に高く、自動車利用のために割かなければならない土地面積の希少性はきわめて高くなる。この点に関連した社会的費用が天文学的な額に上るということは容易に推測されることである。その上、ガソリン・スタンドの潜在的危険性、自動車をはじめとして自動車関連の廃棄物置場などによって惹き起こされる都市環境の劣悪化、醜悪化がみられる。さらには暴走族の類が人々の生活に及ぼす悪影響、自動車の普及にともなう犯罪の凶悪化など、自動車がもたらす害毒はいちいち挙げれば際限がない。

自動車の社会的費用として最後に挙げなければならないのは、自動車の生産、利益の過程で使われるエネルギー資源の希少化、それにともなう地球的環境の均衡破壊の問題である。自動車は、その生産と使用の過程において厖大なエネルギー資源を浪費する。とくに化石燃料の使用によって、大気の温暖化という地球的規模における不均衡現象を誘発している。この現象は、化石燃料、とくに石油の燃焼に対して、その社会的費用を内部化するという政策を採らないかぎり、安定化することは困難である。また、自動車道路の建設によって惹き起こされる森林の破壊は二重の意味で、大気の温暖化に悪影響を及ぼしているということも指摘しておかなければならないであろう。

10 都市思想の転換

自動車の社会的費用は、経済的、社会的、文化的、自然的な側面にわたって、多様な形態をとり、その大きさはまさに天文学的な水準に達している。各都市の設計はもちろん、全国的な交通体系の策定にさいしては、自動車の社会的費用が内部化されているように、自動車道路の設計、その建設費用の負担、都市におけるさまざまなインフラストラクチャーの建設、さらに自動車の購入、保有に対する課税制度を考慮すべきである。このときはじめて、社会的共通資本をも含めた、希少資源の効率的ないし最適な分配が実現し、安定的な社会的、経済的状態を維持することが可能になる。

しかし、日本の場合、このような配慮はまったくなされず、自動車道路の拡大、建設が著しく速いテンポでおこなわれ、自動車保有台数の加速度的増加を誘発してきた。その結果、日本は世界でも有数の「くるま社会」となって、その陰惨な症候群に悩まされ、人々の実質的生活の内容は著しく貧しいものとなり、その文化的水準はきわめて劣悪なものとなってしまっている。要するに、日本では、自動車の社会的費用が異常なほど高いにもかかわらず、その内部化ということがまったく考えられてこなかったという現象がみられる。

これにはいくつかの要因が存在する。

日本における自動車の普及は、自動車道路をはじめとする道路ならびに関連施設の建設のよって促進されてきた。公共事業としておこなわれる自動車道路の建設は一方では、土木・建設産業に対して効果的な有効需要を生み出し、高い利潤を確保するという役割を果たす。他方では、政治的情実を巧みに利用して、自民党専制体制を維持するという役割を果たしてきた。

自動車道路の建設は自動車産業自体の発展に対して大きな効果をもつとともに、自動車関連産業における雇用形成を誘発し、ひいては日本経済全体の成長を促進するという効果をもっていた。このことはまた人々の精神構造に対して、無視しえない影響を与えて、自動車の果たす光の部分だけに注目して、そのネガティブな側面から目をそらすという思考形態が一般的な風潮となっていった。もともと、人々の精神構造のなかには、自動車の普及が、社会の進歩を示すもっとも重要な尺度だという誤った考え方があって、日本における自動車道路の建設が歯止めのないかたちで進行していった背景には、この考え方がときとして支配的であったということと無縁ではないように思われる。

この点と関連して言及しなければならないのは、望ましい都市とはどのような形態をとらなければならないのかということにかんする社会的コンセンサスの欠如という現象である。というよりは、非人間的な近代的都市の理念が支配していたということに起因していたということに深く関わっているように思われる。

さきに述べたように、ジェイコブスの都市理念にもとづくとき、新しい都市の形態、とくに公共的交通機関の果たす役割にかんして、これまでの考え方に対して一八〇度の思想的転換を迫られることになる。

人間的な魅力を備えた都市はまずなによりも歩くということを前提としてつくられなければならない。ジェイコブス的な街路は、道幅が広くなく、曲がっていて、ひとつひとつのブロックが短い。しかも、十字路的な交差点では、T字路を基本とし、歩道橋の類は原則として避けるように設計されなければならない。また、歩道と車道とが物理的に分離されていることは当然であるが、歩行者が直接自動車通行によって影響を受けないように、街路樹などによって適当に遮断されていなければならない。歩行者がかろうじて電柱のかげにかくれて、走りすぎる自動車をよけているというのは、日本の都市でよくみられる光景であるが、このことほど、日本の都市の貧しさを象徴するものはない。

公共的交通機関を基本的な交通手段として都市を設計するとき、ひとつの都市の大きさについて自らある限界が存在する。日本の大都市は、東京、大阪をはじめとして、異様な規模にまで拡大されてしまった。このような規模をもつ都市に対して、公共的交通機関を中心として交通体系を考えることは非常に困難となり、またそれにともなう希少資源の浪費もまた大きくなってしまう。

「くるま社会」の都市を超えて、人間的な都市をつくろうとするとき、ジェーン・ジェイコブスの四大原則がもっとも基本的な考え方を提供している。しかし、その理念を具現化することは必ずしも容易ではない。とくに日本の場合、自動車を中心とした、ル・コルビュジエ的な都市理念がこの上もない思想的遮蔽を形づくっている。しかし、日本の大都市の多くはすでに「くるま社会」の限界に到達しつつあって、いま、ジェイコブス的な転換をおこなわなければ、都市における社会的不安定性、文化的俗悪は、不可逆的な被害を私たちに与えることになることは間違いないであろう。

＊小著『社会的共通資本』（岩波新書）の第三章「都市を考える」からの引用が多いことをお断わりしておきたい。

参考文献

宇沢弘文（1972）、「社会的共通資本の理論的分析」『経済学論集』。

Uzawa, H. (1972), “The Transition to a Welfare Economy in Japan,”in *Prologue to the Future: The United States and Japan in the Post-Industrial Age*, edited by J. W. Morley, Lexington Books, 49-60.

宇沢弘文（1973）、「シビル・ミニマムの経済理論」講座『現代都市政策』第V巻、岩波書店。

宇沢弘文（1973）、「社会的共通資本の概念」講座『現代都市政策』第Ⅶ巻、岩波書店。

宇沢弘文（1974）、『自動車の社会的費用』岩波新書。

宇沢弘文（1974）、「市場経済の危機と市民的自由」『世界』。

Uzawa, H. (1974), “Sur la theorie economique du capital collectif social,” Cahiers du Seminaires d'Econometrie, 103-22. Translated in *Preference, Production, and Capital: Selected Papers of Hirofumi Uzawa*, New York and Cambridge: Cambridge University Press, 1988, 340-62.

Uzawa, H. (1974), “Optimum Investment in Social Overhead Capital,” in *Economic Analysis of Environmental Problems*, edited by E. S. Mills, National Bureau of Economic Research, 9-26.

Uzawa, H. (1974), “The Optimum Management or Social Overhead Capital,” in *The Management of Water Quality and the Environment*, edited by J. Rothenberg and I. G. Heggie, London: Macmillan, 3-17.

Uzawa, H. (1984), “Social Stability and Collective Public Consumption,” in *The Grant Economy and Public Consumption*, edited by R. C. O. Matthews and G. B. Stafford, London: Macmillan, 1982, 23-37.

宇沢弘文（1986）、『現代を問う』東京大学出版会。

宇沢弘文（1989）、『「豊かな社会」の貧しさ』岩波書店。

宇沢弘文（1994-95）、『宇沢弘文著作集――新しい経済学を求めて』全一二巻、岩波書店。

宇沢弘文（1995）、『地球温暖化を考える』岩波新書。

宇沢弘文（2000）、『社会的共通資本』岩波新書。

宇沢弘文・高木郁朗編（1991）、『市場・公共・人間――社会的共通資本の政治経済学』第一書林。

宇沢弘文・堀内行蔵編（1992）、『最適都市を考える』東京大学出版会。

宇沢弘文・茂木愛一郎編（1994）、『社会的共通資本――コモンズと都市』東京大学出版会。

宇沢弘文・國則守生編（1995）、『制度資本の経済学』東京大学出版会。

［編集部付記］初出：宇沢弘文他編『21世紀の都市を考える――社会的共通資本としての都市2』東京大学出版会、二〇〇三年。著者が故人のため、人名表記は原文のままとした。

ペニーセールでのジェイコブズ。（1968 年）Box 36, folder 10, Jane Jacobs Papers, MS.1995.029, John J. Burns Library, Boston College.

コラム

『アメリカ大都市の死と生』が日本の防災と防犯に与えた影響

山本俊哉

やまもと・としや　一九五九年生。明治大学教授。建築学専攻。著作に『防犯まちづくり』（ぎょうせい）『大地震に備える』（丸善）『日本の安全文化』（研成社）等。

　私にとってのジェイン・ジェイコブズは、一にも二にも、『アメリカ大都市の死と生』（一九六一年）の著者である。建築家・黒川紀章が訳したSD選書一一八（一九七七年）を大学時代に購入して読んだ。建築評論家のチャールズ・ジェンクスの『ポスト・モダニズムの建築言語』（一九七八年）が刊行され、ちょうどポスト・モダンが建築界で流行し始めた頃であった。

　ジェンクスがその本の冒頭で「モダニズム建築の終焉の日」と位置付けたのが、一九七二年のプルーイット・アイゴー団地の爆破解体であった。一九五一年にセントルイス市の低層密集市街地を、いわゆるスラムクリアランスしてつくられた高層住宅団地は、完成からわずか二〇年足らずで爆破解体された。空き家が犯罪を呼び、犯罪が空き家を増やすという悪循環が止められなかったからだ。誰にでも開かれたオープンスペースは誰のものでもなかった。プライバシーが確保された住戸は隣人関係の切れた孤立した空間になっていた。ジェイコブズが批判し、反対していたスーパーブロックの問題が最悪の形で現実化した。

　高さ四〇mの高層住宅が南北一・二kmに渡って建ち並ぶ「防災の砦」が墨田区北部にある。その都営白鬚東団地は、周辺の木造密集市街地が地震で火の海になった際に逃げ込める安全な避難広場を確保するために一九七〇年に計画された。その市街地再開発事業は、私がコンサルタントとして墨田区の向島の防災まちづくりに関わり始めた一九八六年に完了した。地元住民の反対を押し切り、多額の税金を投入したハード面偏重の事業に対する批判は、計画段階からあった。私が業務を請け負った一寺言問地区は、東京都の防災生活圏構想のモデル地区に選定され、白鬚東団地に逃げずにすむ防災まちづくりを目指した。その当時、白鬚東団地はコルビジェ的、一寺言問地区はジェイコブズ的であると、対比的に評された。それは一寺言問地区で進めた参加型まちづくりの進め方に対する賛否でもあった。

　「あれはまちづくりではない」と、一寺言問地区の進め方を批判する行政マンもいた。都市計画的な事業手法を講じた計画図を描いていないし、専門家としての主体性も見られないという批判であった。トーマス・カンパネラが『ジェイン・ジェイコブズとアメリカ都市計画の死と生』（二〇一一年）の中で、「ジェイコブズ革命の遺産は、**都市計画家としての権威と専門的技術よりも草の根を優先することで、専門職としての立場を失った**」。と述べているが、あの批判はその憂いだったかもしれない。いずれにしても、一寺言問地区のような参加型まちづくりはその後全国各地に普及した。木造密集市街地の持つ多様な価値を向上する必要性を唱える考え方も広がった。一寺言問地区のような地震災害の危険性が高い木造密集市街地に、ジェイコブズのいう「都市の多様性の条件」をそのまま当てはめて評価することは禁物であるが、その地域で生活する市井の人々の視点からまちづくりを組み立てる方法を促したことは間違いない。

白鬚東団地はコルビジェ的、一寺言問地区はジェイコブズ的であると、対比的に評された。

ジェイコブズは、『アメリカ大都市の死と生』の第二章の「歩道の使い道——治安」の中で、「都市での公共の平穏を主に維持しているのは警察ではない」とし、街路沿いの建物と歩道利用者の自然的監視性と無意識なネットワークによる縄張り意識（領域性）によって維持されていることを喝破した。直接的ではないが、この言説がその後の犯罪対策の転換に多大なる影響を及ぼした。建築家のオスカー・ニューマンは、このジェイコブズの着想にヒントを得て、解体前のプルーイット・アイゴー団地を調査し、その後『まもりやすい住空間：都市設計による犯罪予防』（一九七二年）を発表した。それは、環境犯罪学やＣＰＴＥＤ（環境設計による犯罪予防）の発展、そして犯罪対策の転換を促した。ニューマンのいう「まもりやすい住空間」の四原則は、ジェイコブズが指摘した「領域性」と「自然監視性」に「イメージ」と「環境」を加えたものであった。

私が環境犯罪学やＣＰＴＥＤを知ったのは、九〇年代に入ってからである。当時は、住宅・都市整備公団や都市防犯研究センターからの委託研究の一環として文献資料調査や犯罪現場調査を重ねた。まだ大学の専任教員に着任する前であった。ＣＰＴＥＤがジェイコブズのアイディアを下敷きに発展したことを知った時は何だか嬉しかったが、まさか私の博士論文のテーマになるとは思ってもみなかった。

今から二年前、東京でジェインズ・ウォークを一緒にやらないかと、同僚の管啓次郎さんから声をかけられた時には、二つ返事で答えた。その四年前に『アメリカ大都市の死と生』の新たな翻訳本（二〇一〇年）が刊行され、ゼミの必読書としたから、研究室として取り組むことにした。私にとってのジェイン・ジェイコブズは、今でも『アメリカ大都市の死と生』の著者である。

ジェイコブズ都市論の革新性

間宮陽介

●まみや・ようすけ　一九四八年生。青山学院大学特任教授。社会経済学。著作に『モラル・サイエンスとしての経済学』（ミネルヴァ書房）『ケインズとハイエク』（中央公論社）『法人企業と現代資本主義』（岩波書店）等。

1　私のジェイコブズ遍歴

ジェイコブズの『アメリカ大都市の死と生』は私にとって思い出深い書物である。学生の時分から現在に至るまで、幾度となく手にし、一から読み返すことも再三であった。

最初に読んだのが学生の時分、黒川紀章氏による抄訳で、このときは目的もなく、たんなる教養のつもりで読んだのだが、なにか路上探検ふうのお話のようで、あまり印象に残らなかった。二度目は一九八〇年代の半ば、辞書を抱えながら原書で読んだ。当時私は世田谷区の市民大学にかかわっていて、その経済コースのゼミを宇沢弘文先生が担当し、私は先生の講師補佐の役を任されていた。その年のゼミのテーマは「日本経済を考える」というようなものであったが、先生は急遽予定を変更し、『アメリカ大都市の死と生』を原書で読もうということになった。コピーを配布して毎回、受講生に担当部分を要約してもらうのだが、本書は俗語が混じった口語的な文体で書かれており、とてもすんなり読めるような本ではない。これを市民大学のテキストにえらぶ先生の無謀を思ったが、はたせるかな、ゼミはまたたく間に暗礁に乗り上げ、四、五回後にはあえなく挫折してしまった。因みに、翌年か翌々年、出たばかりの『都市の経済学』をテキストに用いた。こんどは翻訳なので、報告を割り当てられた受講生はなんとかこなしたが、宇沢先生や私の「経済学」の思考回路では捉えきれない独特な論理が多く、爽快な読後感もないまま、尻切れトンボに終わった記憶がある。

しかし私の都市論に対する興味はしぼむどころか、むしろ膨らむばかりであった。「都市の計画と反計画」をある講座に書いたのを皮切りに、あまり目立たない場所におそるおそるいくつかの論考を発表した。都市を雑学のネタにするのでなく、空間論として真正面から考察すること。三次元空間、宇宙空間のような拡がり、延長としての空間でなく、内部と外部、公と私、開と閉、境界、奥行きといったカテゴリーを基礎としたトポロジカルな構成体としての空間。このような空間概念をもってすれば、都市の公共空間論とハンナ・アーレント流の政治的公共空間論はたとえ交わることはないとしても、同じ空間論としてある程度までは接近するのではないか。

しかし空間論として都市を論じるのはたやすいことではない。もちろん「都市と空間」といった書物は多々あるけれども、私が目ざす方向とは必ずしも同じではない。考えは遅々として進まず、いわばワラをもつかむ思いで、額縁論やバロック建築論にまで手を広げるが着地点は見えてこない。そんな中、山形浩生氏による『アメリカ大都市の死と生』の新訳（こんどは全訳）が出た。原点に返ってもういちど本書をちゃんと読んでみようと思い、これを大学で担当している基礎ゼミのテキストに使うことに決めた。こんどは「読む」のではなく「教える」のであるから、本を丹念に読むだけではすまず、行間にまで探りを入れなければならない。登場する固有名詞の街路、広場、住宅地等――ジェイコブズが批判するものであれ、称揚するものであれ――はインターネットで得た写真によってイメージを可視化する。路上での子どもの遊び、活動が論じられる章では、『都市の遊び場』（アレン卿夫人）や羽根木プレーパークの関連本にも手を伸ばすというふうに、徹底的に本書を解剖しようと考えた。

そして今回、本稿を準備するにあたって、ふたたび、本書をひもといた。路上を舞台にした都市探偵のお話という最初のイメージは完全に吹き飛び、じつに緻密な構成をもつ理論的書物だという印象を新たにした。「理論的」と敢えていうのは、訳者解説で山形氏は、本書を、その優れた着想は認めながらも、アマチュアの都市談義、きちんとした調査やデータを欠いた印象批評だと断じているからである。

「専門家が専門バカに堕さず、その一方でアマチュアがそれを言い訳にせず生産的な活動を行う」という意見、ことに後半部分には諸手をあげて同意する。しかしジェイコブズがアマチュアで、『死と生』の成功が「アマチュア性の勝利」だというのはどういう意味だろう。都市の専門家とアマチュアとはどのようにして識別されるのだろうか。解説を読んで引っ掛かるところがあったので、本稿をここから説き起こすことにする。

2 誰が都市の専門家か

都市の専門家、あるいは専門家を自負する者から見ると、ジェイコブズの書物は身辺の経験をもとに強引に自説を展開する素人談義に見える。一定の組織的手法に基づいたフィールドワークというにはほど遠く、自分の都市体験、友人・知人との会話、都市関係の報告書、新聞や雑誌が自説を裏付ける主たる材料となっている。だからアカデミズムの専門家あるいは都市計画の専門家の目には、この本は主婦の直感で書かれた、ただそれだけの本だと映るのであろう。

例えば、「アンファン・テリブル」「自家製の湿布薬で都市癌を治療しようとするにも等しい愚挙」とジェイコブズをこき下ろすルイス・マンフォードは、「ジェイコブズ夫人は、もっとよく事態を把握しているかもしれない人たちを大都市生活の敵と見なす誤りを犯している」と論難している。事態をよく把握している人たちにはもちろんマンフォード自身も含まれている。田園都市派だの、分散派だのというレッテルを貼って専門家を批判する都市の素人ジェイコブズ。この身のほど知らずの素人に対する怒りが爆発——素人に対して憤るのは大人げないと思ったのか、いくらか抑制されているが、それでも怒りは抑制の殻をつき破って噴出している——したのがマンフォードのジェイコブズへの書評論文である。

都市において——学術世界においてではない——誰が専門家であり、誰が素人であるかは必ずしも自明なことではない。街路を抹殺せよと叫ぶル・コルビュジエは都市のことを熟知しているのか？　都市の喧噪と害悪を逃れて自然の中に自足的な都市を作ろうとする分散派は、都市を作るどころか、むしろ都市から遁走しているのではないか？　このような疑問を発するジェイコブズにしてみれば、素人はむしろル・コルビュジエやマンフォードのほうであろう。光と空気と緑の理念にもとづいて都市を建設しても、理念とは裏腹に都市は犯罪や破壊のために死に至るかもしれない。あるいは家族的一体感を謳い文句にする中産階級の郊外住宅地では、子どもの発達と社会化に重大な支障をきたすかもしれない。都市の正の側面には負の側面が貼りついており、もしそうだとしたら、正の側面だけを貼り合わせて都市を構成する都市計画家は正負両面によって都市を考えるジェイコブズに比べると思慮が浅いことになる。

あるいはこうもいえる。建築家はその専門的知識によって家を設計し、大工は専門的技能によって設計図通りに家を建てる。だが出来上がった家の良し悪しを判断するのはその家に住む住人である。吹抜きの居間は邸宅ふうで結構に見えるが、冬は暖房が効かず、寒さがこたえる。住人は住んでみて初めてこのことに気づく。だからアリストテレスは、「家の住み心地がいいかどうかを最後に決めるのは建築家ではなく、その家に住む人だ」といったのである。

材料工学、構造力学、費用計算、敷地計画などにおいては、建築家や都市計画家はプロかもしれないが、家や都市の住み心地を判断する段になると、住人や住民がプロだということだ。「輝く都市」のどこに問題があるのか、文句があるならお前が作ってみろ、というのは専門家の傲慢である。ジェイコブズの分析はブリリアントだが、処方箋がないというのは批評家の怠慢である。というのは、都市病の処方に関心があるのなら、「ブリリアントな分析」をもとに自分で有効な処方箋を模索すればいいからである。この手の批評はタメにする批評であって、同種の批評（「手際よく解釈しただけで、実践への指針がない」）を浴びた丸山眞男は、どうぞ御勝手にというほかない、と苦笑している。

しかしここには異論が予想される。家の住み心地を判断するのがそこに住む人だというのはいいとしても、住人の趣味や嗜好は各人各様であろう。近年、鉄道の駅周辺に超高層マンションが建ち始めているが、その最上階に住む人は、強制されてそこに住むわけではなく、雲の上の都会生活をエンジョイしたいと思うから、億単位の金を払っても惜しいとは思わない。田園都市計画の典型的産物であるチャタム・ヴィレッジ、ジェイコブズが批判の矢を放つピッツバーグ市のこの郊外住宅地は、マンフォードにとっては、これまでの都市住宅区域計画の中で最も優れた例である。

チャタム・ヴィレッジとジェイコブズが住んでいたグリニッジ・ヴィレッジの間にどのような違いがあるのか。それは、下町の風俗を好むジェイコブズと大都市嫌いのマンフォードの価値観の違い、好き嫌いの差にすぎないのではないか。著名建築家が設計した建築になると蓼食う虫もすきずきというわけにはいかず、好き嫌いとは次元を異にする芸術性（美観）の問題が介入してくる。ボルドーにあるペサックの集合住宅（ル・コルビュジエ設計）は広々としたガラス窓によって内外空間を相互貫入させるが、プライバシーが損なわれるとして窓を塞いだ住人の上には建築の芸術性、文化財的価値が君臨し、改修は市当局によって待ったをかけられた。

芸術性あるいは美観の問題を持ち出されるとジェイコブズには不利だろう。雑然とした下町よりは整然とした美観をもつ都市がいいというのは世間の通り相場だからである。ペサックの家の住人たちは文化遺産に手をつけることを許されず、建築よりは自分のプライバシーを犠牲にせざるをえなかった。チャンディガールの議事堂脇の人工池で上着を洗う上半身はだかのインド人たちは、ル・コルビュジエの芸術に泥を塗る不逞の輩ということになろう。

ジェイコブズが見たのは、都市の良し悪しは人それぞれというわけにはいかない、個人の都市に対する嗜好や建築家・都市計画家の思惑はそのままのかたちで実現するとは限らない、ということである。たとえそれが善意やヒューマニズムや建築芸術家の美意識に出るものであったとしても、都市の生態系に対する無頓着が死に至る病を宿すことがある。ジェイコブズが紹介しているプルーイットーアイゴー団地（本では団地名は伏せられている）はその典型的な事例である。スラムを一掃した広大な跡地に建てられた低所得者向けのこの高層集合住宅――光と空気と緑の建築理念を地で行くようなこの集合住宅は、破壊行為や暴力行為によって荒れ果て、ジェイコブズが本書を書いた十年後に、市当局によって爆破解体されるのである。

太陽と空気と緑の広大な空間が裏目に出て犯罪と破壊の都市を生むことがある。プルーイットーアイゴー団地ではスキップ・ストップ式のエレベーターがこの閉ざされた小空間をアンモニア臭の漂う「密室の街路」に変えた。このように当初の意図が「裏目」に出るのは、自然の生態系と同様、都市の生態系は込み入った因果連鎖をもつ複雑系をなすからであり、紙と模型で都市をつくる専門家の理解の範囲を超えることが多いからである。

3 純粋主義の弊害

大都市郊外の田園都市も、大都市内の垂直の田園都市も、いずれも産業化に伴う居住環境の悪化を解決するために考案された。しかしこれらは、ジェイコブズによれば、都市問題を解決するのでなく、都市問題を回避した。問題の病根を都市の文脈の中で解決するのでなく、都市を捨てることによって問題を消去しようとした。ル・コルビュジエのように都市にとどまる場合は、都市を一掃して白紙還元し、その上に理想の都市をつくるというのがそのやり方であった。ル・コルビュジエの都市建設には「理想社会の規準」と「都市の破壊」の二つの動因があるとシビル・モホリーナギはいったが、彼女のいう都市の破壊とは、都市を一掃するという意味での破壊にとどまらず、それはまた、破壊の上に建設された理想の都市もまた都市に対して破壊的に作用するということでもあった。

都市問題は都市において解決されなければならない。こういうときの都市問題とは、ジェイコブズにとっては都市の陥る病理のことである。都市計画家はもちろん都市に住む住民も、意図的に都市を病に陥れようとしているわけではない。にもかかわらず都市は病に罹る。それは、人々の過度の貯蓄――自分のために自分の意志で行うのであって、決して強制されるわけではない――が回りまわって経済の病、すなわち不況を引き起こす一因になるのと同じである。住宅問題や交通問題などの問題はなるほど都市問題には違いないが、都市の病理現象といえるほどのものではない。腹を満たせば解決される空腹が病理でないのと同じである。しかし都市が活気を失って灰色の沈滞の影が都市を覆い、人々が都市に背を向け始めたら、都市は病理現象を呈しているといえるだろう。

『アメリカ大都市の死と生』は都市の犯罪や破壊行為、あるいは子どもの発達の阻害などとして表れる都市の病理現象――「死と生」の「死」はこの病理現象の行き着くところを表す――を通して都市の「生」の条件を考察しようとする。この生の条件が有名な四つの条件、すなわち「混合一次用途の必要性」「小さな街区の必要性」「古い建物の必要性」「密集の必要性」である。ケインズが古典派の「貯蓄が投資を創り出す」「供給が需要を創造する」といった命題を転倒させて有効需要の原理を打ち出したように、ジェイコブズは近代都市計画の理念をことごとくひっくり返し、それを上の四つの条件に集約させた。これらはさらに一つの原理に縮約される。それは、都市に必要なのは同質性と一様性の純粋主義ではなく、異質な要素の入り混じる多様性だということである。

なんだ、そんなことか、と拍子抜けする人もいよう。しかし従来の都市理論に比べると、これは革命的な主張である。純粋主義のおかしさを見るにはそれを極限にまで突き詰めてみるといい。ここでは、歩道は通行人がわき目もふらずただひたすら歩く帯状の通路、公園は都市の喧噪から隔離された穴状の空地ということになる。国会議事堂とその周辺は職業政治家の専用区域で、国会前での市民のデモはテロ行為と見なされ、厳重な規制を受けるのは当然だということにもなる。ビジネスの純粋主義で開発されたレヴィット・タウンのような居住地は、まるで「住む」ための収容所である。

しかしさいわいなことに、現実には、歩行者は立ち止まってウィンドウ・ショッピングを楽しむし、公園は周囲のオフィスビルや店舗のおかげで活気に満ち、活気のおかげで安全に時を過ごすことができる。歩道と車道の接点にはバス停があり、新聞スタンド（欧米ではよく見かける）がバス停に並ぶ人たちのためにサービスを提供している。百面相のように、歩道では歩行者の仮面を、仕事場では労働者の仮面を、というふうに、場面場面で特定の仮面を着けるわけではなく、どんなときでも複数の仮面を被る。そのとき人間はじつは仮面ではなく自分自身の素面によって行為しているのである。

ジェイコブズの批判に賛意を表しながらも、「具体的提言を読むと、彼女が目ざすのは、短街区だらけでいたるところ人々が路上にたむろしている、グリニッジ・ヴィレッジと丘にへばりつくイタリアの町々を混ぜ合わせたものだと思わざるをえない」（「都市はツリーではない」）とジェイコブズに批判気であったクリストファー・アレグザンダーは、後に日本を訪れたさい、月島の長屋の路地に腰をおろし、路地越しに見える高層マンションを見やりながら、ジェイコブズの主張を裏書きするようなことをいっていた。

公園を造成すればそこにおのずと利用が生まれるという従来の常識は、供給は需要を生み出すという経済学の伝統的な考えと同じであり、ケインズがこれを転倒させたと同様、ジェイコブズも伝統的都市命題をひっくり返し、利用があるから公園が創り出される（利用のない公園はたんなる空地）、と言い切る。都市では大規模なもの以上に小規模なもの（商店や事業所など）が繁栄するという命題も常識とは逆であり、この逆説的な因果関係は、大きな都市では活動の多様性が可能性として存在するという中間項をおいて初めていえることである。実際、京都のように文化的多様性が息づいているところでは、いまでも炭屋、ほうき屋、竹屋、扇子屋など昔ながらの商売が生き残っている。炭屋が生き残っているということは、いまでも炭を使用している、あるいは使用せざるをえない人たちが固定客として存在しているということである。文化が多様性をもつ限り、小さな炭屋にも生存の道がある。

4　空間へ

都市を生かすも殺すも人間の活動次第である。多様な活動は都市に活気を生み出すだけでなく、子どもの社会化を促し、路上に多くの人たちの目を置くことによって犯罪の防止にも貢献する。といって、どんな場所にも無条件で活動が簇生するわけではない。そこには触媒が必要である。街路、広場、公園、そしてそれらに面した多種多様の商業施設のもつ意味はジェイコブズがとりわけ強調するところであり、このような触媒の存在によって、都市の活動はいっそう強化され、そして活動が多様化するにつれて都市の施設も多様化していくであろう。

だがグリニッジ・ヴィレッジで妥当することはニューヨークや東京のような大都市でも妥当するのだろうか。マンフォードが皮肉ったように、ジェイコブズの処方箋は所詮は都市を蝕む癌に自家製の湿布薬やアスピリンで挑むようなものではないのか。彼女に対する批判が集中するのはこの点である。一九六〇年代にジェイコブズを訪ね、彼女と多くの点で考えを同じくする芦原義信氏もまた、「都市は部分部分で多用途併存でなければ、無味乾燥で非人間的であるという市民的見解もなるほど肯定できるが、都市は、本来、分業と専門化にあり、好むと好まざるのいかんを問わず、その方向は強化されるであろうから、人口数百万の近代都市全体が、多用途併存の内的秩序であることは、技術的に不可能であり、かえって混乱をまねく」（『外部空間の設計』）と述べている。

確かに大都市全体にわたって諸用途が混在しているのは混乱の極みである。オフィス街のビルの合間に住宅が建ち並んでいる様は想像だにすることができない。どんな都市でもある程度互いに他から識別できる諸領域A、B、C、D、……が存在しているであろう。この状態を出発点として考えると、用途が混在する仕方には二通りが考えられる。一つは外延的混在とでも呼べるもので、例えばAとBを含むかたちで新しい領域Pが形成される場合であり、PにおいてはA用途とB用途が混在していることになる。

いま一つは内包的混在である。例えばAがA_1、A_2、A_3、……に分化し、さらにはこれら（のいくつか、あるいは他領域の下位用途）

が互いに浸潤し合って用途が混在する場合である。芦原からの先の引用文には続きがあって、「しかしながら、一つの内的秩序だけでなく、いくつかの変化ある内的秩序に細胞分裂しているなら、外的秩序の枠の中に内的秩序が内容豊かに併立して、ふたたび、能率と人間性を獲得することができるであろう」といっているのは、この内包的混在のことである。氏は大都市において厳格なゾーニングを回避する途を領域の分化と内包的混在の可能性に求めているのである（因みに、上下二方向の混在を併せもつ領域構造は数学的に表現すればラチス構造であり、そのうちの下方向の混在すなわち内包的混在をアレグザンダーはセミラチスと呼んでいる）。

都市は用途によるばかりでなく、公と私の領域、あるいは外部空間と内部空間によってもまた大まかに分化しており、公私二つの領域をどう関係づけるかということは都市空間のみならず政治空間を考える場合でも基本的な問題の一つである。オルテガやアーレントらの共和主義的な公共空間論では公的領域は私的領域の海に浮かぶ島のようなものであり、私的領域の侵入を防ぐために公的領域は額縁のような囲いをもたなければならない。ホイジンガの遊戯論（『ホモ・ルーデンス』）においては絵画を囲う額縁が論じられており、そこでは額縁は遊びの領域としての絵画世界を囲うもの、日常世界の浸潤を防ぐものとして理解されている。

では『アメリカ大都市の死と生』でのジェイコブズはどうかといえば、この点は私には奇妙に思われるのだが、彼女もまた公的領域を私的領域から分離せよという立場をとるのである。公共空間と私的空間はその間に半公半私、半私半公の中間領域を介在させてはならない、公共空間は文句なしに公共的でなければならない、という主張は、用途の混在を力説する者の言だけに、私には奇妙に思われる。

ホイジンガの遊戯論では、遊びの世界に金勘定などの日常的顧慮が入り込むと非日常世界としての遊びの世界を台無しにしてしまう。「バレエの舞台」としての都市の公共空間においても、そこに私的領域が混入したら都市の生命である公共空間は損なわれる、そうジェイコブズは考えていたのかもしれない。いや、彼女は公私分離を主張しながら、実際にはみずからの言を裏切り、公私混在の効用を論じている。このことは本書の端々からうかがい知ることができる。たとえば路上での犯罪防止に一役買っているストリート・ウォッチャーとしての店番はまさしく公と私の間に介在する存在であるし、街を歩く人たちはそれぞれに私的動機をもち、それが合わさって街路という公共空間を創っている。

用途の混在に内包的混在があるように、公私関係にも内包的混在がある、というのが実際であろう。私的領域の中にも公的領域があり、公的領域の中にも私的領域がある。このような公私関係の重層性は都市空間だけでなく政治空間を考える場合にも、有益な示唆と指針を与える。ジェイコブズの著書を公共空間論として読み込むことは私に課せられた一つの課題である。

都市社会学から見たジェイン・ジェイコブズ

松本　康

●まつもと・やすし　一九五五年生。立教大学教授。都市社会学。著作に『都市社会学・入門』（編著、有斐閣）『東京で暮らす――都市社会構造と社会意識』（編著、東京都立大学出版会）『増殖するネットワーク』（編著、筑摩書房）等。

かつて定番の教科書であったブルームとセルズニックの『社会学』（1981）には、都市を扱った章の最後に「都市活力の原理」という見出しで、ジェイコブズの『アメリカ大都市の死と生』の抜粋が掲載されていた。そこでは、都市活力の原理として、用途の混合、短い街区、新旧の建物の混在、そして高密度が挙げられていた。

この教科書では、都市計画家は、都市の物理的構造が都市生活の質を決定するという仮定のもとに都市計画の実践をしているとして、ジェイコブズをその例として取りあげている。しかし、都市社会学の理論とジェイコブズの都市論との関係が詳しく述べられていたわけではなかった。

都市社会学自体、時代とともにそのアプローチを大きく変えてきている。都市の生態学的特性と社会組織の解体を結びつけたシカゴ学派のアーバニズム理論、その批判として生まれてきた、生態学的効果を否定して地域コミュニティの存続や社会構成を重視するアプローチ、そして都市の生態学的特性を下位文化の生成や文化革新と結びつけた都市下位文化理論などである。一九七〇年代以降は、新たに、都市空間の生産を資本主義と結びつけて理解し、都市の成長・衰退を資本主義の転換や地理的不均等発展から説明しようとする政治経済学的アプローチも現れ、都市研究は、地理学・経済学・政治学・社会学と建築・都市計画学が混じりあう学際的な性格を強めてきている。本稿では、こうした都市社会学の緊張をはらんだ複雑な系統図を背景におきながら、ジェイコブズの都市論のもつ特質を浮き彫りにしたい。

アーバニズムと都市計画——ルイス・ワース

都市社会学の初発の問題関心は、産業革命以降の工業化にともなう都市化が社会生活におよぼす影響をめぐるものであった。この問題が、最初に本格的に検討され、都市社会学という姿をとるようになったのは、二〇世紀初頭のシカゴにおいてであった。ロバート・パークとアーネスト・バージェスを指導者として、シカゴ大学を拠点に展開された都市研究は、渡り労働者、ギャング、自殺、家族解体、少年非行、スラム、ゲットーなど、当時のシカゴを悩ませていた都市問題をフィールドワークによって研究した。シカゴでの研究の特徴は、都市問題の原因を、都市における社会組織の解体に求めるものであった。その都市社会学としての理論的総括は、パークの学生であり、シカゴ大学の教授となったルイス・ワースの論文「生活様式としてのアーバニズム」(1938)に示されている。

この論文は、都市生活を、「都市」と「生活様式としてのアーバニズム」に概念的に区別し、「都市」が「生活様式としてのアーバニズム」を生み出すと主張したものである。ここで、「都市」は、規模が大きく、密度が高く、社会的異質性の高い定住地と定義され、「生活様式としてのアーバニズム」とは、都市に特徴的にみられる社会的・心理的現象のすべてであり、そこには、土地の用途の分化、家族や地域コミュニティの衰退、個人の原子化、疎外、合理化、世俗化、分業の発達、流動的大衆による集合行動と大衆政治などが含まれていた。要するに、生活様式としてのアーバニズムとは、都市が生み出す社会的・心理的効果の総体であり、その内実は、一九三〇年代の都市大衆社会をネガティブに描き出すものであった。

ワースのアーバニズム理論は、一般に抱かれがちな都市生活のステレオタイプと一致しているために、広く受け入れられた。しかし、学問的には、さまざまな批判にさらされてきた。批判の要点は、大きく分けてふたつある。ひとつは、ワースの描き出す「生活様式としてアーバニズム」は現実の都市に合致するものであるかどうかという論点である。とくに、都市における地域コミュニティの衰退と個人の原子化をめぐる論点は、都市社会学の主要な争点のひとつとして、長期にわたる論争の歴史を生み出すことになった。二つめは、ワースの描き出す「生活様式としてのアーバニズム」が正しいものであろうがなかろうが、それが規模・密度・社会的異質性によって定義される都市によってもたらされるといえるのかといういっそう理論的な論点である。

都市（規模・密度・社会的異質性）が大衆社会を生み出すというワースの理論が、生態学的決定論に陥っていることは、いまでは明白である。しかし、その批判の先には、資本主義や産業主義が都市に及ぼす効果をどのように理論化するのか、都市の生態学的効果それ自体は認められるのか、それとも認められないのか、また認められるとすれば、その効果はワースが論じたような社会解体効果であるのか、それとももっと別の――たとえば新たな下位文化コミュニティを生成するといった――効果であるのか、こうした論点が次々と出てくることになる。

こうした理論上の問題とは別に、ワースのアーバニズム理論には実践的な含意もあった。規模・密度・社会的異質性が、望ましくない結果をもたらすのであれば、都市計画によって、これをコントロールすればよい。規模・密度・社会的異質性は、計画によってコントロールしやすい変数である（Gans 1962）。ワースの理論は、近代都市計画の原理と親和性をもっていた。実際、ワースは、戦後、イリノイ州の都市計画に関与するようになるのである（Marvic 1964）。

ワース自身は一九五二年に急逝するが、一九五〇年代から米国ではクリアランス型の都市再開発が盛んに実施されるようになった。しかし、その実践はワースの意図に沿ったものではなかった。ワースは、亡くなるまえに、シカゴ大学のあるハイドパーク＝ケンウッド地区の再開発に反対していた。再開発計画に人種差別的な要素を嗅ぎ取っていたためである（Abbott 1999, p. 45）。ワースは社会学者として、再開発計画が白人中産階級の利害を反映したものであることに気づいていたかもしれない。しかし、そうした論点がかれの都市論にあらわれることはなかった。

都市再開発と社会階級――ハーバート・ガンズ

一九五〇年代の米国都市で頻繁に見られるようになった都市再開発の原型は、スラム・クリアランスであった。スラムとは、たんに劣悪な住環境をいうのではなく、そのために犯罪・非行、精神病、自殺など社会病理が発生している地域を指す。この見方は、シカゴ学派の都市研究に根ざしていた。シカゴ学派の都市研究は、人間の行動を、個人の特性ではなく、生態学的な文脈との関係でとらえようとしていた。たとえば少年非行は、人種や国籍の特性ではなく、社会解体状況にあるスラムの特性であるとされた（Zorbough 1929）。都市再開発計画は、スラムを外科手術的に切除することによって都市問題を「解決」するという論理にもとづいていた。しかし実際には、その範囲を踏み越えて、インナーシティの老朽化した低家賃住宅を取り壊して、中産階級向けの住宅を供給する実践がまかり通るようになった。

ハーバート・ガンズの『都市の村人たち』（1982［orig. 1962］）は、階級的な視点から、ボストンのウェストエンドの再開発を告発した古典的著作である。ウェストエンドは公式に「スラム」と認定され、再開発の対象となっていた。しかし、ガンズの見るところ、ウェストエンドは、労働者階級と下層階級の低家賃住宅地区であり、目立った社会病理現象は見られなかった。厳密な意味でそこはスラムではなかったのである。それどころか、ウェストエンドは、ガンズが「仲間集団社会」と呼ぶ、社交性に満ちたイタリア系の近隣地区であった。狭い仲間集団のなかで暮らす住民たちは、外部世界で取りざたされている再開発計画をまじめに受けとめていなかった。しかし、実際には再開発の手続きは粛々と進められ、ウェストエンドはボストン市政府に収用されたのだった。それは、住民にとっては青天の霹靂であった。結局、ウェストエンドはあっという間に更地にされ、中産階級向けのコンドミニアムが建てられた。ウェストエンドの再開発は、労働者階級向けの低家賃住宅を取り壊して、中産階級向けの住宅を供給する不公正なものであるとガンズは告発した。

この見方は、この時期の都市再開発に対する社会学的な見方のスタンダードとなり、冒頭に挙げたブルームとセルズニックの教科書でも、都市再開発に中産階級的なバイアスがかかっていることが指摘されている。この時点で、都市社会学は、初期のシカゴ学派がもっていた生態学的文脈を重視する視点から離れていった(Abbott 1999, Savage, Warde and Ward 2003)。ガンズは、ワースのアーバニズム理論を生態学的な決定論であるとして退けた(Gans 1962)。都市の生活様式は、都市を構成する人びとの属性によって説明されるのであって、規模や密度のような生態学的変数によって影響をうけるものではないと論じた。

都市の活力と多様性――ジェイコブズとフィッシャー

ガンズの『都市の村人たち』が出版される一年まえに、ジェイコブズの『アメリカ大都市の死と生』が出版された。ジェイコブズも、ガンズと同様に、既存の都市近隣地区――この場合にはニューヨークのグリニッジ・ビレッジ――に、生き生きとした社会生活が見られることを、鋭い観察眼によって描き出している。そのうえで、進行中の都市計画は、生きた有機体としての都市生活を破壊し、都市に「死」をもたらすものとして厳しく批判した。ジェイコブズにとっては、空間そのものが問題であった。

ジェイコブズによれば、都市の活力の源泉は、都市内部の多様性である。その多様性を生み出す都市計画上の条件として、用途の混合、短い街区、新旧の建物の混在、高密度の四つの条件を挙げている。これらはいずれも、近代都市計画の原理と真っ向から対立するものであった。

用途の混合――近代都市計画は、土地の用途を住宅地区、商業地区、工業地区などに分化させ、街区の用途を純化させることを原則としてきた。都市における実際の土地利用も、「好ましくない用途の分離」という原則が観察される（Harris and Ullman 1951）。騒音や有害な廃棄物を排出する工業地区と住宅地区とは切り離されるべきであり、実際に切り離される傾向にある。高級住宅地は、工業地区や商業地区から離れた場所に立地することが多く、工業地区の周辺は、通勤の利便性と地代が安価であることから、労働者階級の住宅地になりがちである。しかし、このような用途の分化は、昼間人口と夜間人口の極端な格差をひきおこす。オフィス街では夜間に人がいなくなり、住宅地では昼間に勤め人が不在となる。これに対して、用途が混合されていれば、常時、人の出入りがあり、安全が確保され、街の賑わいは増す。

短い街区――近代都市計画は、スーパーブロックを造成して、敷地面積の広い建物を建設することを好んでいた。区画整理による土地の効率的な利用を追求してきたのである。この場合、任意の二地点の間を結ぶ動線は限られてくる。これに対して、短い街区から構成される街では、任意の二地点間を結ぶ動線は多様化する。用途が均質であれば、どのルートを選んでも街並みに大差はなく、単調なままであるが、用途が多様化していれば、ルートによって街並みは変わり、街歩きは楽しくなる。たとえば、多摩ニュータウンやみなとみらい21を歩くのは退屈だが、渋谷や原宿の細街路を歩くのは変化に富んでいて面白い。都市の賑わいは、短い街区によって生み出される。

新旧の建物の混在――計画的に開発されたニュータウンや、大規模な再開発事業によって生まれた商業地区は、築年数が同じ建物が並ぶため、単位面積当たりの賃料は均一となりがちであり、結果として支払い能力がほぼ同じ入居者をひきつけることになる。しかし、新旧の建物が混在している既成市街地では、築年数がまちまちであるため、同じ街区に支払い能力の異なる入居者をひきつけることができ、それだけ入居者の多様性が増す。住宅地の場合には、異なる所得層が混在するという効果をもち、業務地区の場合には、支払い能力のある確立された企業と、支払い能力に限りのある生まれたばかりの企業の混在が可能となる。新しいアイデアは古い建物から生まれる。新旧の建物の混在は、都市における起業を促進し、都市経済の複雑化と発展に寄与する。

高密度――通説では、都市における人口密度の高さは、神経を苛立たせるような雑踏や居住面積の狭さと結びつけられ、社会病理の原因とみなされることが多かった。そのため、近代都市計画では、オープンスペースを供給したり、低密度の郊外住宅地を開発して人口を分散させたりして、人口密度を下げる試みをしてきた。しかし、人口密度は、相互作用の密度を増大させ、都市に活力をもたらす。

ジェイコブズのこうした立論には、密度や多様性といった都市の生態学的特性に対する肯定的な評価がある。都市社会学の分野でも、一九七〇年代に入って、クロード・フィッシャーが都市の生態学的特性を積極的に評価する立場を表明している。フィッシャーは、都市における人口の集中が、とくにマイノリティにとって相互結合を容易にするために、多様な下位文化を生み出す効果をもつと論じた（Fischer 1975, 1984）。かれは、ワースと違って、都市の生態学的特性に解体効果を見いだすのではなく、またガンズと違って、都市の生態学的効果そのものを否定するのでもなく、むしろ都市の規模と密度に、新しいコミュニティを生成し、文化的革新を促進する効果を見いだしたのである。フィッシャーの下位文化理論は、都市に豊かな社会生活を見いだす点においても、都市に革新《イノベーション》の潜在力を見いだす点においても、ジェイコブズの見方と重なりあう。しかし、フィッシャーはそのような都市の効果を、都市空間の物理的レイアウトとの関係において考察することはなかった。ジェイコブズの独創性は、人口の集中が多様性と活力を促進するためには、それに適した空間が必要であると説いた点にある。

フォーディズムと都市空間の生産

　ジェイコブズの提案は、今日のわれわれから見て、それほど「ラジカル」とは思われない。今日では、都心の大規模な再開発でさえ、業務・商業・居住・文化などの機能を備えた複合開発であることが多く、細街路の賑わいや使われなくなった工場や倉庫の転用は、流行にさえなっている。歴史的建造物の保存・活用など都市空間の象徴的価値の保全が、都市の活性化に寄与することも理解されてきている。しかし、発表当時の一九六〇年代初頭においては、ジェイコブズの提案は都市計画に真っ向から対立するものであった。それは、ジェイコブズが対決した都市計画が、フォード主義的な都市空間の生産をめざすものであったからである。

　一九五〇年代は、フォード主義の全盛期であった。フォード主義とは、標準化された工業製品の大量生産に基礎をおく資本蓄積のレジームである。大量生産方式は、一九一〇年代のフォードT型の生産を嚆矢とする。当時、フォード自動車は、熟練工が労働過程を指揮する旧来の職場慣行を解体して、テイラー主義的な組み立てラインによる生産工程を実現させた。その結果、熟練労働は半熟練労働に解体され、労働の疎外を高めた半面（Blauner 1964）、量産工場は労働者に高賃金を保証し、労働者の消費志向を刺激した（Goldthope et al. 1968）。大量生産方式は、自動車からラジオや冷蔵庫のような電化製品、さらにはプレハブ工法の住宅にまで及んだ。量産された製品は、中産階級から労働者階級へと普及し、人びとの生活様式を変えていった。

　大量生産の弱点は、需要が供給に追いつかない場合に、瞬く間に過剰生産に陥り、資本蓄積の危機を引き起こすことである。そのため、マスメディアによる欲望の喚起や割賦販売などによって、中産階級と労働者階級に大量消費のノルムをつくりだした。「自動車と映画の出現」によって、アメリカ人の生活は一変したのである（Lynd and Lynd 1929）。それでも大恐慌は避けられなかった。ニューディール政策は、国家が市場に介入する諸制度を装着した調整様式を生み出した。大恐慌の経験から、第二次世界大戦後の先進資本主義国は、ケインズ主義的な福祉国家への道を歩んだ。フォーディズムとは、大量生産方式と大量消費のノルムを基礎として国家介入による調整様式を含んだ資本蓄積のレジームである（Aglietta 1976）。

フォード主義的蓄積体制は、特殊な空間を必要とする。量産工場のための広大な工業用地、大規模な管理組織を収容するオフィスビル、大量の自動車交通を保証する道路体系、そして大量消費を実現する住居地域などである。郊外にフォード主義の消費ノルムを実現する住宅地が開発される一方で、高密度で細街路の多いインナーシティの都市空間は、自動車用に改造されなければならない。郊外開発と都市再開発はまた、余剰資本の投資先としても有効である。デイヴィッド・ハーヴェイによれば、直接的生産過程における資本循環である「第一次循環」において過剰蓄積が生じると、不動産投資という「第二次循環」に投資先が切り替えられるという（Harvey 1989b）。ハーヴェイの「資本の都市化」理論は、郊外化と都市再開発を経験的な指示対象としていた。しかし、都市空間の生産は、余剰資本のはけ口であるだけでなく、自動車向けに都市を改造し、大量生産・大量消費のための空間を形成することによって、空間の使用価値の観点からも第一次循環の隘路を切り開くものである（Harvey 1989a）。フォード主義は、こうした特殊な空間の生産なしには、存続できない。ジェイコブズが闘いを挑んだ風車の正体は、こうしたフォード主義的都市空間の使用価値とその生産過程であった。

ポスト・フォーディズムと都市経済

一九七〇年代に資本主義は転換期を迎えた。この転換を、レギュラシオン学派やハーヴェイ（1990）は、フォード主義的蓄積体制からフレキシブルな蓄積体制への転換ととらえ、マニュエル・カステルは、工業的発展様式から情報的発展様式への転換ととらえた（Castells 1989, 1996）。量産工場は先進国から新興工業国に移転し、先進工業国の工業都市は脱工業化による衰退に見舞われた。その一方で、ニューヨークやロンドンのようなグローバルな管理機能を集積させた「グローバル都市」（Sassen 2001）や、シリコンバレーのような「革新の環境」を備えた「新しい産業空間」（Castells 1989）などの新しい都市形態が生まれた。

この複雑な転換過程において、多国籍企業が国境を越えて技術的分業を展開する新国際分業が広がる一方で、多様で専門的な小企業が集積してクラスターを形成する「フレキシブルな専門化」が、都市における社会的分業の形態として注目されるようになった。サッセンの「グローバル都市」の特徴は、多国籍企業本社の集積よりも、グローバルな管理機能を生産する多様な専門性をもつ「生産者サービス」の集積にあったし、カステルが注目した米国サンベルト地方の「新しい産業空間」の特徴は、ＩＴ技術者、ベンチャー資本、起業家たちのフレキシブルなネットワークが、情報技術の革新を促進する研究開発クラスターを形成したところにあった。在来産業においても、第三のイタリアのように、地域コミュニティに根ざした中小企業のネットワークが、フレキシブルな専門化の事例として注目された（Piore and Sable 1984）。

一九八〇年代以降のニューヨークやロンドンをモデルとする国際金融都市「グローバル都市」や、シリコンバレーをモデルとする情報技術の研究開発拠点「新しい産業空間」は、多くの都市にとってはモデルになりにくい。むしろ、脱工業化によって衰退した在来型工業都市や、フォード主義的な重化学工業化に「立ち遅れた」伝統的工業都市が、地域に固有の資源を活かして文化と産業の振興を図り、持続可能な都市へと再生させていく過程に焦点をあてた創造都市や内発的発展のモデルが、汎用性の高い都市経済政策のモデルとして注目を集めている（佐々木 2001、中村 2008）。

近年、この文脈で、ジェイコブズの都市経済論（1984）がしばしば引用されるようになった。多くの場合、インプロビゼーション（臨機応変の創意工夫）といった言葉の引用にとどまっているものの、都市を経済単位としてとらえ、都市が外部から移入している財を自前で生産するようになり移出品目に転換する移入代替の過程を、都市経済の発展原理であると主張するジェイコブズの議論は、地域経済の内発的発展のパターンのひとつを示したものとして興味深い。また、国民経済を単位とする通貨のレートが、国内の地域経済にとっては、必ずしも適切な調整機能を果たさないとする指摘も、一国内における地域格差の拡大のみならず、ＥＵ内の経済格差の拡大や、地域通貨の機能など、今日的な問題を考察するのに示唆的である。

一九七〇年代の転換期以降、都市社会学では、ネオ・マルクス主義を理論的背景とする政治経済学的アプローチが優勢になったが、そこでは、情報技術革命や経済のグローバル化を貫く資本主義の支配的論理が、都市にどのような影響をもたらすのかに焦点が当てられてきた。これに対して、創造都市や内発的発展のような代替的な都市政策に関する理論的検討は、不十分なままである。両者を結びつける環となるのは、ローカルな調整様式や地理的不均等発展の理論化であり、この点において、ジェイコブズの都市経済論が提起している視点は示唆に富むものといえよう。

参考文献

Aglietta, Michel. 1976. *Réglation et crises du capitalisme: L'expérience des etats-unis*. Calmann-Lévy.（若森章孝他訳『資本主義のレギュラシオン理論——政治経済学の革新』大村書店、一九八九年）

Abbott, Andrew. 1999. *Department and Discipline: Chicago Sociology at One Hundred*. Chicago: University of Chicago Press.（松本康・任雪飛訳『社会学

科と社会学——シカゴ社会学百年の真相』ハーベスト社、二〇一一年）

Blauner, Robert. 1964. *Alienation and Freedom: The Factory Worker and His Industry.* Chicago: University of Chicago Press.（佐藤慶幸監訳『労働における疎外と自由』新泉社、一九七一年）

Broom, Leonard, Philip Selznick, and Dorothy Broom Darroch. 1981. *Sociology: A Text with Adapted Readings.* 7th edition. New York: Harper & Row.（今田高俊監訳『社会学』ハーベスト社、一九八七年）

Castells, Manuel. 1989. *The Informational City: Information Technology, Economic Restructuring, and the Urban-regional Process.* Cambridge Mass.: Basil Blackwell.

Castells, Manuel. 1996. *The Informational Age: Economy, Society and Culture. Volume 1. The Rise of the Network Society*. Cambrige Mass.: Blackwell.

Fischer, Claude S. 1975. "Toward a Subcultural Theory of Urbanism." *American Journal of Sociology*. 80: 1319-1341.（広田康生訳「アーバニズムの下位文化理論に向かって」森岡清志編『都市社会学セレクション２　都市空間と都市コミュニティ』日本評論社、二〇一二年）

Fischer, Claude S. 1984. *The Urban Experience* 2nd ed. New York: Harcourt Brace and Jovanovich.（松本康・前田尚子訳『都市的体験——都市生活の社会心理学』未來社、一九九六年）

Gans, Herbert J. 1962. "Urbanism and Suburbanism as Ways of Life: A Re-evaluation of Definitions." In Arnold. M. Rose ed. *Human Behavior and Social Processes: An Interactionist Approach.* London: Routledge & Kegan Paul.（松本康訳「生活様式としてのアーバニズムとサバーバニズム」森岡清志編『都市社会学セレクションⅡ　都市空間と都市コミュニティ』日本評論社、二〇一二年）

Gans, Herbert J. 1982（orig. 1962.）*The Urban Villagers: Group and Class in the Life of Italian Americans*. Updated and Expanded Edition. New York: Free Press.（松本康訳『都市の村人たち——イタリア系アメリカ人の階級文化と都市再開発』ハーベスト社、二〇〇六年）

Goldthorpe, John H., David Lockwood, Frank Bechhofer, and Jennifer Platt. 1968. *The Affulent Worker: Industrial Attitudes and Behavior*. London: Cambridge University Press.

Harris, Chauncy D. and Edward L. Ullman. 1951. "The Nature of Cities." In Paul K. Hatt and Albert J. Reiss ed. *Cities and Society*. New York: Free Press.（原田謙訳「都市の性質」森岡清志編『都市社会学セレクション２　都市空間と都市コミュニティ』日本評論社、二〇一二年）

Harvey, David. 1989a. "The Urbanisation of Capital." In *The Urban Experience*. Baltimore: Johns Hopkins University Press.（水岡不二雄訳「資本のつくる都市空間」水岡不二雄監訳『都市の資本論』青木書店、一九九一年所収）

Harvey, David. 1989b "The Urban Process under Capitalism: A Framework for Analysis." In *The Urban Experience*. Baltimore: Johns Hopkins University Press.（水岡不二雄訳「資本主義のもとでの都市過程：分析の枠組み」水岡不二雄監訳『都市の資本論』青木書店、一九九一年所収）

Harvey, David. 1990. *The Condition of Mostmodernity*. Oxford: Blackwell.（吉原直樹監訳『ポストモダニティの条件』青木書店、一九九九年）

Jacobs, Jane. 1961. *The Death and Life of Great American Cities.* New York: Random House.（山形浩生訳『アメリカ大都市の死と生』鹿島出版会、二〇一〇年）

Jacobs, Jane. 1984. *Cities and the Wealth of Nations: Principles of Economic Life*. New York: Random House（中村達也訳『発展する地域　衰退する地域——地域が自立するための経済学』筑摩書房、二〇一二年）

Lynd, Robert S. and Helen M. Lynd. 1929. *Middle Town: A Study in Modern American Culture*. San Diego: Harcourt Brace and Jovanovich.（中村八郎訳［部分訳］『現代社会学大系９　リンド　ミドゥルタウン』青木書店、一九九〇年）

Marvic, Elizabeth Wirth. 1961. "Biographic Memorandum on Louis Wirth." In Louis Wirth *On Cities and Social Life: Selected Papers* edited and with an Introduction by Albert J. Reiss, Jr. Chicago: University of Chicago Press.

中村剛治郎編 . 2008.『基本ケースで学ぶ地域経済学』有斐閣

Piore, Machael J. and Charles F. Sable. 1984. *The Second Industrial Divide: Possibilities for Prosperity*. New York: Basic Books.（山之内靖・永易浩一・石田あつみ訳『第二の産業分水嶺』筑摩書房、一九九三年）

佐々木雅幸 . 2001.『創造都市への挑戦』岩波書店

Sassen, Saskia. 2001［orig. 1991］. *The Global City: New York, London, Tokyo.* Prinston: Prinston University Press.（伊豫谷登士翁他訳『グローバル・シティ——ニューヨーク・ロンドン・東京から世界を読む』筑摩書房、二〇〇八年）

Savage, Mike, Alan Warde, and Kevin Ward. 2003. *Urban Sociology, Capitalism, and Modernity* 2nd edition. Basingstoke: Palgrave MacMillan.

Wirth, Louis. 1938. "Urbanism as a Way of Life." *American Journal of Sociology*. 44: 1-24.（松本康訳「生活様式としてのアーバニズム」松本康編『都市社会学セレクション1　近代アーバニズム』日本評論社、二〇一一年）

Zorbaugh, Harvey W. 1929. *The Gold Coast and the Slum: A Sociological Study of Chicago's Near North Side*. Chicago: University of Chicago Press.（吉原直樹他訳『ゴールド・コーストとスラム』ハーベスト社、一九九七年）

ジェイコブズの倫理学と都市論の結合

【ウォルツァーの理論を通して】

吉永明弘

●よしなが・あきひろ　一九七六年生。江戸川大学社会学部現代社会学科准教授。環境倫理学。著作に『都市の環境倫理――持続可能性、都市における自然、アメニティ』(勁草書房)「環境倫理学からみた地理学」(伊藤修一ほか編『役に立つ地理学』古今書院)「環境倫理・世代間倫理――デシャリットの議論を中心に」(小林正弥・菊池理夫編『コミュニタリアニズムのフロンティア』勁草書房)等。

1　はじめに――問題意識と本稿の背景

二〇一四年に『都市の環境倫理――持続可能性、都市における自然、アメニティ』(勁草書房)を上梓した。これまでの環境倫理学では、主に「自然環境」や「地球環境」の問題が論じられ、「都市環境」は取りあげられてこなかった。しかし世界人口の半数以上が都市に住む現代において、多くの人々にとって身近な環境とは都市環境であるといえる。そのような都市環境を抜きにして環境倫理を論じてしまうと、環境倫理の議論が「他人事」となってしまうのではないか、という懸念から、「都市の環境倫理」というテーマを設定した。

「都市の環境倫理」を論じる際に依拠した文献の一つが、ジェイコブズの『アメリカ大都市の死と生』である。彼女の議論をもとに、都市の環境整備の担い手は都市住民であるということを強調し、都市の環境に対して住民は責任を負っていることに注意を喚起した。それによって環境倫理が「自分のこと」として捉えられるようになると考えたのである。

ただこのとき、ジェイコブズの倫理学である『市場の倫理　統治の倫理』にはふれられなかった。この文脈で彼女の倫理学がどう関連してくるのかが見通せなかったからである。
そのような中で、重要な見取り図を与えてくれたのが、宮崎洋司・玉川英則『都市の本質とゆくえ』の中の「ジェイコブズの著作間の関連図」（宮崎・玉川 2011: 141）である。この図によると、『市場の倫理　統治の倫理』を軸にして、過剰な統治を批判しているのが『アメリカ大都市の死と生』であり、過剰な市場原理を批判しているのが『壊れゆくアメリカ』となっている。『アメリカ大都市の死と生』は、その設計主義批判によって市場原理主義に共感しているように思われがちだが、『壊れゆくアメリカ』の内容を踏まえれば、彼女が市場原理主義者だとは到底考えられない。宮崎・玉川の図式通り、統治と市場は二つとも必要であり、それぞれの過剰が問題だというのが、ジェイコブズの立ち位置だろう。

この見取り図に従うと、ジェイコブズの都市論を、倫理学の観点からさらに踏み込んで評価することができるように思われる。『市場の倫理　統治の倫理』の中で、彼女はプラトンの正義論（『国家』）に言及し、自らの主張を補強している。しかし、彼女の議論を下支えするものとしては、現代正義論におけるウォルツァー（Michael Walzer）の理論[1]のほうがふさわしいと思われる。またウォルツァーの理論を通して、ジェイコブズの都市論や社会運動にも新たな光を当てられると考える。

本稿では、まずウォルツァーの理論を概説し、それがジェイコブズの『市場の倫理　統治の倫理』の中心テーマと響きあうものであることを確認する。次に、ウォルツァーの理論の枠組みを通して、ジェイコブズの都市論と社会運動を再評価し、彼女の倫理学と都市論、そして社会運動に一筋の線を引くことを試みる。

2　ウォルツァーの分配的正義論から見たジェイコブズの倫理学と都市論

（1）財の社会的意味（social meaning of goods）

ウォルツァーの主著の一つは、分配的正義について述べた本『正義の領分』（*Spheres of Justice*）である。[2] この本は大きな反響を呼び、同書をめぐる論文集も編まれた。その中のミラー（David Miller）の論文に依拠してウォルツァーの主張を要約すると、次のようになる。

分配的正義の問題は、原初状態のような仮想的な状況から抽出されるのではなく、具体的に財の分配を決定する現実の共同体において提起される。そこで分配される財とは、それぞれの共同体がつくりだす「社会的財」（social goods）であり、それぞれの財の社会的意味が、正しい分配規準を決定する（Miller 1995: 4-5）。

つまりウォルツァーの分配的正義論とは、〝それぞれの財は、それぞれの共同体の成員が、その財に与えている社会的意味に基づく分配規準に従って分配されるべきである〟という主張である。

ウォルツァーの解釈によれば、現代の西洋の民主的な社会においては、「医療」という財の分配規準は「必要性」、「貨幣と商品」

の分配規準は「市場での自由取引」、「初等教育」は「平等」、「高等教育」は「能力」に応じて、「愛」は「自由」（強要された愛は愛ではない）と考えられているという（Miller 1995: 5）。それぞれの財はこの規準にしたがって分配されるべきということになる。

エルスター（Jon Elster）は、このウォルツァーの議論を、「財の社会的意味」という考え方を中心にして、「財によって異なるという原則」（a principle of goods-specificity）と「共同体によって異なるという原則」（a principle of country-specificity）という二つの多元論的原則が結びついたもの、と捉えている（Elster 1992: 11）。これはウォルツァーの分配的正義論の最も簡明な要約といえるだろう。

（2）複合的平等（complex equality）

このように、ウォルツァーの議論の特徴は多元論（pluralism）にある。多元論というと、ともすれば融通無碍な印象を受けるが、〝多元的でなければならない〟という主張自体は原則的かつ規範的である。ウォルツァーは財を社会的意味によって分割し、それぞれに応じた分配規準を設定することを主張しており、それを財の「分配領域」（distributive sphere）という言葉で表現している。この「分配領域」が多元的であるべきという主張は、原則的かつ規範的な主張である。

そしてそこから、もう一つの原則的かつ規範的な主張が出てくる。それは「分配領域」を外から侵犯してはならないという規範である。例えば、医療が金のある人に優先的に分配されることがあるが、これはウォルツァーの枠組を使えば、貨幣と商品の領域（規準は自由取引）が、医療の領域（規準は必要性）を侵犯したものと解釈できる。確かに我々は、例えば手術の順番が金の力で左右されることを「不正」として認識するだろう。ウォルツァーの理論は我々の直観に訴えるものがある。

このことは、ウォルツァーの「複合的平等」という考え方につながっていく。彼によれば、分配領域内で分配規準に合致する人々が財を「独占」（monopoly）することよりも、ある財が他の分配領域に侵入することのほうが問題である。彼はこれを財の「優越」（dominance）という言葉で表現している。彼の考えによれば、ある財の領域内では不平等が生じる（ある人は別の人よりも早く公職に就く）が、ある財（公職）をもとにして、他の財（医療や教育）を優先的に取得できるような事態を防ぐことによって、「複合的平等」が実現される（Walzer 1983: 10-20=1999: 30-46）。ミラーの表現によれば、複合的平等とは、「多くの個々の不平等を通して生じる平等であり、また、全ての面で勝利者になるような人はどこにもいないという観点から、お互いに帳消しにしたり、相殺したりすることによって生じる平等」である（Miller 1995: 12）。そこから、医療を商品として扱い、金持ちに優先的に与えることは、複合的平等に反するので誤っている、と解釈できることにもなろう。

（3）貨幣と政治権力からのブロック

この「複合的平等」を最も脅かしがちなものが、「貨幣」と「政治権力」であるといえよう。逆に言えば、社会的財とは、政治権力や貨幣の規準によって分配されてはならない財ということさえできるだろう。

ウォルツァーは、貨幣を「商品」の領域に閉じ込めることによって、他の社会的財への越境を制限することを主張している。彼は「貨幣によって交換してはならないもの」(blocked exchange) として、以下を挙げている (Walzer 1983: 100-103=1999: 160-165)。

①人間（奴隷売買）、②政治権力（投票権、賄賂）、③刑事裁判（裁判官や陪審の決定、弁護士をつけるサービス）、④言論・出版・信教・集会の自由、⑤結婚と出産の権利、⑥移住の自由、⑦兵役義務や陪審義務、その他の共同体から課せられる仕事の免除、⑧公職と専門家の地位（公務員、医者、弁護士の職）、⑨警察や初等中等教育のような、国家による基本的な福祉サービス、⑩自暴自棄的交換（健康と安全を損なう長時間低賃金労働、自らを奴隷として売ること）、⑪賞と名誉、⑫神の恩寵（免罪符）、⑬愛と友情（売春）、⑭不法なもの（殺人契約、恐喝、麻薬、盗品、詐欺的な財、水増しミルク、国防上重要な情報、安全でない車、銃、燃えやすい服、副作用の不確かな薬[3]）。

同様に、「政治権力が行ってはならないもの」(blocked uses of power) として、以下を挙げている (Walzer 1983: 283-284=1999: 427-429)。

①人格への不当な介入（奴隷、投獄、殺害）、②家庭生活（結婚、養育）への介入、③刑事裁判への介入、④権力や決定を売ることや、公職を親族に分配すること、⑤特定の集団を差別すること、⑥自由な商品交換への介入（専横な課税と没収）、⑦宗教生活への介入、⑧教育・学問への介入、⑨社会的財の分配に関する議論への介入（検閲）。

（4）ジェイコブズ倫理学との類似性

以上、ウォルツァーの分配的正義論を見てきたが、すでに明らかなように、『市場の倫理　統治の倫理』におけるジェイコブズの主張の核心部分――市場の倫理と統治の倫理はそれぞれに異なる領域で機能するものであり、その混合形態が腐敗を招く――と響きあうものである。市場（貨幣）と統治（政治権力）とは異なる領域であり、その越境は戒められることになる。このようにジェイコブズの倫理学は、プラトンまでさかのぼらずとも、現代の正義論の中に、その支えとなる理論を見出すことができるのである。

さらに、ウォルツァーの分配的正義論は、ジェイコブズの都市論とも結びつきそうである。現代の民主的な社会においては、「都市環境」は重要な社会的財として認定されうるものだろう。『正義の領分』では言及されていないが、後のインタビューの中で、ウォルツァーは社会的財の追加を認めているので（ウォルツァー 1999）、「都市環境」を社会的財に組み入れてもよいだろう。そうすると、ジェイコブズの都市論は、「都市環境」という財を、その社会的意味（例えば、多様性の魅力）を示すことによって、政治権力や貨幣の越境から守ることを主張したものとして理解できるだろう。

以上から、ウォルツァーの理論を通すことによって、ジェイコブズの倫理学と都市論との間を一筋の線で結ぶことができたと考える。ただし、ジェイコブズとウォルツァー理論との親和性はこれだけにはとどまらない。ウォルツァーの理論の枠組みは、社会運動家としてのジェイコブズにも明確な位置づけを与えることができるのである。

3 ウォルツァー理論から見たジェイコブズの社会運動

(1) ウォルツァー理論は慣習主義か

先にもふれたように、ウォルツァーの分配的正義論の骨子は、「財によって異なるという原則」と「共同体によって異なるという原則」にある。前者については、これまで十分に紹介したので、以下では後者について見ていく。つまり、〈共同体の成員の財に対する理解によって分配規準が変わる〉という原則についてである。

これについては、バリー（Brian Barry）の批判的論評が参考になる。例えば「自由時間」という財について、現代では「休暇」（vacation）として理解されているが、ローマ時代には「公的な祝祭日」（public holiday）として理解されていた（Barry 1995: 73）。また古代ギリシア・ローマ時代には「公衆浴場」は必要不可欠な社会的財だったが、現代アメリカではそうではないかもしれない（Barry 1995: 72）。以上のことから、ウォルツァーは、何が社会的財になるか、また社会的財の分配規準がどう設定されるかは、それぞれの財の「社会的意味」を共同体の成員がどう考えているかに基づくと考えたのである。

これに対して、バリーは、ウォルツァーの立場を「慣習主義」（conventionalism）と捉え、(1) 他の共同体の不正に対して干渉（批判）できない、(2) 共同体内部における同意や信念の「正しさ」が証明できない、(3) 国際的な不正義（不平等）に対して応答できない、といった問題が生じるとしている。例えば、(1) ウォルツァーの立場からでは、アメリカ以外の国では「人権」に訴えることができないことになる。なぜなら「人権」は、アメリカ社会における正義にすぎないことになるからだ。また、(2) 不平等な社会における「同意」の正当性は疑わしいだろうし、(3) 国際的な共同体がない現状では、国際的な分配的正義はありえず、世界規模での不平等を容認してしまうことにさえなる（Barry 1995: 75-80）。

　このバリーの批判が正しいならば、ウォルツァーの理論は、共同体の内部の慣習を批判することができない「慣習主義」と見なされるだろう。しかし、彼の別の著作の議論を踏まえると、彼の立場は「慣習主義」とはいえないことが分かる。そこでは、内側からの「解釈」を通じた「社会批判」の重要性が述べられている。

（2）「社会とつながった批判者」としての「知識人」

　ウォルツァーは、『解釈としての社会批判』（*Interpretation and Social Criticism*）において、道徳のあり方として、普遍的な自然法を見出すという「発見の道」や、道徳体系を一から構築するという「発明の道」を退け、歴史的に培われてきた慣習を解釈するという「解釈の道」を擁護している。そして彼は、人々の不満を解釈することによって内側から社会批判を行うことを推奨している。

　ただし、この見解には若干の難点がある。ウォルツァー自身が述べているように、批判は「批判を可能にする距離」（critical distance）を必要とするからである（Walzer 1987: 36=1996: 44）。確かに、対象に密着しすぎると批判ができなくなるが、だからといって、対象から離れすぎると「社会とのつながりを欠いた」（disconnected）批判となり、道徳の実践を操作的・強制的なものにしてしまうことになる（Walzer 1987: 64=1996: 84）。

　そこでウォルツァーが推奨するのは「社会とつながった批判者」（the connected critic）という立場である。彼によれば「この批判者は、地域に根ざした、あるいは地域の特性を背負わされた諸原理（the local or localized principles）に訴える」（Walzer 1987: 39=1996: 49）。すなわち彼は、社会批判は共同体の内部の原理や理解を汲み上げることによってなされるべきと考えているのである。

　この本で、ウォルツァーは、このような批判者のモデルとして、旧約聖書の「預言者」を挙げている。そもそも彼の思想の背景には、ユダヤ教の伝統がある。しかし、この議論をユダヤ教の伝統の中に閉じ込める必要はないだろう。ウォルツァーは、近年のインタビューにおいて、オーウェル（George Orwell）やカミュ（Albert Camus）、シローネ（Ignazio Silone）の名を挙げて、彼らを「知識人」と呼んでいる。そこでの「知識人」とは「紛争の本質を究めようとし、紛争についての議論をたたかわせ、場合によっては小説、詩、あるいは話を書きさえして、人々の意見を変えることを目指す」人のことを指す。ウォルツァーによれば、このような知識人は、政治の場面で、政治家、活動家、一般の公衆の仲介の役割を担っているという。これは内部からの社会批判者としての「預言者」の役割に照応するものといえよう。そして興味深いことに、そこで彼は、自らを知識人の一人として位置づけているのである（ウォルツァー 1999: 6-7）。『正義の領分』は、彼が一人の「知識人」として、現代の財の社会的意味に対する自らの解釈を示しながら、複合的平等に反する分配が行われがちな社会に対して社会批判を行った本として理解することもできそうである。

(3)「知識人」としてのジェイコブズ

やや長くなったが、以上によって、ウォルツァーの分配的正義論が慣習主義ではなく、内部からの批判に開かれていることが示されたと考える。そしてこう見ていくと、ウォルツァーの理論は、「解釈」と「社会批判」という観点でも、ジェイコブズに結びついてくる。

先に述べたように、現代の民主的な社会においては、「都市環境」は重要な社会的財として認定されうるものだろう。そこから、ジェイコブズの都市論は、「都市環境」という財の、その共同体に対する社会的意味を、そこに住んでいる人々の立場から「解釈」して提示したものと捉えることができる。[4] そして、ここで解釈された都市環境の社会的意味が、政治権力や貨幣の越境によって損なわれる状況に対して、ジェイコブズは社会批判を行っているといえる。〝外部の政治権力や開発業者は、ある地域を「スラム」と認定し、再開発をしようとするが、そこに住んでいる人々にとっては快適な居場所であり、破壊しないでほしい〟というのが『アメリカ大都市の死と生』の一つの重要なメッセージである。抽象的な環境保全とは違う、具体的な現場に立脚した環境保全の訴えである。それはウォルツァーが言う意味での、財の社会的意味の解釈を通じた社会批判でもある。

また彼女の社会運動へのコミットも見逃せない。フリント (Anthony Flint) は、ワシントンスクエアパークを高速道路から守ったときや、ロウアーマンハッタンエクスプレス建設に対する反対運動を展開したときのジェイコブズの奮闘を詳細に記している (フリント 2011)。これらの運動の過程でジェイコブズが果たした役割は、ウォルツァーのいう「知識人」の役割そのものといえよう。

4 おわりに

ジェイコブズの『市場の倫理 統治の倫理』の主張は、ウォルツァーの表現を用いれば、「市場の領域」と「統治の領域」は異なる二つの領域であり、その領域は互いに侵犯してはならない、ということになる。また『アメリカ大都市の死と生』は、社会的財としての「都市環境」の社会的意味を解釈し、それに反する分配が政治権力や貨幣によって行われることに対して、社会批判を行った本として理解できる。そして著作や社会運動を通じてそのことを広く社会に訴えた彼女は、ウォルツァーのいう「知識人」に他ならない。以上から、ウォルツァーの理論の枠組みを通して、ジェイコブズの倫理学と都市論、そして社会運動に一筋の線を引くことができたと考える。[5]

注

（1）現代正義論の中でのウォルツァーの位置づけについては、川本隆史の著書を参照（川本 1995）。

（2）以下、ウォルツァーの本の中で邦訳があるものに関しては、邦訳も参照したが、本稿で引用する際には原文に照らして訳語を変えたところがある。

（3）このまとめ方に関して、ウォルドロン（Jaremy Waldron）の論文も参考にした（Waldron 1995: 155-156）。

（4）この点に関連して興味深いのは、ジェイコブズの「四つの原則」（混合一次用途、小さな街区、古い建物、密集）に関する宇沢弘文の解説である。宇沢によれば、「四つの原則」は、「論理的、演繹的に導き出されたものではなく、ジェイコブスが、死に絶えてしまったアメリカの数多くの大都市と、そこにわずかに残っている人間的なコミュニティとを精力的に調査して回り、そこから帰納的、経験的に、導き出されたものである」（宇沢 2000: 119）。ここで述べられているジェイコブズ理論の帰納的、経験的な性格は、ウォルツァーの「解釈」という方法論に近いといえよう。

（5）本稿におけるウォルツァーに関する記述は、拙論「環境保全の公共哲学――ローカルな視点からのアプローチ」（千葉大学に提出した博士論文）の一部や、「ローカルな視点からの環境論」（『環境思想研究』第一号、二〇〇五年に収録）における記述を大幅に改稿したものである。なおそこでは「都市環境」ではなく「地域環境」を社会的財と考え、南方熊楠の神社合併反対運動をウォルツァー理論によって分析した。

参考文献

Barry, Brian（1995）"Spherical Justice and Global Injustice", David Miller, Michael Walzer（eds.）*Pluralism, Justice, and Equality*, New York: Oxford University Press, 67-80.

Elster, Jon（1992）*Local Justice: How Institutions Allocate Scarce Goods and Necessary Burdens*, Russell Sage Foundation.

フリント、アンソニー（2011）『ジェイコブズ対モーゼス――ニューヨーク都市計画をめぐる闘い』渡邉泰彦訳、鹿島出版会。

川本隆史（1995）『現代倫理学の冒険――社会理論のネットワーキングへ』創文社。

Miller, David（1995）"Introduction", David Miller, Michael Walzer（eds.）*Pluralism, Justice, and Equality*, New York: Oxford University Press, 1-16.

宮﨑洋司・玉川英則（2011）『都市の本質とゆくえ――J・ジェイコブズと考える』鹿島出版会。

宇沢弘文（2000）『社会的共通資本』岩波新書。

Waldron, Jeremy（1995）"Money and Complex Equality", David Miller, Michael Walzer（eds.）*Pluralism, Justice, and Equality*, New York: Oxford University Press, 144-170.

Walzer, Michael（1983）*Spheres of Justice: A Defense of Pluralism and Equality*, New York: Basic Books（=1999、『正義の領分――多元性と平等の擁護』山口晃訳、而立社）.

――（1987）*Interpretation and Social Criticism*, Cambridge, Mass.: Harvard University Press（=1996、『解釈としての社会批判――暮らしに根ざした批判の流儀』大川正彦・川本隆史訳、風行社）.

ウォルツァー、マイケル（1999）「政治の場での哲学の居座りを望まない（上）」『みすず』藤田潤一郎・大川正彦訳、四一巻九号、二―一八頁。

1990 年代。Box 36, Folder 19, Jane Jacobs Papers, MS.1995.029, John J. Burns Library, Boston College.

Ⅲ　都市のイノベーション、そして国家

ジェイコブズと創造都市論

佐々木雅幸

●ささき・まさゆき　一九四九年生。同志社大学経済学部特別客員教授。文化経済学。著作に『創造都市の経済学』（勁草書房）『創造都市への挑戦』（岩波書店）『創造農村』（編著、学芸出版社）等。

1　創造経済時代の到来と創造都市

二十一世紀初頭は、「創造経済と創造都市の時代」が到来したと言っても過言ではないだろう。

国連貿易開発会議UNCTADが二〇〇八年と二〇一〇年に、三〇〇ページを超える『創造経済レポート』*Creative Economy Report* を発行して、創造経済とは「社会包摂、文化多様性、人間発達を促進しながら所得と雇用を生み出す可能性を持ち」、それは先進国のみならず途上国においてもますます大きく成長しており、グローバル経済の新たな担い手になるとしている。二〇一三年にはさらに、特集版を国連教育科学文化機関UNESCOの協力で発行している。

UNCTAD創造経済計画部長として、この『創造経済レポート』の編集に携わったエドナ・ドス・サントス＝ディーゼンベルグ Edna dos Santos-Duisenberg は、二〇〇八年のリーマンショック以降引き続く世界経済危機のもとで新たな成長戦略が必要不可欠になっている中で、「創造経済」は革新的でクリエイティブな資本や知識を活用した新たな生産プロセスを構築し、情報新技術で世界への伝播も速く、UNCTADのデータベースによれば二〇一〇年の創造経済の市場規模は五五九〇億ドルに達し、経済危機の中でもダイナミックな成長を見せているという。そして、この「創造経済」と環境保全型の「グリーン経済」とが融合すれば、エコファッション、エコクラフトなど、生物多様性と文化多様性に富んだ新たな産業、建築、サービス、工芸が芽吹いてくるだろうと述べている。まさに、ジェイン・ジェイコブズ Jane Jacobs の予言のように思われる。

表1　工業経済から創造経済への移行

	20 世紀の工業経済	21 世紀の創造経済
生産システム	大規模生産 トップダウン	フレキシブル生産 ボトムアップ
消費	非個性的大量消費	個性的文化的消費
流通・メディア	大量流通 マスメディア	ネットワーク ソーシャルメディア
経済の優位性	資産・土地・エネルギー	クリエイティブ人材 知識・知恵・文化
都市の形	産業都市	創造都市

　日本においても経済産業省は二〇一一年七月に生活文化創造産業（クリエイティブ産業）課を設置しており、「クリエイティビティが経済成長のエンジンになる」という考え方で振興政策を展開している。日本におけるクリエイティブ産業を「創造性の付加価値で市場から選択されるモノ・コト・ヒト」と独自に定義し推計すると、ファッション、食（グルメ）、コンテンツ、工芸、すまい、観光、広告、デザインを含め、六四・四億円の市場規模に達しており、今後も成長が期待される（野村総合研究所、2012）。

　このように二十一世紀における創造経済社会の特徴は、二十世紀の工業経済中心の社会と比較すると上の**表1**のようにまとめることができる。

　すなわち、創造経済が本格化すると、生産システムにおいて大規模集中型から分散的ネットワーク型に転換が始まり、消費のレベルでも非個性的な大量消費から個性的文化的消費を担う「文化創造型生活者」が市場に多数登場してくるようになり、流通においても大量流通を担うマスメディアから双方向のソーシャルメディアを中心としたものに変化する。この結果として、都市の競争要因も資本・土地・エネルギーから、知識と文化、すなわち、創造的人的資本（creative class）に変わり、都市の形も「産業都市から創造都市（クリエイティブシティ）」に転換するのである。

　したがって、創造都市が時代の注目を集める理由は、単に衰退都市の再生やまちづくりの方法論としてではなく、「世界的な創造経済の到来」を背景として、直面している世界大恐慌からの脱出方策のモデルの一つとしても期待されるからである。

　こうした動向に沿いながら、UNESCOは、二〇〇四年に文化産業の創造的社会経済的潜在力を解放し、文化的多様性を実現する目的で創造都市のグローバルアライアンスを呼びかけた。

UNESCOの創造都市ネットワークには、文学、音楽、デザイン、メディアアート、映画、食文化、クラフト・フォークアートの七つの文化産業分野で五四カ国一一六都市が認定され、エディンバラ（文学）、ボローニャ（音楽）、セビリア（音楽）、ベルリン（デザイン）、モントリオール（デザイン）、ブエノスアイレス（デザイン）、ポパヤン（ガストロノミー）、サンタフェ（クラフト・フォークアート）、アスワン（クラフト・フォークアート）、メルボルン（文学）、リヨン（メディアアート）などが加盟している。

日本においては、二〇〇八年十月に神戸市と名古屋市がデザイン分野で登録され、金沢市が二〇〇九年にクラフト・フォークアート分野での登録が認められた。二〇一三年にメディアアートで札幌市、二〇一四年に音楽で浜松市、ガストロノミーで鶴岡市、さらに二〇一五年には篠山市がクラフト・フォークアート分野で認定され、五分野七都市となった。

また、国内においては二〇一三年一月に創造都市政策を推進するためのプラットフォームとして「創造都市ネットワーク日本」が設立されて、現在七〇自治体が加盟している。

このように、二十一世紀の代表的な都市論として注目される創造都市論の生みの親がジェイン・ジェイコブズであることを述べてみよう。

2 創造都市論の台頭

まず、創造都市論が台頭する背景を振り返ると、二十世紀末の世界的大不況、脱工業化とグローバル化の進展が挙げられる。すでに、一九八〇年代に入ると、欧米の都市では既存産業の停滞と空洞化の現象が顕著となり、都市の再生が大きなテーマとなる一方で、創造産業が新たな成長エンジンとして期待されることとなった。また、国境を越える経済活動の広がりの中で、欧州ではEU統合の動きが強まり、統合を目前にして「欧州文化首都」事業がスタートすることになった。ギリシャの文化大臣であるメリナ・メルクーリ Melina Mercouri とフランスの文化大臣であるジャック・ラング Jack Lang の二人が発案したこの事業は、都市文化の多様性の中の統合を合言葉に、文化事業を軸にツーリズムなどとの融合によって都市再生をめざした。指定された都市において一年間にわたり文化プログラムに集中的に取り組むことにより、産業活性化や雇用問題の解決の成果が上がるようになり、「文化による都市再生」の事例が積み上げられ、次第に「芸術文化の創造性と産業の革新」を核とした都市再生論が「創造都市論」として姿を現すことになったのである。

二〇〇〇年にはチャールズ・ランドリー C. Landry の *The Creative City*、二〇〇二年にはリチャード・フロリダ R. Florida の

The Rise of the Creative Class が登場して、世界的な創造都市ブームを巻き起こしたのである。

ランドリーは都市プランナーとしての自らの経験から「芸術文化のもつ創造性」に着目した理由として、

第一に、脱工業化した都市においてマルチメディアや映像・映画や音楽、劇場などの創造産業が製造業に代わってダイナミックな成長性や雇用面での効果を示す点を挙げており、

第二に、芸術文化が都市住民に対して問題解決に向けた創造的アイデアを刺激するなど多面的にインパクトを与えることを挙げている。

第三に、文化遺産と文化的伝統が人々に都市の歴史や記憶を呼び覚まし、グローバリゼーションの中にあっても都市のアイデンティティを確固たるものとし、未来への洞察力を高める素地を耕す。つまり、創造とは単に新しい発明の連続であるのみならず、適切な「過去との対話」によって成し遂げられるのであり、「伝統と創造」は相互に影響し合うプロセスである。

それゆえ、第四に、地球環境との調和をはかる「維持可能な都市」を創造するために文化が果たす役割も期待されるのである。

ランドリーはシンポジウムなどにおいて、「どの都市でも創造都市になりうる」と述べ、そのためには四つのアプローチがあると語る。

第一に、芸術家と、彼らの活動を支える文化施設、つまり創造的インフラストラクチュアとが一体となった創造の場 creative milieu が多数あること。

第二に、市場性のある創造産業が発展し、それが既存産業の創造性を高めていること。

第三に、R・フロリダが定義する創造階級 creative class が多数居住し、科学者と芸術家とが協力しつつ、日常生活をより豊かにしていること。

第四に、都市行政組織も含め、すべての市民が創造性を発揮することができ、また、エンパワーメントされる場であること。

以上のように、ランドリーのアプローチはヘルシンキやバルセロナ、バーミンガムなど典型都市の分析から、経験的に導き出したものであり、創造都市戦略を構想する上で参考になる政策ツールを提供した。

一方、世界的ベストセラーを生み出したフロリダは、現代経済の担い手として「創造階級」の登場と勃興に注目し、そのエートスと仕事およびライフスタイル、そして彼らが選択するコミュニティの特徴を分析し、創造階級が好んで居住する都市や地域こそ、経済的パフォーマンスが優れていることを「ハイテク指標」と「ゲイ指標」の相関で示した。

創造階級を構成する中心として ①コンピュータ・数学、②建築・エンジニア、③生命・自然科学および社会科学、④教育・訓練・図書館、⑤芸術・デザイン・エンターテイメント・スポーツ・

メディアを抽出し、それらを支える創造的専門職である①マネジメント、②ビジネス・財務、③法律、④保険医・技師、⑤セールス・マネジメントの各専門職種を合計するとアメリカ社会全体の三〇％を超えるとした。この定義で新しいのは、創造的自然科学産業と創造的文化産業の双方の従事者を含んでいる点であり、科学技術の創造性と芸術文化の創造性の相互作用に注目した点である。

これらの「創造階級」が好んで居住する都市や地域の特徴を示す、Talent, Technology, Tolerance（人材、技術、寛容性）の３Tと計八指数から構成される独自の「創造性指数」を提唱して世界の都市再生政策に大きな影響を与えた。このうちフロリダが最も注目するのはToleranceであり、中でも、同性愛者（ゲイ・レズビアン）住民の全国に対する地域別割合を立地係数で測定した「ゲイ指数」はセンセーショナルで大きな反響を呼んだ。

彼の「ゲイ指数」は、欧州に伝統的なハイカルチャーを指向するエリート層ではなく、オープンマインドでアヴァンギャルドなボヘミアンと呼ばれる若手アーティストのような社会集団の創造性を強く印象付けるシンボルになっており、オペラに対するミュージカル、クラシック音楽に対するジャズやロックなどアメリカのカウンターカルチャーが持つ、欧州の既成社会に対する挑戦的態度が明瞭で、インパクトの強いものであり、「創造階級やゲイの集まる都市が発展する」という俗説とともにフロリダの理論は世界を駆け巡った。とりわけ、新自由主義の影響が強い米国においてはフロリダが提唱する「創造階級」を誘致する都市間競争に拍車をかけることになり、「競争的創造都市」という側面が強まったといえよう。

3　創造都市論の系譜とジェイコブズ

さて、創造都市論の系譜を辿ると、文化経済学の創始者であるジョン・ラスキンJohn Ruskinとウィリアム・モリスWilliam Morrisに遡ることもできる（佐々木、1997）が、ここでは、ランドリーとフロリダがジェイコブズの都市論をどのように発展させたかを見てみよう。

フロリダはオースチンやサンフランシスコといった最近注目される成長都市にはＩＣＴ産業やハイテク産業の技術者が集積すると同時に、前衛的な芸術家が多数集まっていることを指摘し、これら二つの社会集団の集積を示す指標である「ハイテク指標」と「ゲイ指標」には地域的相関が見られ、この二つが重なりあう都市に新たな「創造的コミュニティ」が形成されるとし、そのモデルとしてジェイコブズが処女作*The Death and Life of Great American City*で取り上げた、ニューヨークの下町が醸し出す創造的で多様性あふれる雰囲気に注目する。

「彼女が住むハドソン通りがそうした機能を果たすのは物理的環境と社会的環境がうまく調和しているからである。区画が小さく短いので多様に歩き廻れるし、ありとあらゆる種類の人種的背景と階層からなる人々が住み、アパートやバーやお店や小さな工房といった恐ろしく多様な住宅があるために様々な種類の人々が絶えず外部から、しかも多様なスケジュールで訪れるのである。そして、無数の古くて使われない建物があるが、これこそアーティストのスタジオから企業家精神あふれるお店まで、独立した創造的な企業に理想的なものである。ハドソン通りはまた、小売店主や商人や様々なコミュニティのリーダーを養成し誘致するが、こうした人々こそ、資源の動員に重要な役割や、コミュニティにおいて触媒の役割を演じて、人々とその思想を結び付ける社会的ネットワークの結び目に立つのである。以上のように、ジェイコブズは、創造的コミュニティとは多様性と適切な物理的環境と、思想を生み出しイノベーションを鼓舞し、人間的創造性を引き出すような特定の人物を必要とすると述べている。」

(Florida, 2002, p. 42)

このように、フロリダは、ジェイコブズが重視した巨大都市の下町における多様性が創造性を産み出すとし、同性愛者（ゲイ）をも受け入れる寛容性をもった創造的コミュニティこそ、創造階級を惹きつけるものだと発展させたのである。つまり、ジェイコブズが強調した「都市の多様性」を、「都市の創造性」に言い換えたのである。そして、同性愛者をも受け入れる寛容性のある創造的社会の提案は、九・一一事件以降にブッシュ政権が進める保守的転回と相容れることはできず、息苦しさを感じたフロリダはジェイコブズが住むカナダのトロントに研究活動を移す決断をする。まさに、ジェイコブズは理論的にも実践的にもフロリダの母親なのであろう。

一方、ランドリーや筆者は創造都市論の原典としてジェイコブズの *Cities and Wealth of Nations* に注目してきた。この書は、アダム・スミスの古典 *The Wealth of Nations* を念頭において、国民経済の発展とは、その原動力として輸入代替の機能に富んだ創造的な都市経済の実現によってもたらされると主張して、経済学における都市経済研究の独自の重要性を指摘し、パラダイムの転換を図ったものである。

そこでジェイコブズが注目したのはニューヨークや東京のような「世界都市」よりむしろ、「第三のイタリア」の中規模都市であるボローニャやヴェネチアである。彼女は、名著 *The Second Industrial Divide* を上梓したチャールズ・セーブル C. F. Sable に影響を受けて、以下のように述べている。

「セーブルは過去一〇年間にイタリア北部のボローニャとヴェネチアの間の小工業都市群で『無数の小企業』が非常に増えたことにふれて、日常茶飯事として生じている種々のイノベーションとインプロビゼーションとを描いている。」

(Jacobs, 1984)

彼女は、これらの地域に集積する特定分野に限定した中小企業群がイノベーションを得意とし、柔軟に技術を使いこなす高度な労働の質を保持しており、大量生産システムの時代に一般的であった「市場、技術、工業社会のヒエラルヒーの画期的な再編成」をもたらすものであるというセーブルの研究に大きな刺激を受けている。

そして、ジェイコブズはこれらの都市の主役である職人企業というマイクロ企業のネットワーク型の集積がしめす「巨大な小企業群、共生関係、職場移動の容易さ、経済性、柔軟性、効率のよさ、適応性」のすばらしさに驚嘆し、その特徴を輸入代替による自前の発展とイノベーションとインプロビゼーション（臨機応変の改良）に基づく経済的自己修正能力あるいは、修正自在型経済こそ「創造都市」に固有のものと把握している。

輸入代替とは、先進技術を他地域から学び、これを吸収して自前の技術体系とし、他の産業との連関性をゆたかにしながら地域内市場を優先的に発展させる方式である。インプロビゼーションとはジャズの即興演奏のように、条件変化にすばやく柔軟に対応できるプロセスをさし、経済用語というよりは芸術分野においてなじみの深い言葉である。

「これらの密集した共生的小企業群の中で観察し、画期的変化であると感じたその力と驚異的事実は、すべて創造都市に固有なものであった」と述べて、ネットワーク化した小企業が共生的小企業群として果たすところの「修正自在型経済」を、大量生産システムの次に来る画期的変化と認識したのである。つまり、ジェイコブズの「創造都市」はポスト大量生産の時代のフレキシブルで革新的な「修正自在型」の都市経済システムをもった都市といえよう。

ランドリーは、以上のように、産業のイノベーションとインプロビゼーションを得意とする都市を「創造都市」と呼ぶジェイコブズに影響を受けて「創造性」を空想や想像よりも実践的で、知識（インテリジェンス）と革新（イノベーション）の中間にあるものとして、つまり、「芸術文化と産業経済を繋ぐ媒介項」として位置づけていることが特徴的であり、都市の芸術文化政策を主軸に創造都市を実現しようとするものであった。

筆者はこれらの多様なアプローチとの相互交流の中で、ボローニャや金沢市を事例に取り上げて、産業のみならず文化・福祉の分野での市民の自発的な組織や非営利組織のあり方を分析し、公共部門との連携・協働の取り組みによって、市民の自発性・創造性を引き出し、インプロビゼーションを巻き起こす「創造の場」こそ、創造都市に不可欠の要素であるとし、二〇〇一年に上梓した『創造都市への挑戦』において、

「創造都市とは市民の創造活動の自由な発揮に基づいて、文化と産業における創造性に富み、同時に、脱大量生産の革新的で柔軟な都市経済システムを備え、グローバルな環境問題や、あるいはローカルな地域社会の課題に対して、創造的問題解決を行えるような『創造の場』に富んだ都市である」

と定義してきた。

ここで、「創造の場」とは経営学者の野中郁次郎が提唱した「場」の理論に着目し、企業内の知識創造モデルを都市の中に拡張した時空間であり、ジェイコブズが強調した、多様な市民が集って新たな思想や芸術、ビジネスを生み出すインプロビゼーションが巻き起こる、ハードとソフトが調和した空間である。

おわりに

二〇〇五年秋、私はジェイコブズが住むカナダのトロントを訪れた。地元の芸術家団体であるArtscapeが主催する*Creative Place and Space*と題する国際会議に出席するとともに、世界的な創造都市ブームに火をつけた友人でもあるランドリーと会い、その年末に大阪市で開催する創造都市を巡る国際シンポジウムの打ち合わせを行うためであった。そして、ひょっとするとジェインに会えるのではないかと淡い期待も持って、会場に臨んだのであった。何故なら、この会議の顧問の一人に彼女が名前を連ねていたからであった。

残念ながら、すでに体調を崩していたのか、高齢の彼女は会場に姿を見せることはなかったが、会場の一角に設営された創造都市関連図書資料コーナーにはランドリーとフロリダの二人の著書を両脇に従え、その中央に彼女の近著*Dark Age Ahead*が山と積まれ、その人懐こい大きな顔写真が掲げられていた。

「ようこそ、トロントへ、私が創造都市論の生みの親よ」と参加者に語りかけているようであった。「やはりあなたが創造都市論の母だったのですね」と私は胸の中で応答した。できることなら、直接会って、このことを確かめたいと思っていたのであるが今はその思いもかなわない。

参考文献

Landry, C., Bianchini, F., *The Creative City*, London: Comedia, 1995

Landry, C., *The Creative City: A Toolkit for Urban Innovators*, London: Comedia, 2000. 後藤和子監訳『創造的都市』日本評論社、二〇〇三年

Jacobs, J., *The Death and Life of Great American City*. 山形浩生訳『アメリカ大都市の死と生』鹿島出版会、二〇一〇年

Jacobs, J., *Cities and the Wealth of Nations: Principles of Economic Life*, Random House, 1984, 中村達也訳『発展する地域 衰退する地域』ちくま学芸文庫、二〇一二年

Piore, M. J. and Sabel, C. F. *The Second Industrial Divide: Possibilities for Prosperity*, New York: Basic Books, inc. 1984, 山之内靖・永易浩一・石田あつみ訳『第二の産業分水嶺』筑摩書房、一九九三年

UNCTAD, *Creative Economy Report*, 2008, 2010, 2013

佐々木雅幸『創造都市の経済学』勁草書房、一九九七年

佐々木雅幸『創造都市への挑戦——産業と文化の息づく街へ』岩波書店、二〇〇一年、岩波現代文庫版、二〇一二年

野村総合研究所『平成二十三年度　知的財産権ワーキンググループ等侵害対策強化事業（クリエイティブ産業に係る知的財産権等の侵害実態調査及び創作環境等の整備のための調査）報告書』二〇一二年

短篇ドキュメンタリー映画 *City Limits*（ローレンス・ハイド監督、カナダ国立映画制作庁〔NFB〕製作）の撮影時のジェイコブズ。（1971 年）Box 36 Folder 15, Jane Jacobs Papers, MS.1995.029, John J. Burns Library, Boston College. なお、現在この映画は NFB のウェブサイトで観ることができる。

ジェイン・ジェイコブズから何を学ぶか

【地域経済とイノベーションの視点から】

吉川智教

●よしかわ・ともみち　一九四七年生。早稲田大学大学院ビジネススクール教授。イノベーション、マネジメント。論文に「産業クラスターの持続性と新産業創出のメカニズム」(『日本ベンチャー学会誌』二〇〇三年)、"Tsubame-Sanjo has been Clustered in Japan More than Four Hundred Years—Mechanism of Creation of New Industries", Uddevalla Symposium 2014, Geography of Growth, University West, Sweden, 2014. 等。

1　はじめに

イノベーションの研究者として、以前からジェイン・ジェイコブズ氏の著書、特に一九八四年の『都市の経済学』(*Cities and the Wealth of Nation*)を愛読している。彼女の視点は、極めて具体的に地域の視点から問題提起をして、幾つかの新しい論点を提示しているからである。

この十年来、イノベーションという言葉が一般的になり、その言葉を発するとイノベーションが起るかのように錯覚した経営者、政治家が多く、研究者として当惑を覚えている。大学や地方自治体、民間企業には、イノベーションセンターという機関を作りさえすれば、それが機能するかのような錯覚がある。

地域経済との関係でいえば、「イノベーション」には、地域偏在性がある(Geographical Concentration of Innovation)――イノベーションは全世界で広く起きていない。特定の地域に偏在する傾向がある。例えば、半導体に関するイノベーションの六、七割が米国のシリコンバレーで起きている。イノベーションがなぜ、特定地域に偏在するのか、この現象を明確に理解することなしに、現在日本が抱えている、地域経済の様々な問題、産業の空洞化現象、人口減少、新産業創出等の解決は困難と思われる[1]。

ちょうど今年二〇一六年の夏にロンドンで、一九回目のUddevalla Conferenceという国際的な会議が開催される。その主なテーマが、"Geography, Open Innovation, Diversity and Entrepreneurship"（地域、オープンイノベーション、多様化、起業家精神）というテーマであり、地域の特殊性と多様性の中で、如何に地域を活性化させるか、その地域でイノベーションを如何に起すのかというテーマでの研究に全世界的に関心が高まっている。筆者も、そのコンファランスの中で、"Creation of New Industries in Old Clusters"（既存の産業集積の中から、如何に新産業を創造するか）というテーマのセッションの提案が認められ、議長を担当することになっている。究極のイノベーションが新産業創出という理解の上にたてば、地域において、如何に新産業を創出するかが、極めて重要であり、特にそのための条件を明確にすることが求められている[2]。

例えば、米国のシリコンバレーも昔から半導体産業の集積地として有名であったわけではない。一九四七年にスタンフォード大学のフレデリック・ターマン教授との協力で創設されたヒューレット・パッカード社（以下ＨＰと略す）は、初期には、レーダーを作っていた。それから、ＨＰの製品は、半導体、ＰＣとその周辺機器と製品は、大きく変化している。このように、長期的に市場経済の中で存続している企業は、製造している製品が、時代に合わせて大きく変化している。そのような変化を意図的に経営者が行なわないと、既存企業の主要産業はいつの間にか斜陽産業の集まりと化すのである。

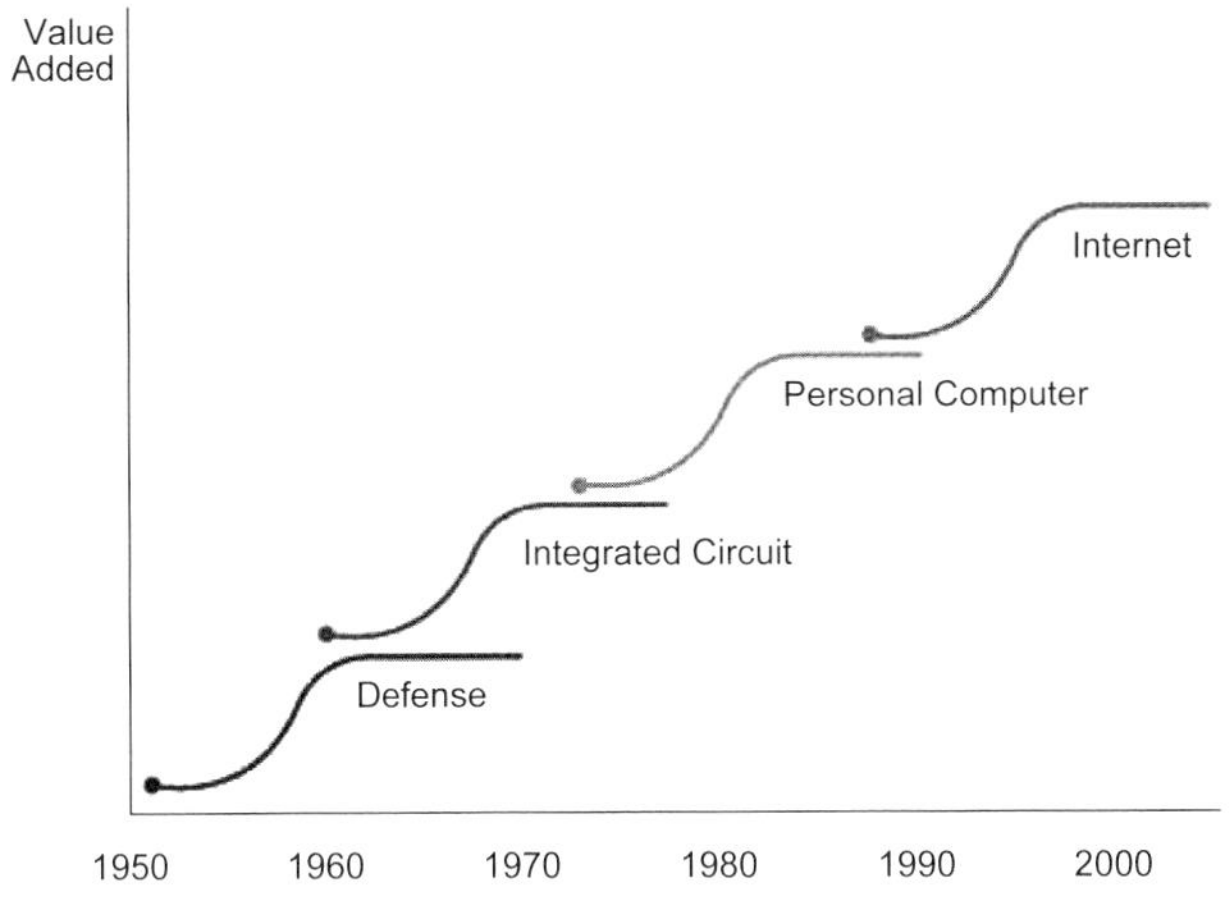

図１　シリコンバレーの産業の変遷（1950-2000）
（出典）*Silicon Valley Edge* より引用。

表1　燕三条にみる400年間の産業と技術の変遷――技術の連続性と産業の非連続性

期　間	コア技術		産　業		新しい競合産業
	初期条件		初期条件		
第一期：1600-1880（慶長5—明治13年）	物資の集積地	野鍛冶	江戸	和釘、船釘（1624-1887）	洋釘
第二期：1764-1920	間瀬の銅山	鍛金の技術（1764、宝暦14年）		鎚起銅器、やかん、煙管矢立手作洋食器（1914-1920）	たばこ、ペン、鉛筆、アルミ製品
第三期：1920-		プレス技術、研磨技術	ロシアからの特需	洋食器、道路反射鏡	海外の洋食器
第四期：1970-	?	?	?	?	?

地域に関しても同様である。シリコンバレーの主力製品は、一九五〇年代は軍事産業であったし、七〇年代は半導体、八〇～九〇年代はPC、二〇〇〇年はインターネット、現在は車載の電子機器開発等というふうに、時代に応じてシリコンバレーの主力製品は大きく変化している（**図1**を参照）。大きく変化しているが故に、長期的にシリコンバレーの集積が維持されているのである。もしも、現在も五〇年代と同じようにレーダーを作っていれば、現在のようなシリコンバレーの繁栄は考えられない。

そのコンファランスでは、他の国の例と比較しながら、日本で四〇〇年以上続く産業集積地域である燕三条や広島の熊野に注目し、伝統産業を含む既存産業の中から、如何にイノベーションが生まれ、さらに地域の中で、様々なイノベーションが企業間で（オープンイノベーション）引き起こされ、その結果として新産業創出がどのよう生まれてくるのかを分析、討論する予定である。日本の燕三条でも四〇〇年の間に産業が大きく変遷しているのは指摘するまでもない（**表1**を参照）。

江戸時代以前には、野鍛冶が一千人いたという記録が残っている。彼らは農機具を作っていた。それから江戸時代にかけては、釘を製造し、江戸の中期には間瀬で銅山が開かれ、鍛金の技術でやかん、銅製品、大正時代以降の洋食器の生産が始まる。

洋食器を生産していた技術を生かして、現在はAppleの部品の製造をしているメーカーが複数存在することは、正に新産業創出のメカニズムが観察できる(3)。

新産業創出と言っても、イノベーションと同様に、どのような地域でもそれが可能なのではない。地域偏在性が見られる。その地域の固有な地域性と歴史とが融合的に結びつかないと成功はしない。

以上のような問題意識から、ジェイン・ジェイコブズの著書を読み、その論点と視点を改めて学び、特定地域とイノベーションとその拡張である新産業創出の関連を明確にしたい。

2 イノベーションと新産業創出について
――モノ作りだけでは地域の再生はない

イノベーションとは、一般的には、社会に対する新しい価値創造と定義される。民間企業の場合は、顧客に対する価値創造である。具体的には、困っている顧客が問題点を解決できるような新製品や新サービスの提供がイノベーションである。困ってもいない顧客に不必要な機能がついた複雑な製品を売ることではない。

Apple が開発する製品を見ると、その点が明確に理解される。Apple は、基本的にはモノを製造はしていない。既存の開発された部品を用いて、顧客が必要としている機能の製品の開発設計をしている。したがって、Apple の製品には、Designed by Apple in California, Assembled in China と書かれている製品が多い。もっと正確に言えば、使われている部品は、それぞれ異なった国で開発・製造され、本体は中国で組み立てられている。製品によっても違うが、部品等の製造と組み立ての費用は、製品の価格の五〇%であるという。

つまり、製造コストと同じ位に開発設計の付加価値が高いということである。なぜ、それほど高価格で売れるのかは、同じ機能を搭載している製品がないからである。新製品は、他の類似品と比較すると明確に差別化(differentiate)されて、且つそのことを消費者が高く評価しているからである。新製品開発の勝利である。

日本の製造業では、今でもモノ作りの重要性を強調しているが、Apple の製品を例に取ると、モノ作りではなく新製品開発設計の方に重要性が移っていることがよく理解される。なぜならば、製造に関しては、先進国ではなく開発途上国の方にコスト競争力があるから、先進国で作る必要が必ずしもないのである。先進国でモノを作る必要が無くなりつつあり、欧米の多くの企業と一部の日本の企業では、完全に製造部門を途上国にシフトしている。自国では製品開発と設計に専念し、試作品を作り、潜在的な利用者につかってもらい、フィードバックして、製品の設計改良を図っている。開発設計と製造の地理的分離が見られるのが現代である。

製造業のイノベーションには、さきほど説明した、新製品開発に関するイノベーションと、同じ製品をQCD(High Quality 高品質、Low Cost 低価格、Short Delivery 単納期)で製造するという、日本企業が得意とするもう一つのイノベーションであるプロセス・イノベーションがある。

エンリコ・モレッティ（Enrico Moretti, *The New Geography of Jobs*, 2014.『収入は住むところで決まる』プレジデント社）も強調しているように、なぜ新産業の創出が必要かといえば、モノ作りのイノベーションであるところのプロセス・イノベーションは、年々労働生産性が高くなり、各産業で必要とする雇用量は必然的に少なくなる。その結果、商品は安くなり、消費者にとっては好ましいことである。しかしながら、必要とする雇用量が少なくなる。したがって新しい産業が起こらないと国や地域全体として失業が発生することになる。この命題は極めて重要である。

さらに、この命題は、モノ作りの海外への移転問題とともに、先進国における地域経済の空洞化現象に拍車をかけている。

究極のイノベーションが新産業創出にあり、製品開発のイノベーションと初期の段階で新産業は労働集約的であることを考えると、地域経済としては、どうしてもイノベーションを集約的に起こし、その結果としての新産業創出が急務である。

3　イノベーションと新産業創出

新産業が誕生した時には、次から次へと新製品が開発される（以下、**表2**を参照）。その新製品は、最初に特定の機能に関する競争となって現れる。最初の競争は、基本的な機能に関する競争である。

ＰＣの例では、処理スピードに関する競争となり、それが一番優れた製品が売れる。[4]

消費者が望むレベルを超えた時に、そこで処理スピードに関する競争は完了して、次に他の機能に関する競争が始まる。例えば画像に関する機能とすると、その機能が一番優れている製品が売れる。ここでも、クリステンセンが言うところの、消費者の望むレベルを超えた時点で、画像に関する競争が終わり、次に機能に関して未だ消費者が望むレベルを超えていない機能に関して競争が始まる（**図2**を参照）。

以上のような開発競争が幾つかの機能に関して行なわれるようになり、特定の製品の基本的な五～六の機能に関しての競争が終了した時には、製品開発に関するイノベーションの競争は一応終了する。

そして、特定の機能に関して、部品のモジュール化が行なわれる。それぞれの部品に関して、一定の水準の機能が提供可能になれば、モジュール化が可能となる。この時点で、それぞれの機能に関して独立して製品開発が可能となる。部品それぞれの独立した開発が可能になれば、開発拠点が一カ所に地域的に集積する必要がなくなる。指摘するまでもなく、同一部品の開発に関する地域集積は行なわれる。

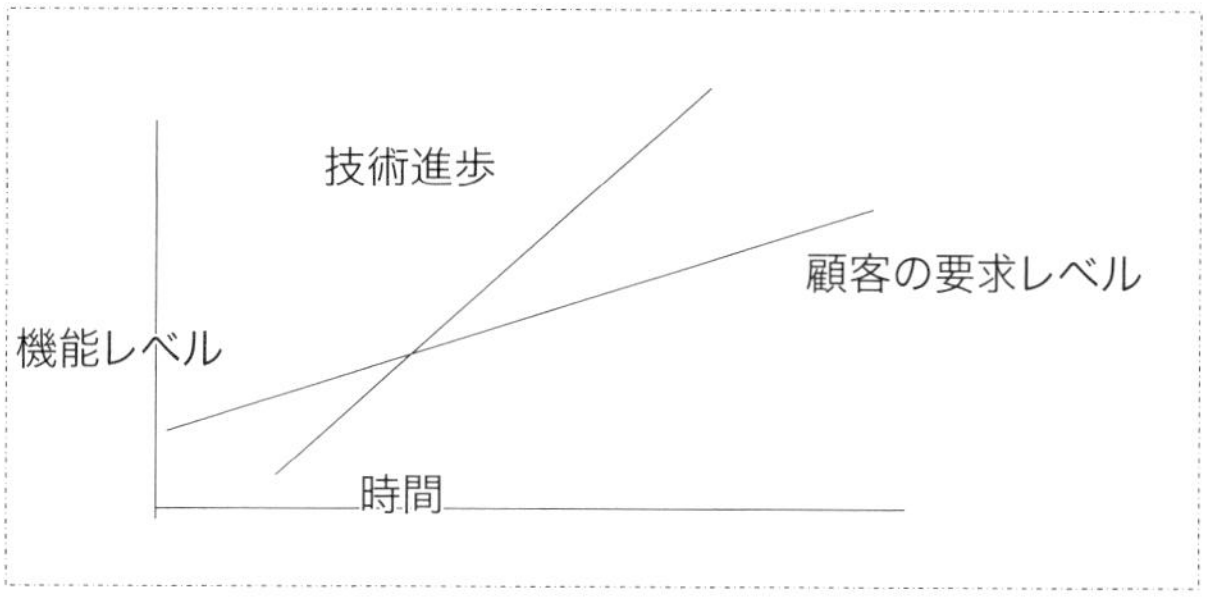

図２　C・クリステンセン（2003）が示す、顧客が望む機能、技術開発される機能レベル

表２　産業の競争の変遷にともなう時代区分

時　代	競争のデメンション	イノベーションの種類	地域集積の要因	現在直面している産業
新産業、フェーズⅠ	新製品開発	プロダクト・イノベーション	開発拠点の集積	
新産業、フェーズⅡ	特定機能	モジュール化	部品の開発の拠点集積	携帯電話
新製品の機能に関する標準、アーキテクチャーが決まる	QCD	プロセス・イノベーション	生産拠点の集積、物流コスト	PC
生産拠点海外移転	低価格	プロセス・イノベーション	生産の集積、物流コスト	PC、自動車
製品のコモディティ化	低価格	プロセス・イノベーション	中進国、開発途上国への移転	繊維

（出典）筆者作成。

次には、プロセス・イノベーションの競争に入る。QCD（Quality, Cost, Delivery）に関する競争である。同一の製品を如何に高品質、低価格、短納期で作るかという、日本が最も得意として来た、生産管理の分野である。

この時代には、工場が地方に移転したり、あるいは中進国に移転したりする。先進国での労働賃金が高いので、製造工場の地域や中進国への移転が始まる。

モノ作りの技術の移転が始まるのである。

次の時代には、より安い賃金を求めて工場が開発途上国に移転する。この時には、先進国では、当該産業の空洞化といった現象がみられる。

コモディティ化とは、どの製品でも機能的に差がなくなり、製品自体に競争力はなくなることで、したがって価格競争となる。この時点でモノ作りに関して、先進国では競争力は完全になくなり、開発途上国からの製品が多くを占める。

例外的に、顧客の嗜好レベルの変化等により、特定の機能への要求レベルが高まり、特定の機能に関して競争が新たに始まることがある。

ここで重要なことは、最初は新製品の標準的な機能が必ずしも決まっていなかったが、フェーズI、IIの段階を通じて決まってくる。それを決めるプロセスは、それぞれの新製品を発表する段階で、新しい機能を追加して、競争を通して、売れる新製品が最終的に機能に関する標準を結果的に決めることになる。

　その後は、新製品は、それぞれの機能に関して、消費者が満足する水準を超えるレベルの機能を提供するので、機能に関する競争は終了する。次には、Quality, Cost, Delivery（高品質、低価格、短納期）で生産することが重要な競争条件となる。

　ここまで、一新製品のイノベーションの時代変遷を述べてきたが、最初にヒットした新製品を中心として、様々に異なった、技術的には類似性のある新製品が次から次へと開発される。それがここで言う新しい産業である。PCがよい例であろう。

　自動産業に関しては、最近、カーナビを始めとして、高度な情報端末機器が搭載されたり、自動ブレーキなどの新しい技術が採用されている。この点は、クリステンセンは、時代による消費者が望むレベルの変化が新しいイノベーションをもたらしている例として挙げている。

4 地域外に供給する財サービスと地域内に供給する財サービスの区別の重要性
——貿易財と非貿易財フレームワークの比較

以上の視点から考えると、ジェイコブズはしばしば、当該地域が当該地域内に供給する財であるか外に供給する財であるかの認識を重要視している。ジェイコブズは、

当該地域が ＜ 当該地域外に供給する / 当該地域内に供給する

の二種類に明確に分類している。これは、国際経済学や国際開発の概念と同一に考えてよいであろう。当該地域外を海外、当該地域内を国内と置き換えれば、当該地域外へ供給される財を貿易財、当該地域内に供給される財を非貿易財と言うことが出来る。より正確にいえば、貿易財とは国際的に貿易可能な財であり、非貿易財は国際的には貿易不可能な財である。一般的には労働は非貿易財になる。

　貿易財か非貿易財かは、国により地域により異なっている。水道水は、多くの国では、非貿易財であるが、例えば、シンガポールでは、隣国のマレーシアから輸入しているので貿易財となる。[5]

　国際開発の分野では、当該国外へと供給する財やサービスを貿易財、当該国内へ供給する財やサービスを非貿易財と明確に区別

し、外貨が乏しい経済における投資プロジェクトを、外貨獲得と内需への供給と明確に分けて分析している。

ジェイコブズは、当該地域の発展のために、如何に地域外への供給を増やすかということに強調をおいている。それが、地域外での生産物の購買が自由にでき、当該地域の経済発展へ寄与することを第一に強調している。

新産業や新製品開発された製品は、多くの場合貿易財である。ここで言う貿易財であることが多く、したがって国際競争にさらされる。しかしながら、新産業の投入財は全てが貿易財ではなく、非貿易財をも含む。新産業への投入としての非貿易財がここの論点となる。ここでは、貿易財におけるイノベーションと非貿易財におけるイノベーションの二種類に分けて議論しよう。

（1）貿易財生産におけるイノベーション

当該地域外に供給する貿易財に関してイノベーションが地域で起こると、その地域での非貿易財——その内容は労働、地域のインフラ——の需要、消費財の需要が増えて当該地域が活性化することになる。

この点が極めて重要である。当該国あるいは当該地域の活性化には、貿易財で国際競争力を高め、その結果として特定地域における非貿易財への需要を高め、それが地域振興をもたらすのである。

その国や特定の地域の経済力をきめるのは、貿易財の産業競争力であり、その論点をジェイコブズが強調しているというのがここでの議論である。

この反対のケースが、日本の北海道の夕張の炭坑の例である。石炭に対する需要が小さくなり、貿易財の需要がなくなり、したがって夕張地域での非貿易財の需要も減り地域が疲弊した。

この例からも理解できるように、当該地域外へ出す財サービスの地域間競争力が極めて重要である。それは、前節のイノベーションに関する結論をふまえれば、新産業の貿易財である。

（2）非貿易財のイノベーション

非貿易財を中心としたイノベーションを考えよう。地域内、国内でしか流通しない財やサービスである。他社と組んで競争して新製品開発を行なったり、部品開発をしている企業との協同作業を行なうことは、オープンイノベーションという言葉でくくられている。このような活動がスムーズに行くことは、当該地域の国際競争力、地域間競争力の源となる。さらに、比較的小さな企業、ベンチャー企業へのリスキーマネーの投資を行なう、有望なベンチャーキャピタルの存在も競争力に繋がる。可能であれば、小さなベンチャー企業でもリスキーマネーの供給が受け易いように、株式市場の上場の路を開く、ナスダック、ジャスダック等を整備することも、重要な非貿易財である。

更に強調すれば、当該地域に有能な人材が多数存在し、その人材の再教育も可能であることが重要である。シリコンバレーには、世界的に有望な大学として、スタンフォード大やUCバークレーも存在するが、それ以外にも、州立大学や短大が多数存在し、夜間でも勉強することが可能である。理科系でPh. D.を取得した研究者も、起業したい時には、会計や財務の基礎の勉強やMBAの学位取得も、夜間の大学や短大等で可能である。このような社会的なインフラを作ることも地域活性化には極めて重要である。このような社会的なインフラの整備は、社会的な制度のイノベーションと呼ばれる。

当該地域外から供給されている財サービスを当該地域内で供給する

次に、現在当該地域外で生産している財やサービスを当該地域内で消費している場合、確実に地域内で需要があるので、この生産を当該地域で生産することを奨励している。これは開発経済学の分野で輸入代替のプロジェクトと言われる内容と全く同一である。外貨節約的なプロジェクトとなる。このような財、サービスに関しては、当該地域で生産の可能性を強調している。

この二種類の財とサービスの生産が地域の開発に重要であることを強調している。

5　結び

ジェイン・ジェイコブズの著作を通じて、現在筆者が考えている研究の内容を述べてきた。したがって、本稿は、ジェイン・ジェイコブズの著作の研究そのものではないことをお断りしたい。当該地域外へ供給する財やサービスの地域間競争力が、あるいは貿易財のイノベーションが、なぜ地域活性化に重要であるかを、改めてジェイコブズの思想を通じて理解することが可能になった。

その財やサービスの需要を通じて、地域内に供給される財の需要が喚起され地域の発展につながることが再び理解できた。

注

(1) 基本的には、新製品開発に関しては、企業間で共同して行なわれることが多く、その情報交換は形式知ではなく暗黙知で行なわれる。隣接した企業間での情報交換が重要となる。詳しくは、吉川智教「研究開発型ベンチャー企業の産業クラスターとモノ作りと新製品開発拠点の集積の論理の違い――マーシャルとポーターの産業集積論の限界」『日本ベンチャー学会誌』No. 2、二〇〇一年を参照。

(2) 前回二〇一四年の報告については"Yoshikawa, Tomomichi, Tsubame–Sanjo has been Clustered in Japan More than Four Hundred Year-Mechanism of Creation of New Industries", Uddevalla Symposium 2014: Geography of Growth The Frequency, Nature and Consequences of Entrepreneurship and Innovation in Regions of Varying Density, p. 847-853, University West,

Sweden, 2014, June を参照。

（3）詳しくは、吉川智教（2003）「産業クラスターの持続性と新産業創出のメカニズムの解明——燕三条にみる四〇〇年の産業集積の持続性と産業転換のダイナミズム」『日本ベンチャー学会誌』No. 4を参照。

（4）Christensen, Clayton, The Innovator's Dilemma, Harvard B. S. Press, 1997, 2000.『イノベーションのジレンマ』翔泳社、二〇〇一年。Christensen, Clayton, The Innovator's Solution, Harvard B. S. Press, 2003.;『イノベーションへの解』翔泳社、二〇〇三年。

（5）Dasgupta, Marglin, Sen（1972）, *Guidelines for Project Evaluation*, UNIDO; Little, Mirrlees（1974）, *Project Appraisal and planning for Developing Countries*, Heinemann; 吉川智教（1983）「プロジェクト評価の分析枠組の検討とUNIDO, LM の比較」『アジア経済』七月号、p. 22-38; 吉川智教（1986）「貿易財と非貿易財のシャドウ・プライスに関する覚書」『アジア経済』十一月号、p. 14-25。

ジェイン・ジェイコブズに繋がる飯田市の市政経営

牧野光朗

●まきの・みつお　一九六一年生。早稲田大学政治経済学部卒業後、日本開発銀行（現日本政策投資銀行）入行。同フランクフルト首席駐在員、同大分事務所長を経て退職。二〇〇四年一〇月に飯田市長に就任。現在三期目。編著に『円卓の地域主義――共創の場づくりから生まれる善い地域とは』（宣伝会議）等。

1　はじめに

私は平成二十七年の年頭所感で、ジェイン・ジェイコブズの『発展する地域　衰退する地域――地域が自立するための経済学』を採り上げました。

この年頭所感というのは、毎年一月初旬に開催している新春記者会見において、新年度の飯田市の市政経営の方針とあわせて私から発表しているもので、今の日本の地方都市が抱える課題を踏まえながら、自らの考えや思いをまとめています。

ジェイン・ジェイコブズの『発展する地域　衰退する地域』は、現在の我が国における様々な課題を的確に捉えており、中でも「衰退の取引」と表現されていることについては、私が実際に地域経営をしている現状や具体的な飯田の取組を振り返る中においても、大いに共感するものでした。本稿ではこの平成二十七年の年頭所感を中心にジェイン・ジェイコブズと私の市政経営の繋がりについて述べてみたいと思います。

2　真の「地方創生」に求められるサイエンスパーク機能（平成二十七年の年頭所感から）

（1）「発展する地域　衰退する地域」

人口減少、少子化、高齢化の右肩下がりの時代において、国を挙げて「地方創生」に取り組むとされていますが、何をどうすれば真の「地方創生」になり、将来にわたって持続可能な地域を創出できるのか、残念ながら明確な処方箋が見えている訳ではないように思われます。

そうした中、あるシンポジウムで基調講演を一緒にさせて頂いた慶応義塾大学の片山善博教授（元総務大臣、元鳥取県知事）から薦められたのがジェイン・ジェイコブズの『発展する地域　衰退する地域――地域が自立するための経済学』（筑摩書房）でした。理由は「鳥取県で私がやろうとしたこと、そして飯田市で市長がやろうとしていることがどういうことなのか、書いてあります。」というものでした。

本書の日本語版が刊行されたのは一九八六年（昭和六十一年）ですから、約三〇年前になりますが、片山先生がその巻末の解説で述べておられるように、現在の我が国の経済停滞や地方都市の活力減退、地域間格差問題などの今日的課題に関してかなり的確に捉えているのには驚きを禁じ得ませんでした。

本書から私が学んだことを端的に言ってしまえば、国や県、市町村がいくら補助金を出して公共事業や工場誘致をやっても、それだけでは「発展する地域」はつくれない、それどころか発展に逆行する「衰退の取引」になってしまう、というものです。

確かに、高度成長期から一貫して東京への一極集中が続くなか、全国総合開発計画の名の下に行われたインフラ整備は、太平洋ベルト地帯においては一定の成果はあげたものの、個々の都市に注目したとき、その都市自ら付加価値の再生産を行う仕組みを創出したところは決して多いとは言えませんでした。これは、今日、経済的自立度が相当高く、継続的に地方交付税の不交付団体であり続けている都市がそれほど多くないことからも明らかだと思います。

本書でジェイコブズの言わんとするところを私なりの解釈で端的に申し上げれば、付加価値の再生産を行う仕組みができていない地域はその規模の大小に関わらず衰退せざるを得ない、ということです。ハコモノ行政の行き詰まりについては論を待たないと思いますので、ここでは工場誘致について考えてみます。例えば苦労して相当程度の補助金を投入して工場誘致ができたとします。その地域にとっては、これにより雇用が増え、法人住民税や固定資産税が増えますから一見ハッピーかと思われますが、その後もっと安い労働力や大きな市場を求めて当該工場は出て行ってしまった、あるいは新興国との国際競争に敗れて閉鎖を余儀なくされた、という事態に陥った場合、地域経済は空洞化してしまうでしょう。実際のところ、その後長く続く空洞化を加味すると、地

［コラム1］地域の経済自立度

地域経済は自立しないといけない。飯田はその重要性を良く理解して自ら定義し、その計測法を開発している稀有な自治体である（飯田市の産業経済部としんきん南信州地域研究所が分析を担当）。地域経済も家計と同じである。稼ぎがないと生活を維持することができない。誰かに助けてもらうか借金することで、しばしは償うが、長くは続かない。自立していないのである。

同じく地域も域外からの稼ぎがないと住民の生活に必要な費用を賄えない。国からの補助や公共投資に依存する限り自立はできない。域外から稼ぐ外貨獲得産業の育成が必須である。

地域の自立度は次の公式により算出している。

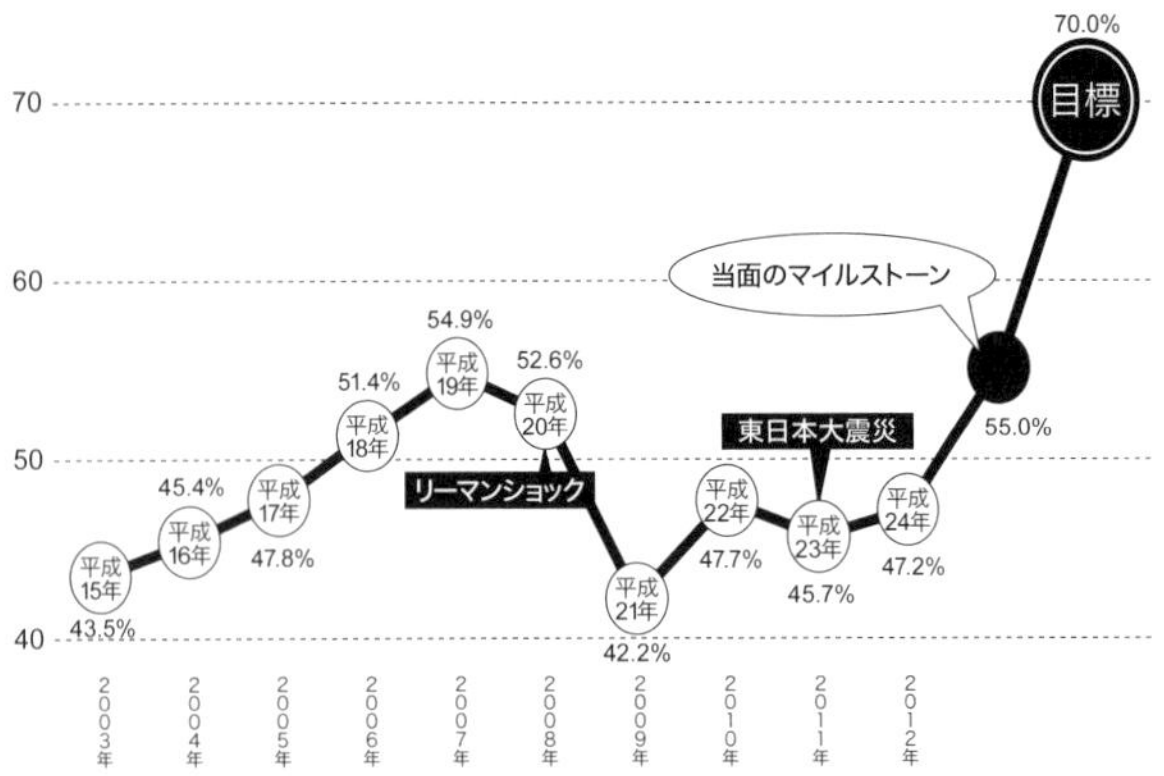

経済的自立度の推移（地域経済波及分析）

> 経済自立度（%）＝地域産業からの波及所得総額（A）／地域全体の必要所得額（B）

域外からの稼ぎは地域産業からの波及所得総額により計算し、地域に住む人々の生活に必要な費用は地域全体の必要所得額として、それぞれ経済学的に定義し経済統計を利用して推計している。

①対象とする地域

地域経済一体として把握する必要があり、飯伊（南信州）地域全体

②地域産業からの波及所得額（A）＝外貨獲得産業＋域内消費産業

産業を、域外から稼ぎをもたらすことのできる外貨獲得産業と域内で所得をもたらし経済循環を起こす域内消費産業に大別し、外貨獲得産業の稼ぎがどのように域内に波及配分されるかを追跡して集計するもの（A）。統計上、外貨獲得産業を、域内に所得（付加価値）をもたらす部分の大きい製造業・農林業・観光業に特定し計測を行っている。また、域内消費産業は、地域内需要に応える部分が大きい商業・サービス業、建設業としている。もちろんこれら域内消費産業でも外貨獲得の可能性はないわけではない。

③地域全体の必要所得額（B）

一人当たりの年間実収入額の全国平均（家計調査年報）×飯伊地域人口

【コラム2】地域環境権

二〇一二年（平成二十四年）七月に「再生可能エネルギー電気の固定価格買取制度（FIT制度）」と「電気事業者による再生可能エネルギー電気の調達に関する特別措置法」が施行された。これにより、自然エネルギー電気を活用する取り組みが爆発的に増加した。

しかし、その内実は外から入ってきた事業者が地域の自然環境を使って電気をつくり、つくられた電気は域内で使われるとしても、そこから生じた利益は域外へ出ていってしまい、雇用もさほど生み出されないストロー構造に陥っていた。FIT制度によって地方の自然環境が大企業の草刈り場となってしまった。大企業がやってきて取り組むのは簡単だが、利益は大都市へ吸い上げられてしまう。

環境政策というのは再生可能エネルギーだけでなく、そこから生まれる財貨も地域の中で回っていくようにしないと、持続可能にならない。地域で結集して、リスクを背負って踏ん張る必要がある。そこで生まれたのが、「地域環境権」である。「地域環境権」とは、再生可能エネルギーを地域住民共有の財産とみなし、地域住民が優先的に活用する権利である。二〇一三年四月に飯田市の「再生可能エネルギーの導入による持続可能な地域づくりに関する条例」において定めた権利である。

域における収支計算は赤字が拡大するばかりで、結局工場誘致がジェイコブズが示す「衰退の取引」になってしまったという事例は全国で枚挙に暇がない程です。行政は工場誘致までが仕事と考え、その後工場の中でどんな変化が起こっているのか、把握しないまま放置してしまいがちです。中長期的にみて外から工場を誘致するだけでは、地域の中に付加価値が蓄積されることも付加価値が再生産されることもないため、ダイナミズムが生じず、こうした誘致工場は地域にとって一時しのぎの役割しか果たし得ない状況に陥ってしまう訳です。こうした観点からも、これまで飯田市が域内企業や進出企業等と締結してきた「パワーアップ協定」の意義が見出せるように思います。

ジェイコブズは、これを避けるために、地域それぞれが持つ財を利用し、住民の創意を活かした活動をし、必要なものを自らつくり、近隣地域との共生的な交易を行うことが必要で、そうすれば地域は自然と活性化する、と説いています。そうだとすれば、前述した誘致工場が「衰退の取引」になってしまうのは、別に誘致工場に非があるわけではなく、誘致工場と地域の間で創造性に富んだデザイン力が発揮されず、付加価値を再生産してダイナミズムを生み出す関係を構築できなかったことにある、と私は捉えています。

確かに片山先生のご指摘の通り、こうしたジェイコブズの考え方は、今日、飯田市が掲げる「外貨獲得と財貨循環による経済的自立度（※コラム1参照）の向上」や地域環境権（※コラム2参照）

に基づく再生可能エネルギー事業、公民館活動やムトスのまちづくり、南信州定住自立圏構想や三遠南信地域連携などと通じるものがあるように思われます。

（2）地域にダイナミズムを創出する産業クラスター・サイエンスパークの形成

ジェイコブズに学んだのか否かはともかく、本書発行後の我が国と欧米の歩みは対照的なものになりました。すなわち、我が国は「失われた二〇年」からなかなか抜け出せない状況に陥る一方で、米国や欧州では様々な都市に産学官協働による産業クラスター（産業集積）やサイエンスパークが形成されました。ここでご紹介するサイエンスパークとは、言わば「人的ネットワークをベースにした研究開発拠点」であり、こうした地域はそれぞれダイナミズムを生み出して活性化したところですが、特に米国のシリコンバレーは後にＩＴ革命と称される程のダイナミズムを生み出したのはご存じのとおりです。

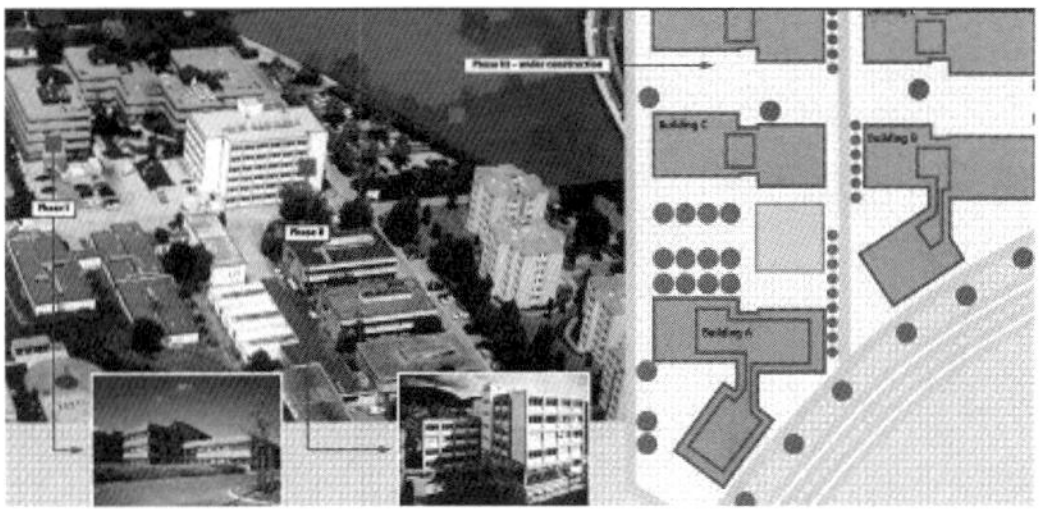

（参考）ハイデルベルク（ドイツ）のテクノロジーパーク

我が国にも規模の大小はあれ、こうした産業集積を目指した学術研究都市やサイエンスパークはいくつも存在しますが、欧米の事例のように地域にダイナミズムを生じさせたところは寡聞にして知りません。とりわけ端的な相違を感じるのは、欧米のこうした地域にはその魅力に惹かれて人財が集まり、そこに住むことを誇りに思っている人が多いのに対し、我が国の場合はむしろ仕事なので仕方なくそこに住むか通うかしているだけで「地域の誇り」とは無縁のように見受けられる人が多いことです。この彼我の差を的確に捉え、これを埋める努力をもっとしていれば、「失われた二〇年」などと揶揄されずに済んだかも知れない、とさえ思うところです。

何故これ程の差が生まれてしまったのか、私自身が経験したエピソードを紹介します。九〇年代後半、私は日本開発銀行（現日本政策投資銀行）の企画部において、南関東地方のいくつかのサイエンスパーク立上げの担当をしていました。ある時欧州のサイエンスパークに携わる方が私を訪ねてきてヒアリングを受けたのですが、その内容は「日本のサイエンスパークはどこに行っても歓待はしてくれるが、私たちとの連携の話を進めようとした途端、全く反応が乏しくなるのはどうしてか。」と言うものでした。これに対して私は「日本のサイエンスパークは工場誘致の延長で捉えられており、不動産業の視点はあっても、真の意味で産学官協

欧州（イタリア・チェゼーナ）　　日本

日本と欧州のサイエンスパークの違い（イメージ）

働を実現し、サイエンスパークをマネジメントする視点が欠けているからではないか。」と申し上げたところ、先方は大いに納得された様子でした。その後、私は、フランクフルトに赴任し、ドイツを中心に欧州の産業づくりや地域づくりの調査研究に携わりましたが、そこで欧州が追究しているサイエンスパークとはどんなものかを目の当たりにします。最も印象深いサイエンスパークは、イタリア・ボローニャから八〇km南東に位置するチェゼーナ（Cesena）の住宅地にありました。それは、一軒の住宅にしか見えず、中で目につくのは大きな円卓とパソコンが置かれたデスクだけでした。「SOHO（Small Office/Home Office、インターネット環境を有する小さな事務所や自宅でビジネスを行う事業者）と同じ様に見えるが。」との私の問いに、「見かけはその通り。しかし、この地域の産学官の関係者が集まって議論できる場所とインターネット環境があれば、ここはサイエンスパークとして十分機能するのです。」とボローニャ大学のフォルミカ（Formica）教授が胸を張って答えておられたのを思い出します。サイエンスパークの神髄は人と人との繋がりであり、「共創の場」にあることを思い知らされたエピソードです。

（3）「地域の価値観」と人的ネットワークに基づくサイエンスパークづくり

ここで、私がフランクフルト駐在時にまとめたレポートをベースに、サイエンスパークづくりに必要な三つの要素を示しておきます。

①「地域の価値観」を見出すこと

地方分権社会ドイツにおいても、サイエンスパークと言われる単なる器をつくっただけではうまく機能しません。何より、地元の行政、大学、産業界、そして市民が共通の「地域の価値観」を見出すことが不可欠です。今までその地域に関わりの無かった人材が「地域の価値観」に共鳴して集まり、人的ネットワークを構築することによって創造性が生まれ、サイエンスパークは有効に機能するようになるのです。

②「地域の価値観」を十分理解するカタリスト（触媒者）を見出すこと

東京大学の須藤修教授の創造性に関する指摘をベースにして、私は欧米のサイエンスパークづくりを「今まで誰も関係づけていなかったような人材をその地域独特の仕方で（＝「地域の価値観」に基づいて）繋げること」と捉えています。これは相当なデザイン力を求められる大変難しい仕事なので、その地域の価値観を十分に理解しているカタリスト（触媒者）が中心になって進めていく必要があります。「カタリスト」はシリコンバレーでは肩書として用いられている呼称で、プロのような専門知識を有している訳ではありませんが、様々なネットワークに属して活動しており、そのネットワークを上手に利用してプロジェクトの独自性、創造性を引き出す役割を担っています。我が国のサイエンスパークづくりにおいては、大学教授や企業の技術者をとにかく集めればよい、と安易に考えられてきた嫌いがありますが、このようなカタリストが存在することで、はじめてサイエンスパークプロジェクトの活性化が促されます。

③人的ネットワーク構築を容易にする環境を整えるためのプロを見出すこと

言うまでもなく、人的ネットワークの構築をより容易にするためにはソフト・ハードの両面から環境を整える必要があり、このような所謂サイエンスパークのマネジメント（経営）に関しては、その専門家を見出す必要があります。例えば、集まった人材が活動する場としてどのような「容れ物」が必要になるのか、あるいは技術移転をどのように進めるのか、等の技術的課題は、専門家が立案し、それを地元のネットワークを構成する行政や大学、産業界の人達が集まって議論を重ねていくことが必要となります。

（4）真の「地方創生」に求められるサイエンスパーク機能

さて、何故私がサイエンスパークの議論をこれまで展開してきたのか、既にお分かりの方も多いかと思いますが、前述したとおり当地がめざすサイエンスパークとは「人的ネットワークをベースにした研究開発拠点」であり、まさにそうした機能を創り上げたいと考えています。去る平成二十六年十二月二十日に飯田市と事業構想大学院大学の共催で開催したシンポジウム「知と産業の集積を地域に」において、私は、旧飯田工業高校の施設を活用し南信州・飯田産業センター、デザイン系大学院大学、「ナレッジ・スクエア」（学輪《がくりん》ＩＩＤＡ《いいだ》（コラム3参照））のプロジェクトで構想中の、多様な主体が集い、共同で教育・研究活動などに取り組むための施設）などの機能を集約し、ここを知と産業の集積拠点にしていくイメージを紹介させて頂きました。こうした考え方は、南信州広域連合や南信州・飯田産業センター理事会においてご賛同を得ており、今後はこの地域挙げての取組として県に協力を求めていくとともに、真の「地方創生」を実現するプロジェクトとして国に対しても提案していきたいとしているところです。

　右肩下がりの時代が続く我が国において、またリニア・三遠南信道の開通・全通を見据えて地域づくりを進める当地域において、飯田がジェイコブズの唱える「発展する地域」になれるかどうかは、これまで述べてきたサイエンスパーク機能を当地で実現し、欧米のサイエンスパークづくりに成功している地域と伍していけるか否かに懸かっている、と言っても過言ではないと思います。これまでの南信州・飯田産業センターが培ってきたものや学輪《がくりん》ＩＩＤＡ《いいだ》の取組を踏まえると、飯田であれば上述したサイエンスパークづくりに必要な三つの要素を兼ね備えることが可能であり、国や県の支援を頂きなが

【コラム3】学輪ＩＩＤＡ

二〇一一年（平成二十三年）一月、学輪ＩＩＤＡの第一回全体会が開催された。これは、四年制大学を有しない飯田が、東西どこの大学ともしがらみなく関係を構築し、大学の知見等を地域に呼び込む仕組みとして牧野市長が発想し推進してきたものである。当初は各大学と飯田市の一対一の関係であったが、複数大学による共同フィールドスタディなどの実績を積み上げ、各大学同士と飯田市が重層的にネットワークする組織として設立した。所属する教授などの専門家は、様々な分野においてそれぞれ専門的な知見を持っており、市政経営における知恵袋的な存在であるとともに、プロジェクトチームにおいてはナレッジスクエア（多様な主体が集い、共同で教育・研究活動に取り組むための施設）等について研究をしている。

ら、産業界、大学、行政、金融そして市民の皆さんが協働して地域一丸となった取組を進めることができれば、この分野においても先駆的な全国モデルを構築できると考えています。

3　おわりに

ジェイコブズは、地域それぞれが持つ財を利用し、住民の創意を活かした活動をし、必要なものを自らつくり、近隣地域との共生的な交易を行うことが必要で、そうすれば地域は自然と活性化する、と説いています。

飯田市においては、こうした考え方は、前述したサイエンスパーク機能を発揮する「知の拠点」整備や独自に進めている経済自立度向上に向けた「地域経済活性化プログラム」の取組、伝統ある飯田市の公民館活動はじめ当事者意識に基づく様々な市民活動、南信州広域連合や三遠南信地域の連携などにおいて既に取り込まれてきていますから、改めて自らの市政経営の方向が間違っていないことをジェイコブズによって裏付けられた思いです。

今後こうした様々な取組をさらに発展させ、ジェイコブズの言う「衰退の取引」を避けながら、地域の事業者や市民の創意を活かした活動を広げ、内外のネットワークを拡充しながら、当地から「新しい価値」を創造し、豊かさを実感できる善い地域を創造していきたいと考えています。

（文中のコラムは拙編著『円卓の地域主義』（二〇一六）より抜粋したものです。）

トロントにて。（2010 年）© Bella Manu

ジェイン・ジェイコブズの衝撃

松島克守

まつしま・かつもり　一九四五年生。東京大学名誉教授。俯瞰工学。著作に『クラスター形成による「地域新生のデザイン2」』『知の構造化の技法』（（社）俯瞰工学研究所）等。

もっと若い時に読んでおけばよかったと思う本は少なくありませんがジェイン・ジェイコブズの『都市の原理』はその一冊でした。一九六九年の旧い出版ですが、その真価は揺るぎがないと評価されています。この特集で重ねて紹介されるでしょうが、私が鮮烈な衝撃を受けた部分を紹介します。

ジェイコブズの言明は冒頭から鮮烈でした。「都市ありき、そして農村が発生する」から始まり、「先史時代に農業と動物の飼育は都市で始まった」、「狩猟民の恒久的な集落が農耕前の生活の姿だと示唆したい」と言明しています。

「都市では新しい仕事が旧い仕事に盛んに追加され、分業を増やしていく」が都市の原理であり、新しい仕事は「既に使われている物質又は技能から示唆されるものや出てきた特定の問題から生まれるアイディアから生まれる」そして「小さくても多彩な出発点を与える仕組みが都市の発展の要件である」、これが本書のエッセンスだと思います。

「都市ありき、そして農村が発生する」は考古学的資料による実証的な言明です。新石器時代の世界最古の都市とされるトルコのカタル・フエクは、三二エーカーの土地に泥の煉瓦で造られた建物が並び、人口は数千人にも達し、最古の布地もここで発見されており、多様な人々が交易するこの都市の人の集積と分業が農業や動物の飼育を始動させ、都市の外にそれを移転して農村が出来たという言説です。

ここの記述は、私の青森県の三内丸山遺跡を見た衝撃と重なります。三内丸山遺跡は単なる縄文式竪穴住居跡ではなく都市であると、初めて訪れたとき確信しました。道幅が数メートルある大通りが十文字に走り、物見やぐら、居住区、穀物倉庫、集会場、墓地、ゴミ捨て場等が計画的に配置されている都市計画があり、五〇〇棟以上の竪穴式住居跡があることから最盛期には数百人近い住民が居た可能性があるからです。出土物には黒曜石や漆など広域の交易の証左もあります。編み物もありました。今はありませんが街の周りには栗の木が栽培されていたようです。直径一メートルにもなる栗の樹です。縄文文化は狩猟採集文化といわれ、縄文人は移動する人々と思われていますが、ここでは千年以上にわたり人が定住していたわけです。あのエジプトにクフ王のピラミッドが建設された時代です。

「モノを新しく開発していく経済は拡大発展する、新しい種類の製品、サービスを追加するのでなく、ただ古い仕事を続けて繰り返すだけの経済は、あまり拡大せず、当然発展もしない」という言説は、経済という言葉を、企業に代えればそのまま当てはまります。「都市の発展は、新しい仕事が盛んに古い仕事に追加されることにある」という主張が二番目の言明です。

ここで興味深い論理展開が「追加される財貨やサービスは、旧い顧客が望むものと関係ない」と指摘しています。ですから売る相手も新しい顧客です。要は「ワクを大胆に打ち破って追加される」コトが新しい仕事です。デジタル・ネット時代のAppleやGoogle、Amazonがこれでしょう。

都市の爆発的成長については、「輸入品を置き換えていく過程は、都市を爆発的に成長させる」とし、事例として明治の東京の自転車産業を挙げているのが面白いです。本書が執筆された時代は日本経済の高度成長期に当たりますので、成長の事例として日本は好都合であったのでしょう。

これらのジェイコブズの言説を今の日本に投影すると、都市に集積した多彩な才能がイノベーションを起こしていく仕掛けこそが成長戦略です。中小企業が集積している地域は、「旧い仕事に新しい仕事」を加えることでイノベーション創出の街となれます。

農業の六次産業化が議論されていますが、都市の科学技術や人材そして資本を農業に移転することが成功要件であることも明白です。先端的な植物工場の展開も科学技術の応用による「新しい仕事」で、国土の狭いオランダが世界有数の農業生産国になった成功要因です。

地域クラスターによる地域振興は地域内の取引密度と、金融を含む地域内の濃密なネットワークを形成することですが、地銀も東京で資金を運用するのではなく地域に戻り地域企業の「新しい仕事を追加する」ことに資金を提供する兆しが出てきました。

以上から、日本新生の成長戦略は、多様な集積がある、「新しい仕事を追加できる」都市を選択し、生活環境を整備し、そこに集中的に資本を投入することでリチャード・フロリダが説く、クリエイティブシティに繋げることです。幸い県庁所在地クラスの都市には文化と産業そしてそれを支えている人財があります。〝地方消滅〟は都市の原理に沿って克服されます。

都市に集積した多彩な才能がイノベーションを起こしていく仕掛けこそが成長戦略です。

ジェイン・ジェイコブズと中国の都市化

岡本信広

●おかもと・のぶひろ　一九六七年生。大東文化大学国際関係学部教授。中国経済論。著作に『転換を模索する中国――改革こそが生き残る道』（高尚全主編、岡本信広監訳・岡本恵子訳、科学出版社東京）『中国――奇跡的発展の「原則」』（日本貿易振興機構アジア経済研究所）『中国の地域経済――空間構造と相互依存』（日本評論社）等。

1　はじめに

「都市」――この言葉に心が躍る人は都市マニアである。自分はマニアではないと思っていても、海外旅行などでニューヨーク、パリ、ロンドン、シンガポール、バンコック、香港などの都市を訪問して、また行ってみたいと思う都市がある。もう一度行ってみたい、こう思わせる何かが都市の魅力であろう。

なぜ都市は人を引きつけるのだろうか？　あるいはどうして何度も行ってみたい、住んでみたいという都市が存在するのであろうか？　何が違うのか？　このような疑問を解明したい、という欲求が人を都市マニアにする。

ジェイン・ジェイコブズはアマチュア都市マニアであった。彼女はアマチュアながらも詳細に都市を観察し、学者とは違う独自の観点そして豊富な事例によって都市の魅力を解明していった。そして彼女が書き残した『アメリカ大都市の死と生』『都市の原理』『発展する地域 衰退する地域――地域が自立するための経済学』の都市考察三部作は、経済学に大きな影響を与えた。

本稿ではジェイン・ジェイコブズによる都市に関する洞察を整理し、そこから得られた彼女の仮説から、現在行われている中国の都市化を検討し、最後に都市化とは何か、結論を導く。

2　ジェイコブズによる都市動態メカニズム仮説

ジェイコブズは、都市の生成、繁栄、衰退という都市の動態メカニズムを明らかにした。交易財の存在する場所が都市生成のきっかけとなり、都市外部から輸入していたものを都市内部で生産するようになる過程として都市の成長を描いた。そして都市内部で新しい仕事（産業）が増えるには多様性が重要であることを強調し、都市の衰退はまさにその多様性が失われるものとして記述した。これがジェイコブズの都市の生成、成長、衰退メカニズムである。私はこれをジェイコブズの「都市動態メカニズム仮説」と呼んでいる。

少し詳しくみてみよう。

都市の生成

ジェイコブズは農村から都市ができたのではなく、交易物の存在が都市の起源であると主張している。『都市の原理』では、ニュー・オブシディアンという黒曜石（オブシディアン）がとれる場所を思考実験として設定する。狩猟民が交易品として黒曜石に注目し、そこに定着し、交易を行ないつつ町を形成していく。つまり市場《いちば》の発生が都市発生の起源である。

狩猟民達は食糧を他地域から輸入するとともに食糧を管理する仕事が増加していく。穀物や家畜を管理、屠殺する仕事などが発生する。その後、食糧を他地域から輸入するのではなく集落の中で穀物や植物の種や苗を発明し、あるいは新鮮な肉を供給するために集落内で家畜を飼うようになる。つまり輸入食料から自給食料に変化していく過程で農村集落ができ、農耕文化が発達していくとしている。

このように、都市の初期は、交易品の存在→交易集落→食糧の自給生産→農業の発展というのが彼女の仮説である。

都市の成長・輸入置換

ジェイコブズは、都市の発展過程を「輸入置換」の過程として描く。輸入置換とは、今まで都市外部から輸入していたものを、都市内部で生産するようになっていくというものだ。

都市は最初、都市生活を支えるすべてのものを輸入する。しかし「何かしらの原因で」都市内部で必要物資を生産していくことによって、都市での生産が増加し、輸入が減少してくる。都市内部の需要を満たしつつ、都市以外の他地域にも輸出するようになる。その製品に勢いがなくなってくれば、別の他の製品についても都市内部で生産が始まり（輸入置換）、都市の需要を満たし他地域への輸出へとつながっていく。このように都市は絶えず多様な生産を生み出す過程で発展していくのである。

「輸入置換」という考え方は、ジェイコブズの都市発展のメカニズムの中でも重要な貢献だ。その上これは開発経済学の「雁行形態論」や「プロダクトサイクル理論」と共通する部分がある。開発経済学における途上国の発展は、輸入していた財を国内で生産することができるようになり、そしてそれが国内需要を満たしつつ、さらに輸出していく過程としてとらえられている。テレビを輸入していた国がテレビの生産を開始し、国内市場を満たすようになり、そのうち海外へも輸出していく。そのテレビは製品として成熟すると、さらに別の途上国が模倣、技術導入によって生産を開始していく。このようにして各途上国は雁の群れのように次々に生産を行なっていくのである。

経済学者でないアマチュアの彼女の、都市発展のメカニズムの解明における独自の着想が開発経済学の仮説につながったというのは面白い。

それも当然といえば当然かもしれない。

都市は経済発展の原動力である。一国の経済活動の大部分は都市で行なわれている。経済取引の基本が相対《あいたい》取引である以上、都市は経済活動が活発に行なわれる場所である。

都市の発展は一国経済の発展でもある。一国ではなく都市こそが重要であるとして、都市に着目したジェイコブズの貢献は大きく、それはまた結果として、経済発展メカニズムの解明にもつながった。すなわち都市の発展を解明することは経済発展メカニズムを解明することに等しいのである。

多様性

輸入置換こそが都市発展のメカニズムであるというのがジェイコブズの考え方だが、問題は、輸入置換はどのように発生するのかという問題である。さきほど「何かしらの原因で」都市は輸入物資を都市内部で生産するようになると述べたが、輸入置換を引き起こす原動力は何か。またすべてを都市内部で生産できるようになったあと、次に何を生産するようになるのか。

ジェイコブズは都市の発展メカニズムである活発な輸入置換には多様性が重要だとする。[1] 輸入置換はそもそも新たなイノベーションが生まれないと発生しない。新たな財や仕事が生まれることによって、今まで生産できなかったものが生産できるようになる。このようなイノベーションには多様性が必要だという。多種多様な中小企業が集まり、町には様々な業種の店舗が存在し、いろんなバックグラウンドを持った人が集まることがイノベーションにとって重要なのである。これは「ジェイコブズの外部性」として空間経済学、開発経済学でも注目された考えだ。

都市の多様性は経済発展に有利であることを指摘する都市社会学者がいる。リチャード・フロリダ（2010）だ。彼は、創造的部門に従事するクリエイティブクラスの重要性を示すとともに、クリエイティブクラスは都市に集まるとする。クリエイティブクラスが集まる場所が経済成長することを示し、とくにゲイとボヘミアンの多い地域は多様性への寛容を示し、多くの才能を引き寄せ、技術と所得を生み出す、と主張している。

多様性を生み出す都市を作るためにジェイコブズは、多様性のある都市の条件として有名な四つの条件をあげている。そのための必要条件とは、①二つ以上、できれば三つ以上の主要機能を持つ、②街路は短く、角を曲がる機会が頻繁、③古さや条件が異なる各種建物の混在、④十分な密度を持つ人の集まり、を指摘している（『アメリカ大都市の死と生』）。

結局、都市の繁栄とは、多様性→プロダクトイノベーション→輸入置換というメカニズムが働くことなのである。

都市の衰退

都市はどのようにして衰退するのか。上記でもみたように繁栄の源は多様性である。つまり逆を言えば、多様性がなくなった時から衰退が始まる。

ジェイコブズは『アメリカ大都市の死と生』で指摘する。都市が繁栄し、多くの事業者が参入し競争した結果、その都市で一種類の経済活動に単一化した場合、それ以外の経済活動をする人はその都市に寄りつかなくなる。都市の多様性が自滅したとき、都市は衰退する。

都市経済学者グレイザー（2012）は衰退したデトロイトの事例を紹介している。デトロイトはまさに多様性から単一化の過程である。十九世紀末のデトロイトでは小企業、ベンチャー企業がひしめき、自動車部品の製造者、独立系サプライヤーがひしめき合っていた。フォードの革新的な発明により、組み立てラインと工場の機械化により大量生産が可能になった。その結果、小企業を買収し、フォードという巨大な完全統合型自動車会社へと単一化していった。

彼によれば、十九世紀のデトロイトは教育の高い労働者、小企業、違う産業同士の創造的な交流に満ちあふれていたが、二十世紀末のデトロイトは、単一産業の何十万人もの低技能労働者が、三つの垂直統合された企業で雇われているのがほとんどだという（グレイザー 2012, p. 76）。

都市の機能が自動車生産という単機能に陥り、それ以外の人がやってこないようになり、多様性が消滅すると、都市の衰退が始まるのである。

3　中国の都市化

都市の発展

中国の都市はどのように生成したのだろうか。中国の都市は「城市」「城鎮」と呼ばれるように「城」と「市」や「鎮」がキーワードとして考えられるだろう。詳細は都市歴史学者の考察に譲りたいが、中国の都市は交易と軍事的目的から形成されていったとみられている。

事実、原始時代（紀元前二十一世紀以前）は各氏族間で物々交換をする原始市場が形成され、この市場が都市の原形であるとされる（張 1994, p. 12）。その後夏王朝から西周、春秋時代へと時代が進むにしたがって、城壁都市が建設され、[2] 諸侯間の争いから自衛するために城を築き、史書に記載される都市国家は大小あわせて一四八あった模様である（張 1994, p. 13）。

秦朝（紀元前二二一―二〇六）に入って中央集権制が確立し、全国は三六の郡に分割され、地方都市は地方の農民を統治する軍事、政治の中心地となった。また農村の人口集積地である鎮は農産物の商業的密集集落として発展し（高村 2000, p. 79）、交易と軍事が中国の都市を形成していったのである。

中国の都市モデルの代表は、フビライ・ハンによって一二六四年から二〇年かけて建設された大都（今の北京）である。王宮が中央に配置され、王宮の城の外に手工業、鉄工業などが配置され、商工業が栄えた。明朝時代には市場経済が発達し、現在の主だった都市（武漢、天津、重慶、広州など）に人口が集中していき、現在の都市分布が形成されていった。

新中国成立以降の都市化・都市化の失敗

さて、時代を現代に巻き戻すと、日中戦争、国共内戦を経て、一九四九年に社会主義政権による新中国が成立した。一九四九年の中共第七期二中総会（中央委員会第二回総会）による毛沢東報告をきっかけに、中国共産党は革命拠点を農村から都市に移し、都市化推進へ政策の舵を切った。長引く戦争で破壊された都市の復興、経済の立て直しを図るため、一九五三年より第一次五カ年計画が実施され、一九五七年にはイギリスに一〇年で追いつくという無謀な目標が掲げられ、大躍進運動という急進的工業化が実施された。住宅建設、都市公共設備（上下水道やごみ処理場）などのインフラ建設が進められた。同時に都市に重工業企業が建設され、生産拠点としての都市建設が推進されたのである。

都市建設にともなって農村人口が都市に流入するようになった。第一次五カ年計画には毎年二〇〇万人から三〇〇万人の労働者が都市に流入したとも言われ（小島編 1978）、この都市化で一〇〇〇万から一五〇〇万人以上の農村人口が都市に移動した。当時の中国の人口が五億人程度であったことを考えると二％強の人口が都市に移動したことになる。当時日中戦争や内戦によって都市にはスラムが形成されていたが、その上に社会主義改革で住宅が分配されるという期待、都市建設による労働需要及び就業機会の増加が、多くの農民を都市に惹きつけた。

この都市への人口流入は何を生み出したのか。それは、住宅不足、強制的農地収用、農村荒廃による食糧不足、という問題であった。工業化のために農地が収用され農民は都市に流入するものの、住宅建設は間に合わず、一方で肉、野菜など副食品が不足するという結果になった。

中国政府が採った政策は、工業分布の「大分散、小集中」であった。大都市の発展を抑制し、中小都市の工業化に力を入れた。そして一九五八年から急速に人民公社化を進め、農民の集団化と農村における工業化が進められた。きわめつけは、都市技術者や青年の農村への下放であった。

すなわち、流入する人口を都市が支えきることができず、中国政府は都市化を断念、抑制する方向へと転換した（岡本 2014A）。これが中国の都市化のトラウマである（岡本 2014B）。このトラウマは現在でも中国の都市化政策に影響を与えている。

農村都市化

一九七八年の改革開放以降、中国は再度都市の発展を試みる。これは農村地域や都市郊外に経済特区、経済開発区を設置し、外国資本の誘致、それにともなう労働流入などによってまちづくりを行なうものであった（岡本 2014A）。

沿海部の都市は開放され、外資導入の舞台となった。経済技術開発区は市街地の周辺に設置されたために、新市街地として発展していった。

沿海部発展による労働需要の増大は農民の都市部への流入をもたらした。一九八〇年代は「盲流」として扱い厳しく制限していたが、一九九〇年代に移動制限が事実上緩和されると多くの農民が都市に出稼ぎにいった。深圳や上海の浦東などはまさにそのようにして発展した都市である。

一方で中国政府は農村工業化も同時に推進した。農民の都市への流入を促すのではなく、農村自体が雇用の吸収の場となることが期待された。その主役が郷鎮企業である。

農民工が増加した一九九〇年代、中国政府は郷鎮企業による農民工の吸収を期待していた。第八次五カ年計画（一九九一〜一九九五年）、第九次五カ年計画（一九九六〜二〇〇〇年）では、農民の都市流入による都市化を期待するのではなく、あくまで郷鎮レベルへの集中にとどめておきたいという意図が現れていた。中国の都市化は、このような農村の中心地域である郷や鎮での農村工業化による都市化を含んでいるため、中国では都市化を「城鎮化[3]」と呼んでいる。

再度都市化の推進へ

都市化が経済計画の一つとして扱われるようになったのは今世紀に入って始まった第一〇次五カ年計画（二〇〇一〜二〇〇五年）からである。しかし、大都市の膨張抑制方針は変わらず、中小都市の合理的発展が謳われたものの、基本は「城鎮化」であった。

ただし大きな進展が見られたのが、都市と農村の一体化に向けた制度的な改革である。計画経済時代に形成された戸籍、土地、就業、社会保障制度の壁を取り除き、都市、農村の一体化を目指すこととなった。

第一一次五カ年計画[4]（二〇〇六〜二〇一〇年）では、「城鎮化の健康的発展を促進する」と題され、農民が中小都市、県や郷鎮レベルの中心地域に定住することがうたわれた。第一二次五カ年計画（二〇一一〜二〇一五年）では「積極的かつ穏当な城鎮化を推進める」と題し、都市に住む農民工への配慮に注意しつつ、大都市に依拠しながら中小都市を重点に、周辺への開発効果が高い都市群の開発がうたわれた。

二〇〇〇年代を通じて中国は再度都市化を推進することになったのである。

二〇一三年三月の全国人民代表大会で李克強氏が首相に就任し、同氏が強調したのが「新型都市化」だ。中共中央および国務院は二〇一四年三月一六日、「国家新型都市化計画二〇一四〜二〇二〇年」（以下、「新型都市化計画」）を発表した。それを具体化したものとして国家発展改革委員会が二〇一五年二月、「国家新型城鎮化総合試点方案」を発表している。

「国家新型都市化計画二〇一四〜二〇二〇年」

新型都市化の特徴は「人」の都市化である。農村戸籍は都市に住めないという原則的な戸籍制度も運用上は緩和され、現在約二億人の農民工が都市部に移住し、中国の生産現場を支えている。

「新型都市化計画」の中身を見てみよう（岡本 2015）。農業移転人口の都市住民化が「新型都市化計画」の柱である。都市の人口規模によって農業人口受け入れ程度を管理することが示された。五〇〜一〇〇万人の都市では徐々に都市住民化の条件を緩和、一〇〇〜三〇〇万人の大都市では「合理的」に開放、三〇〇〜五〇〇万人の大都市では都市住民化の条件を「合理的」に確定し、五〇〇万人以上の特大都市では人口規模を厳格にコントロールするとしている[5]。

農業移転人口の都市住民化には居住証によって管理が行なわれている。都市で働く農民の教育、職業、居住、社会保障の支払い程度など都市への貢献によって居住証の発行が決められる。居住証がないと都市に住めない。中小都市では、出稼ぎ農民工が希望すればほぼ都市の居住証をもらえるとするが、北京や上海などの大都市では厳格に管理されているのが現状だ。

ジェイコブズからの診断

ジェイコブズからみると中国の都市化はどのように映るであろうか。

①ジェイコブズの誤算

例えば、西安（昔の長安）などがシルクロードの拠点であったことを考えると中国の都市が交易物の存在から始まったという可能性は否定しきれない。このあたりは歴史学者による検証が必要だが、ジェイコブズが一切考えていなかったのは、都市容量の問題だ。一般に都市の容量を超えれば、都市周囲にスラムが形成されるが、中国は人口が多いため自然発生的に都市に人口が流入すると都市を崩壊させる可能性があった。社会主義計画経済という制度的な問題はさておいても、中国政府が都市化の抑制に走ったのは、致し方ない面もあろう。ジェイコブズはニューヨークを中心とした北米の都市考察からはじまったために、人口が過密な東アジアの都市化を考えるにあたっては、ジェイコブズの考えをそのままあてはめるわけにはいかないだろう。

②都市コントロール権力者によるまちづくり

一方で都市人口をコントロールしながら都市化を行なう中国に対して、ジェイコブズの「都市動態メカニズム仮説」は一定の効力をもつ。中国の現在の大きな特徴は、都市人口コントロールに見られるように権力者による都市づくりである。ジェイコブズの都市に関する洞察の結果は、権力者による都市計画や再開発に反対するものであった。それは都市繁栄の原動力である多様性を失わせる可能性があるからだ。住民によるボトムアップ型こそが多様性を生み出す源泉である。

中国が都市化に期待することは消費社会の到来と新たなイノベーションである。「世界の工場」となった中国の製造業は外国企業の模倣であり、その消費も海外の旺盛な需要によって支えられている。都市内部で新たな産業を作り出しつつ、輸入置換していかないと、新たな消費や持続的な成長は期待できない。

4 おわりに

都市とは何か。私は、都市は「政府の管理と個人の自由がせめぎ合う場所」だとみている。多様な人や企業が自由な意思決定を行い、費用と便益を比べた結果、都市に集まる。一方、政府は無秩序に見える企業や人の流入をコントロールして都市づくりを行おうとする。その理由は、都市の景観を大切にする、環境を守る、スラム化や渋滞を防ぐ、など様々である。理由はなんであれ、政府は都市計画を策定、実行しようとする。結果、都市では自由な個人と政府の管理がせめぎ合う場所になる。

政府による上からの都市化と個人や民間の下からの都市化、中国で行われている都市化をみると「市場の倫理と統治の倫理」がまさにぶつかる場所である。中国が社会主義計画経済をすてて市場経済化に進むようになって三五年が過ぎた。一方で計画経済時代からの戸籍制度、土地制度など農村と都市という二元化制度が残っており、政府による制度改革、それに伴う都市化が行われている。

ジェイコブズは、『市場の倫理 統治の倫理』で領土に対する責任を持つ政府と商業における財やサービスの取引を行う個人の道徳を明らかにした。市場では、暴力、詐欺、恥ずべき貪欲に陥ることもあるが、自由な取引によって人々は豊かになる力をも持つ。政府も個人の人権や私有財産を犯しうるが、人々の過ちを正すことも可能だ。ジェイコブズは、文明は政府（統治）と市場（商業）の共生の結果だという。

中国の都市化政策は、世界が注目するような新たな都市文明を生み出すのであろうか。それはまさに中国政府による新型都市化という統治と芽生えつつある個人と民間の意識とがどのように共生していくかにかかっていると言えるだろう。

注

（1）輸入置換の考え方を主張した『都市の原理』が発表されたあと、ジェイコブズは『発展する地域……』では輸入置換をもたらす力として五つの要因、市場、仕事、技術、移植工場、資本の役割を強調している。

（2）城壁都市は中国特有のものではなく、征服被征服が繰り返されていた古代中世においては都市にとって軍事防衛機能は絶対的条件であり、城壁の都市は都市の原型をなす（日端 2008, p. 20）。

（3）あるいは「都市化＋農村振興」（伊藤亜聖）という側面を持つ。

（4）第一一次五カ年計画から計画を「規画」（計画よりも政府コントロールが弱まった形の全面的長期的なビジョン）と呼ぶようになったが、ここではすべてを計画と呼ぶ。

（5）この方針を具体化させるため国務院は二〇一四年七月三十日に新華社を通じて、「戸籍制度改革のさらなる推進に関する意見」を発表している。同意見では、大都市における「合理的」な戸籍付与基準（住居の有無、就業条件、社会保障の加入年数など）を示し、都市の規模に応じて付与基準をコントロールする方針の全体像を明らかにした。

参考文献

岡本信広（2014A）「中国大都市化の抑制――背景と手段」『東亜』No. 562（二〇一四年四月号）、四―五頁
岡本信広（2014B）「中国が目指す「新型都市化」とは何か？」『東亜』No. 559（二〇一四年一月号）、四―五頁
岡本信広（2015）「中国の都市化とビジネスチャンス」『ジェトロ中国経済』No. 595（八月号）、四八―六七頁
小島麗逸編（1978）『中国の都市化と農村建設』龍渓書舎
高村雅彦（2000）『中国の都市空間を読む』山川出版社
日端康雄（2008）『都市計画の世界史』講談社現代新書
張在元編著（1994）『中国　都市と建築の歴史』鹿島出版会
ジェイン・ジェイコブズ（香西泰訳）（1998）『市場の倫理 統治の倫理』日本経済新聞社
ジェイン・ジェイコブズ（山形浩生訳）（2010）『新版 アメリカ大都市の死と生』鹿島出版会
ジェイン・ジェイコブズ（中江利忠・加賀谷洋一訳）（2011）『都市の原理』SD選書（新装版）、鹿島出版会
ジェイン・ジェイコブズ（中村達也訳）（2012）『発展する地域 衰退する地域――地域が自立するための経済学』ちくま学芸文庫
エドワード・グレイザー（山形浩生訳）（2012）『都市は人類最高の発明である』NTT出版
リチャード・フロリダ（小長谷一之訳）（2010）『クリエイティブ都市経済論――地域活性化の条件』日本評論社

Ⅳ ジェイコブズの先へ

年代不明。Box 36, Folder 41, Jane Jacobs Papers, MS.1995.029, John J. Burns Library, Boston College.

『アメリカ大都市の死と生』的価値観と「その後」の都市

内田奈芳美

●うちだ・なおみ　一九七四年生。埼玉大学人文社会科学研究科准教授。著作に「日本における地方都市型ジェントリフィケーションに関する試論」（『日本都市計画学会学術研究論文集』50号）『まちを変えてみる力――韓国・台湾のまちづくり』（饗庭伸・他四名共著、萌文社）『都市はなぜ魂を失ったか――ジェイコブズ後のニューヨーク論』（真野洋介共訳、講談社）等。

「その後」の都市

ジェイン・ジェイコブズの『アメリカ大都市の死と生』における理論は現在のまちづくりの基礎となっている。そのことには疑う余地はないが、でもその理論の読み取り方の「質」は、現代では少しばかり変わりつつあるのではないか。

そういった疑問から、ジェイコブズと「その後」の都市ということを考え直させられたのはニューヨーク市立大学の教授であるシャロン・ズーキン著 *Naked City: The Death and Life of Authentic Urban Places* (2009, Oxford University Press) を翻訳し、『都市はなぜ魂を失ったか――ジェイコブズ後のニューヨーク論』（二〇一三年、講談社）を出したときである。英語と日本語の本のタイトルはずいぶん違うが、英語の副題はジェイン・ジェイコブズの *The Death and Life of Great American Cities*（『アメリカ大都市の死と生』）に基づくものであった。そのことから、私はこの本の日本語の副題に「ジェイコブズ後」と入れたのである。この本には「今」のニューヨークが書かれているのだが、ジェイコブズが思索と闘いの時を過ごした時代との違いについても指摘している。ズーキンによるジェイコブズ理論についての指摘を参照しつつ、以下現代における『アメリカ大都市の死と生』（以下『死と生』と略す）理論の意味を考えてみよう。

もっとも、現代からジェイコブズ理論を考え直す上での大前提として、まず当時と今のニューヨークとの人種構成の違いを共有しておきたい。最新の二〇一〇年の統計であるセンサスデータでは、ニューヨーク市は白人が三三%、ヒスパニックが二九%、アフリカン・アメリカンが二三%、アジア系が一二・六%となっており、近年はアジア系の伸びが最も顕著である。一方、一九六〇年のデータ[1]では、白人が八五%、アフリカン・アメリカンが一四%となっている。これだけ違えば都市コミュニティの状況は全く変わってしまうはずだ。つまり、我々は忘れがちだが、ジェイコブズが見ていたニューヨークは、当たり前だが我々が今見ているコスモポリタンな雰囲気のニューヨークではないということだ。それを前提にジェイコブズの理論をとらえなくてはならないし、そこには一般的認識とのズレが存在する。ジェイコブズの『死と生』での都市の洞察が、特にコミュニティに関して過分に「牧歌的」[2]だと批判する向きがあるとしても、比較的似通った属性の人々が暮らす場所は、本当に牧歌的だったのだろう。そのようなコミュニティの状況に価値を見いだし、理論を導き出してきたということは差し引いて考えなくてはならない。

ジェイコブズ的価値観による「供給」

供給者1 ——「起業家」となった行政

ズーキンのまず一つ目の指摘は、ジェイコブズの指摘通りに都市を造っていれば「その後に引き起こされた不動産価格の高騰や公共機関の破綻（特にニューヨークは）、社会的包摂と排除といった課題が避けられていたのだろうか」[3]という点である。もちろんそのような社会的変化までジェイコブズの方程式で解けたかというと、それは無理な話だろう。製造業が郊外に出て行ったことが都市中心部の衰退に影響したジェイコブズの時代は、製造業が国外に出て行くような「その後」の時代とは課題の解き方が違う。脱工業化によって産業構造が転換していけば、ニューヨークというものの価値が変わって当然だ。土地＝ロケーションから得る利益を最大化することが産業の中心となる、そういった社会の中ではジェイコブズ理論の「使われかた」も変わってくる。人々が住み続けることで複雑なコミュニティの生態系と「路上のバレエ」を持続することも、ほぼ不可能だろう。そして、「その後」の公共機関の経済的破綻は、デヴィッド・ハーヴェイの言うところの「起業家」的国家[4]というだけでなく、「起業家」的都市の形成を招いた。行政はジェイコブズの理論を、場所の価値付けをし、都市間競争を勝ち抜くべく、「起業家」的に利用するようになった。

ここには、もうかつての闘うべき相手としての行政は存在しない。

供給者2 ――ジェイコブズ理論に理解の深い専門家（開発業者・プランナー・投資家）

そして今なら、ジェイコブズの理論は見た目上開発業者が全て満たしてくれるかもしれない。今どきの開発業者なら、低層の古い建物をリノベーションし、小さなお店が入るようにファサードを分節し、街路に建物をぴったりとくっつけ、無秩序さを演出するデザインを施し、テナントミックスを慎重にしかけた上で、マンハッタンならそれをとんでもない高額で供給するだろう。

また、理解の深いプランナーの例として「ニューアーバニズム」というデザイン・ムーブメントがある。提唱する人々はモダニスト的な都市のあり方を否定し、よりヒューマンスケールの、多様性を尊重したまちの環境のあり方を掲げている。しかし、一見モダニストとは対極に見えながらも、デザインプロセスはモダニストと同様な専門家による独占主義的決定プロセスをたどり、民主的な決定の余地を与えず、選択的にジェイコブズの思想を用いていることを指摘している論説もある(3)。要は、ジェイコブズの複雑な理論の中の一部を引用し、単純化してデザインソースとして都合がいい部分をつまみ食いしているという指摘である。実のところ、確かにニューアーバニズムの原則はジェイコブズっぽい。歩行者を尊重し、多様な住宅や消費活動が地域に共存するコミュニティというような提言は、ジェイコブズの理論と相性が良いように見えるだろう。ニューアーバニズムに限らず、最近の開発、特にミックスドユースの開発は、ジェイコブズ的な要素を入れ込んでいることがヒップさの証明であり、投資家への説得力にもなっている。

もっとも、全てとは言わないが、計画された「多様性」は、物理的にそこに一緒に存在しているだけで、真に混じり合ってはいない。ニューアーバニズム的に計画された住宅地では、高所得者層の住む分譲住宅と、低所得者層の住む賃貸住宅が理念に基づいて隣り合うようにつくられても、ただ空間的近接性があるというだけで、「路上のバレエ」を一緒に踊ったりはしないのである。

このように、ジェイコブズ的理論を使って空間を供給するのは、「起業家」的になった行政、聞き分けの良い開発業者、デザイン・ボキャブラリーを基本原理とするプランナー、ジェイコブズ的デザインが利益を生み出すと感じている投資家、たちである。供給側のそれぞれのプロフェッションも変化してきた。さて、ジェイコブズがもしよりよい都市のために闘うとしたら、敵は、今は誰なのだろうか。それとも理論がアイコン的に用いられる現状に満足するのだろうか。

ジェイコブズ的価値観の「消費」とジェントリフィケーション

一方で『死と生』の中で「その後」に起こったことに、実際に関連づけて考えられるのはジェントリフィケーション（高級化）という現象を予兆させる「多様性の自滅」[6]についてのプロセスだろう。経済的強者が、多様性をもつ地域で支配的用途による占拠をもって地域の有機的関係性を壊し、最終的には多様性を失うことで活気が失われるというこのプロセス、すなわち「ジェントリフィケーション」とはジェイコブズがまさに警告していたものであった。また、ズーキンからは「高学歴で高収入」の人々による、ジェイコブズのような価値観を持った「漸進的な投資」がその後の大きな開発の呼び水となったのではという指摘があった。[7]実際のところジェイコブズは白人であり、大学の課程は修了していないとしても、著述家としてある程度教養のある中流階級に属する。ジェイコブズ的価値観がつくりあげた場所が、ジェイコブズに似通った属性の人々にその後消費されていった。そういった（ジェントリフィケーションを引き起こす人々である）ジェントリファイヤーの動きについて、デヴィッド・レイは仮説として、歴史や景観のアメニティを求めて場所を移る中流階級がジェントリフィケーションを引き起こす[8]、と述べている。その際の中流階級が望む都市の価値やアメニティはジェイコブズの『死と生』における価値観と親和性があるのだ。

『死と生』の価値観の中でも、歴史的建造物をめぐる行動は特に「その後」についての象徴的存在である。歴史的建造物を保全することで多様性を保全するべきであるという考えは『死と生』で論じられていたが、（ジェイコブズは古くなれば建物は安く使えるという意味で言ったのだが）歴史保全エリアではむしろその地域価値の向上と、歴史ある「よい」ロケーションで高層建築プロジェクトが容易ではなくなったことによる、建物の床面積の希少性の高まりとが相まって、外部投資を呼び込んだ。価値ある景観は保全されるという制度上のお墨付きの上で、「官製」ジェントリフィケーションとでも言えるような状況になっているということである。

この「官製」ジェントリフィケーションがもたらした結果には二種類ある。一つは歴史保存エリアの「観光地化」である。土産屋は古くからの住民に金銭的に勝ち、そして経済的成功はむしろ促進される。そして、多様性が失われたと嘆く層よりも、経済的強者の出店を活気として喜ぶ層がそこを訪れ、さらに地域の観光地化を加速するのである。石川県金沢市での調査でも観察されたことだったが、歴史的に重要な地域が国の制度である「重要伝統的建造物群保全地区」に指定された後、県外資本が土地を購入し、その地域はかつての特性を変化させた実態を確認したことがある。[9]その地域は今は観光客が殺到しているのだ。また、もう一つは住宅価格の問題である。マンハッタンの歴史ある地域の住宅も希少性によって不動産としての価値を高めている。例えばジェイコブズが当時住んでいたハドソン通りの住宅は二〇〇九年に三五〇万ドル(約四億円)で売りに出されていた。[10]

「価値感」の過度な消費が都市空間を変質させることをコントロールするには、ジェイコブズは嫌かもしれないし、同じ「官製」のシステムだが、結局のところ都市計画というか、「プランニング」が頼りなのかもしれない。

「プランニング」への批判

しかし「プランニング」は、ジェイコブズの価値が消費され、ジェントリフィケーションへとつながるような経済的原理に動かされるまちの変化について何ができるのだろうか。

ジェイコブズは『死と生』の中で「プランニング」的なものを批判している。批判の矛先は、ル・コルビジェの「輝く都市」やハワードの「田園都市」である。また、用途を純化したオフィス街やモダニズム建築全般への拒否反応もあったようだ。近年ではボストンのダウンタウンの高速道路を地下に埋めた「ビッグ・ディグ」のような巨大な公共工事なども彼女に批判される対象だろう。ジェイコブズ流に言えば、専門家が慎重に「プランニング」したところは複雑な関係性を壊してしまい、結果として活気を失ってしまうということだ。建築家による建築物単体の設計や、全ての人々が経済的合理性をもって行動すると仮定する経済モデルにもいえることだが、人々は「プランニング」通りには動かない、ということを専門家は得てして忘れてしまっている。設計主義、教条主義に陥りすぎないこと、それは『死と生』が示す重要な指摘だ。現場と理論の乖離はいつの時代も問題を引き起こすのだが、供給側の理論で過剰な需要を見積もり、実態と合わないという悲劇も、これまで公共事業や大型開発がいやと言うほど立証してきた。

もっとも、プランニング技術がすべて悪いというわけではない。どのように適切に使われ、「その後」の不確実性と柔軟に向き合っていくかが大事だ。プランニングの中では、おそらくゾーニングがジェイコブズ的構築環境を守るための方法論として特に重要であると思われるため、ここではゾーニングを例にあげて「プランニング」とジェイコブズ理論の関係を考えてみる。

ゾーニングは「人」や「趣味・嗜好」は制限できないので、「建物形態」や「用途」で間接的に構築環境を守り、ジェントリフィケーションを防ぐことができるか、ということになる。アメリカのゾーニングは「建ててはいけないもの」を定める日本の用途地域と異なり、「建てて良いもの」を指定し、ゾーニングも細かく入り組んで設定されるので、よりきめ細かく制限ができる。ズーキン教授とこの問題について話をしたときに、ニューヨークでは「ある通りでは小さな規模の店舗に限るようなゾーニング」をし、大きな空間を好んで出店してくるようなチェーン店を排除した、という例があると教えてくれた。ジェイコブズも多様性の自滅への対策について、既存の建築物が高層建築物に入れ替わることを防ぐためには、「建物の築年数と規模を直接の規制対象とするゾーニングは倫理的なツールです」[11]と述べている。そういったやりかたならば確かにチェーンのドラッグストアは入って来にくいだろう。よい考えのように見えるが、果たしてどうだろうか。

例えば路上のバレエが繰り広げられた「ハドソン通り」に面したかつてのジェイコブズの住まいは「C1-6」(Cはcommercialの「C」)という商業系のゾーニングに指定され、ベーカリーや文具店など、居住地域であることを前提とした限定的な商業用途に限られている[12]。これもまたコミュニティを持続可能にするには良さそうだが、同じゾーニング内に属する一本隣のブリーカー通りでは想定通りには事態は進んでいない。そのような制限がかかっていても、ブリーカー通りでは日本で言えば東京都港区青山にありそうなお店ばかりが出店している。例えばこのエリアでは「ベーカリー」はOKなので、ブリーカー通りにはテレビドラマのSex and the Cityで有名になった高級ベーカリーがある。一個五〇〇円程度のカップケーキが観光客を惹きつけているが、これは普通の人が毎日食べるようなものなのだろうか。ドラッグストアでもファストファッション店でもないような、そういった「青山的」なブティックやコスメストアは店が小さくてもいい、いやむしろ小さいのがいいのだ。つまり、ニューヨークのようなきめ細やかなゾーニングでも「商品の値段レベル」まではコントロールできないということである。実のところ、お店のサイズや建物の高さを制限することは、立地がにぎわいのエッジ部分に存在しているような場合に、むしろそのヒューマンスケールが高級感や特別感を与え、オルタナティブを求める消費者や出店者にとっては好ましい空間を形成する。

また、不動産開発が都市間競争における重要な手段である現状としては、投資が進むような場所に手を突っ込んでジェントリフィケーションを強制的に止めるということは、法的限界という点だけでなく、政府の意思(それをやりたいかどうか)という点からも、非常に難しくなっているのではないか。そして制限を守って、もしくは制限の適用除外を受けて再開発されたビルの街路に面した一階部分や、サイズを制限された一階の店舗スペースに高級テナントが入る際には、大学院で教育されてきたプランナーによって、ジェイコブズ的にデザインされるのであろう。いや、そうされないよりは遙かにいいのだが。

「プランニング」のこれからの役割

『死と生』が出版されたころ、ジェイコブズにとって、モーゼスを含めて行政は闘う相手だった。それは、当時の「プランニング」の担い手や開発主体が主に行政であったからということがあるだろう。そこから、プランニングの状況も、開発の担い手も主役が変わってきた。プランニングを議論する基盤において「協働」する住民や非営利組織が重要な役割を担うようになった一方で、行政は直接投資での開発圧力を弱めつつある。代わりに、都市を劇的に変化させる担い手として、大都市部では行政以上にデベロッパーが影響力を持つようになった。開発は官民協調のスタイルで進み、行政は規制緩和というインセンティブを与え、ニューヨークも東京も高層建築物の建設が進み、投資の場所としての土地の価値を最大限化することが、都市の競争力強化にとってのプライオリティであるという戦略は加速していった。最大限化＝高度利用化するために、日本では都市再生のための用途地域の適用除外など、都市計画を部分的にフリーにして、部分部分で全体とは切り離されて都市が形成されていったのである。それらの多くは、ジェイコブズが目の敵にしていた行政的「プランニング」による変化に加えて、民間主導＋行政補助による「プランニング」によるものであり、インセンティブを得るための部分的公共性は付与されるが、広範な意味での「公共性」を絶対的義務として持つ必要が薄い。開発の主体が民間に変わったということは、開発に伴う「公共性」の度合いが変化し、マーケットプライスの住宅と、商業開発が開発の中心に変わっていったということである。そうすると、投資対象としてふさわしいふるまいをデザイン的にもするようになり、モダニストが試行していたような、実験的スタイルはなりを潜めるようになった。ここはモダニストたちを批判していたジェイコブズとしては喜ばしいのか、嘆かわしいのか分からない。

一方で、古いものは賃料等が「安いから」使われ保存されるのではなく、また、「歴史的に価値があるから」という段階もさらに超えて、産業遺産など、特に近年で言えばロウァーマンハッタンで三〇年間放置されていた貨物列車の線路を公園にしたハイラインに代表されるように、「かっこいいから」使われるようになった。歴史的建造物が余らせている容積率を他の建物に売却する、空中権移転のようなプランニング技術も含めて「古いからこそ使えるもの」は使われ、その結果、先進国の既存市街地での建築年代の多様性はむしろ先鋭化され、都市内の歴史断層が興味深いものとなった。その一例であるハイラインは人々に愛され、クールな存在として不動産市場でアイコン化され、周辺不動産価格の上昇に伴う自治体の固定資産税収入の増加に一役買っている。

さて、このような中でジェイコブズが想定していた敵である「プランニング」の意味は変わった。今後はジェイコブズ的な都市のありかたを考える上では、「プランニング」はむしろ大きな味方になっていかなくてはならないのである。イギリスの都市計画理論家であるパッティ・ヒーリーは、プランニングは以前のような「進歩主義的な都市の『近代化』という概念と密接な関係[13]」であった状態から変化し、二十一世紀のプランニング・プロジェクトは、「多くの人たちにとっての暮らしやすさ、持続可能性を志向」し、「透明「市民活動の聡明さの拡大、政策の知性の拡大を志向」し、「透明度の高い政治プロセスによって公共圏の拡大を志向[14]」するだろうとしている。これらは、新たな価値観形成のプランニングのありかたであり、表向きだけジェイコブズ風にデザインする以上に重要な、複雑なコミュニティの関係性を保全するためには有効な方向性に思える。ニューアーバニズムに対する批判にもあったように、かたちとしての模倣は、ジェイコブズの価値観を活かす上で、ほとんど意味が無い。正直なところ、複雑なコミュニティがよいまちをつくるのだとしたら、ジェイコブズが『死と生』の中で主張している「小さな街区の必要性[15]」なども、あまり応用力がないのではないだろうか。

今後のジェイコブズ的価値観は、プランニングと敵対するのではなく、寄り添いながら、形態ばかりに着目するのではなく、プロセス重視で共有されていくものとなるべきである。理論の単純コピーに陥らないよう、ジェイコブズが真に意図していた複雑性を守るためには、ジェイコブズの理論はこれまでの専門家VSアマチュアの対立軸で語られるような立ち位置とは異なる読み取り方が必要となってくるだろう。

注

(1) センサスデータ http://www.census.gov/population/www/documentation/twps0076/NYtab.pdf から。この当時のデータでは「ヒスパニックでは無い白人」と、ヒスパニックのデータは無い。二〇一〇年はヒスパニック系とそれ以外とは分類が分かれている。

(2) 参考文献(1)三三頁。

(3) 参考文献(1)三〇二頁。

(4) 参考文献(3)八一頁。

(5) 参考文献(4)pp.91-104, Jill L. Grant, "Time, Scale, and Control: How New Urbanism (Mis) Uses Jane Jacobs".

(6) 参考文献(2)第一三章。

(7) 参考文献(1)三一三頁。

(8) 参考文献(5)No. 2137(kindle版)。

(9) 参考文献(6)参照。

(10) http://ny.curbed.com/archives/2009/05/18/on_the_market_jane_jacobss_hudson_street_townhouse.phpmore 参照。

(11) 参考文献(2)二八二頁。

(12) http://www1.nyc.gov/assets/planning/download/pdf/zoning/zoning-text/art03c02.pdf

(13) 参考文献(3)三二頁。

(14) 参考文献(3)三九頁。

(15) 参考文献(2)第九章。

参考文献

(1) シャロン・ズーキン『都市はなぜ魂を失ったか――ジェイコブズ後のニューヨーク論』内田奈芳美・真野洋介訳、講談社、二〇一三年

(2) ジェイン・ジェイコブズ『[新版]アメリカ大都市の死と生』山形浩生訳、鹿島出版会、二〇一〇年

(3) パッティ・ヒーリー『メイキング・ベター・プレイス――場所の質を問う』後藤春彦監訳・村上佳代訳、鹿島出版会、二〇一五年

(4) Edited by Max Page and Timothy Mennel, *Reconsidering Jane Jacobs*, APA Planners Press (2011)

(5) Japonica Brown-Saracino, *The Gentrification Debates*, Routledge (2010)

(6) 内田奈芳美「日本における地方都市型ジェントリフィケーションに関する試論」『都市計画論文集』五〇号、二〇一五年、四五一―四五七頁

コラム

私にとってのジェイコブズ

ジェイコブズのメッセージ

アサダワタル

あさだ・わたる　一九七九年生。日常編集家、京都精華大学非常勤講師。文化社会学、コミュニティ論。著作に『住み開き――家から始めるコミュニティ』(筑摩書房)『コミュニティ難民のススメ――表現と仕事のハザマにあること』(木楽舎) 等。

僕が「まちづくり」や「都市計画」の隅っこに接続したのはいつ頃からだろうか。思えば音楽をはじめとした「文化芸術」や「表現活動」を生業にすることを目指して試行錯誤を重ねた結果、大阪をきっかけに様々な都市の課題や可能性と絡まり合いながら、自分のなかで「表現」の意味やそれが関わる領域を次第に拡張し続けてきたのだと思う。

でも、こういった具体的な分野・領域に関われば関わるほど、次第に本来の私的な動機から徐々に離れて、その領域・分野が各々持つある特有の常識や方法論や思考の歴史が前提となったうえでのコミットメントを、次第に求められることとなる。言わば、「まちづくり」や「都市計画」の新手、変種、飛び道具のような存在として現場に関わる際に、僕はずっとこの間、ある違和感を拭いきれないでいる。それは上手く言えないかもしれないが大雑把に言えば、手法が確立することに対する慣れとその使い回し、そしてその過程で量産されるまちのイメージのパターン化、といったものだと思う。

二〇一〇年〜二〇一二年に、大阪のとあるマンション開発のプロジェクトに関わった。自治体が持つ広大な敷地にアートセンターと共にタワーマンションを建設し、住民の生活が芸術体験と一体になるライフスタイルを送れるような環境を整える。そんな新・文教地区とも言える「まち」を目指したプロジェクトだった。大手のデベロッパーがジョイントベンチャーでコンペをとり、クライアントである自治体が定めたこの「アート&ライフスタイル」のコンセプトを具現化するべく、専門のまちづくりコーディネーターが間に入り様々な芸術分野の専門家チームを組織。そのうちの一人として僕も招集されたのだ。

建設が先行するアートセンターにて、入居予定のマンション住民が芸術体験をできるような仕掛けを企画したり、マンションの中の共有スペースの活用方法を考えるのが僕の主な役割だったが、様々なプランをあげるも、当のデベロッパー事務局がほぼコンペを取るためだけに付け焼き刃的に文化芸術を取り入れようとしたため、ひとつひとつのプランの意図を理解されず、予算化がどんどん遅れていく。また一方で、マンション販売の広告としてもこの「アート&ライフスタイル」が掲げられ、僕自身の写真や発言も広告の一部として活用されたが、そもそも事務局自身が最初からこのコンセプトでマンションを売ってゆくことが困難であることをわかったうえで仕方なくやっているので、いつまでも議論が空転する。プロジェクトの主体がただただコンセプトに振り回され、その状況をわかったうえで僕らのアートチームも事をひとまず前に進めたいがために、本質的な議論を避ける様になる。

少なくとも僕は、文化芸術や表現活動を通じて、その地域住民各々の個性を交わし合いながら固定していた関係性を変化させることで、コミュニティに多様性をもたらし、人々がまちなかで様々な活動をゆるやかに結び合いながら展開してゆく様を、確かに各地で見て来たし、その動きをそれなりに実践してきたつもりだ。

でも、僕自身が、言うならばこの「アート×まちづくり」とか「表現による関係性のデザイン」とかそういった本来独自の活動プロセスがあってこそ導きだされた結論的標語に、いつしか過度な自信を抱えて振り回されてはいなかっただろうか。デベロッパーの理解のなさや心意気のなさを責める前に、なぜまず僕自身が「アート&ライフスタイル」を良しとしたのか。自分の目でその地域を体感して導いたわけではないコンセプトに、ただただ「自分はその専門だ」という自負だけで仕事が来ることをいいことにひょいっと乗っかってしまったのではないか。僕はこのモヤモヤに一定答えを出すために、色んな仲間に迷惑をかけることは覚悟でプロジェクトから離脱した。

ジェイコブズ、という名前を聞いたときに、僕がいつも思い出すのは、彼女の導きだした理論ではない。彼女の都市に対する答えは正直言って、完全に賛同できるかどうかはわからない。でも、既存の学問や標語に頼らずに自らが住むまちを観察し、自らが身体を動かし、自らが導きだしたその態度そのものにこそ、ジェイコブズの最大のメッセージが存在するのではないか。その態度を前にして、ふと立ち止まること。自分はなんのためにまちに関わってゆくのか、その足跡を一歩一歩振り返ることなしに、やはり自分はこれから先も「まちづくり」や「都市計画」に関わることはできないと思うのだ。

ジェイコブズ、という名前を聞いたときに、僕がいつも思い出すのは、彼女の導きだした理論ではない。

〈都市＝生態系〉をありのまま受け止めて、今どう行動すべきか

岡部明子

●おかべ・あきこ　一九六三年生。東京大学（大学院新領域創成科学研究科）教授。建築学・環境学。著作に『バルセロナ』（中公新書）『持続可能な都市——欧米の試みから何を学ぶか』（共著、岩波書店）『サステイナブルシティ』（学芸出版社）等。

半世紀以上前、J・ジェイコブズは、一九五〇年代当時のアメリカで、「都市がおかしくなっている」と直感した。問題の根源を探るうちに、生態学的アプローチで独自のオルタナティブ経済学に挑まずにはいられなくなっていった。「都市は、たまたま生命科学と同じように組織立った複雑性の問題」だとJ・ジェイコブズは、一九六一年に著した代表的著作『アメリカ大都市の死と生』の最後で言及している。彼女は、そこに暮らす人びとの営みや人間のつくった構築物も含めて、まるごと広義の生態系として捉えずして、都市の本質に迫ることはできないと早い時期から認識していた。

他方、ジェイコブズは、アメリカ都市の危機を直感して、いたたまれずに開発反対の行動を起こしている。そして生涯闘う都市学者であり続けた。深い洞察と都市問題の活動現場に身を置くことから、彼女の先見性は生まれたのだろう。彼女が都市と格闘したころ以上に都市をめぐる状況は困難になっている。とくにアジアの新興国、途上国では、都市部人口は増える一途で、巨大化して手に負えない都市が増えた。〈都市＝生態系〉を複雑なまま、ありのまま受け止めるしかない。グローバルに都市化が進展した

図1　17の持続可能な開発目標（出所：http://www.unic.or.jp）

今日、貧困や気候変動などの難問に対して、都市が答えを期待されるようになって、私たちはようやく、ジェイコブズの生態学的アプローチの都市論の真価に気づきつつある。いったい私たちは今どう行動すればよいのか。ジェイコブズの都市思想に問いかけてみたい。

都市計画の限界とSDGs

二〇一六年は、都市にとって特別な年である。二〇年に一度の国連ハビタット会合が、エクアドルの首都キトで十月に開催される。国連ハビタットは、スラムなど都市問題を解決することを使命としてスタートし、都市の重みが増す一方の世界にあって「都市が地球規模の難題を解決する」方向へと舵を切ってきた。

二〇一五年九月国連総会で新しいアジェンダが採択され、一七の持続可能な開発目標（SDGs）が示された（**図1**）。SDG1：貧困をなくそう、SDG13：気候変動に具体的な対策を、SDG11：住み続けられるまちづくりを、などである。総花的な目標の羅列に見えるが、肝心なのは統合的な取組みが求められている点である。個々には達成の困難な目標でも、統合的にアプローチすることで道を見出そうとしている。

SDGsの統合的アプローチの文脈で、都市をいかに戦略的に位置づけるか。都市において、社会問題である貧困と環境問題である気候変動に統合的に取り組むために、具体的にどのような行動が求められるのか。そのために都市計画や都市デザインがどうあるべきかが、二〇一六年ハビタット会合では問われている。

従来型都市計画の枠組みで、貧困と気候変動に統合的に取り組むのは難しい。国連ハビタットが二〇〇九年に出したレポートは、時代遅れの都市計画がかえって、「インフォーマルな貧困層を、社会空間的に排除し、より環境リスクの高い状況に追い込んでいる」という（UN-Habitat, 2009）。都市計画は、貧困と気候変動に統合的に取り組む手段となるどころか、フォーマルな都市計画によるゾーニングが貧困層の多く暮らすインフォーマル集住地のクリアランスを促し、結果的に貧困層は一段と気候変動リスクの高い土地に追いやられている。同レポートは、現代の都市問題に対処できるようになるために、都市計画の変わるべき方向として、全七項目を列挙しているが、ジェイコブズがすでに五〇年以上前に、「都市の理解で最も重要な思考習慣」として示した三点、①プロセスから考える、②個別事象から一般へと帰納的に考える、③「非平均的」なヒントを探す、とかなり重なっている（ジェイコブズ、1961）。国連ハビタットでやっと近年共通認識とされるに至った視点を、近代都市計画全盛の時代に先取りしていたといえる。

ローマ法王回勅にみる広義の生態系

「気候変動と貧困に同時に世界は対処しなければいけない」という認識は、一九九二年リオ地球サミット以来であり、度々警告されてきたにもかかわらず、なぜ道は開けないのか。

これに答えを出すことが都市に今、求められているわけだが、その困難さの根底には、両者を別々の問題としてとらえていることがあるのではないか。気候変動と貧困を連環したひとつの問題として捉えることができたなら、新たな道が見出せるのではないか。

この点について、大きな一歩を踏み出しているのが、二〇一五年六月に公表されたローマ法王の回勅『ラウダート・シ』である。初めて〈環境〉を正面から取り上げたバチカン発のメッセージで、『環境回勅』といわれた。

ローマ法王フランシスコの回勅は、人びとに「生態学的回心」を促している。これは、生態系のとらえかたを根本的に転換することである。回勅第三章では、今日の地球環境の危機が人間的原因によって引き起こされていることを指摘している。「テクノクラシーが環境・社会危機を招いている。」「市場だけでは、人間開発と社会的包摂の統合は保証できない。」近代文明の根底にある技術偏重と市場競争偏重こそが、今日の環境・経済危機、すなわち、気候変動と貧困の人為的な原因であると指摘している。アルゼンチン出身の法王だけに、貧困の根深さを見抜いた上での見解といえる。

近代文明においては、「人類が生態系の外」にあり、生態系が人間の活動を支えるものとして位置づけられているのに対して、回勅第四章では、「人類を内包した生態系」へ、認識の転換を提唱している。人と環境の関係について神学的にラディカルな解釈を含んでいるといえる。これが「生態学的回心」であり、人間humanityと自然natureを統合した「統合的生態学」のスタンスに立つことを意味する。

〈人類を内包した生態系〉に呼応して、「環境危機crisisと、社会危機という二つの危機があるわけではありません。そこには、ただ一つの複雑な環境・社会問題crisisがあるだけです」と述べている。人間と自然を統合した生態系を全面的に受け入れ、気候変動と貧困は連環したただひとつの問題とし、これまでの枠組みを大きく変えるものだ。

ジェイコブズの都市思想

ジェイコブズの独自の都市思想を象徴するものとして、「農業の都市起源説」がある（Jacobs, 1969）。これまで、「農業の生産性が上がり、余剰が生じることで交易が起こり、都市が誕生した」と誰も疑わなかった歴史への大胆なアンチテーゼである。彼女は、数千年続いたとされる先史時代の集落チャタル・ヒュユクから想像を膨らませ、「持続し、相互依存する創造的な都市経済が、農耕を可能にした」という仮説を提示するが、歴史学者らは取り合おうとしなかった。

しかし、ジェイコブズ説は、都市化の極度に進んだ現代において、農を再考する契機を与えてくれる。今日、農業におけるイノベーションは、都市から起こっている側面がある。近代農業は、大規模化、品種改良、効率化により生産性を高めてきた。これに対して、高付加価値の有機農業への関心は、消費地である都市から起こっている。有機栽培の担い手たちは、しばしば都市からの移住者がパイオニアとなり、都市的価値観から発想し、挑戦してきたが、当初伝統的な農家からの反応は冷たかった。

歴史的に都市がどう生まれたのかはともかく、ジェイコブズは、純粋に集まって暮らそうとする人類の本性に都市の原点を見出している。人は、集まることで空間を分かち合い、食べ物を分かち合う。様々な創造が生まれ、農耕もそのひとつではなかったのか、という仮説であろう。人間には集まって暮らす必然があるとするなら、その必然の産物である都市には、生態学的な何らかの論理があるはずである。ジェイコブズ自身、一九九二年『アメリカ大都市の死と生』新装版への序で、「人間のつくった都市の生態学」を探求しようとしてきたのではないかと、振り返っている。

誰もが便益最大化を判断基準として合理的に行動することを前提とした経済社会とは異なる、オルタナティブな経済学を模索していった。ただ単に集まって暮らす人の本性が都市を形成し、価値を創造することを、生態学的に捉えようとした。しかしその挑戦は、少なくともアカデミックな経済学を動かすことはできずに終わった。

一見突飛なジェイコブズの「農業の都市起源説」だが、自然と人間の営みはそもそも不可分であり、それをひとつの生態系として捉えようとする、広義の生態系への発想の大転換の始まりだったといえる。先述したSDGsに示された統合的であることの重要性や法王の回勅が提唱した生態学的回心に通じるものであり、やっと最近になって意義を見出されたといえる。

原点――『アメリカ大都市の死と生』

しかし、彼女の関心は、都市の生態学的メカニズムの解明自体というよりは、一九五〇年代から顕著になった都市開発によって〈都市＝生態系〉が破壊されないようになんとかすることに向いていた。

ジェイコブズは、アメリカ、ペンシルバニア州の地方都市の出身で、高校を卒業後ジャーナリストとなった。ニューヨークに居を移し、建築家のロバートと出会って結婚、建築や都市への関心を強めていった。一九五〇年代アメリカ都市でおこっていることを現場で知り、進行中の都市開発に憤りを募らせ、反対運動の急先鋒となった。一九六二年にはマンハッタン南部の都市高速道路の建設計画を中止に追い込むなど活動のリーダーだった。ほぼ同時期に、彼女は『アメリカ大都市の死と生』（一九六一年）を著す。彼女は、現実の都市の街路を生活者の目線で偏見なしに観察し、車優先の都市開発と都市の均質化が都市を死に追いやっていると主張し、近代主義的都市計画を正面から批判してのけた。

一九六〇年代初めは、レヴィ＝ストロースの『野生の思考』など近代思想に対する批判的見解がさまざまな分野で出始めた時期であった。道路拡充により渋滞を解消し、機能別のゾーニングに則って計画的に都市を整備することで良好な環境が実現できるという考え方が主流だった当時、ジェイコブズの『…死と生』は建築・都市の分野における近代批判のパイオニアとなった。

多様性四条件マニュアル化の悲劇

ジェイコブズは、都市の死と生の分かれ道は「多様性」にかかっているという。多様性が失われれば都市は衰退し、多様性を取り戻せば都市は再生する。生物多様性と同様の論理が都市に見出されるというわけだ。そして、彼女は、多様性を生み出すために必要な四つの条件として、①地区や通りに複数の機能があること、

②街区が小さめであること、③建物の古さや用途のまちまちなものが混在していること、④十分な密度で人が暮らしていること、をあげている。

この四条件は、当時の都市開発・再開発のマニュアルと正反対であった。近代都市計画では、機能ごとに地区をつくることをよしとしたため、都市郊外には均質な住宅地が出現した。移動の高速化にともなって大型化したスーパーブロックが提唱され、過密を解消して、理想の都市像を実現すべく古い建物を撤去するクリアランス型の再開発が当たり前だった。

やがて、先進国が脱工業化を迎えると、工業の次の経済基盤として創造的産業が注目され、二十世紀末から創造都市論ブームがおこる。一定程度の密度で多様なものが集積していることが創造の源泉であるというジェイコブズの先見的な考え方が、多くの支持を集めた。都市計画分野でもニューアーバニズムなど、都市の魅力を多機能でコンパクトであることに求める風潮が強まった。その結果、職・住・遊がコンパクトにそろった賑わいのある魅力的な界隈は確かに創出されたが、それはゾーニングのひとつとしてであり、恵まれた人びとだけが享受できるゾーンに押し込められてしまっている。

ジェイコブズがまちに多様性を求めたのは、D・ハーヴェイのいう「都市コモンズ」を志向していたはずだったが、ジェイコブズ信奉者のつくったまちは、用途混在でコンパクトであることを付加価値とし、メンバーである住人のクラブ財的な排他的コモンズであった（Harvey, 2012）。商業主義に乗った排他的コモンズである。多様性の四条件がマニュアル化して一人歩きしたことの悲劇である。先進国では、ジェイコブズの評価した、多様性を備え生態系的に生きたまちが姿を消し、代わって、つくられた多様性を演じるまちが商品化され、消費の対象となっている。

インフォーマル集住地の多様性

他方、新興国・途上国で急成長する大都市のスラムを訪れるとしばしば、多様性四条件を満たしていることに驚かされる。インドネシアの首都ジャカルタ中心部の超高密度インフォーマル集住地で、コミュニティとの協働プロジェクトを五年以上続けているが、まちという生態系の生きた息吹が感じられる。絶望的な格差を突きつけられ貧困や劣悪な住環境の問題を抱えているものの、まちを生かす多様性はしっかり持ち合わせている。通行の主軸である街路空間が、市場であり、金曜午後のお祈りのときには各自が持参するカーペットで埋め尽くされ、ときにはまちの運動会や結婚祝いの場になったり多機能に用いられている。毛細血管のように細路地が張り巡らされ街区は小さい。住まいとインフォーマルなスモールビジネスが入り乱れ、植民地時代からの古い建物を取り壊すことなく自在に増改築を繰り返している。都市中心部では過密なことはあっても、密度が低すぎることはない。

しかし、新自由主義的な都市開発が追い風となって、都市の競争力向上を大義名分としたスラムをクリアランスした再開発が加速している。ジャカルタのプロジェクトフィールドにも再開発圧力が迫っている。スラム住民は再居住先で少しましな住環境を得られたとしても格差は解消されず、まちの多様性は奪われ、多様性によって生かされていたインフォーマルなまちの生態系は壊れてしまう。一万人足らずのインフォーマル集住地で、住人たちと共用空間を手入れするプロジェクトを細々と続けながら、巨大都市ジャカルタに視野を広げるなり、無力感に苛まれいたたまれなくなる。

ここで問題なのは、真に多様性四条件を備えたまちが、都市問題の凝縮した場所に他ならず、都市競争力の足かせとなっているとみなされ、都市全体に働くより大きな力により、再開発によって排除されようとしている構図がある。

部分の多様性を誘発する全体の秩序

ジェイコブズが示した多様性四条件は、直接的にはコミュニティレベルのものだったといっていい。しかし、現在求められているのは、コミュニティレベルで多様性四条件を高めるまちづくりより、多様性に寛容な都市全体の枠組みではないか。

人口が一万人、一平方キロメートル規模の都市であれば、多様性四条件で〈都市＝生態系〉を取り戻すことはできよう。数十万人規模までは、何とかなるかもしれない。しかし、現実の世界には、人口一〇〇〇万人以上のメガシティが二〇以上あり、一〇〇万人を超える都市は、もはや大都市といえないほどの数に上っている。部分に内在する多様性を包摂しうる、求められる都市全体の枠組みとはどのようなものなのだろうか。インフォーマリティをも包摂できる都市計画である。残念ながら、ジェイコブズの都市思想にそのヒントを見出すことはできないが、ジェイコブズの真意を後世に引き継ぐべく、今行動すべきことではないか。

ゴンブリッチは、人間の造形についての古典『装飾芸術論』の中で、人が造形する、すなわちかたちをつくる本源に迫っている(Gombrich, 1979)。時代を遡るほど、単純で幾何学的な装飾が大半である。自然界の造形とは対極の装飾が用いられている。他方、フラクタルなど複雑系の造形原理が次第に明らかになり、技術の進歩によって、自然造形を規定している自己組織化のメカニズムを用いて人がかたちをつくることができるようになった。コンピューティングデザインやアルゴリズミックデザインと呼ばれるものであるが、これらを美しい、心地よいと感じる人はまずいない。自然の造形に美を見出すのに、自然の造形メカニズムを援用した人工の造形には、不思議と美を見出せない。自然発生した多様性に私たちは魅力を感じるのであって、デザインされた多様性

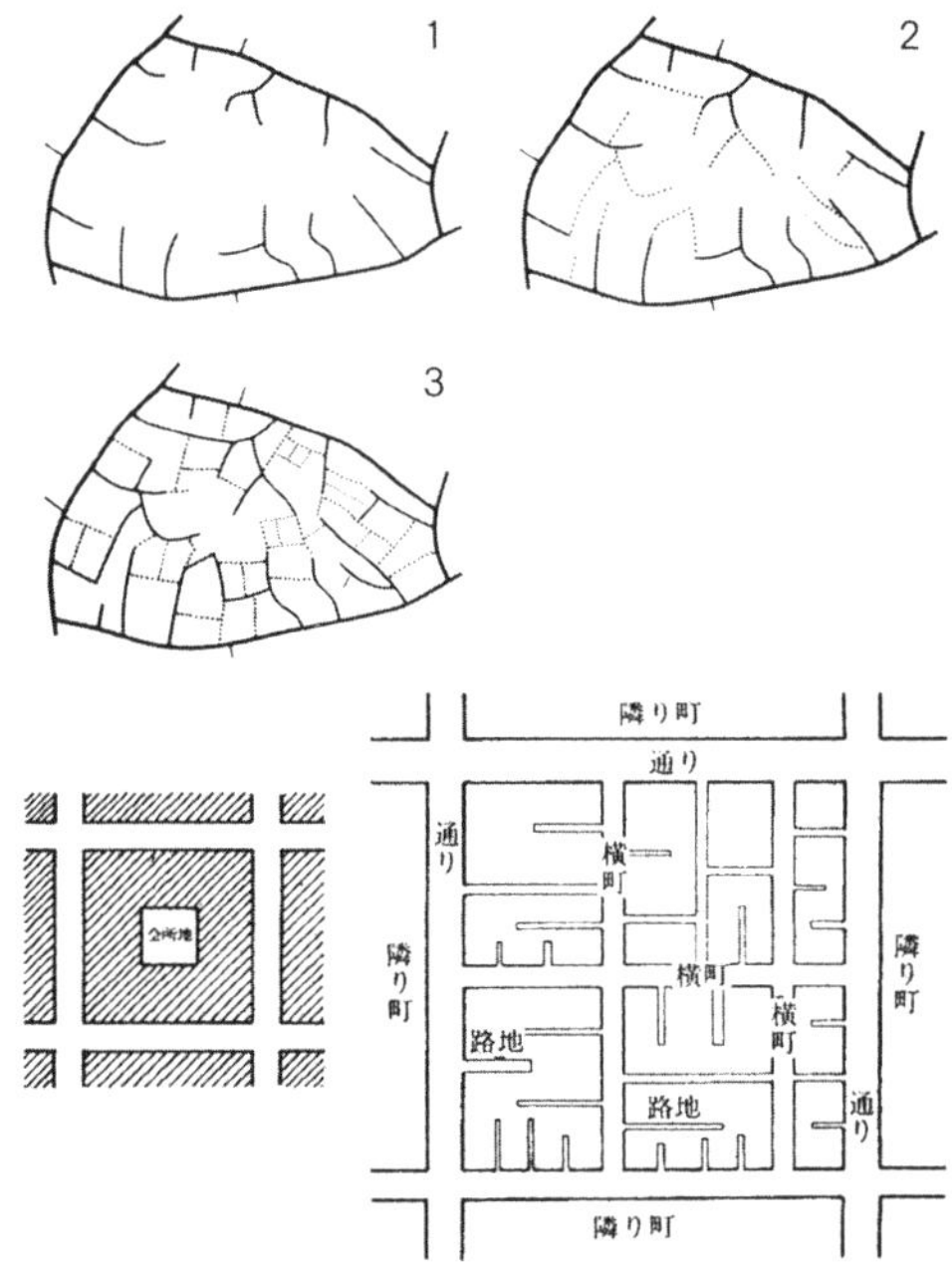

図2　武家屋敷（上）と町人他（下）の細分化
（出所：槇文彦『建築から都市を、都市から建築を考える』2015年、131頁）

には逆に居心地悪さを禁じえない。

大都市での多くの人の暮らしは、人がつくる秩序なしでは立ち行かなくなる。多様性が〈都市＝生態系〉に欠かせないからといって、チャタル・ヒュユクのように集まって暮らすことで自然に生成する造形まかせで、巨大都市が最適化し機能する楽観はない。あるいはそこまで遡らなくても、地形に適応して自然生成してきた中世都市のようにはいかない。近代に都市への人口流入が都市問題を引き起こしたことから明らかである。近代都市計画による人のつくったインフラなど秩序のおかげで、大都市もなんとか機能している。

槇文彦は、建築家として日本の都市空間を観察し、都市化して密度が高まっていく過程で、敷地割りが細分化されていったプロセスに着目している（槇、1980）。例えば、「広大な武家屋敷は奥に向かって細分化されていった」あるいは「町人地も路地というかたちで同様に細分化が進行した」（図2）。つまり、密度が低かったころ、人のつくった街路により秩序づけられていたひとまとまりの空間が、密度を増すにしたがって路地ができ、戸建て住宅あり、長屋あり、商店ありの用途混在のまちになっていく。京都は、平安京の条坊制による幾何学的な格子割りの秩序により規定されたスーパーブロックに路地が入り込み多様性が自然発生している。幾何学的でシンプルな街路の枠組みが都市全体を秩序立て、街路に囲まれた内部が長い年月を経てフラクタル的に充填されてきたと解釈できる。

多様性を直接デザインするのではなく、多様性が自然発生するのに寛容な、もっと言えば、多様性が自然発生するのを誘発するような都市の枠組みをいかにデザインするかが問われているといえるのではないか。都市全体を秩序立てる枠組みとは、必ずしも街路ではなく、交通や生活インフラもあろう。

より困難な都市の現実を前に、今行動すること

巨大化し分極化して手に負えない都市が増え、それらがグローバルにネットワーク化して怪物のように振る舞う時代にある。ジェイコブズを称揚して、多様性四条件を鵜呑みし、都市の一部分としてのまちをつくることに終始しても、多様性は空回りするばかりである。本来、生態学的アプローチの経済学は、近代システムの枠を外れ、貧困と気候変動の高いリスクにさらされ、インフォーマルな生業で日々やっと生きている人たちに真っ先に届くポテンシャルを持っている。しかし、多くの経済学者たちはジェイコブズ批判に終始し、悲鳴を上げている都市の現場を蚊帳の外にしたまま、経済学を論じ続けている。

これらを乗り越える試みとして、本稿では、都市の物的デザインに携わる立場から、全体を秩序立てる単純明快なシステムと部分の多様性を誘発する包摂的デザインの方向性を示してみた。これによって、一元的な価値による格差から、価値の複数性に根ざした多様性へ、ラディカルな転換を促す一助となれば、都市が貧困と気候変動に統合的に取り組むことにつながろう。しかし、そう簡単ではない。とくに、集積規模と変化の速度で突出しているアジアの新興国・途上国都市では、計画された都市全体の不完全なシステムと自己組織化してスラムが増殖する部分とが複雑に絡み合い、結果的にインフォーマリティを包摂した都市デザインの産物だともいえなくないが、格差は開く一方だ。何が足りないのか、あるいは何が障害となっているのか。おそらく物的デザインでは手に負えないことなのだろう。

それでも、私たちは、常に物的空間の現実から目を背けることなく、他分野に視野を大きく広げることを恐れずに、都市の現場で闘い続けるしかない――ジェイコブズの思索の軌跡からの答えである。

参考文献

Gombrich, E. H.（1979）*The Sense of Order: A Study in the Psycology of Decorative Art*　白石和也訳（1989）『装飾芸術論』岩崎美術社

Harvey, H.（2012）*Rebel Cities* 森田成也ほか訳（2013）『反乱する都市――資本のアーバナイゼーションと都市の再創造』作品社

Jacobs, J.（初版 1961／新装版 1992）*The Death and the Life of Great American Cities*, New York: Random House. 黒川紀章訳（1977）『アメリカ大都市の死と生』SD選書（第Ⅰ、Ⅱ部）、山形浩生訳（2010）『アメリカ大都市の

死と生』鹿島出版会（一九九二年、新装版全訳）
Jacobs, J.（1969: 1st）*The Economy of Cities*. 中江利忠・加賀谷洋一訳（1971）『都市の原理』鹿島出版会
Jacobs, J.（1984） *Cities and the Wealth of Nations: Principles of Economic Life*, New York: Random House. 中村達也・谷口文子訳（1986）『都市の経済学——発展と衰退のダイナミクス』TBSブリタニカ
ジェイコブズ、J・（2000）香西泰・植木直子訳（2001）『経済の本質』日本経済新聞社
UN-Habitat（2009）*Planning Sustainable Cities: Policy Directions*.
槇文彦他（1980）『見えがくれする都市』SD選書
槇文彦（2015）『建築から都市を、都市から建築を考える』岩波書店

『ジェイコブズ対モーゼス』を翻訳して

渡邉泰彦

わたなべ・やすひこ　一九四二年生。三菱銀行を経て、三菱地所にて丸の内再開発事業に携わる。アーバンランド・インスティチュート（ULI）ジャパン会長など歴任。訳書に『ジェイコブズ対モーゼス――ニューヨーク都市計画をめぐる闘い』『フェリックス・ロハティン自伝――ニューヨーク財政危機を救った投資銀行家』（鹿島出版会）等。

二〇〇〇年に銀行から転じ、東京駅前の「丸の内」再開発事業に携わってきた私は、海外の都市計画家や、建築家などとの交流の機会を意識的に作ってきた。彼らの考えを通じて、将来どの様な建築が、都市が形成されるのか、そしてそこを舞台にどのような都市文化が営まれるのか推察することで、丸の内再開発へのヒントも得られようという期待からであった。

その内の数人から、「私の作品は、ジェインには、叱られそうだが……」とか「このビルはジェイコブズ的に見ても合格だと思う」などというコメントが出たことが印象に残った。彼らの意識下にジェイコブズの街づくりの思想があたかもひとつの基準値のような存在としてあるのだと感じた。さらに、ニューヨークのＰＰＳ（＝PROJECT FOR PUBLIC SPACES）の主宰者を丸の内に案内した際、彼がジェイコブズ本人に指導を受け、彼女の思想の後継者だと判明するなど、街づくりの指針としてのジェイコブズの存在を強く意識させられた。

そんな折、一時期私がジャパンカウンセル会長を引き受けていたアーバンランド・インスティチュートが発行する月刊誌に、アンソニー・フリント著 *WRESTLING WITH MOSES* が紹介されていた。現在のニューヨーク市の礎となる都市インフラを確立した行政官ロバート・モーゼスとジェイン・ジェイコブズの闘いを描いたこの本は、ジェイコブズの一方的な勝利を称賛した上で、インフラ疲弊が著しい今のニューヨークには、第二のモーゼスの出現が期待されるとする再評価の動きにも触れていた。

その頃時間的な余裕もあったので翻訳を試み、二〇一一年の四月下旬に鹿島出版会から発行の運びとなった。朝日、日経、東洋経済などが書評を載せてくれ、七月には八重洲ブックセンターのベストセラーとなるなど予想外の反響があった。東日本大震災と福島原発事故直後だったせいか、ジェイコブズの社会活動家としての側面を採り上げ、市民の声を行政がいかほど汲み上げるのか、その辺りの日米の差に言及するものもあった。

スクラントンの片田舎を離れ、姉と一緒に移り住んだグリニッジビレッジで、ジェインの興味を惹いたのは、下町の風景、そこに暮らす人びとの生き生きとした日常生活、オランダ移民時代からの長い歴史を物語る建造物、前衛的なアーティストや、乳母車を押す母親の溜まり場としての公園などであった。そんな街並をこよなく愛した彼女は、ビレッジに古びた家屋を購入する。サバーバナイゼーションの真っただ中、都市は荒廃していたにもかかわらず、都市居住のパイオニアとなったのである。

　そこにマスタービルダーの異名を持つ、モーゼスが登場する。彼はニューヨーク外周に大規模公園を複数作り、そこへの高速道路網を完備させる。四周を水に囲まれたマンハッタン島と外縁部を結ぶ橋梁を数多く建設、国連ビルを誘致し、リンカーンセンターを完成させる。その過程で、都会のオアシスであったワシントンスクエアーパークを二分して車道を貫通させようと企てたり、あるいはスラム地域に再開発のブルドーザーを強引にかけるという暴挙にでて、ビレッジの住民、とりわけてもジェイコブズの虎の尾を踏んでしまった。

　イェールに学び、オックスフォードで修士、コロンビアで二十五歳で博士号を取得したモーゼスにとって、ジェイコブズはおしゃもじ主婦の類いにしか見えなかった。しかし、彼女はその頃までには、『アメリカ大都市の死と生』という世界的な名著を著し、コミュニティに暮らす人びとのためにこそ都市は存在する、その為に街は如何にあるべきかというテーマに関しては、これ以上ない手ごわい相手だった。しかも、穏やかな暮らしを行政の破壊的行為から守る為には、手段を問わない活動家でもあった。事実、彼女は投獄されてもいるのである。モーゼスは彼の最後にして、最大のプロジェクト「ローワーマンハッタン横断高速道路」を断念せざるを得なかったばかりか、ロバート・カロの告発本『パワー・ブローカー』によって完膚無き敗北を喫することになる。

　ただ、私にはモーゼスの功績無しにニューヨークの今日の発展は考えられない。七〇年代をニューヨークで過ごした私の家族は、彼の作った多くの公共建物、公園、遊園地、ビーチ、そして縦横に伸びてこれらの地点を結ぶ高速道路網の恩恵をどれだけ享受したのか、計り知れないものがある。都市インフラを整備して、ニューヨークの繁栄を支えたモーゼス。コミュニティを重視し、カオスの中に生まれる価値を大事にするジェイコブズ。二人の直接的な闘いが激しかったことだけをもって、対立軸の両極に安易に位置づけてしまうわけにはいかないと思う。どちらも街づくりに欠かせない大切な要素なのだから。

二人の直接的な闘いが激しかったことだけをもって、対立軸の両極に安易に位置づけてしまうわけにはいかないと思う。

ジェイコブズの教訓

【強いアマチュアと専門家の共闘とは】

山形浩生

●やまがた・ひろお　一九六四年生。開発援助コンサルタント・インフラ整備、経済分析。著作に『新教養主義宣言』（河出文庫）、訳書に、ジェイコブズ『アメリカ大都市の死と生』（鹿島出版会）、ピケティ『21世紀の資本』（みすず書房）等。

はじめに

ジェイン・ジェイコブズの概要とそのすごさ、意義については、『アメリカ大都市の死と生』の訳者解説で書いたとおりだ。これについては、ネット上で参考文献や細部に関する注まで補った完全版を無料公開してあるので[1]、興味ある向きはお読みいただきたい――というか、本誌のこの特集を読んでいる方がそもそも興味ないわけはないので、ジェイコブズとその業績に関する基礎情報として本誌に手を出す前に熟読は必須だろう。書いたのは二〇一〇年だが、六年たった今でもおそらく、ジェイコブズに関する紹介と評価としては内外問わず、最も包括的で詳細でフェアなものの一つだからだ。

それを決してジェイコブズの専門家でもなければ関連分野の研究者でもないぼくが書かねばならなかったというのは、少なくともジェイコブズの関連領域についての研究者がかなりいることを考えればかなり情けないことだ。そしてこれはそれ自体が、本稿でぼくが扱おうとするテーマについて、何事かを物語るものではある。そのテーマとは、専門家とアマチュアの関係だ。

専門家の惨状?

いまも書いた通り、ぼくはジェイコブズの専門家などではない。一応、大学では都市計画を専攻したこともあり、彼女がだれかは知っているし、その主要な本は一通り読んでいた。でもその業績をまともに位置づけたり、歴史的な背景を分析したり、などということには無縁だ。その意味で、ぼくはアマチュアではある。そしてアマチュアとして、そうした作業は、当然きちんとした専門家のだれかがすでにやっているものだと思ったし、『アメリカ大都市の死と生』全訳を終えてあの解説を書くにあたっては、そうした既存の研究を見つけ出して紹介すればすむだろうとたかをくくっていた。

でもふたを開けてみると、ジェイコブズやその関連分野について専門家であるはずの人たちが書いたジェイコブズ関連文献のほとんどは、特に国内ではきわめてレベルの低いものばかりだった。欧米でも、まとまった文献の多くはジェイコブズの信者が書いた偏りの多いものだった。それ以外の多くの論説も、ジェイコブズの主張のごく一部、たとえば自動車反対とか住民運動とかを表層的にとらえて、それが自分の関心分野と多少関係があることに無邪気に喜んでみせるだけの代物だ。多くはジェイコブズがどういう状況で何と戦おうとしたのかについて——特に一九六〇年代の欧米におけるインナーシティ問題について——まったく理解できていない。彼女の活動をいまの状況に安易にあてはめて、ことたれりとしている。たとえば雑誌『地域開発』(vol. 503、2006.8)のジェイコブズ追悼特集のほぼすべてのエッセイは、この範疇に入る。

また、ジェイコブズに対する批判的な視点というのも皆無。ジェイコブズだって神様じゃない。外れもあるだろう。ジェイコブズ的な「多様性」評価に問題はないのか? 特に彼女の経済学的な論考には、鋭いところもあるがはずれも多い。これは、口の悪い大経済学者ロバート・ソローだけでなく、ジェイコブズの心酔者である都市経済学の俊英エドワード・グレイザーですら批判する通り。

そして彼女の敵とされる、ニューヨーク市の公共事業担当者ロバート・モーゼスだって、まったくの無知無能な悪の権化の利権屋なのか? そんなはずはない。もちろん、モーゼスのすべてのプロジェクトが成功ではない。が、当時のニューヨークでかれがやろうとしていたことは何なのだろう。それは全体として見たとき、完全に否定されるべきものなのか? ついでに、モーゼスのキャリアの中でジェイコブズはそんなに大きな存在だったのか(どうもちがうようで、ジェイコブズとその支持者の独り相撲の面も大きいようだ)。ジェイコブズを評価するというのは、そうした点も含めて検討することだと思う。

ところが、そうした作業をやってくれている論説はきわめて限られたものだった。そして『アメリカ大都市の死と生』新訳の後に出たジェイコブズの研究書である、宮崎洋司&玉川英則『都市の本質とゆくえ――J・ジェイコブズと考える』は、なぜかぼくが訳者解説の中で触れた批判論「だけ」を採り上げて、弁明してみせる。それもほとんどまともな弁明になっていない。彼女の業績を評価する、というのは彼女の言うことを盲目的に弁護することではないはずなんだが。そして、一応彼女に関する専門家として本を書くのであれば、ほかの批判もきちんと紹介して、応える（というのは別に弁明するということではない）べきだと思うんだが。

『アメリカ大都市』の解説で、ぼくは多少なりともそれをやろうとした――というのも、ほかにやっている人が見当たらなかったからだ。自分の偏見なり支持イデオロギーなりを出発点に、形式的に似たようなことをジェイコブズが言っている――それだけでジェイコブズをまつりあげ、錦の御旗として使っておしまいというのは、情けないほど安易であるだけでなく、ジェイコブズを愚弄するものだと思う。ジェイコブズ自身、そういう御神輿扱いを嫌い、各種の名誉職の肩書きをことごとく拒否してきた。そして、ぼくが挙げたもの以外にも、ジェイコブズへの批判は出ている。それを多少なりとも受け止めて、本当に見るべきものは何なのかを整理する、それをやってこその専門家だろう。あるいは他人の批判をチェックしなくてもいいから、自分の活動分野に照らしてジェイコブズのどこを評価すべきなのかについて何らかの示唆を導き出すべきじゃないのか？　ぼくはアマチュアとしてそう思う。

その意味で、ぼくは本特集がどうなるか、かなり興味を持っている――どちらかといえば悪い意味で。これまで、多くの「識者」（必ずしも日本だけではないが）は、ジェイコブズにあまり正当な評価をしてこなかった（繰り返すけれど、正当な評価というのは、別に褒めそやすという意味ではない）。それが近年、少しでも変わっているだろうか？　そこはお手並み拝見ではある。本書では、ジェイコブズを都市計画、地域計画、住民運動、経済学などの各種視点から各種論者が語るはずであり、単にジェイコブズを話の枕として使うだけのものにはなっていないと期待したい。つまり、専門家が専門家としての仕事をきちんとこなしてくれることを期待したい。頼みますよ。

が、それが期待通りだったとして、一つ課題がある。それで十分なのか、ということだ。

専門家の限界とアマチュアの可能性
――ジェイコブズの業績

もちろん、そうした各種の視点は重要だろう。それはそれでやってほしいし、そこから面白い成果も出てくるかもしれない。ただ、それではジェイコブズの真価をとりこぼしてしまうのでは、とも思う。あの解説でもぼくはこう書いた。「個別の立場から、建築やら産業やら治安やら金融やらの専門家による論集を作ることはできる。だが、本書が扱っていた問題は、そうした個別領域よりも、その総合的な絡み合いの中にあり、したがって論集では決してとらえきれない」。そしてジェイコブズのすごさと意義はまさに、そういう専門家的な分野ごとの分析を乗り越えたところにあった。

『アメリカ大都市の死と生』が扱った都市の問題は、社会学、金融、経済学、フィジカルプラン、コミュニティデザイン、経済、行政、みんな関係してくる。そしてそれぞれが相互に影響するところに、問題の難しさがある。フィジカルプランの問題を引き起こしたのは、税制と金融政策だったりする。経済の問題は、フィジカルプランが引き起こしたものかもしれない。一つの分野だけ掘り下げても、その問題は見えてこないし、また適切な処方箋もかけない。

そして、現代においてはそうした問題がますます重要性を増しつつある。これは、一つには世の中がますます複雑になってきたから、と言いたくもなるが、そうではないかもしれない。各種部門の専門家がそれぞれの分野で活躍してくれた成果でもある。世界の複雑さは昔も今も大差ないけれど、明確に定義できるそれぞれの領域内で閉じた問題は、往々にしてかなり解決を見た（あるいはそもそも解決しようがない）。すると相対的に、これまではそうした単純な問題の陰に隠れていた、多分野にまたがる因果関係を持つ出来事の比重が大きくなってきた。世の中は複雑になったわけではなく、単に複雑な問題しか残っていなくなった、ということなのかもしれない。

そして百年単位で見れば、人々の寿命は延び、健康になり、生活水準は上がっている。世の中はよくなっている。大きな問題は解決され、その残っている問題も実はあまり大きな問題ではないのかもしれない。

たとえばジェイコブズの『アメリカ大都市の死と生』だって、そもそも人々の住むところがないとか、上下水道を整備する必要があるとか、そうした人々を支える物流を整備しろという生死にかかわる問題に比べれば、あまりたいしたことを問題にしていない、ともいえる。町の賑わいがどうした、単調さをなくした多様性のある犯罪のない町作りを、住民参加的に行うにはどうしたらいいか――それは専門家が解決してきた本当に大きな都市問題に比べれば、ローカルでマイナーで中流階級のぜいたくでしかないという見方もできる。分野縦割りの専門家的な観点からすれば、それが正当な見方になるだろう。そしてそれが十分に正当性を持つ見方だ、というのも念頭に置く必要がある。

でもジェイコブズがえらかったのは、地元でのローカルな運動と同時に、それらの問題が実は決してローカルでもマイナーでもなく、あらゆるところの都市や経済の根本に関わる普遍的な問題を含んでいるのだということを指摘し、まがりなりにも理論化したからだ。都市は、各種の活動のための物理的なスペースがあればすむものではなく、そうした活動同士が有機的に組み合わさり、創発的に成長するような環境を作るものでなくてはならない。ジェイコブズが理想化したグリニッジビレッジの状況は、中流階級のぜいたくかもしれない。でも別にそういう形でなくてもいい。そうした活動の有機的な組み合わせが何らかの形で存在しなくては、いくら箱だけ整備しても、それは都市にはならないのだ。

当たり前のことではある。でもそれまでの都市計画は、第二次大戦後のインフラ整備や防災、自動車普及に対応した構造変化と急増する人口への対応に追われていた。活動の組み合わせを許容する都市環境づくりは、多くの関係者は無意識のうちにやってはいたし、また人間も別に都市計画家にすべてお膳立てしてもらわずとも、自分で勝手に活動を作り出そうとする。でもそれに改めて光を当てたのは、ジェイコブズの功績ではあった。そして、それまで箱さえ用意すれば人々が勝手に相互作用してくれていた状況で、専門家の一部は、そうした活動の組み合わせが無意識的に考慮されてきたことを忘れ、そうしたものを考える必要がないかのような錯覚に陥った。特に、建設技術と交通技術の発達で、そうした箱やインフラがこれまでとまったくちがうスケールで作れるようになったときに、その錯覚が大きな問題として浮上した。ジェイコブズは、まさにそのときに、その錯覚をついた。

これは、ジェイコブズのアマチュアとしての優位性だった。そしてそれは、アプローチの差でもある。専門家はまず自分の領域から始める。そしてそこでは片付かない問題に出会ったら、それを広げてハイブリッド領域、または「学際」領域を作ってアプローチしようとする。

でも、世の中の組み合わせは無数に考えられる。どんな学際領域が有効かも、見極めるには一苦労だ。そこに強い方法論があれば、シカゴ派経済学が社会問題から夫婦関係やら子供の名前にまで合理性分析を適用したような成果もあり得る。でもそうでなければ、学際研究は往々にして、群盲象をなでるだけの状態からなかなか抜け出せなくなる。

それに対して、ジェイコブズはアマチュアとして全体から入り、既存分野の区切りなどおかまいなしに自分の見つけた問題をバシャバシャ切り出し、ついでにそれに気がつけない専門家たちを罵倒して回った。

ちなみに、経済についてもまったく同じことが言える。資本と労働があれば生産活動が生じ、見えざる手で市場が動くというのが古典的な経済学の見方だった。それを実際に可能にするにはそうしたものを積んでおくだけではダメで、人的資本(つまりは教育)もいるし、制度も必要だし、金融も重要だし、地理的配置も重要だし、それに伴う収穫逓増も多様性も重要だし等々。ジェイコブズは、八〇年代以降の著作でそれを直感的に理解し、自分なりの見方を構築していった――やはり経済学者たちを罵倒しながら。

実は、その経済学者たちもすでにそうした見方を理論化しつつあったところだったし、それに比べるとジェイコブズのアプローチは雑だった。それでも、そのアマチュア的なアプローチと洞察の価値が否定されるわけではない。

専門家の支援とジェイコブズの貢献

ある意味で、ジェイコブズがそういう才能を発揮できたのは、時代的なタイミングの面も大きい。いま述べた通り、経済学はすでにジェイコブズが重視したような課題に取り組みはじめていた。だからこそ、ジェイコブズの主張もそれなりに市民権を得た。都市計画についても、『アメリカ大都市』解説で説明したとおり、あの本が出た頃にはすでにブルドーザー型スラムクリアランスは下火になりつつあり、またジェイコブズが参考にしたグリュエン報告をはじめ、すでに彼女の主張の大枠を先取りする視点も出始めていた。

それでも、そのタイミングで彼女の着目点が先駆的であったのも確かだ。そしてまさに、そのタイミング故に、彼女のアマチュア的なアプローチは多少なりとも専門家の支援を受けられた。都市計画がちょうど変わり始めていたが故に、彼女のアイデアを新世代の専門家が活用し、自分たちの分野の変化へとつなげた。あるいは経済学でも、新世代の経済学者たちが自分たちのアイデアの有用性を示すために彼女の洞察を参照した。ついでに、そうした各分野の新世代の台頭にあたって、ジェイコブズのかなりお下劣な罵倒は旧世代否定の援軍としても機能している。

専門分野での問題の解消と、それに伴う視野狭窄化、そこから引き起こされる新たな学際問題の台頭、それに対応したアマチュアの総合的視点と洞察の有効性、そしてそれを利用した専門家による専門分野の刷新と発展――ジェイコブズは、こうしたサイクルに大きく貢献したが故に、いまなお大きな評価を得ている。そしてもちろん、これを単なる評論家や理論家としてではなく(彼女は大学にも行っていない)、市井の活動家としての活動の中から、肩書きのみならずその行動面でも筋金入りのアマチュアとして実践したことも大きな評価ポイントとなる。

強いアマチュア育成とは――原発事故と小林よしのり

おそらく、今後ジェイコブズ的な強いアマチュアが活躍できる／すべき場面は増えるはずだ。というのも各種の学際的な領域にまたがる問題は、相対的にせよ絶対的にせよ、ますます重要になってくるからだ。そして、専門家がそうした問題になかなか対応できない状況は当分変わりそうにない。それが絶対的に大きな問題となったのは、たぶん東北震災に伴う原発事故の後処理だった。

原発事故が起きたときの専門家の多くの対応は、それはそれはひどいものだった。この点は、いまさら繰り返す必要もあるまい。政府や関係機関の責任者たちは情報隠しに終始し、何らまともな見通しも対応も出せなかった。それどころかある学会は、学会員たちに対して原発事故とその影響をめぐる発言をしないようにと釘を刺すお触れをまわしたほどだ。純粋に技術的な問題だと思っていた原子力発電が、なにやらずっと変な政治と利権と組織力学の絡んだ、「学際的」な問題になりはてていることを、ぼくたちは思い知らされた。

そしてそれにより高まった不安につけこんで、イデオロギー的な意図を持ったエセ専門家たち（いやエセではないはずの人も）が人々の不安をさらにあおり、東北も関東も日本もすでに放射能の焦土だ、逃げろ脱出しろ何も食うな、それを否定するやつらはみんな原子力ムラの手先だと騒ぎ、不安をさらにあおり、特に半可通のアマチュアたちをはじめ多くの人々がその尻馬に乗った。それをいさめようとした一部の良心的な専門家たちの多くは、なにやらツイッターやブログのコメント欄であれこれ言われたくらいで萎縮し、黙ってしまった。日本は同調圧力が強いからと、それを擁護する人もいる。でも同調圧力に屈することこそが、まさに同調圧力を延命させ、それを強化する。ぼくはその意味で、そうした弱い良心的な専門家たちも、問題の一部だったと思う。

結局のところ、まともな対応をしてくれたのは、必ずしもこうした問題の専門家ではない物理学者たち、たとえば早野龍五や田崎晴明や菊池誠などではあった。こうした人々は、ある意味でジェイコブズ的な、強く優れたアマチュア（本人の中心的な専攻分野とはちがうところでの活動だという意味で）と言えるかもしれない。早野龍五は、大学関係者からの「早野を黙らせろ」という圧力を受けつつも、最も有益な情報を流し続け、それに救われた人は（ぼくも含め）数知れない。

あるいは、多くの読者は顔をしかめるだろうけれど、薬害エイズ問題における小林よしのりは、まさにそうした強く優れた――そして運動論も持った――ジェイコブズ的なアマチュアだった。いまの小林をどう評価するかはまた別問題だ。でも当時のかれが、完全な門外漢にもかかわらず、非常に有益な活動を繰り広げ、状況をかなり変えたことは否定できない。そしてそうしたジェイコブズ的な強いアマチュアの出番は、今後ますます増えるはずなのだ。

アマチュアが活躍する条件

ただしこれは別に、アマチュアは常にすばらしく偉大だとか、素人が常にタコツボ専門家を蹴倒す、という安易な話ではない。つーか、だれでも知っているように、たいがいの声のでかいアマチュアは無知で不勉強で一知半解の浅知恵居士でしかない。経済学者ポール・クルーグマンは、「いまの経済学はまちがっている！」

という素人の勇ましい文章の大半は、その「いまの経済学」なるものをつゆほどもご存じないトンデモだと嘆いている。これはあらゆる分野について言えることだ。インターネットの普及で、専門家が否定されてアマチュアの天下がやってくるような妄想は一時はやった。ネットの集合知が、あるいは最近ではビッグデータ解析や人工知能が専門家に取って代われるだろうというわけだ。が、ネットが自然にそのような英知をひり出してくれるような都合のいい状況はまだ起きていない。

その一方で、そのクルーグマンは、自分の研究作法についての文章(2)の中で、素人――少なくとも分野外の人――の重要性を強調している。かれは経済学の多くの分野で、かなり画期的とされる理論的なブレークスルーを実現している。そしてそのためのコツを、次の三つのステップとして表現している。

1．異教徒に聞いてみよう
2．問題そのものを見直せ
3．あえて馬鹿になろう

「異教徒に聞いてみよう」は「たとえ自分と慣習が違っていたり、分析的な話し方をしない相手でも、知的な人の言うことに耳を傾けよう」、という意味だとのこと。クルーグマンの専門分野である貿易理論や経済地理学では、経済学者以外の人々はその後の発展につながるデータを十分集めていたし、また経済学的な定式ではなくても、そのヒントになる知見を持っていたという。

そして、次の二つは、その専門分野での問題の枠組み自体を見直し、まったくちがったことをやってみよう、ということだ。これは当然、「異教徒」（つまりはその分野の素人）の知見をどう活かすかという話になる。その分野の常識を、外部の知見を取り入れるかたちで見直す――そこに素人の貢献があり得る。

これを見ると――そして常識的に考えても――アマチュアの活躍に必要な条件がいくつかわかってくる。

まずは、アマチュアであっても役に立つにはそれなりの勉強が必要だということだ。しばしばネットで見かけるアマチュア（いや、一般には知見があると思われている評論家ですら）は、百年前にケリのついたトンデモな主張を蒸し返し、それを指摘されると自分はアマチュアなんだから勉強の必要はない、そんなことをあげつらうこと自体が悪意のいやがらせだ、専門家がオレに優しく教えろと平気でふんぞりかえる。もちろん過度の勉強は逆に、その分野の既存ドグマに取り込まれる結果となり、アマチュアの意義そのものが消えてしまう可能性はある。それは、そのアマチュアの度量次第ではある。それでも、自分が思いつく程度のことはだれかがすでに考えているのでは、という意識は必要だ。

おそらく、アマチュアがまず活躍できる場面は、きちんと観察する、記録する、という役割だ。さっき、東北震災の原発事故に伴う早野龍五らの活動を挙げた。そこでまず行われたのは、とにかくデータを整理し、コンピュータで処理できるようにすることだったし、その後は実際に給食の放射線データを計測したりなどといった、観察と記録とその公開の分野だった。これは相対的にはハードルの低い分野だ。データ収集のお作法は、多くの分野でそんなにちがうものではないし、また科学的なお作法に則ったデータ収集ではなくても、だれも記録しようと思わなかったものをぐちゃっとした整理されない形で観察して記録することには、それだけで意義がある。ジェイコブズが『アメリカ大都市』で記述している「歩道のバレエ」は、まさにそうした整理されない記録だ。

ときどき、こういう話を見て、アマチュアをデータ収集などの現場の下働きにこき使えるのでは、という変な期待を抱く人がいるけれど、そんなムシのいい話はない。ただ、そうした思惑とは別に、アマチュアが自分の関心に沿って有益な貢献をするケースはたくさん考えられる。

そしてその次の段階として、カンの鋭いアマチュアであれば、自分の（いや場合によっては他人の）データから出てくる漠然としたまとまりを、ある程度は概念化できるはずだ。ジェイコブズはそれができた。そしてその見方は、すでに述べたように既存の分野をほぼ無視するものとなっていた。クルーグマンの指摘する「問題そのものを見直せ」「あえて馬鹿になれ」が彼女には——そして多くの有益なアマチュアは——できていた。というのも、アマチュアのアマチュアたるゆえんは、見直すべき問題をそもそもあまりよく知らないところにあるからだ。むろん、「馬鹿になれ」と努力する必要もなく、そもそもその分野における「賢い」見方をあまり知らない——これはさっき述べた通り、弱みにもなり得る（たぶんそのほうが多いかもしれない）。でも、特にジェイコブズのように、それが自分なりの観察と組み合わさって裏付けられた場合には、大きな利点となり得る。

アマチュアと専門家の共闘関係

観察力、そしてすでに片付いた問題に足をとられないだけの勉強と、ドグマにはまらないだけの不勉強とのバランス、あるいはほかの分野での知見をそこに持ち込める総合性——アマチュアが優位性を発揮できるのは、そんな条件がそろったときなのだろう。これは、かなり危ういバランスを必要とする。とっくに片づいた俗論を大発見のつもりで振りかざしている無知なだけのアマチュアと、本当に専門分野のドグマを突破できる着想を持っている、無知かもしれないが有益なアマチュアとを、どう見分けるのか？

そしてこの両者は、必ずしも別ものではないかもしれない。たとえば、薬害エイズ問題や、その後の差別論では非常によい仕事をした後で小林よしのりがたどった道は、強い優れたアマチュアの陥りかねない落とし穴を示すものでもある。専門家に刃向かえるだけの強さを持ったアマチュアは、変な陰謀論やイデオロギーにとらわれたときに、他人の意見をきかないアマチュアでもある。それをどういう形でいさめるべきか？

ぼくはそれは、専門家のほうに期待するしかないと思っている。アマチュアの（それを言うなら万人の）着想は大半がろくでもないものだ。ツイッターなどの烏合の衆ではとても評価できない。さっき、ジェイコブズが活躍できたのは、専門家のタコツボ化の一方でそれを変えようという動きが専門家の中でも出てきていたからだ、と述べた。だから、ジェイコブズは自分の活動に対して、外部の支援を受けられた。ジェイコブズが漠然とした形で指摘したことを拾い上げて、評価し、自分の専門家としての仕事の中にとりこむ人がいた——それがジェイコブズの評価につながった。つまり平たく言えばジェイコブズは、その慧眼をちゃんと褒めてもらえた。

ちなみに、電磁気学で有名なファラデーは、学問なんて貴族のお遊びだった時代に貧乏人一家から出て、デーヴィー卿の実験助手にしてもらい、各種実験の中での観察とデータを元に、漠然と電磁気学の基礎になる理屈を思いついた。でも、あまり数学ができなかったので、その論文は評価されなかった。あるときマックスウェルがそれに注目し、その意義を見いだしてきちんと定式化したことで、ファラデーの名声はいちやく高まった（ファラデーをアマチュアと呼んでいいかは、議論がわかれるとは思うが）。そうした成果につながったアマチュアの業績は、評価される。そうでなければ日の目を見ない。もちろん当人の存命中は日の目を見ない学問的な業績は多い——アマチュアにせよ、専門家にせよ。でも、やはりアマチュアの場合、その成果が専門分野に拾われるかどうかが、そのアマチュア自体の活躍にとって大きな差をもたらす。

その意味で、有益なアマチュアと、自分の分野の変化を目指す（できれば新世代の）専門家の共闘関係のようなものが、おそらくは重要なんだとぼくは思っている。アマチュアは、大枠は出せる。何か新しい見方や動きの先鞭はつけられる。でも、それを精緻化して発展させるのは、専門家の仕事だろう。

その意味で、ぼくは小林よしのりはかわいそうだったと思っている。かれは本当に頑張ったし、運動の先鞭もつけたし、エイズ問題以外でも様々な論点について、自分なりのかなりしっかりした考え方も出していた。そして、いったんその運動が盛り上がり政治的な成果もあがりはじめたところで、まさにここに書いた通りのことを主張した。あとはもう専門家がやればいい。アマチュアはもう日常に帰れ、と。でもそれが、一部の人の思惑に反するがために、手のひらを返したようなバッシングにさらされ——そしてかれはだんだんちがう方向に進んでいった。もっと様々な専門家がフォローして褒めてあげていれば——。

すると、ある意味で有益な強いアマチュアを育てるには、柔軟で強い専門家を育てることが重要ということになる。そしておそらく——クルーグマンが言うように——柔軟で強い専門家は、その分野の外の有益で強いアマチュアの成果に恩恵を受ける。この両者の共闘関係と適切な相互作用をいかにして作り出すかが課題となる。

個人的に言えば、一九九〇年代のインターネットで大きく栄えた、掲示板文化が大きなヒントとなるはずだ。特に、東北大学の数学者黒木玄の運営する掲示板は、多くの学者が学者らしいマニアックな雑談を展開しつつ、このぼくを含め多くのアマチュアも口をはさみ、ときにバカと嘲笑され、ときに褒められる希有な場を作り出した。一方で、その学者たちも自分の専門外ではアマチュアとして、やはりその分野の専門家にいじられる——そうした場の存在が重要なのだろう。おそらく、ジェイコブズの場合には建築雑誌でのジャーナリストとしての経験と、実際の住民運動での経験がそうした場を提供していたはずだ。

本誌の読者層は、おそらくは半分くらいが学者、半分くらいが意識の高い市井のアマチュア知識人だろうとぼくは踏んでいる。その人々がどのようにジェイコブズ的な強いアマチュアとなり、そしてそれと共闘する強い専門家になれるか——あるいは、そうなる人を育てられるか——というのが、今後の日本や世界にとっても大きな課題ではある。それを可能にするための場をいかにしてつくりあげるかは、社会の課題であるとともに、読者のみなさん（そしてこのぼく）の課題でもあるのだ。そして、本誌のような雑誌も、そうした場として機能するのが理想であるはずだ。というわけで最後にその応援の意味もこめて、ジェイン・ジェイコブズのサインを。

これは、晩年に出たジェイコブズの雑文集だ。一人でも多くの方が、この本の題名のように、本当に社会にとって意味のある考えを展開し、実践できますように。

注

（1）http://cruel.org/books/deathlife/deathlifetransnotefull.pdf

（2）ポール・クルーグマン『ぼくの研究作法』（"How I Work," *The American Economist*, 1993）邦訳 http://cruel.org/krugman/howiworkj.html

"Jane Jacobs: Ideas That Matter" 会議の会場。（1997 年 10 月）Box 36, Folder 27, Jane Jacobs Papers, MS.1995.029, John J. Burns Library, Boston College.

コラム

インプロビゼーションの人

中村達也

なかむら・たつや　一九四一年生。中央大学名誉教授。社会経済学。著作に『ゆたかさの孤独』（岩波書店）『ガルブレイスを読む』（岩波現代文庫）等。

J・ジェイコブズの一九八四年の著作、*Cities and the Wealth of Nations:Principles of Economic Life*（拙訳『発展する地域　衰退する地域』ちくま学芸文庫、二〇一二年）の、冒頭第一章のタイトルが「愚者の楽園(Fool's Paradise)」である。ここで彼女が「愚者」と呼んでいるのが、実は、経済学者のことなのである。ケインジアンであれマネタリストであれ、経済学者を自任する人たちが、自らの依拠する既定の枠組みを何ら疑うことなしに、それぞれの主張を声高に語っているさまが、ジェイコブズにとっては、さながら「愚者の楽園」と映ったのであろう。もっとも、当の経済学者たち自身は、経済学が科学であってその担い手たる彼ら自身もれっきとした社会科学者であることに何の疑いも抱いていないようなのである。

ジェイコブズによれば、彼ら経済学者たちは、既定の経済学の枠組みに基づいてというよりは、むしろそれに呪縛されて、意味ある分析も処方箋も導き出しえないでいるというのである。そして、そうした枠組みの象徴こそが、アダム・スミス以来の、「国」ないし「国民」だというわけである。ジェイコブズによれば、一国が経済的に発展したり衰退したりするそのダイナミクスは、都市のダイナミクスに起因するのであって、都市地域が相互に創造的、共生的なネットワークをつくり出し、住民の創意を活かす過程（インプロビゼーション）を持ち得た場合には、その国は発展するのに対して、それらを持ち得ない場合には衰退を免れえないというのである。そうした視点転換を表現するものとして、*Cities and the Wealth of Nations* というタイトルが選択されたというわけである。

ところで、ジェイコブズが強調するこのインプロビゼーション（improvisation）は、実はジャズ用語でもあって、即興演奏とか即興曲を意味する。この語を用いることによって、彼女は、住民が臨機応変に創意を凝らして共生的な関係を創り出してゆく過程を描いたのであるが、そうしたインプロビゼーションの実例を、文字どおり古今東西にわたって手繰り寄せ、実に生き生きと語り進めるその書きっぷりは、社会科学書のそれとは少々異質で、まるで小説をも連想させるようなのである。『ニューヨーク・タイムズ』が、彼女のこの著作を評して、exciting で

*entertaining*と賞賛したのも、大いにうなずけるところである。

　そしてその数年後に、彼女は、なんと小説仕立ての対話というスタイルの作品によって、経済と倫理と生態学の問題に切り込んだのであった。*Systems of Survival, A Dialogue on the Moral Foundations of Commerce and Politics*, 1992（香西泰訳『市場の倫理　統治の倫理』ちくま学芸文庫、二〇〇六年）、*The Nature of Economies*, 2000（香西泰・植木直子訳『経済の本質』日経ビジネス文庫、二〇一三年）がそれである。既定の学問分野の壁を軽々と乗り越えて、臨機応変に議論を組み立ててゆくそのさまは、いかにも活き活きとしていて楽しげで、さながらジェイコブズ自身が「インプロビゼーションの人」といった趣なのである。

　そして、私がふと思い出したのが、実は、ロビンズ（L. C. Robbins）とハロッド（R. F. Harrod）との関係であった。効用の個人間比較を拒否して、その後の新古典派経済学の流れに大きな影響を与えたロビンズの代表作は、*An Essay on the Nature and Significance of Economic Science*, 1934（辻六兵衛訳『経済学の本質と意義』東洋経済新報社、一九五七年）である。書名にEconomic Scienceという語が用いられていることから分かるように、経済学は科学であって、分配問題など価値判断に関わることがらは極力体系から排除すべきであって、経済学者は社会科学者としての立場を堅持すべきだとの表明であった。

　そんなロビンズのことを、恐らくは意識していたのであろう。ハロッドは、*Sociology, Morals and Mystery*, 1971（清水幾太郎訳『社会科学とは何か』岩波新書、一九七五年）の中でこう語っている。ジェイコブズならきっと「愚者」と呼んだであろう人たちを、ハロッドは「科学者（scientist）」と表現して、経済学のあるべき姿を描いたのである。すなわち、目指すべきは、精確無比を至上のものとする「社会科学（social science）」ではなく「社会研究（social study）」なのであって、それを担うのは、「科学者（scientist）」ではなく「研究者・探求者（student）」なのである。そして、架空の世界で生きているホモ・エコノミクスではなく、現実の世界で生きている人間そのものを深く洞察した文学作品にこそ大いに学ぶべきだというのである。そして、こう結んでいる。「私の終身の肩書きは、オックスフォード大学、クライスト・チャーチの研究員（student）でした」と。

既定の学問分野の壁を軽々と乗り越えて、臨機応変に議論を組み立ててゆく

1996　夫ロバート・ハイド・ジェイコブズ・ジュニアが死去。
国家の最高の名誉である「カナダ勲章」を受勲。

1997　トロント市が「Jane Jacobs: Ideas That Matter（ジェイン・ジェイコブズと重大なアイディア）」という会議を主催。会議の最後にジェイン・ジェイコブズ賞の創設を発表。

2000　ワシントンDCで、国立建物博物館のVincent Scully Prize（ビンセント・スカーリー）賞を受賞。

2004　カナダで、公共政策指導者へのCouchiching（カウチチング）賞を受賞。

2006　4月25日、トロントでジェイン・ジェイコブズ死去。

2007　ロックフェラー財団がジェイン・ジェイコブズ・メダルを創設。4月4日、トロント市が「ジェイン・ジェイコブズの日」を宣言。5月5日、最初のジェインズ・ウォークがトロントで行なわれる。

〈資料〉ジェイン・ジェイコブズ著書一覧

Constitutional chaff; rejected suggestions of the Constitutional Convention of 1787, with explanatory argument, compiled by Jane Butzner, Columbia University Press, 1941; compiled by Jane Jacobs (Née Butzner), reprinted 1970 by Kennikat Press, Port Washington, N.Y.〔未邦訳。ジェイン・バッツナー名義〕

The death and life of great American cities, Vintage Books, 1961.『アメリカ大都市の死と生』黒川紀章訳（抄訳）、鹿島出版会、1969年、同・SD選書、1977年／新版、山形浩生訳（全訳）、鹿島出版会、2010年

The economy of cities, Random House, 1969.『都市の原理』中江利忠・加賀谷洋一訳、鹿島出版会、1971年／新版・SD選書、2011年

The question of separatism: Quebec and the struggle over sovereignty, Random House, 1981.〔未邦訳〕

Cities and the wealth of nations: principles of economic life, Random House, 1984.『都市の経済学――発展と衰退のダイナミクス』中村達也・谷口文子訳、TBSブリタニカ、1986年／『発展する地域 衰退する地域――地域が自立するための経済学』中村達也訳、ちくま学芸文庫、2012年（解説：片山善博、塩沢由典）

The girl on the hat, Oxford University Press, 1989.〔未邦訳。カレン・レッズによる挿絵入りの子どものための絵本〕

Systems of survival: a dialogue on the moral foundations of commerce and politics, Random House, 1992.『市場の倫理 統治の倫理』香西泰訳、日本経済新聞社、1998年、日経ビジネス人文庫、2003年／ちくま学芸文庫、2016年

The nature of economies, Random House Canada, 2000.『経済の本質――自然から学ぶ』香西泰・植木直子訳、日本経済新聞社、2001年／日経ビジネス人文庫、2013年

Dark age ahead, Random House, 2004.『壊れゆくアメリカ』中谷和男訳、日経BP社、2006年

＊G・ラング、M・ウンシュ著『常識の天才ジェイン・ジェイコブズ――『死と生』まちづくり物語』（玉川英則・玉川良重訳、鹿島出版会、2012年）掲載のデータに加筆修正等を施した。

〈資料〉ジェイン・ジェイコブズ略年譜（1916–2006）

1916　5月4日、ペンシルバニア州スクラントンで、ジェイン・イザベル・バッツナー誕生。
1933　スクラントン中央高等学校卒業。
1934　『スクラントン・トリビューン』にて、女性欄の編集者のアシスタントとして就職。
　ブルックリンへ姉と共に引っ越し。
1935　グリニッジ・ビレッジのモートン通り55番に姉と共に引っ越し。
　『ニューヨーク・ヘラルド・トリビューン』が詩を発行。
　『ヴォーグ』誌に最初の記事を販売。
1937　父親が59歳で死去。
1938　コロンビア大学での大学公開講座の受講を開始。
1940　『キュー』誌で、マンホールの蓋の記事を発表。
　『Iron Age（鉄器時代）』誌での仕事を開始。
1943　合衆国政府戦時情報局に特集記事の記者として就職。
1944　ロバート・ハイド・ジェイコブズ・ジュニアと結婚してワシントン・プレイス82に住む。
1945　合衆国国務省に報道記者として就職。
1947　ハドソン通り555番の、以前はキャンディーストアであった物件を購入し、それを修理し自宅に。
1948　息子ジェイムス・ケズィー（ジミー）・ジェイコブズ誕生。
1950　息子エドワード・デッカー（ネッド）・ジェイコブズ誕生。
1952　『アーキテクチュラル・フォーラム』で副編集者としての仕事を開始。
1955　娘メアリー・ハイド（後にバージンと呼ぶ）・ジェイコブズ誕生。
　ウイリアム・カークから、イースト・ハーレムの見学の誘いを受ける。
1956　ハーバード大学都市デザイン会議で、都市更新について講演。
1958　ワシントン・スクエアから交通を締め出す。
　『フォーチュン』誌で「下町（繁華街）こそ人びとのためのもの」を発表。
　ロックフェラー財団から助成金を取得。
　本の執筆のため、『アーキテクチュラル・フォーラム』を休職。
1960　ウエスト・ビレッジのハドソン通りの歩道救済闘争。
1961　ウエスト・ビレッジを救済する闘いを開始。
　『アメリカ大都市の死と生』を刊行。
1962　ローワー・マンハッタン高速道路を阻止するための闘いに参加。
1967　反ベトナム戦争の抗議で逮捕。
1968　ローワー・マンハッタン高速道路抗議で逮捕。
　息子たちをベトナム戦争徴兵から守るため、家族とともにトロントへ移住。
1974　カナダ市民になる。
1981　ジェインに関する報道の切り抜きのスクラップブックの所有者であった母親が101歳で死去。
1988　学びの種を広くまき、生活を豊かにしたことについて、ブリタニカ百科事典賞を受賞。

〔編集後記〕

▼われわれは、どうして豊かで住みよいくらしを願望しているのに状況はそうならず、貧しくなってゆくのか？　この問題に経済学の立場から一つのヒントを与えてくれた先人が居る。内田義彦氏だ。アダム・スミスは、近代社会を分業社会と規定し、「分業」がいかに生産力を高めるかを追究していった。内田は問うた。「分業しながら生きるとは、人間一人一人にとって、つまりあなたにとって、どういうことなのか？」と。分業は「専門家」を生む。誰もが自分の仕事では「専門家」であり、自分の仕事以外では「素人」である。一人の人間の中でも「専門家の眼」と「素人の眼」が分断され、社会全体でも然り。この分業社会が抱え込んだアポリアからわれわれは脱出することができるのだろうか、と。

▼しからば、分業が人間社会を豊かにするためには何が必要か？　物と人間をいかに共存させられるか？　内田は言う。「人間として何が一番大事なことか？　それは一人一人の人間が生きるということそれ自体のもつ絶対的意味を考えることだ」と。

▼「専門家」と「素人」との不断のコミュニケーション、意思疎通からしか未来は開かれないと、内田義彦は説く。このジェイコブズという一介のおばさんが、これだけ普く人々に影響を与えたのは、まさにこの「素人の眼」の重要性を、社会が受け入れたことだ。またそういうことがわかる人間が居たことだ。今、この日本社会——専門化された社会——で大切なことは、素人の発言を決して軽視せず、むしろ素人の眼を大切にしてゆく開かれた社会にしてゆくことではないだろうか。

（亮）

別冊『環』㉒

ジェイン・ジェイコブズの世界

1916-2006

2016年6月10日発行

編集兼発行人　藤　原　良　雄

発　行　所　株式会社 藤 原 書 店

〒162-0041　東京都新宿区早稲田鶴巻町523
電　話　03-5272-0301（代表）
ＦＡＸ　03-5272-0450
ＵＲＬ　http://www.fujiwara-shoten.co.jp/
振　替　00160-4-17013

印刷・製本　中央精版印刷株式会社

ISBN 978-4-86578-074-1

〈表紙および 24 頁〉ウエスト・ビレッジを守る会の議長として、記者会見で証拠書類を掲げるジェイコブズ。（1961年、レストラン「ライオンズ・ヘッド」にて。World Telegram & Sun photo by Phil Stanziola. Library of Congress, Prints and Photographs Division [LC-USZ62-137838]）